해커스
펀드투자
권유대행인

최종핵심정리문제집

해커스금융

▌이 책의 저자

민영기

학력
동국대학교 일반대학원 졸업(박사, 북한화폐경제전공)
세종대학교 산업경영대학원 졸업(경영학 석사)

경력
현 | 해커스금융 온라인 및 오프라인 전임교수
　　금융투자협회 등록교수
　　한국생산성본부 등록교수
　　동국대학교 일반대학원 석사과정 연구교수
　　성공회대학교 연구교수
전 | 상명대학교 리스크관리·보험학과 외래교수
　　세종대학교 산업대학원, 도시부동산대학원 외래교수

강의경력
현 | 해커스금융 동영상강의
전 | 삼성증권, 씨티은행, 하나대투증권, 메리츠증권,
　　현대해상 강의(펀드투자상담사)
　　국민은행, 기업은행, 신한생명, 알리안츠생명 강의
　　(투자설계, 부동산설계)
　　EBS강의(2006년), RTN(부동산TV) 출연(2011, 2009, 2007년)

저서
해커스 투자자산운용사 최종핵심정리문제집
해커스 금융투자분석사 최종핵심정리문제집
해커스 외환전문역 I종 최종핵심정리문제집
해커스 증권투자권유대행인 최종핵심정리문제집
해커스 펀드투자권유대행인 최종핵심정리문제집
해커스 증권투자권유자문인력 최종핵심정리문제집
해커스 파생상품투자권유자문인력 최종핵심정리문제집
해커스 펀드투자권유자문인력 최종핵심정리문제집

송영욱

학력
숭실대학교 경영대학원 졸업(경영학 석사)
경희대학교 법학과 졸업(법학사)

경력
현 | 해커스금융 온라인 및 오프라인 전임교수
　　금융투자협회 등록교수
　　한국생산성본부 등록교수
　　중소기업청 등록교수
전 | 교보증권, 교보생명, 외환은행 근무

강의경력
현 | 해커스금융 동영상강의
전 | 대학생 대상 금융실무 및 취업특강(2007~2016년)
　　메가넥스트 금융마케팅 온라인 및 오프라인 강의
　　새빛에듀넷 펀드·증권·자산관리과정 온라인 및 오프라인 강의
　　한국생산성본부 대학생 대상 금융아카데미과정 강의
　　한국거래소 상장기업 KRX IR EXPO 펀드 및 자산관리 특강

저서
해커스 금융투자분석사 최종핵심정리문제집
해커스 증권투자권유대행인 최종핵심정리문제집
해커스 펀드투자권유대행인 최종핵심정리문제집
해커스 증권투자권유자문인력 최종핵심정리문제집
해커스 파생상품투자권유자문인력 최종핵심정리문제집
해커스 펀드투자권유자문인력 최종핵심정리문제집
해커스 한 권으로 끝내는 공기업 기출 일반상식

서문

방대한 학습량과 높은 난이도... 합격의 열쇠는?

합격의 비법을 제대로 담은 교재로 학습하는 것!

타 교재는 실전 대비를 위한 문제를 충분히 수록하지 않았거나, 합격을 좌우하는 계산문제를 쉽게 해결할 방법이 없거나, 핵심 내용만 빠르게 정리할 수 있는 학습 자료가 부족하여 제대로 시험을 준비하기엔 턱없이 부족했습니다.

「해커스 펀드투자권유대행인 최종핵심정리문제집」은

1. **시험에 꼭 나오는 핵심 개념을 정리하고, 출제가능성이 높은 문제를 수록**하여, 단기 간에 효과적으로 실전에 대비할 수 있습니다.

2. **상세한 해설을 제공**하여 확실한 문제 이해가 가능하며, 문제를 푸는 것만으로도 핵심 개념이 정리되어, 이 책 한 권으로도 펀드투자권유대행인 시험에 충분히 대비할 수 있습니다.

3. **실전모의고사 2회분을 수록**하여 시험 전 실력을 최종 점검하고, 실전 감각을 극대화 할 수 있습니다.

「해커스 펀드투자권유대행인 최종핵심정리문제집」과 함께 펀드투자권유대행인 시험을 준비하는 수험자 모두 합격의 기쁨을 느끼고 더 큰 목표를 향해 한걸음 더 나아갈 수 있기를 바랍니다.

목차

해커스 **펀드투자권유대행인** 최종핵심정리문제집

제1과목

펀드투자

제2과목

투자권유

제3과목

부동산펀드

책의 특징

1 핵심 정리부터 실전 마무리까지 단기 완성

시험에 자주 나오는 핵심 개념을 정리하여 기초를 탄탄히 다지고, 출제가능성이 높은
문제를 수록하여 단기간에 효과적으로 실전에 대비할 수 있습니다.

2 최신 출제 경향을 분석하여 출제가능성이 높은 문제 수록

베스트셀러 1위 달성 노하우를 바탕으로 시험에 출제가능성이 높은 문제를 엄선해서
수록하여, 실전 감각을 높일 수 있습니다.

3 중요도에 따른 우선순위 학습 가능 및 맞춤형 학습플랜 제공

본문 모든 문제에 중요도를 ★~★★★로 표시하여, 중요한 내용부터 우선적으로 학습
할 수 있습니다. 또한 5·7·10·20일 완성 학습플랜을 제공하여 원하는 학습 기간에
따라 맞춤형 학습할 수 있습니다.

4

확실한 핵심 개념 정리를 위한 상세한 해설 제공

모든 문제에 대해 상세한 해설을 제공하여 어려운 문제도 충분히 이해할 수 있고, 문제를 푸는 것만으로도 개념이 정리되어 보다 확실하게 시험에 대비할 수 있습니다.

5

철저한 실전 대비를 위한 '실전모의고사 2회분' 수록

시험 전 최종 마무리를 위해 '실전모의고사 2회분'을 수록하였습니다. 이를 통해 실력을 점검하고 실전 감각을 극대화할 수 있습니다. 또한 정답 및 해설에 있는 '바로 채점 및 성적 분석 서비스' QR코드를 스캔하여 취약점을 파악하고 보완할 수 있습니다.

6

동영상강의 및 금융권 취업 성공을 위한 다양한 콘텐츠 제공 (fn.Hackers.com)

해커스금융(fn.Hackers.com)에서는 동영상강의와 함께 금융자격증 시험후기/합격수기 등 다양한 콘텐츠를 무료로 제공하여 더욱 효과적으로 학습할 수 있습니다.

책의 구성

해커스 **펀드투자권유대행인** 최종핵심정리문제집

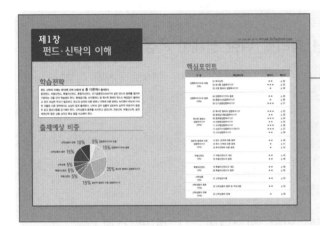

학습전략·출제예상 비중· 핵심포인트

효율적인 학습을 위한 학습전략과 출제예상 비중 및 핵심포인트를 수록하였습니다. 핵심포인트에서는 핵심포인트별 중요도를 제시하여 중점적으로 학습해야 하는 부분을 한눈에 확인할 수 있습니다.

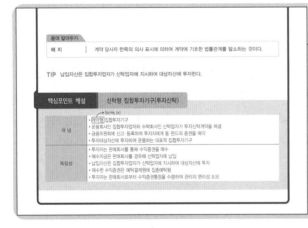

핵심포인트 해설

문제에 대한 핵심 개념을 충분히 이해할 수 있도록 핵심포인트 해설을 수록하여 문제를 푸는 것만으로도 핵심 개념을 확실히 정리할 수 있습니다. 또한 본문 내용 중 생소한 용어는 '용어 알아두기'를 통해 헷갈리는 전문용어를 바로 확인할 수 있습니다.

출제예상문제

다시 봐야 할 문제·틀린 문제, 풀지 못한 문제, 헷갈리는 문제 등는 문제 번호 하단의 네모박스에 체크하여 반복학습하시기 바랍니다.

01 중요도 ★★★
일반 경제재에 비해 부동산의 다른 특성을 기술한 것으로 옳지 않은 것은?
① 일반시장에 비하여 매매기간이 장기적이며, 법적제한이 과다하다.
② 부동산의 부증성으로 공급이 비탄력적이다.
③ 지역에 따라 다른 가격이 형성되므로 중개업자의 역할이 요구된다.
④ 부동산의 시장은 일반상품시장보다 공개성이 높다.

출제예상문제

출제가능성이 높은 문제를 수록하여 실전에 철저히 대비할 수 있습니다. 또한 모든 문제에 중요도(★~★★★)를 표시하여 중요한 문제부터 우선적으로 학습할 수 있습니다. 뿐만 아니라, 문제 번호 하단의 네모박스(□)에 다시 봐야 할 문제를 체크하여 복습 시 활용할 수 있습니다.

제2회 실전모의고사   fn.Hackers.com

제1과목 · 펀드투자

01 집합투자기구 중 투자회사의 해산사유가 아닌 것은?
① 주주총회의 해산 결의
② 법원의 명령 또는 판결
③ Circuit breakers 발동
④ 정관에서 정한 존속기간의 만료

실전모의고사

실전모의고사 2회분을 수록하여 실력을 점검하고 실전 감각을 극대화하여 시험 전 최종 마무리할 수 있습니다.

자격시험 안내

펀드투자권유대행인이란?

투자자를 상대로 집합투자증권(파생상품 등을 제외)의 매매를 권유하거나 투자자문계약, 투자일임계약 또는 신탁계약(파생상품 등에 투자하는 특정금전신탁계약은 제외)의 체결을 권유하는 자를 말합니다.

펀드투자권유대행인 자격시험 안내

■ 시험일정

구 분	시험일	시험시간	원서접수일	합격자발표
제19회	4/14(일)	10:00 ～ 12:00	3/8(월) ～ 3/22(금)	4/25(목)
제20회	9/29(일)	10:00 ～ 12:00	9/2(월) ～ 9/6(금)	10/10(목)

* 자세한 시험일정은 '금융투자협회 자격시험센터(license.kofia.or.kr)'에서도 확인할 수 있습니다.

■ 시험과목 및 문항수, 배점

시험과목		세부과목명	문항수	배 점	과락기준
제1과목	펀드투자	펀드·신탁의 이해	15	35	14문항 미만 득점자
		투자관리	10		
		펀드평가	10		
제2과목	투자권유	펀드 관련 법규	10	45	18문항 미만 득점자
		영업실무	10		
		직무윤리	10		
		투자권유와 투자자분쟁예방	10		
		투자권유 사례분석	5		
제3과목	부동산펀드	부동산펀드 관련 법규	5	20	8문항 미만 득점자
		부동산펀드 영업실무	15		
합 계			100	100	

■ 시험 관련 기타 정보

시험주관처	금융투자협회
원서접수처	금융투자협회 자격시험센터(license.kofia.or.kr)에서 온라인 접수만 가능
시험시간	120분
응시자격	제한 없음
문제형식	객관식 4지선다형
합격기준	응시과목별 정답비율이 40% 이상인 자 중에서, 응시과목의 전체 정답비율이 60%(60문항) 이상인 자
참고사항	금융회사 입사 후 판매 관련 업무 종사 시에는 추가로 적격성 인증 필요

시험 당일 유의사항

■ 고사장 가기 전

시험 당일 준비물	• 응시표, 규정신분증(주민등록증, 운전면허증, 여권), 계산기, 검정색 필기도구(연필 제외, 컴퓨터용 사인펜 권장)를 반드시 준비합니다. [참고] 규정신분증 이외에 모바일 신분증, 학생증(대학, 대학원), 사원증, 각종 자격증, 임시 운전면허증, 전역증명서 등을 지참할 경우에는 시험에 응시할 수 없습니다.

■ 시험 시작 전

고사장 도착	• 시험 시작 20분 전까지 고사장에 입실 완료해야 합니다. 시험 시작 이후에는 고사장 입실 및 시험 응시가 불가합니다. • 시험이 시작되기 전에 응시표, 신분증, 계산기, 필기도구를 제외한 모든 소지품을 가방에 넣고 자리에 앉아 대기합니다.

■ 시험 시작 후

시험 문제풀이 및 답안지 마킹	• 시험지를 받으면 시험지의 인쇄상태를 확인한 후, 문제풀이를 시작합니다. • 시험 종료 후에 답안지 마킹을 할 경우 부정 처리되어 불이익을 당할 수 있으므로, 반드시 시험 종료 전에 마킹을 완료해야 합니다.

시험 종료	• 시험 종료 후, 시험지와 답안지 모두 제출합니다. [참고] 고사장 퇴실은 시험 종료 40분 전부터 가능합니다.

학습플랜

자신에게 맞는 학습플랜을 선택하여 본 교재를 학습하세요.

이때 해커스금융(fn.Hackers.com) 동영상강의를 함께 수강하면 더 효과적이에요.

5일 완성 학습플랜

교재에 수록된 문제 중 중요도가 가장 높은 별 3개(★★★) 문제를 중심으로 5일 만에 시험 준비를 마칠 수 있어요.

1주	1일 ☐	**제1과목 펀드투자** 별 3개(★★★) 문제 중심	제1장 펀드·신탁의 이해	p.18~99
			제2장 투자관리	p.100~145
			제3장 펀드평가	p.146~197
	2일 ☐	**제2과목 투자권유** 별 3개(★★★) 문제 중심	제1장 펀드법규	p.200~261
			제2장 영업실무	p.262~303
	3일 ☐		제3장 직무윤리	p.304~349
			제4장 투자권유와 투자자분쟁예방	p.350~375
			제5장 투자권유 사례분석	p.376~413
	4일 ☐	**제3과목 부동산펀드** 별 3개(★★★) 문제 중심	제1장 부동산펀드 법규	p.416~435
			제2장 부동산펀드 영업	p.436~469
			제3장 부동산펀드 투자	p.470~493
			제4장 부동산펀드 리스크관리	p.494~517
	5일 ☐	**마무리**	제1·2회 실전모의고사 풀이	p.518~591

7일 완성 학습플랜

교재에 수록된 문제 중 중요도가 높은 별 3개(★★★)와 별 2개(★★) 문제를 중심으로 7일 만에 시험 준비를 마칠 수 있어요.

1주	1일 ☐	**제1과목 펀드투자** 별 3개(★★★), 별 2개(★★) 문제 중심	제1장 펀드·신탁의 이해	p.18~99
	2일 ☐		제2장 투자관리 제3장 펀드평가	p.100~145 p.146~197
	3일 ☐	**제2과목 투자권유** 별 3개(★★★), 별 2개(★★) 문제 중심	제1장 펀드법규	p.200~261
	4일 ☐		제2장 영업실무 제3장 직무윤리	p.262~303 p.304~349
	5일 ☐		제4장 투자권유와 투자자분쟁예방 제5장 투자권유 사례분석	p.350~375 p.376~413
	6일 ☐	**제3과목 부동산펀드** 별 3개(★★★), 별 2개(★★) 문제 중심	제1장 부동산펀드 법규 제2장 부동산펀드 영업 제3장 부동산펀드 투자 제4장 부동산펀드 리스크관리	p.416~435 p.436~469 p.470~493 p.494~517
	7일 ☐	**마무리**	제1·2회 실전모의고사 풀이	p.518~591

10일 완성 학습플랜

교재의 모든 내용을 10일간 집중적으로 학습할 수 있어요.

1주	1일 ☐	제1과목 펀드투자	제1장 펀드·신탁의 이해	p.18~99
	2일 ☐		제2장 투자관리	p.100~145
	3일 ☐		제3장 펀드평가	p.146~197
	4일 ☐	제2과목 투자권유	제1장 펀드법규	p.200~261
	5일 ☐		제2장 영업실무	p.262~303
2주	6일 ☐		제3장 직무윤리	p.304~349
	7일 ☐		제4장 투자권유와 투자자분쟁예방 제5장 투자권유 사례분석	p.350~375 p.376~413
	8일 ☐	제3과목 부동산펀드	제1장 부동산펀드 법규 제2장 부동산펀드 영업 제3장 부동산펀드 투자 제4장 부동산펀드 리스크관리	p.416~435 p.436~469 p.470~493 p.494~517
	9일 ☐	마무리	제1·2회 실전모의고사 풀이	p.518~591
	10일 ☐		제1·2회 실전모의고사 복습	p.518~591

20일 완성 학습플랜

교재의 모든 내용을 20일간 차근차근 학습할 수 있어요.

1주	1일 ☐	제1과목 펀드투자	제1장 펀드·신탁의 이해	p.18~99
	2일 ☐			
	3일 ☐		제2장 투자관리	p.100~145
	4일 ☐			
	5일 ☐		제3장 펀드평가	p.146~197
	6일 ☐			
2주	7일 ☐	제2과목 투자권유	제1장 펀드법규	p.200~261
	8일 ☐			
	9일 ☐		제2장 영업실무	p.262~303
	10일 ☐			
3주	11일 ☐		제3장 직무윤리	p.304~349
	12일 ☐			
	13일 ☐		제4장 투자권유와 투자자분쟁예방	p.350~375
	14일 ☐			
	15일 ☐		제5장 투자권유 사례분석	p.376~413
4주	16일 ☐	제3과목 부동산펀드	제1장 부동산펀드 법규	p.416~435
			제2장 부동산펀드 영업	p.436~469
	17일 ☐		제3장 부동산펀드 투자	p.470~493
			제4장 부동산펀드 리스크관리	p.494~517
	18일 ☐	마무리	제1회 실전모의고사 풀이	p.520~550
	19일 ☐		제2회 실전모의고사 풀이	p.551~581
	20일 ☐		제1·2회 실전모의고사 복습	p.518~591

제1과목
펀드투자

[총 35문항]

제1장
펀드·신탁의 이해

학습전략

펀드·신탁의 이해는 제1과목 전체 35문제 중 **총 15문제**가 출제된다.

증권펀드, 부동산펀드, 특별자산펀드, 혼합자산펀드, 단기금융펀드(MMF)와 같은 펀드의 종류를 철저히 구분하는 것을 먼저 학습해야 한다. 환매금지형, 모자형펀드 등 특수한 형태의 펀드도 빠짐없이 출제되고 있어 세심한 주의가 필요하다. 펀드의 성격에 따른 분류나 전략에 따른 분류도 숙지해야 하는데 이러한 것들은 다른 영역에서도 심심치 않게 출제된다. 신탁의 경우 법률적 검토부터 실무적 부분까지 꼼꼼히 읽고 중요사항을 암기해야 한다. 신탁상품의 종류를 숙지하고 금전신탁, 연금신탁, 부동산신탁, 금전채권신탁 등은 상품 성격과 특성 등을 비교해야 한다.

출제예상 비중

신탁상품의 판매 **10%**
5% 집합투자기구의 유형
15% 집합투자기구의 종류
신탁상품의 종류 **15%**
신탁상품 **5%**
특별자산펀드 **5%**
부동산펀드 **5%**
25% 특수한 형태의 집합투자기구
15% 일반적 분류에 의한 집합투자기구

핵심포인트

다음 중 투자신탁의 특징에 대한 설명으로 가장 거리가 먼 것은?

① 운용회사인 집합투자업자와 수탁회사인 신탁업자가 투자신탁계약을 체결한다.

② 금융위원회에 신고·등록하여 투자자에게 동 펀드의 증권을 매각한다.

③ 납입자산은 신탁업자가 집합투자업자에 지시하여 대상자산에 투자한다.

④ 집합투자업자는 투자신탁의 설정과 해지의 주체이다.

용어 알아두기

해 지	계약 당사자 한쪽의 의사 표시에 의하여 계약에 기초한 법률관계를 말소하는 것이다.

TIP 납입자산은 집합투자업자가 신탁업자에 지시하여 대상자산에 투자한다.

핵심포인트 해설　　**신탁형 집합투자기구(투자신탁)**

	회사형 (x)
개 념	• 계약형 집합투자기구 • 운용회사인 집합투자업자와 수탁회사인 신탁업자가 투자신탁계약을 체결 • 금융위원회에 신고·등록하여 투자자에게 동 펀드의 증권을 매각 • 투자대상자산에 투자하여 운용하는 대표적 집합투자기구
독립성	• 투자자는 판매회사를 통해 수익증권을 매수 • 매수자금은 판매회사를 경유해 신탁업자에 납입 • 납입자산은 집합투자업자가 신탁업자에 지시하여 대상자산에 투자 • 매수한 수익증권은 예탁결제원에 집중예탁됨 • 투자자는 판매회사로부터 수익증권통장을 수령하여 관리의 편리성 도모

정답 | ③

다음 중 투자신탁의 관련 회사가 바르게 연결된 것은?

⊙ 투자신탁재산의 운용·운용지시
ⓛ 투자신탁재산의 보관 및 관리
ⓒ 집합투자증권의 환매

	⊙	ⓛ	ⓒ
①	집합투자업자	신탁업자	판매회사
②	신탁업자	집합투자업자	판매회사
③	판매회사	신탁업자	집합투자업자
④	집합투자업자	판매회사	신탁업자

TIP 투자신탁재산의 운용·운용지시는 집합투자업자가, 투자신탁재산의 보관 및 관리는 신탁업자가, 집합투자증권의 환매는 판매회사가 담당한다.

핵심포인트 해설　　**투자신탁의 관련 회사**

집합투자업자	• 투자신탁의 설정·해지 • 투자신탁재산의 운용·운용지시 • 투자회사재산의 운용
신탁업자	• 투자신탁재산의 보관 및 관리 • 집합투자업자의 투자신탁재산 운용지시에 따른 자산의 취득 및 처분의 이행 • 집합투자업자의 투자신탁재산 운용지시에 따른 수익증권의 환매대금 및 이익금액의 지급 • 집합투자업자의 투자신탁재산 운용지시 등에 대한 감시 → 신탁업자의 매우 중요한 임무임 • 투자신탁재산에서 발생하는 이자·배당·수익금·임대료 등 수령 • 무상으로 발생되는 신주의 수령 • 증권 상환금의 수입 • 여유자금 운용이자의 수입
판매회사	• 집합투자증권의 판매 • 집합투자증권의 환매

정답 | ①

수익자총회의 결의사항으로 가장 거리가 먼 것은?

① 신탁계약기간의 변경
② 투자신탁 종류의 변경
③ 주된 투자대상자산의 변경
④ 판매회사의 변경

용어 알아두기

수익자총회	수익자(펀드투자자)에게 중대한 영향을 미치는 사항(환매 연기 및 약관 변경 등)을 수익자가 직접 결정하기 위해 수익자가 하는 회의이다.

TIP 판매회사의 변경은 수익자총회의 결의사항은 아니다. 집합투자업자와 신탁업자의 변경은 결의사항에 해당한다.

핵심포인트 해설 **신탁계약의 변경**

원칙	• 집합투자업자는 신탁업자와 변경계약을 체결해야 함
수익자총회 결의사항	• 집합투자업자·신탁업자 등이 받는 보수, 그 밖의 수수료의 인상 ↳ 인하 (X) • 신탁업자의 변경 • 신탁계약기간의 변경 • 투자신탁 종류의 변경 • 주된 투자대상자산의 변경 • 집합투자업자의 변경 • 환매금지형투자신탁이 아닌 투자신탁의 환매금지형투자신탁으로의 변경 • 환매대금 지급일의 연장
공시·통지	• 인터넷 홈페이지를 이용하여 공시 • 수익자총회의 결의를 통한 경우에는 공시에 추가하여 수익자에게 통지

정답 | ④

수익자총회의 소집권자가 아닌 자는?

① 판매회사
② 집합투자업자
③ 집합투자증권의 5% 이상을 소유한 수익자
④ 신탁업자

TIP 판매회사는 수익자총회의 소집권자가 될 수 없다.

핵심포인트 해설 **수익자총회**

소집권자	• 집합투자업자 • 집합투자증권의 5% 이상을 소유한 수익자 • 신탁업자 → 10% (X)
결 의	• 출석 수익자 의결권의 과반수와 발행된 수익증권 총좌수의 1/4 이상 찬성 • 수익자는 총회에 출석하지 아니하고 서면으로 의결권 행사 가능
간주의결권	• 수익자에게 의결권 행사 통지가 있었으나 행사되지 아니하였을 것 • 간주의결권 행사 방법이 규약에 기재되어 있을 것 • 수익자총회의 의결권을 행사한 총좌수가 발행된 총좌수의 1/10 이상일 것 • 간주의결권행사 결과를 금융위원회 고시에 따라 수익자에게 제공하는 것을 따를 것
연기 수익자총회	• 수익자의 불참으로 총회가 성립하지 아니할 경우
매수청구권	• 총회 결의사항에 반대하는 수익자가 서면으로 의사를 밝힐 경우 집합투자업자가 신탁재산으로 해당 수익자의 수익권을 매수해야 하며 이를 반대수익자의 수익증권매수청구권이라 함

참고 간주의결권제도 : 수익자총회에 출석하지 않은 수익자의 의결권을 수익자총회에 출석한 수익자의 결의내용에 영향을 미치지 않도록 행사된 것으로 보는 제도

정답 | ①

다음 중 투자신탁의 당연해지 사유로 모두 묶인 것은?

┌───┐
│ ㉠ 투자신탁의 피흡수합병   │
│ ㉡ 투자신탁의 등록 취소   │
│ ㉢ 수익자 전원 동의   │
│ ㉣ 수익증권 전부에 대한 환매 발생   │
└───┘

① ㉠

② ㉠, ㉡

③ ㉠, ㉡, ㉢

④ ㉠, ㉡, ㉢, ㉣

TIP ㉢ ㉣ 투자신탁의 임의해지 사유에 해당한다.

핵심포인트 해설　　　**투자신탁의 해지**

당연해지	• 신탁계약기간의 종료 • 수익자총회의 투자신탁 해지 결의 • 투자신탁의 피흡수합병 • 투자신탁의 등록 취소 • 금융위원회의 승인을 받아 집합투자업자가 해지
임의해지 ↳ 반드시 구별할 것!	• 수익자 전원 동의 • 수익증권 전부에 대한 환매 발생 • (사모펀드 아닌 투자신탁)설정 후 1년이 되는 날 원본액이 50억원 미만인 경우 • (사모펀드 아닌 투자신탁)설정 1년 후 1개월간 계속하여 투자신탁의 원본액이 50억원 미만인 경우
집합투자업자의 의무	• 투자신탁을 해지하는 시점에서 발생하는 신탁재산 중 미지급금과 미수금은 집합투자업자가 공정가액으로 투자신탁을 해지하는 날에 그 채권 또는 채무를 양수해야 함

정답 | ②

상법상 주식회사형태의 집합투자기구인 투자회사에 대한 설명으로 가장 거리가 먼 것은?

① 투자회사의 투자기구 중 일반사무관리회사의 경우 이사회 및 주주총회 업무를 지원 해주고 있다.
② 집합투자기구의 특성상 투자회사가 국내에서 가장 많이 활성화되어 있다.
③ 기업인수증권투자회사(M&A Fund)의 경우 투자회사형태로 운용된다.
④ 투자회사는 MMF에 투자할 수 없다.

용어 알아두기

집합투자기구	펀드의 법률(자본시장법)적 표현이다.

TIP 현재 국내 대부분의 집합투자기구는 투자신탁이다. 투자회사의 경우 M&A, 기업구조조정투자기구 등에 사용하고 있으며, 일반적인 내용은 투자신탁과 동일하다.

핵심포인트 해설   **투자회사**

특 징	• 펀드 운용을 하기 위해 주식회사 형태로 변경된 회사 • 모든 업무가 서류상으로 만들어진 회사의 명의로 진행(Paper Company) • 모든 업무를 외부 전문가에게 위탁 • 관련 당사자 : 집합투자업자, 신탁업자, 일반사무관리회사, 판매회사 • 투자신탁과 비교할 경우 경제적 차이가 없기 때문에 제한적으로 이용
구 성	• 기업인수증권투자회사(M&A Fund)의 경우 투자회사로만 존재 • 시장성이 없는 부동산펀드 및 선박펀드의 경우 투자회사가 유리

정답 | ②

회사형 집합투자기구에 대한 설명으로 잘못된 것은?

① 투자회사는 펀드 운용을 하기 위해 유한회사 형태로 변경된 회사이다.
② 투자합자회사는 집합투자업자가 무한책임사원, 다수의 유한책임사원으로 이루어진다.
③ 투자유한회사는 투자회사의 감독이사에 해당하는 자를 별도로 두지 않는다.
④ 투자유한책임회사는 집합투자업자가 업무집행자이다.

용어 알아두기

투자유한책임회사	2012년 개정된 상법에 도입된 회사의 형태이다. 주식회사의 경직된 지배구조보다 신속하고 유연하며 탄력적인 지배구조를 가지고 있고, 출자자가 직접 경영에 참여할 수 있으며 각 사원이 출자금액만을 한도로 책임진다. 고도의 기술을 보유하고 있으며 초기 상용화에 어려움을 겪는 벤처 창업에 적합하다.

TIP 투자회사는 펀드 운용을 하기 위해 주식회사 형태로 변경된 회사이다.

핵심포인트 해설   기타 회사형 집합투자기구

투자유한회사	• 집합투자업자가 법인이사인 상법상 유한회사 • 투자회사의 감독이사에 해당하는 자를 별도로 두지 않음
투자합자회사 *반드시 구별할 것!*	• 집합투자업자가 무한책임사원, 다수의 유한책임사원으로 이루어진 상법상 합자회사 • 투자회사의 감독이사에 해당하는 자를 별도로 두지 않음 • 이익배당 시 : 무한책임사원과 유한책임사원의 배당률 또는 배당순서를 달리 적용 가능 • 손실배분 시 : 무한책임사원과 유한책임사원의 배분율 또는 배당순서를 달리 적용 불가능
투자유한책임회사	• 집합투자업자가 업무집행자 • 다수의 유한책임사원으로 이루어진 상법상 유한책임회사 형태 • 투자회사의 감독이사에 해당하는 자를 별도로 두지 않음

정답 | ①

08

투자신탁과 투자회사에 대한 설명으로 옳은 것은?

① 투자신탁은 투자기구의 실체가 없어 투자기구와 관련된 법률행위의 주체가 될 수 없다.
② 투자회사는 실체가 없어 투자기구와 관련된 법률행위를 직접 수행한다.
③ 투자회사의 경우 집합투자업자가 대부분의 사항에 대해서 의사를 결정한다.
④ 투자신탁의 경우 이사회, 주주총회에서 주요한 의사를 결정한다.

용어 알아두기

이사회	이사에 의하여 구성되어 회사의 업무집행에 관한 사항을 결정하는 기관이다.
주주총회	주식회사의 주주들이 모여 상법에 정해 놓은 회사의 중요한 사안을 정하는 최고 의사 결정회의이다.

TIP ② 투자회사는 투자기구가 실체를 가지고 있어 투자기구와 관련된 법률행위를 직접 수행한다.
③ 투자신탁의 경우 집합투자업자가 대부분의 사항에 대해서 의사를 결정한다.
④ 투자회사의 경우 이사회, 주주총회에서 주요한 의사를 결정한다.

핵심포인트 해설 　투자신탁과 투자회사

구 분	투자신탁	투자회사
형 태	• 계약관계 • 투자기구의 실체가 없어 투자기구와 관련된 법률행위의 주체가 될 수 없음	• 회사형태 • 투자기구가 실체를 가지고 있어 투자기구와 관련된 법률행위를 직접 수행
당사자	• 집합투자업자, 신탁업자, 수익자, 투자매매업자·투자중개업자(판매회사)	• 투자기구, 집합투자업자, 신탁업자, 일반사무관리회사, 투자매매업자·투자중개업자(판매회사), 주주
자산 소유자	• 신탁업자	• 투자기구
법률행위주체	• 신탁업자	• 투자기구
투자기구 관련 의사결정	• 집합투자업자가 대부분의 사항에 대해서 의사결정 • 단, 법에서 정하는 범위에 한하여 수익자총회에서 결정	• 이사회, 주주총회에서 의사결정 • 단, 실무적으로 집합투자업자가 의사결정 과정에 중요한 역할 수행
가능한 투자 기구의 형태	• MMF, 주식형, 채권형 등 일반적인 투자 상품	• 일반적 상품(MMF 제외) 외에 M&A투자기구, 부동산투자기구, 기업구조조정투자기구, PEF 등 가능

정답 | ①

조합 형태의 집합투자기구에 대한 내용으로 잘못된 것은?

① 조합 형태의 집합투자기구에는 투자합자조합과 투자익명조합이 있다.
② 2인 이상의 특정인이 모여 사업을 하고 그 결과를 자금을 출연한 투자자가 취한다.
③ 투자합자조합은 이익배당 시 무한·유한책임조합원의 배당순서를 달리할 수 없다.
④ 투자익명조합재산은 집합투자업자인 영업자 1인이 운용한다.

용어 알아두기

투자합자조합	회사 경영을 맡은 업무집행조합원(무한책임조합원)과 여기에 투자를 하는 유한책임조합원으로 구성된 회사형태이다.

TIP 투자합자조합은 이익배당 시 무한책임조합원과 유한책임조합원의 배당률 또는 배당순서 등을 달리 적용할 수 있다.

핵심포인트 해설   **조합 형태의 집합투자기구**

(1) 개 념

2인 이상의 특정인이 모여 공동사업을 하거나 영업자가 사업을 영위할 수 있도록 하고 그 사업의 결과를 자금을 출연한 투자자가 취하는 것

(2) 투자합자조합

① 설립 : 조합계약 작성, 집합투자업자인 업무집행조합원 1인과 유한책임조합원 1인이 기명날인 또는 서명
② 구성 : 무한책임을 지는 집합투자업자인 업무집행조합원 1인과 출자액을 한도로 하여 유한책임을 지는 유한책임조합원으로 구성
③ 감독이사에 해당하는 자를 별도로 두고 있지 않음
④ 이익배당 시 : 무한책임조합원과 유한책임조합원의 배당률 또는 배당순서 등을 달리 적용 가능
⑤ 손실배분 시 : 무한책임조합원과 유한책임조합원의 배당률 또는 배분순서를 달리 적용 불가

(3) 투자익명조합 → 반드시 구별할 것!

① 익명조합계약 작성, 집합투자업자인 영업자 1인과 익명조합원 1인이 기명날인 또는 서명
② 투자익명조합재산은 집합투자업자인 영업자 1인이 운용

정답 | ③

10

집합투자기구에 대한 설명으로 옳은 것은?

① 자본시장법상 펀드의 종류로 증권, 부동산, 특별자산, 혼합자산, 파생상품펀드가 있다.

② 증권펀드는 집합투자재산의 50% 이상을 증권에 투자하는 펀드이다.

③ 특별자산펀드는 집합투자재산의 50% 이상을 증권 및 부동산을 포함한 특별자산에 투자하는 펀드이다.

④ MMF는 집합투자재산의 전부를 단기금융상품에 투자하는 펀드이다.

TIP ① 자본시장법상 펀드의 종류로 증권, 부동산, 특별자산, 혼합자산, 단기금융펀드(MMF)가 있다.
② 증권펀드는 집합투자재산의 50%를 초과하여 증권에 투자하는 펀드이다.
③ 특별자산펀드는 집합투자재산의 50%를 초과하여 증권 및 부동산을 제외한 투자대상자산인 특별자산에 투자하는 펀드이다.

핵심포인트 해설 　　집합투자기구(펀드)의 종류

증권펀드	집합투자재산의 50%를 초과하여 증권에 투자하는 펀드
부동산펀드	집합투자재산의 50%를 초과하여 부동산 또는 부동산 관련 자산에 투자하는 펀드
특별자산펀드	집합투자재산의 50%를 초과하여 증권 및 부동산을 제외한 투자대상자산인 특별자산에 투자하는 펀드
혼합자산펀드	집합투자재산을 운용함에 있어서 증권·부동산·특별자산펀드 관련 규정의 제한을 받지 아니하는 펀드
단기금융펀드(MMF)	집합투자재산의 전부를 단기금융상품에 투자하는 펀드

정답 | ④

투자대상이 사전에 특정되지 아니함으로 인해 보다 많은 투자기회를 찾아 투자할 수 있는
펀드는?

① 부동산펀드
② 혼합자산펀드
③ 특별자산펀드
④ 단기금융펀드(MMF)

TIP 많은 기회를 찾아 투자하고 수익을 향유할 수 있는 펀드는 혼합자산펀드이다.

핵심포인트 해설   **혼합자산펀드**

개 념	• 집합투자재산을 운용함에 있어서 증권·부동산·특별자산펀드 관련 규정의 제한을 받지 아니하는 펀드 예 투자대상을 확정하지 아니하고 가치가 있는 모든 자산에 투자할 수 있는 펀드
장 점	• 주된 투자대상 및 최저투자한도 등에 대한 별도의 법령상 제한이 없어서 어떠한 자산이든 투자비율의 제한 없이 투자 가능 • 투자대상이 사전에 특정되지 아니함으로 인해 보다 많은 투자기회를 찾아 투자하고 수익을 향유할 수 있음
단 점	• 투자손실의 가능성도 더 높은 펀드 • 환매금지형펀드로 설정·설립되어야 한다는 제한이 있음

정답 | ②

12

단기금융집합투자기구(MMF)에 대한 설명으로 잘못된 것은?

① 집합투자재산의 전부를 단기금융상품에 투자하는 펀드이다.
② 다른 펀드와는 달리 보유 재산을 시가로 평가한다.
③ 단기자금을 일시적으로 투자하는 용도로 주로 활용한다.
④ 다른 유형의 펀드보다 더 강화된 운용제한 규정을 적용한다.

용어 알아두기

시가평가	자산을 시장에서 거래되거나 거래되기에 적합한 가격으로 평가하는 방식이다. 자산을 장부 상의 가격, 거래하는 시점의 가격으로 평가하는 방식은 장부가평가이다.

TIP 다른 펀드가 보유 재산을 시가로 평가하는 반면, MMF는 장부가로 평가하는 것이 가장 다른 점이다.

핵심포인트 해설   단기금융펀드(MMF)

특 징	• 집합투자재산의 전부를 단기금융상품에 투자하는 펀드 • 장부가로 평가 → 시가 (X) • 단기자금을 일시적으로 투자하는 용도로 주로 활용 • 다른 유형의 펀드보다 더 강화된 운용제한 규정을 적용
단기금융상품	• 잔존만기 6개월 이내 양도성 예금증서 • 잔존만기 5년 이내 국채, 잔존만기 1년 이내 지방채·특수채·사채권 및 기업어음 (다만, 환매조건부매수의 경우 잔존만기에 대한 제한 적용 배제) • 만기 1년 이내의 기업어음을 제외한 금융기관이 발행·할인·매매·중개·인수 또는 보증하는 어음 • 단기대출, 만기 6개월 이내인 금융기관 또는 체신관서에의 예치, 다른 단기금융펀드의 집합투자증권, 단기사채 등
운용방법	• 증권을 대여하거나 차입하지 아니할 것 • 남은 만기 1년 이상인 국채에 재산의 5% 이내에서 운용할 것 • 환매조건부매도는 해당 펀드가 보유하는 증권총액의 5% 이내일 것 • 해당 펀드 집합투자재산의 남은 만기의 가중평균이 75일 이내일 것 • MMF의 펀드재산이 일정 기준을 충족하지 못하는 경우 다른 펀드를 설정·설립하거나 다른 MMF로부 터 운용업무 위탁을 받지 않을 것 • 하나의 MMF에서 원화와 외화 단기금융상품을 투자하지 않을 것
원화 MMF의 운용제한	• 자산의 원리금 또는 거래금액이 환율·증권의 가치 또는 증권지수의 변동에 따라 변동하거나 계약 시 점에 미리 정한 특정한 신용사건의 발생에 따라 확대 또는 축소되도록 설계된 것에 운용하지 않을 것 • 원리금 또는 거래금액, 만기 또는 거래기간 등이 확정되지 않은 자산에 운용하지 않을 것 • 펀드 재산의 40% 이상을 채무증권에 운용할 것 • 현금, 국채증권, 통화안정증권, 환매조건부매수, 단기대출 등에 10% 이상 투자할 것
외화 MMF의 운용제한	• 자산의 원리금 또는 거래금액이 증권의 가치 또는 증권지수의 변동에 따라 변동하거나 계약 시점에 미리 정한 특정한 신용사건의 발생에 따라 확대 또는 축소되도록 설계된 것에 운용하지 않을 것 • 원리금 또는 거래금액, 만기 또는 거래기간 등이 확정되지 않은 자산에 운용하지 않을 것 • 펀드 재산의 40% 이상을 외화표시 채무증권에 운용할 것

정답 | ②

다음 중 특수한 형태의 펀드로 모두 묶인 것은?

> ㉠ 종류형펀드   ㉡ 전환형펀드
> ㉢ 모자형펀드   ㉣ 단위형펀드
> ㉤ 상장지수펀드   ㉥ 국내투자펀드
> ㉦ 액티브펀드

① ㉠, ㉡, ㉢, ㉤
② ㉡, ㉢, ㉣, ㉤
③ ㉢, ㉣, ㉤, ㉥
④ ㉣, ㉤, ㉥, ㉦

TIP 단위형펀드, 국내투자펀드, 액티브펀드는 일반적 분류에 따른 펀드의 구분이다.

핵심포인트 해설   **특수한 형태의 펀드**

환매금지형펀드	환매청구에 의하여 자금을 회수하는 것이 불가능하도록 만들어진 펀드
종류형펀드	동일한 투자기구 내에서 다양한 판매 보수 또는 수수료 구조를 가진 펀드
전환형펀드	다양한 자산과 투자전략을 가진 투자기구를 묶어 교체투자가 가능한 펀드
모자형펀드	동일한 집합투자업자의 투자기구를 상하구조로 나누어 하위 펀드의 증권을 투자자에게 매각하고, 매각된 자금으로 상위 펀드에 투자하는 구조의 펀드
상장지수펀드(ETF)	일반주식과 같이 상장된 인덱스펀드
사모펀드	공모에 의하지 아니하고 투자기구를 설정·설립하는 펀드

→ 반드시 구별할 것!

정답 | ①

반드시 환매금지형펀드로 설정·설립하는 경우가 아닌 것은?

① 부동산펀드
② 종류형펀드
③ 특별자산펀드
④ 자산총액의 20%를 초과하여 시장성 없는 자산에 투자하는 펀드

TIP 반드시 환매금지형펀드로 설정·설립해야 하는 것은 부동산펀드, 특별자산펀드, 혼합자산펀드 그리고 자산총액의 20%를 초과하여 시장성 없는 자산에 투자하는 펀드이다.

핵심포인트 해설　　**환매금지형펀드**

(1) 개 념
　① 환매청구에 의하여 자금 회수가 불가능하도록 만들어진 펀드
　② 존속기간을 정한 펀드에 대해서만 가능
　③ 최초 발행 90일 이내에 증권을 시장에 상장해야 함 ← 75일 (X)
(2) 추가발행 가능조건
　① 이익분배금의 범위 내 발행
　② 기존 투자자의 이익을 해할 우려가 없다는 신탁업자 확인 시
　③ 기존 투자자 전원의 동의 시
(3) 의무적 설정·설립요건
　① 부동산펀드, 특별자산펀드, 혼합자산펀드(시장성 없는 자산에 투자하지 아니하는 펀드 제외)
　② 자산총액의 20%를 초과하여 시장성 없는 자산에 투자하는 펀드
　③ 일반투자자를 대상으로 하는 펀드(MMF 및 ETF 제외)로서 자산총액의 50%를 초과하여 금융위원회가 고시하는 자산에 투자하는 펀드 → 비율에 주의할 것!

정답 | ②

종류형(Class)펀드에 대한 설명으로 잘못된 것은?

① 종류(Class)의 수에는 제한이 없다.
② 기존 비종류형펀드도 종류형펀드로 전환할 수 있다.
③ 여러 클래스에 투자된 자산을 합쳐서 투자하므로 규모의 경제를 달성할 수 있다.
④ 집합투자업자 및 신탁업자 보수는 클래스별로 차별화되어 있다.

TIP 집합투자업자 및 신탁업자 보수는 클래스별로 차별화하지 못한다. 이는 클래스가 다르다고 해서 집합투자업자의 운용에 소요되는 비용 또는 신탁업자의 집합투자재산 관리에 소요되는 비용이 차별화되는 것이 아니기 때문이다.

핵심포인트 해설   종류형(Class)펀드

(1) 개 요
① 동일한 투자기구 내에서 다양한 판매 보수 또는 수수료 구조의 클래스 존재
② 보수 또는 수수료 차이에서 발생하는 신규펀드 설정을 억제
③ 여러 클래스에 투자된 자산을 합쳐서 투자하므로 규모의 경제를 달성
④ 집합투자업자 및 신탁업자 보수는 클래스별로 차별화 못함
⑤ 소규모 펀드 양산의 원인 중 하나였던 보수 차이로 인한 신규펀드 설정 문제가 어느 정도 해소됨

(2) 추가 관련 사항
① 특정 종류의 투자자에 대해서만 이해관계가 있는 경우 그들만 총회를 개최할 수 있음
② 펀드 설정 시 종류별(Class) 보수와 수수료에 대한 사항을 포함하여 보고해야 함
③ 종류(Class)의 수에는 제한 없음
④ 기존 비종류형펀드도 종류형펀드로 전환 가능
⑤ 장기투자 유도의 목적으로 동일한 펀드 내에서 종류 간 전환이 가능한 기능을 추가하는 경우도 있음

정답 | ④

16

전환형펀드에 대한 설명으로 잘못된 것은?

① 다양한 자산과 투자전략을 가진 투자기구를 묶어 하나의 투자기구 세트를 만든다.

② 투자자는 그 투자기구 세트 내에서 교체투자를 가능하게 해주는 펀드이다.

③ 투자자가 집합투자증권을 환매할 경우에는 환매수수료를 적용하지 아니한다.

④ 투자자가 사전에 정한 기간에 미치지 못하는 기간만 투자하더라도 환매수수료를 징수하지 않는다.

TIP 투자기구 세트에서 이탈할 경우(투자자가 마지막으로 투자한 투자기구에서 사전에 정한 기간에 미치지 못하는 기간만 투자하고 해당 투자기구의 집합투자증권을 환매)에는 그 투자자의 투자기간 중 유보하였던 환매수수료를 재징수하게 된다.

핵심포인트 해설 **전환형펀드**

(1) 의 의

복수의 펀드 간에 각 펀드의 투자자가 소유하고 있는 집합투자증권을 다른 펀드의 집합투자증권으로 전환할 수 있는 권리를 투자자에게 부여하는 구조의 펀드

(2) 요 건

① 복수의 펀드 간에 공통으로 적용되는 집합투자규약이 있을 것

② 서로 다른 법적형태를 가진 펀드나 기관 전용 사모펀드 간에는 전환이 금지되어 있을 것

(3) 환매수수료

① 투자자가 집합투자증권을 환매할 경우 환매수수료 적용하지 않음

② 사전에 정한 기간에 미치는 못하는 기간만 투자할 경우 그동안 유보된 환매수수료 재징수

(4) 비 교

① 종류형펀드와 전환형펀드의 비교 : 종류형펀드는 전환 시 기존 포트폴리오에 변화가 없고 환매수수료 적용대상이 아니나, 전환형펀드는 기존 포트폴리오에 변화가 있고 환매수수료 적용대상(다만, 적용을 유예함)

② 목표달성형펀드와 전환형펀드의 비교 : 목표달성형펀드는 펀드에서 일정 수익이 달성되면 펀드 해지 또는 안정적인 자산으로 투자대상을 변경시키는 것이나, 전환형펀드는 투자자에게 다른 펀드로 전환시킬 수 있는 권리가 부여된 펀드

정답 | ④

모자형펀드에 대한 설명으로 가장 거리가 먼 것은?

① 펀드매니저 입장에서 운용의 집중도를 올릴 수 있다는 장점이 있다.
② 기존 펀드를 모자형펀드로 변경 가능하다.
③ 모펀드와 자펀드의 운용회사가 동일해야 한다.
④ 투자자는 모펀드만 매입할 수 있다.

용어 알아두기

모자형펀드	동일한 운용자가 설정한 여러 펀드의 재산을 하나의 펀드에 통합하여 운용함으로써 규모의 경제를 갖추어 거래비용을 낮출 수 있는 구조의 펀드이다.

TIP 투자자는 자펀드만 매입할 수 있으며 자펀드가 편입할 수 있는 모펀드가 사전에 정해져 있다.

핵심포인트 해설 | **모자(母子)형펀드**

(1) 의 의
① 다른 펀드(모펀드)가 발행하는 집합투자증권을 취득하는 구조의 펀드(자펀드)
② 자펀드(하위 펀드)의 집합투자증권을 투자자에게 판매하고, 그 자금을 모펀드(상위 펀드)에 대부분 투자하는 구조

(2) 주 의
① 기존 펀드를 모자형펀드로 변경 가능
② 둘 이상의 펀드 자산을 합하여 하나의 모펀드에 이전 불가
③ 하나의 펀드 자산을 분리하여 둘 이상의 모펀드에 이전 불가

(3) 요 건 → 매우 중요!
① 자펀드가 모펀드의 집합투자증권 외의 다른 집합투자증권을 취득하는 것을 불허용
② 자펀드 외의 자가 모펀드의 집합투자증권을 취득하는 것을 불허용
③ 자펀드와 모펀드의 집합투자재산을 운용하는 집합투자업자가 동일할 것

(4) 모자형펀드와 재간접펀드 비교

구 분	모자형펀드(Master-Feeder Fund)	재간접펀드(Fund of Funds)
도입취지	집합투자업자의 운용 효율성	운용회사의 운용능력 아웃소싱
투자대상	하위 펀드(자펀드)	펀드 자체에 투자
집합투자업자 동일성	모펀드와 자펀드의 집합투자업자가 동일함	해당 펀드와 투자대상 펀드의 집합투자업자가 동일하지 않음

정답 | ④

상장지수펀드(ETF : Exchange Traded Fund)**에 대한 설명으로 잘못된 것은?**

① 국내 주식형 ETF는 매매차익에 대하여 과세한다.
② 특정주가지수를 따라가며 수익을 실현하는 인덱스펀드이다.
③ 증권 실물로 투자기구의 설정 및 해지를 할 수 있다.
④ 지수를 산정할 수 없는 경우 상장을 폐지한다.

TIP 국내 주식형 ETF의 경우 매매차익은 비과세, 배당소득은 과세하고 있다.

핵심포인트 해설 **상장지수펀드(ETF)**

의 의	• 특정주가지수와 연동되는 수익률을 얻을 수 있도록 설계된 지수연동형펀드 • 투자자들은 거래소나 코스닥시장에 상장되는 ETF를 주식처럼 매매
특 징	• 인덱스형, 추가형, 상장형, 증권 실물로 설정 및 해지 가능
장 점	• 주식과 같이 편리하게 투자할 수 있음 • 주식과 인덱스펀드의 장점을 모두 가지고 있음 • 투자자가 원하는 가격과 시간에 매매, 의사결정과 실제 투자 간의 차이가 발생하지 않음
과세방법	• 펀드 과세방식과 주식 과세방식이 혼합됨 • 국내 주식형 ETF : ETF 매매차익 비과세, 이자소득 및 배당소득 과세 • 국내 채권형 ETF, 해외주식형 ETF, 원자재 ETF : 보유기간 과세방식(처분이익과 보유기간 중 발생한 배 　　　　　　　　　　　　　　　　　　　　　　　 당소득 과표상승분 중 적은 금액을 과표로 하여 과세)
적용배제	• 대주주와의 거래 제한 규정 • 의결권행사 규정(ETF는 Shadow Voting만 가능) • 자산운용보고서 제공 의무, 주식대량보유 보고 의무, 내부자 단기매매차익 반환 의무, 임원 등 소유상 　황 보고 의무 • 환매청구 및 방법, 환매가격 및 수수료, 환매연기, 금전납입원칙 등의 규정
운용특례	• 자산총액의 30%까지 동일종목의 증권에 운용하는 것이 가능함 • 자산총액으로 동일법인 등이 발행한 지분증권 총수의 20%까지 운용이 가능함 • 이해관계인 간의 거래 제한 적용이 배제됨
상장폐지	• 추적오차율이 10%를 초과하여 3개월간 지속되는 경우 • 지수를 산정할 수 없는 경우 • 지수를 이용할 수 없게 된 경우 • 상장폐지일로부터 10일 이내 펀드 해지, 해지일로부터 7일 이내 금융위원회 보고

정답 | ①

상장지수집합투자기구(ETF : Exchange Traded Funds)에 대한 내용으로 가장 거리가 먼 것은?

① 기관투자자의 대량거래가 많다.

② 과세부담이 없기 때문에 가격조정을 통하여 상쇄한다.

③ 투자자가 지정참가회사·투자중개업자를 통하여 수익증권을 해지하여 과세할 경우 일반적인 집합투자기구의 과세방법을 따른다.

④ 주식의 성격을 가지고 있기 때문에 오늘 환매신청을 하면 다음 날 종가로 환매가격 이 결정된다.

TIP 상장지수집합투자기구(ETF)는 증권시장에서 즉각적으로 거래가 이루어지기 때문에 실제 투자시간의 차이가 발생하지 않는다.

핵심포인트 해설 **상장지수집합투자기구(ETF)의 투자 과정**

시 장	• Primary Market(1차적 시장, 발행시장, 판매회사 또는 지정참가회사) • Secondary Market(2차적 시장, 유통시장, 증권시장)
Primary Market	• 지정참가회사(AP : Authorized Participant)를 통하여 ETF의 설정과 해지가 발생
Secondary Market	• 발행된 ETF 증권이 증권시장을 통해서 주식 같이 매매되는 시장 • 일반투자자들과 지정참가회사가 ETF 수익증권 매매
재원 분배	• ETF는 회계결산 시점과 무관하게 신탁분배금 분배 가능 • 신탁분배금을 반드시 이익금으로 분배할 필요는 없음

정답 | ④

20

전문투자형 사모펀드에 적용되는 규제완화의 내용으로 잘못된 것은?

① 사모펀드의 동일종목 투자한도는 제한이 없다.
② 환매금지형사모펀드는 1년 이내에만 상장하면 된다.
③ 사모펀드는 다른 사모펀드 집합투자증권에 투자할 수 있다.
④ 부동산펀드 운용 시 대여금 회수를 위한 수단을 강구하지 않아도 된다.

TIP 환매금지형사모펀드는 90일 내 증권시장 상장 의무가 없으므로 상장하지 않아도 된다.

핵심포인트 해설 **전문투자형 사모펀드**

(1) 의 의
① 공모에 의하지 않고 해당 집합투자증권을 매각하여 설정·설립하는 펀드
② 사모펀드는 전문투자형 사모펀드와 경영참여형 사모펀드로 구분되며, 다음은 전문투자형 사모펀드에 관한 사항임

(2) 적용배제
① 투자광고
② 증권 또는 파생상품에 대한 투자 제한
  ㉠ 동일종목 증권에 대한 10% 투자 제한
  ㉡ 전체 펀드로 동일법인 발행 지분증권 총수의 20% 초과 투자 금지
  ㉢ 각 펀드별 동일법인 발행 지분증권 총수의 10% 초과 투자 금지
  ㉣ 동일법인 위험평가액이 각 펀드 자산총액의 10% 초과 금지
  ㉤ 거래상대방 위험평가액이 각 펀드 자산총액의 10% 초과 금지
③ 집합투자증권에 대한 투자 제한
  ㉠ 자산총액의 40%를 초과하여 투자할 수 있는 펀드에 투자
  ㉡ 사모펀드의 집합투자증권에 투자하는 행위
  ㉢ 같은 펀드의 집합투자증권 총수의 20%를 초과하여 투자하는 행위
④ 환매조건부증권 매도, 증권 대여 등 제한
⑤ 자산운용보고서 작성 및 제공 의무, 수시공시 의무, 집합투자재산에 관한 보고 의무, 집합투자규약의 인터넷 공시 의무
⑥ 파생상품의 운용 특례, 환매금지형펀드의 90일 내 증권시장 상장 의무
⑦ 집합투자재산의 외부회계감사 수감 의무, 집합투자자총회 및 그와 관련된 사항, 부동산펀드 운용 시 대여금 회수를 위한 수단 강구 의무

(3) 적용완화
① 파생상품의 매매에 따른 위험평가액이 순자산총액의 400%(공모의 경우 100%)
② 집합투자증권에 대한 투자 시 각 펀드 자산총액의 50%(공모의 경우 20%)
③ 금전 외 자산으로 납입가능(다음 조건 충족 시)
  ㉠ 다른 투자자 전원의 동의가 있을 것
  ㉡ 금전 외의 자산을 집합투자재산평가위원회가 정하는 가격으로 납입할 것

정답 | ②

펀드재산의 55%를 주식에 투자하는 펀드는?

① 주식형펀드
② 채권형펀드
③ 채권혼합형펀드
④ 주식혼합형펀드

TIP 주식혼합형펀드는 펀드재산의 50% 이상 60% 미만을 주식에 투자한다.

핵심포인트 해설 | **펀드 성격에 따른 분류**

분류 기준	형 태	주요 내용
추가설정 여부	추가형	• 최초 모집기간 종료 이후에도 추가설정이 가능한 펀드
	단위형	• 최초 모집기간 종료 이후에는 추가설정이 불가능한 펀드
중도환매 여부	개방형	• 계약기간 중도에 환매가 가능한 펀드(대부분의 펀드) • 장외파생상품에 투자하는 펀드의 경우 높은 환매수수료 적용
	폐쇄형	• 계약기간 중도에 환매가 불가능한 펀드 • 주로 부동산펀드, 선박펀드(공모의 경우 증권시장에 상장해야 함)
주식투자 비중 ↳ 비율 잘 암기할 것!	주식형	• 주식에 펀드재산의 60% 이상 투자
	채권형	• 채권에 펀드재산의 60% 이상 투자
	혼합형	• 채권혼합형 : 주식에 펀드재산의 50% 미만 투자 • 주식혼합형 : 주식에 펀드재산의 50% 이상 투자(50 ~ 60% 정도)
파생상품 투자 여부	증권형	• 파생상품에 투자할 수 없는 펀드
	파생형	• 파생상품에 투자할 수 있는 펀드 • 장내파생상품 투자 펀드 : 레버리지 리스크(거래상대방 위험 없음) • 장외파생상품 투자 펀드 : 레버리지 리스크 + 거래상대방 위험 + α
판매방법	모집식	• 펀드 설정 전에 펀드 청약대금 확보한 후에 펀드를 설정하는 방식 • 현재 모집식펀드가 대부분(펀드판매사의 자금 부담이 없음)
	매출식	• 펀드판매사의 보유자금으로 펀드 설정 후 고객의 펀드청약이 있을 때 판매사가 보유 중인 펀드를 매각하는 방식
투자방법	거치식	• 일시에 목돈을 투자하는 방식
	적립식	• 일정 기간마다 일정 금액을 나누어 장기간 투자하는 방식 • 평균 매입단가를 낮추는 효과가 있어 투자위험이 낮아짐 • 적립식이라 해도 펀드의 수익은 운용실적에 따르며 실적배당원칙은 동일하게 적용

정답 | ④

22

펀드 분류에 따른 내용으로 잘못된 것은?

① 투자 지역을 기준으로 분류한다면 '글로벌투자펀드 > 지역투자펀드 > 개별국가투자펀드' 순이다.

② 해외투자펀드의 경우 주식, 채권 외 실물자산 등에도 투자한다.

③ 투자전략으로 분류하였을 경우 액티브펀드, 패시브펀드, 섹터펀드 등으로 나눌 수 있다.

④ 섹터펀드의 경우 특정 산업에 집중하는 것으로 액티브·패시브펀드와는 별도로 운용된다.

TIP 섹터펀드의 경우 특정 산업에 집중하여 투자하는 펀드로서, 액티브·패시브펀드에도 적용이 가능하다. 그 예로는 소비재펀드, 금융섹터펀드, 인프라펀드 등이 있다.

핵심포인트 해설   투자 지역에 따른 펀드의 분류

국내투자펀드	• 펀드재산의 대부분을 국내 자산에 투자 • 주로 주식, 채권 등에 투자
해외투자펀드	• 펀드재산의 대부분을 해외 주식, 채권, 실물, 헤지펀드 등에 투자하는 펀드 • 국내투자펀드에 비해 투자 지역·전략 다양 • 국내에서 실현할 수 없는 대안을 위한 투자 • 글로벌투자펀드, 지역투자펀드, 개별국가투자펀드 • 기대수익률과 위험 : 글로벌투자펀드 < 지역투자펀드 < 개별국가투자펀드

정답 | ④

추적대상지수를 초과하는 수익률을 목표로 하는 펀드는?

① 인핸스드인덱스펀드
② 글로벌투자펀드
③ 스타일투자형펀드
④ 인덱스펀드

용어 알아두기

| 인덱스펀드 (Index Fund) | 선정된 목표지수와 같은 수익을 올릴 수 있도록 하는 펀드이다. 목표지수인 인덱스를 선정해 이 지수와 동일한 수익률을 올릴 수 있도록 운용하는 펀드로, 주가지수에 영향력이 큰 종목들 위주로 펀드에 편입해 펀드 수익률이 주가지수를 따라가도록 하는 상품이다. |

TIP 인핸스드인덱스펀드는 추적대상지수 수익률을 초과하는 수익률을 목표로 하는 인덱스펀드이다. 그러므로 추적오차는 정통 인덱스펀드보다 크다.

핵심포인트 해설 　　　**투자전략 및 대체투자 여부에 따른 펀드의 분류**

분 류	형 태	주요 내용
투자전략	액티브펀드	• 비교지수의 수익률을 초과하는 것을 목적으로 하는 펀드 • 접근방식 : Bottom-Up방식, Top-Down방식 • 액티브펀드 : 정통형, 스타일투자, 테마투자
	패시브펀드	• 미리 정해진 시스템에 따라 운용되도록 한 펀드 • 패시브펀드 : 인덱스펀드, 포트폴리오 보험전략펀드 • 섹터펀드 : 소비재펀드, 금융섹터펀드, 인프라펀드 • 인덱스펀드 : 저렴한 비용(보수), 투명한 운용, 시장수익률의 힘 • 인핸스드인덱스펀드 : 시장수익률 + α전략, 차익거래전략
대체투자	부동산 관련	• 부동산펀드, 선박펀드, REITs, SOC투자펀드 등
	기 타	• 헤지펀드, PEF, 영화펀드, 농산물펀드 등

정답 | ①

24

부동산펀드에 대한 개괄적 기술로서 올바르지 않은 것은?

① 펀드재산의 50%를 초과하여 부동산 등에 투자한다.
② 펀드의 자금은 현금납부를 원칙으로 한다.
③ 납입의 예외로 부동산 이외의 실물도 가능하다.
④ 부동산펀드는 환매금지형으로 설정·설립하도록 의무화되어 있다.

TIP 부동산펀드는 현금납입이 원칙이며 예외적으로 실물납입이 인정되나 그 실물은 반드시 부동산이어야 한다.

핵심포인트 해설　　**부동산펀드의 기본사항**

(1) 의 의
① 집합투자재산(펀드재산)의 50%를 초과하여 부동산 등(부동산을 기초자산으로 한 파생상품, 부동산개발과 관련된 법인에 대한 대출, 그 밖에 대통령령으로 정하는 방법으로 부동산 관련 증권에 투자하는 경우를 포함)에 투자하는 펀드
② 공모방식으로 설립되는 공모부동산투자회사(공모REITs)도 부동산간접투자상품의 하나로 인정

(2) 자금납입방법
① 원칙 : 현금납부
② 예외 : 부동산으로 납부 가능

(3) 환매금지형 부동산펀드
① 환매금지형펀드로 설정·설립하도록 의무화
② 별도의 환금성 보장을 신탁계약 또는 정관에 정함(또는 90일 이내에 증권시장에 상장)

정답 | ③

다음 중 부동산펀드의 투자행위에 대한 설명으로 옳은 것은?

① 부동산에 투자하는 방법으로는 단순히 부동산을 취득하여 매각하는 방법만을 허용하고 있다.

② 자본시장법상 투자대상에는 부동산 자체는 물론, 부동산과 관련 있는 자산 및 부동산과 관련 있는 투자행위도 포함되는 것으로 해석된다.

③ 자본시장법상 100분의 50을 초과한 부동산 등에 투자하여 요건을 충족한 부동산펀드의 나머지 재산은 부동산 관련 증권 및 특별자산 등에만 투자할 수 있다.

④ 집합투자업자는 펀드재산으로 부동산을 취득하거나 처분하는 경우 사업계획서를 작성하여야 한다.

TIP ① 부동산에 투자하는 방법으로 취득, 보유, 처분 등 재산적 가치의 모든 행위가 허용된다.
③ 나머지 펀드재산은 다른 자산, 즉 증권 및 특별자산에 자유롭게 투자할 수 있다.
④ 실사보고서를 작성·비치하여야 한다.

핵심포인트 해설   **부동산펀드의 투자대상**

① 부동산 자체 : 매매, 관리 및 개량, 임대, 개발도 포함
② 부동산 관련 자산 : 지역권, 지상권, 전세권, 임차권, 분양권 및 부동산담보 구조조정채권(금융기관 보유분)
③ 부동산 관련 증권   ⟶ 1. 용익물권 : 지상권, 지역권, 전세권   2. 추가 권리 : 분양권 (O), 입주권 (X)
  ㉠ 부동산 등 비중이 50%를 넘는 수익증권, 집합투자증권, 유동화증권
  ㉡ 부동산투자회사(REITs)가 발행한 주식
  ㉢ 부동산개발회사 발행주식
  ㉣ 부동산 관련 채권이 70% 이상인 유동화증권
  ㉤ 주택저당증권(MBS)
  ㉥ 부동산투자목적회사의 지분증권
④ 부동산 관련 투자행위 : 부동산개발과 관련된 법인에 대한 대출. 즉, 프로젝트 파이낸싱(Project Financing)

정답 | ②

부동산펀드의 운용제한에 관한 내용으로 옳지 않은 것은?

① 국내에 있는 부동산 중 주택은 1년 이내에 처분할 수 없다.
② 국내에 있는 부동산 중 주택이 아닌 부동산은 2년 이내에 처분할 수 없다.
③ 국외에 있는 부동산은 집합투자규약으로 정한다.
④ 미분양주택은 집합투자규약으로 정한다.

TIP 국내에 있는 부동산 중 「주택법」 제2조 제1호에 따른 주택에 해당하지 아니하는 부동산은 1년 이내에 처분할 수 없다.

핵심포인트 해설   **부동산펀드의 운용제한**

① 부동산펀드에서 부동산을 취득한 후 일정 기간 내 처분 제한
② 국내부동산 1년, 주택 1년, 미분양주택은 규약에서 정함
③ 부동산펀드에서 토지를 취득한 후 처분 제한(합병·해지 또는 해산, 투자자 보호를 위해 개발사업이 곤란한 것이 객관적으로 입증되는 경우는 예외)

정답 | ②

다음 중 실물형부동산펀드가 아닌 것은?

① 매매형부동산펀드
② 임대형부동산펀드
③ 대출형부동산펀드
④ 개발형부동산펀드

TIP 대출형부동산펀드는 실물로서의 '부동산' 자체에 투자하는 펀드가 아니다. 실물형부동산펀드에는 매매형, 임대형, 개량형, 경공매형, 개발형부동산펀드가 있다.

핵심포인트 해설　　　**실물형부동산펀드**

(1) 의 의
　　펀드재산의 50%를 초과하여 실물로서의 '부동산' 자체에 투자하는 펀드
(2) 종 류
　　① 매매형부동산펀드 : 매각차익에 따른 자본소득(Capital Gain)
　　② 임대형부동산펀드 : 임대소득 + 매매차익
　　③ 개량형부동산펀드 : 적극적으로 개량, 수익가치와 자산가치를 증대
　　④ 경공매형부동산펀드 : 경공매 부동산을 취득 후 임대 또는 매각
　　⑤ 개발형부동산펀드 : 직접 부동산 개발사업을 추진

정답 | ③

28

다음의 보기에 해당하는 부동산펀드는?

부동산개발사업을 영위하는 법인 등에 대한 대출을 주된 운용행위로 하고, 해당 시행법인 등으로부터 대출 원리금을 지급받는 것을 운용목적으로 하는 부동산펀드이다. 일반적으로 '프로젝트 파이낸싱(PF : Project Financing)형 부동산펀드'라고도 불린다.

① 권리형부동산펀드
② 증권형부동산펀드
③ 파생상품형부동산펀드
④ 대출형부동산펀드

TIP 대출형부동산펀드가 시행법인에 대해 대출을 하지만, 일반적으로 시행법인은 자본금이 작고 신용평가등급이 없으며, 무엇보다 시행법인이 추진하는 부동산개발사업의 사업성도 대출하는 시점에 확정할 수 없기 때문에 대출형부동산펀드는 시행사로부터의 대출이자 지급 및 대출원금 상환을 담보하기 위해 별도의 대출채권 담보장치를 마련할 필요가 있다.

핵심포인트 해설　　**기타 부동산펀드**

대출형부동산펀드	• 일명 프로젝트 파이낸싱(PF)형 부동산펀드 • 부동산개발사업을 영위하는 법인(시행사) 등에 대한 대출형태의 투자행위를 하는 펀드
권리형부동산펀드	• 지상권·지역권·전세권·임차권·분양권 등 부동산 관련 권리의 취득 • 채권금융기관이 채권자인 금전채권(부동산담보)의 취득
증권형부동산펀드	• 부동산과 관련된 증권에 투자하는 형태의 부동산펀드
파생상품형부동산펀드	• 부동산을 기초자산으로 한 선물(또는 선도), 옵션, 스왑 등에 투자하는 펀드

정답 | ④

29

특별자산펀드에 대한 설명으로 잘못된 것은?

① 펀드재산의 50%를 초과하여 증권 및 부동산을 제외한 특별자산에 투자한다.
② 자본시장법은 투자대상 특별자산으로 11가지를 규정하는 열거주의를 채택하고 있다.
③ 특별자산펀드는 반드시 환매금지형펀드로 설정하도록 의무화하고 있다.
④ 특별자산은 시가평가가 원칙이며, 시가가 없는 경우 공정가액으로 평가한다.

TIP 자본시장법은 특별자산을 열거주의에서 포괄주의로 변경하였다. 투자대상 특별자산으로 11가지를 규정하는 열거주의를 채택한 것은 과거의 간접투자법이다.

핵심포인트 해설   **특별자산펀드의 개요**

(1) 의 의
→ 열거주의에서 포괄주의로 변경됨
① 집합투자재산의 50%를 초과하여 특별자산(증권 및 부동산 등을 제외하는 자산)에 투자하는 펀드
② 자본시장법은 특별자산펀드를 반드시 환매금지형펀드로 설정하도록 의무화하고 있으며, 발행일로부터 90일 이내에 증권시장에 상장하도록 함

(2) 평가방법
① 특별자산펀드 등록 시 특별자산 평가방법을 기재한 서류를 금융위원회에 제출해야 함
② 특별자산은 시가평가가 원칙이며, 시가가 없는 경우 공정가액으로 평가함

정답 | ②

다음 중 특별자산펀드에 관한 설명으로 잘못된 것은?

① 자본시장법은 특별자산에 대하여 열거주의가 아닌 포괄주의에 의거하여 증권 및 부동산을 제외한 투자대상자산으로 정의하고 있다.
② 자본시장법은 특별자산에 해당하는 선박과 관련하여 선박투자회사법에 따라 설립되는 모든 선박투자회사를 자본시장법의 적용을 받는 특별자산 간접투자상품의 하나로 인정하고 있다.
③ 자본시장법상 특별자산펀드의 법적 형태 중에서 특별자산투자회사의 발기인은 투자회사재산을 선박에 투자하는 특별자산투자회사를 설립할 수 없다.
④ 특별자산펀드는 펀드재산의 100분의 50을 초과하여 특별자산에 투자하여야 하며, 펀드재산의 나머지를 증권 및 부동산에도 투자할 수 있다.

TIP 투자자로부터 자금을 모집하여 공모방식으로 설립되는 공모선박투자회사에 한한다.

핵심포인트 해설 **특별자산펀드의 운용대상 및 특이사항**

(1) 운용대상
① 50%를 초과하여 특별자산에 투자하여야 함
② 펀드재산의 나머지는 증권 및 부동산에도 투자할 수 있음
③ 일반상품, 선박, 항공기, 건설기계, 자동차, 미술품, 문화콘텐츠상품 등 경제적 가치가 있는 모든 투자대상자산

(2) 특이사항
① 자본시장법상 다양한 운용제한 규정을 적용받음
② 공모특별자산펀드임에도 불구하고 집합투자규약에서 해당 내용을 정한 경우에는 예외를 인정함
③ 각 펀드자산총액의 100%까지 동일종목에 투자할 수 있는 경우
  ㉠ 사회기반시설사업 법인이 발행한 주식과 채권
  ㉡ 사회기반시설사업 법인에 대한 대출채권
  ㉢ 사회기반시설사업 법인에 투자하는 것을 목적으로 하는 법인의 지분증권
④ 집합투자업자가 운용하는 전체 특별자산펀드의 자산총액 또는 각 펀드자산총액으로 지분증권 총수의 100%까지 투자할 수 있는 경우
  ㉠ 사회기반시설사업 법인이 발행한 주식과 채권
  ㉡ 사회기반시설사업 법인에 투자하는 것을 목적으로 하는 법인의 지분증권

정답 | ②

자본시장법상 특별자산펀드에 대한 설명으로 잘못된 것은?

① 특별자산은 일반상품, 선박, 항공기, 건설기계, 자동차, 미술품, 문화콘텐츠상품 등 경제적 가치가 있는 모든 투자대상자산을 말한다.

② 선박투자회사법에 따른 선박투자회사가 발행한 채권도 특별자산에 해당하는 증권이다.

③ 해당 증권으로는 특별자산이 기초자산의 50% 이상을 차지하는 수익증권, 집합투자증권, 유동화증권이 있다.

④ 사회기반시설사업의 시행을 목적으로 하는 법인이 발행한 주식과 채권은 특별자산에 해당하는 증권이다.

TIP 선박투자회사법에 따른 선박투자회사가 발행한 주식이 특별자산에 해당하는 증권이다.

핵심포인트 해설　　**특별자산에 해당하는 증권**

① 특별자산이 신탁재산의 100분의 50 이상을 차지하는 경우의 수익증권, 특별자산이 펀드재산의 100분의 50 이상을 차지하는 경우의 집합투자증권, 특별자산이 유동화자산의 100분의 50 이상을 차지하는 경우의 유동화증권

② 선박투자회사법에 따른 선박투자회사가 발행한 주식

③ 사회기반시설에 대한 민간투자법에 따른 사회기반시설사업의 시행을 목적으로 하는 법인이 발행한 주식과 채권

④ 사회기반시설에 대한 민간투자법에 따른 하나의 사회기반시설사업의 시행을 목적으로 하는 법인이 발행한 주식과 채권을 취득하거나 그 법인에 대한 대출채권을 취득하는 방식으로 투자하는 것을 목적으로 하는 법인(같은 법에 따른 사회기반시설투융자회사는 제외)의 지분증권

정답 | ②

32

자본시장법상 특별자산집합투자기구에서 집합투자재산의 50%를 초과하여 투자할 수 있는 특별자산과 거리가 먼 것은?

① 농산물
② 항공기
③ 공연건물
④ 미술품

TIP 공연건물은 특별자산이 아니라 부동산자산이다.

핵심포인트 해설　　특별자산펀드의 종류

① 일반상품 : 농산물·축산물·수산물 등
② 동산(動産) : 선박, 항공기, 건설기계, 자동차 등
③ 미술품
④ 문화콘텐츠상품 : 영화, 드라마, 애니메이션 등
⑤ 특별자산에 해당하는 증권, 통화, 일반상품, 신용위험, 어업권, 광업권, 탄소배출권, 지적재산권, 보험금 지급청구권 등의 권리

정답 | ③

신탁계약을 통하여 재산을 넘겨받아 관리 및 운용을 하는 신탁관계인은?

① 위탁자
② 수탁자
③ 수익자
④ 신탁관리인

TIP 신탁관계인에는 위탁자, 수탁자, 수익자 및 수익자에 갈음하는 신탁관리인과 수탁자에 갈음하는 신탁재산관리인을 포함한다. 재산을 넘겨받아 관리 및 운용을 하는 사람은 수탁자이다.

핵심포인트 해설   신탁의 주요 내용

(1) 신탁관계인   반드시 구별할 것!

위탁자	타인을 신뢰하여 자신의 재산을 맡기고 신탁을 설정
수탁자	위탁자로부터 재산을 넘겨받아 관리 및 운용
수익자	신탁을 통해 관리되는 재산과 그로부터 발생하는 이익의 수령자
신탁관리인	수익자에 갈음하여 수익자의 권리를 행사(법원 지정)
신탁재산관리인	수탁자에 갈음하여 신탁재산을 관리(법원 선임)

(2) 유사제도와 신탁의 차이

집합투자	재산을 투자자별로 운용하지 않고 집합하여 운용한다는 점
투자일임	투자재산의 소유권이 고객에게 있다는 점

(3) 분류

신탁재산의 종류에 따른 분류	금전신탁, 재산신탁
자산운용 권한에 따른 분류	특정금전신탁, 불특정금전신탁

특정 → 운용지시 (O)   불특정 → 운용지시 (X)

정답 | ②

34

신탁계약의 기본원칙 중에서 가장 기본이 되는 것은?

① 신의성실
② 선관의무
③ 충실의무
④ 실적배당

용어 알아두기

선관의무 (善管義務)	'선량한 관리자의 주의의무'의 약칭이다. 어떤 사람이 속하는 사회적·경제적 지위에서 일반적으로 요구되는 정도의 주의를 다하는 의무이다.

TIP 자본시장법 및 신탁법상 가장 기본이 되는 원칙은 신의성실의 원칙이다. 이를 바탕으로 수탁자의 선관의무 및 충실의무를 병행하고 있다.

핵심포인트 해설   **신탁의 기본원칙**

기본원칙	• 신의성실 • 이해상충 방지 : 항상 수익자의 이익을 우선하여 업무 처리

3대 원칙	• 수탁자의 선관의무 및 충실의무
	  · 선관의무 : 수탁자의 권리 남용을 방지하기 위함
	  · 충실의무 : 수탁자가 수익자에게 충실하기 위함
	• 신탁재산의 분별관리의무
	  · 신탁 건별로 각 신탁의 신탁재산을 구분
	  · 금전 및 금전의 대체물인 경우 분별관리의무 완화
	• 실적배당의 원칙 → 이익보장 및 원본보장 없음
	  · 신탁의 결과는 수익자에게 귀속
	  · 예외적 원본보장 : 연금신탁, 개인연금신탁

정답 | ①

다음 중 금융투자상품에 해당하지 않는 것은?

① 관리신탁
② 연금신탁
③ 파생결합증권
④ 투자계약증권

TIP 관리신탁 및 원화로 표시된 양도성예금증서의 경우 금융투자상품에 해당하지 않는다.

핵심포인트 해설 **금융투자상품과 신탁상품**

금융투자상품	• 이익획득 또는 손실회피가 목적일 것 • 현재 또는 장래의 특정 시점에 금전 등을 지급하기로 약정함으로써 취득하는 권리일 것 • 투자성, 즉 원본손실 가능성(투자원본이 회수금액을 초과하게 될 가능성)이 있을 것
금융투자상품 배제	• 원화로 표시된 양도성예금증서 • 관리신탁
신탁상품	• 원칙(수익증권만 해당) · 유가증권인 수익증권 · 증거증권인 수익권증서 • 예외 : 금융위원회에서 원본보전 허용(연금신탁)

정답 | ①

36

다음 중 신탁상품에 대한 설명으로 잘못된 것은?

① 자산운용권한에 따라 특정금전신탁과 불특정금전신탁으로 분류된다.
② 특정금전신탁의 경우 위탁자가 운용방법을 지시하고 신탁회사는 그 운용지시에 따른다.
③ 불특정금전신탁의 경우 신탁회사가 신탁계약 또는 약관에 의하여 운용권한을 행사한다.
④ 불특정금전신탁의 경우 위탁자와 신탁회사는 1 : 1의 관계에 있다.

TIP 특정금전신탁의 경우 위탁자와 신탁회사가 1:1의 관계에 있다.

핵심포인트 해설 **신탁상품의 구분 및 특정금전신탁**

신탁상품의 구분	• 특정금전신탁 : 자산운용권한이 위탁자에 있음 • 불특정금전신탁 : 자산운용권한이 수탁자에 있음
특정금전신탁	• 위탁자와 신탁회사 간 1:1 계약(신탁재산을 운용한 후 실적 배당하는 단독운용 신탁상품) • 제한 없음 : 최저 가입금액, 추가납입, 가입기간 • 수익자 지정 : 수익자 지정이 없을 경우 위탁자가 수익자임 • 이익계산 및 지급 : 신탁의 해지일 또는 신탁계약으로 정한 이익지급일에 지급 • 신탁보수 · 신탁계약에 의해 신탁보수 지급 · 위탁자와 신탁회사 간 합의에 의하여 초과수익 가능 • 신탁해지 : 신탁계약으로 정한 만기일에 해지 • 유형 : 확정금리형, 주식형상품, 자문형상품, 구조화상품, 해외투자형상품, 단기자금관리상품, 자사주신 탁상품, 분리과세형상품 등

정답 | ④

연금신탁에 대한 설명으로 잘못된 것은?

① 소득세법에 의하여 5년 이상 적립하여야 세액공제 및 이자소득세가 비과세된다.
② 채권형 상품과 총자산의 10% 범위 내에서 주식에 주로 투자한다.
③ 다른 신탁회사의 연금신탁으로 이전은 가능하나, 환매방식이기 때문에 세금혜택은 받지 못한다.
④ 가입 대상은 국내에 거주하는 자로서 가입연령에 제한이 없다.

TIP 다른 신탁회사의 연금신탁으로 자유로이 이전이 가능하며, 이 경우 별도의 세금 추징은 없어서 세금혜택을 받는다.

핵심포인트 해설 **연금신탁**

(1) 특 징
  ① 불특정금전신탁상품 중 유일하게 판매(원금보장)
  ② 소득세법에 의하여 5년 이상 적립하여야 세액공제 및 이자소득세가 비과세됨
  ③ 만 55세 이후 연금으로 수령
  ④ 원금보장

(2) 가 입
  ① 대상 : 국내에 거주하는 자(가입연령에 제한이 없음)
  ② 상품 : 채권형 상품과 총자산의 10% 범위 내에서 주식에 투자하는 주식형 상품
  ③ 금액 : 건별 1만원 이상(연간 1,800만원 자유 적립)
  ④ 기간 : 적립기간과 연금지급기간으로 구분
  ⑤ 세제 : 연간 최고한도 600만원까지 세액공제와 이자소득세에 대한 비과세 혜택(연금수령 시 연금소득세 납부)
  ⑥ 이전 : 다른 신탁회사의 연금신탁으로 이전 가능(세금 추징 없음)

(3) 특별중도해지사유
  ① 위탁자의 사망, 해외이주, 퇴직
  ② 위탁자가 근무하는 사업장의 폐업
  ③ 위탁자가 영위하는 사업장의 폐업
  ④ 천재지변
  ⑤ 위탁자가 3개월 이상의 입원치료 또는 요양을 요하는 상해 및 질병 발생 시

(4) 계약이전
  중도해지에 따른 세금추징 없이 세금혜택을 유지하면서 다른 신탁회사의 연금신탁이나 다른 금융기관의 동일한 종류의 상품으로 계약이전 가능

정답 | ③

38

금전채권을 신탁재산으로 인수 후 신탁회사가 신탁계약에서 정한 바에 따라 신탁된 금전채권의 관리·추심 및 추심된 자금의 운용업무 등을 수행하는 신탁은?

① 금전신탁
② 채권신탁
③ 채권추심신탁
④ 금전채권신탁

TIP 금전채권신탁의 경우 금전채권을 신탁회사에 신탁하면 신탁회사가 금전채권의 명의상 채권자가 되어 금전채권의 추심·관리업무를 수행하고 회수된 금전과 운용수익을 수익자에게 교부한다.

핵심포인트 해설　　**금전채권신탁**

(1) 개 요
　① 금전채권을 신탁재산으로 인수 후 신탁회사가 신탁계약에서 정한 바에 따라 신탁된 금전채권의 관리·추심 및 추심된 자금의 운용업무 등을 수행하는 신탁
　② 금전채권신탁의 수익권을 제3자에게 양도하여 자금을 조달하는 목적으로 주로 이용

(2) 자산유동화의 기본 구조
　① 위탁자가 금전채권을 신탁회사에 금전채권신탁으로 신탁
　② 신탁회사는 금전채권신탁의 수익증권을 위탁자에게 교부
　③ 위탁자는 금전채권신탁의 수익증권을 제3자에게 매도함으로써 자금조달
　④ 신탁회사는 금전채권의 채무자로부터 원금과 이자를 회수
　⑤ 신탁회사는 수익자인 수익증권 소지자에게 회수한 원금과 이자를 지급

정답 | ④

부동산신탁에 대한 내용으로 잘못된 것은?

① 부동산신탁이란 부동산을 신탁받은 신탁회사가 관리, 운용, 처분 및 개발하여 주는 상품이다.
② 부동산신탁은 은행, 증권 등의 신탁겸영금융회사들도 많이 취급하고 있다.
③ 부동산의 관리업무를 신탁회사가 수행하는 상품은 부동산 관리신탁이다.
④ 신탁회사가 자금을 투입하여 개발사업 후 수익을 수익자에게 교부하는 상품은 관리형 개발신탁이다.

TIP 신탁회사가 자금을 투입하여 개발사업을 진행한 후 수익을 수익자에게 교부하는 상품은 부동산 개발(토지)신탁이다.

핵심포인트 해설 **부동산신탁 및 기타 재산신탁상품**

(1) 부동산신탁

개 요	• 위탁자로부터 부동산을 신탁받아서 위탁자의 지시 또는 계약에서 정한 바에 따라 신탁회사가 관리·운용·처분 및 개발하여 주는 상품 • 부동산신탁회사가 주로 취급하나 은행, 증권 등의 신탁겸영금융회사들도 많이 취급
종 류	• 담보신탁 : 신탁회사가 발행한 수익권증서를 담보로 위탁자가 금융기관으로부터 자금을 차입하는 상품 • 관리신탁 · 부동산의 관리업무를 신탁회사가 수행하는 상품 · 관리방법 및 주체에 따라 갑종신탁과 을종신탁으로 구분 • 처분신탁 : 처분방법이나 절차가 까다로운 부동산에 대해 처분업무 및 처분완료까지의 관리업무를 신탁회사가 수행하는 상품 • 개발(토지)신탁 : 신탁회사가 자금을 투입하여 개발사업을 진행한 후 이를 분양하거나 임대운용하여 그 수익을 수익자에게 교부하는 상품 • 관리형 개발신탁 • 분양관리신탁

(2) 기타 재산신탁상품
증권신탁, 동산신탁, 무체재산권의 신탁, 종합재산신탁 등 다양한 형태의 상품 등

정답 | ④

40

신탁상품 판매절차에 대한 설명으로 잘못된 것은?

① 판매회사의 경우 위탁자가 일반투자자인지 전문투자자인지를 구분하여야 한다.

② 일반투자자인 경우에는 투자자정보확인서를 통하여 투자목적, 재산상황 및 투자경험 등을 확인하여야 한다.

③ 투자자정보를 제공하지 않은 일반투자자에게는 상품 권유 및 가입을 제한할 수 있으며, 이에 대한 내용을 면담·질문으로 확인받아야 한다.

④ 위탁자가 장외파생상품에 가입하고자 할 경우 장외파생상품 투자자의 정보확인서를 추가로 제공하여야 한다.

TIP 투자자정보를 알지 못할 경우 투자의 위험성이 노출된다. 따라서 투자자의 정보를 요구하여야 하며, 요구에 불응할 경우 분쟁 예방을 위해 그 내용을 서면으로 확인받아야 한다.

핵심포인트 해설　　**일반투자자의 신탁상품 판매절차**

투자자정보 파악 ⇨ 투자자 유형분류 ⇨ 적합한 신탁상품과 운용자산 선정 및 권유 ⇨ 신탁상품 및 운용자산에 대한 설명 ⇨ 위탁자 의사확인 및 계약체결 ⇨ 사후관리

① 투자자정보의 파악 : 일반투자자인지 전문투자자인지 파악
　　㉠ 고객에게 면담, 질문을 통해 투자자정보확인서를 받아 유지 및 관리
　　㉡ 위탁자가 파생상품 등을 거래하고자 하는 경우 적정성의 원칙 적용
② 투자자 유형분류 : 위탁자의 위험성향을 위험등급 분류체계에 따라 유형분류
③ 적합한 신탁상품과 운용자산의 선정 및 권유 : 고객에게 적합하지 않은 신탁상품 투자 시 고객으로부터 위험고지에 대한 확인
④ 신탁상품 및 운용자산에 대한 설명
⑤ 위탁자의 의사확인 및 계약체결 : 가입의사 확인 후 계약체결
⑥ 사후관리 : 매 분기 1회 이상 주기적으로 자산운용보고서를 작성하여 제공

정답 | ③

일반투자자에게 설명해야 할 신탁상품의 일반적 사항과 거리가 먼 것은?

① 신탁상품의 명칭 및 종류
② 신탁재산의 운용방법, 운용제한 등에 관한 사항
③ 신탁보수, 투자소득의 과세에 관한 사항
④ 위탁자가 신탁재산인 금전의 운용방법을 지정한다는 사항

TIP 특정금전신탁의 경우 위탁자가 신탁재산인 금전의 운용방법을 지정하고, 신탁회사는 지정된 운용방법에 따라
신탁재산을 운용한다는 사실을 추가로 설명하여야 한다.

핵심포인트 해설　　**신탁상품 및 운용자산의 설명**

위탁자에게 설명할 사항	• 신탁상품의 명칭 및 종류 • 신탁재산의 운용방법, 운용제한 등에 관한 사항 • 신탁의 중도해지방법, 중도해지제한, 중도해지수수료에 관한 사항 • 신탁보수, 투자소득의 과세에 관한 사항 • 투자원금이 보장되지 않는다는 사실 등 투자위험에 관한 사항 • 기타 법령에서 정한 사항
특정금전신탁의 경우 추가설명할 사항	• 위탁자가 신탁재산인 금전의 운용방법을 지정하고, 신탁회사는 지정된 운용방법에 따라 신탁재산을 운용한다는 사실 • 특정금전신탁계약을 체결한 위탁자는 신탁계약에서 정한 바에 따라 특정금전신탁 재산의 운용방법을 변경지정하거나 계약의 해지를 요구할 수 있으며, 신탁회사는 특별한 사유가 없는 한 위탁자의 운용방 법 변경지정 또는 계약의 해지 요구에 대하여 응할 의무가 있다는 사실 • 특정금전신탁계약을 체결한 위탁자는 자기의 재무상태, 투자목적 등에 대하여 신탁회사의 임직원에게 상담을 요청할 수 있으며, 신탁회사의 임직원은 그 상담요구에 대하여 응할 준비가 되어 있다는 사실 • 특정금전신탁재산의 운용내역 및 자산의 평가가액을 위탁자가 조회할 수 있다는 사실

정답 | ④

42

파생상품 등이 포함된 신탁상품의 투자권유에 대한 특칙에 대한 설명 중 잘못된 것은?

① 장외파생상품 이외의 파생상품 등이 포함된 신탁계약의 경우 투자자의 투자성향과 상품의 위험도를 참조해야 한다.

② 일반투자자가 장외파생상품이 포함된 신탁상품에 투자할 때는 적극적인 수익추구의 의지와 위험을 감내할 수 있는 정도를 고려해야 한다.

③ 장외파생상품 이외의 파생상품 등이 포함된 신탁계약의 경우 투자자의 연령과 파생상품 등에 대한 경험을 추가로 고려해야 한다.

④ 장외파생상품 이외의 파생상품 등이 포함된 신탁계약의 경우 회사 기준에 적합하지 않다고 인정되는 투자권유를 해서는 안 된다.

TIP 일반투자자가 장외파생상품이 포함된 신탁상품에 투자하는 것은 미래에 발생할 수 있는 경제적 손실을 부분적 또는 전체적으로 줄이기 위한 거래를 하는 경우만 가능하다.

핵심포인트 해설 **파생상품 등이 포함된 신탁상품의 투자권유에 대한 특칙**

(1) 장외파생상품 이외의 파생상품 등이 포함된 신탁계약에 대한 특칙
① 투자자의 투자성향과 투자상품의 위험도를 참조하여 투자권유의 적합성 여부를 판단
② 투자자의 연령과 파생상품 등에 대한 경험을 추가로 고려
③ 회사 기준에 적합하지 않다고 인정되는 투자권유는 금지

(2) 장외파생상품이 포함된 신탁상품에 대한 특칙
① 일반투자자는 미래에 발생할 수 있는 경제적 손실을 부분적 또는 전체적으로 줄이기 위한 거래를 하는 경우만 가능
② 금융회사 임직원은 투자자가 부담하는 위험의 종류와 금액을 확인하고 관련 자료를 보관해야 함
③ 연령과 투자 경험을 고려한 회사의 기준에 적합하지 않다고 인정되는 경우는 투자권유를 하지 않아야 함

정답 | ②

신탁상품 판매 시 불건전 영업행위에 대한 내용으로 잘못된 것은?

① 투자광고 시 특정 신탁계좌의 수익률 또는 여러 신탁계좌의 평균수익률을 제시하는 행위

② 신탁거래와 관련하여 확정되지 않은 사항을 확정적으로 표시하거나 포괄적으로 나타내는 행위

③ 신탁업 겸영 투자중개업자가 신탁보수만을 부과하는 행위

④ 기준을 초과하는 재산상의 이익을 제공하거나 수령하는 행위

TIP 신탁재산에 비례하여 산정하는 신탁보수 외의 위탁매매수수료 등을 다른 수수료와 병과하여 부과하는 행위는 금지된다.

핵심포인트 해설 | **신탁상품 판매 관련 불건전 영업행위**

집합운용규제 관련 금지사항	• 집합하여 운용한다는 내용으로 투자권유하거나 투자광고하는 행위 • 투자광고 시 특정 신탁계좌의 수익률 또는 여러 신탁계좌의 평균수익률을 제시하는 행위 • 위탁자를 유형화하여 운용할 경우 각 유형별 가중평균수익률과 최고·최저 수익률을 함께 제시하지 않는 행위
신탁계약조건 관련 금지사항	• 신탁거래와 관련하여 확정되지 않은 사항을 확정적으로 표시하거나 포괄적으로 나타내는 행위 • 구체적인 근거와 내용을 제시하지 아니하면서 현혹적이거나 타 신탁상품보다 비교우위가 있음을 막연하게 나타내는 행위 • 특정 또는 불특정 다수에 대하여 상품 안내장 등을 배포하여 명시적으로나 암시적으로 예상수익률을 제시하는 행위 • 오해 또는 분쟁의 소지가 있는 표현을 사용하는 행위
기타 영업행위	• 특정금전신탁에 대한 안내 및 홍보 제한 • 신탁계약조건의 공시 관련 금지행위 • 특정금전신탁계약 시 주요사항의 사전 고지 • 성과보수의 기준지표 연동 • 기준을 초과하는 재산상의 이익제공 및 수령 금지 • 신탁업 겸영 투자중개업자의 다른 수수료 부과 금지 • 신탁재산의 운용내역 통보의무 • 실적배당신탁의 수익률 공시

정답 | ③

fn.Hackers.com

출제예상문제

다시 봐야 할 문제(틀린 문제, 풀지 못한 문제, 헷갈리는 문제 등)는 문제 번호 하단의 네모박스에 체크하여 반복학습하시기 바랍니다.

01
중요도 ★★

다음 중 투자신탁에 대한 내용으로 가장 거리가 먼 것은?

① 투자기구의 실체가 없어 투자기구와 관련된 법률행위의 주체가 될 수 없기 때문에 계약관계에 의한다.

② 관계 회사는 집합투자업자, 신탁업자, 판매회사이다.

③ 투자대상은 MMF를 제외한 주식형, 채권형 등 일반적인 투자상품이다.

④ 집합투자업자가 대부분의 사항에 대해서 의사결정을 하고, 다만 법에서 정하는 범위에 한하여 수익자총회에서 결정한다.

02
중요도 ★★★

투자신탁에 대한 설명으로 잘못된 것은?

① 투자신탁은 법률행위의 주체가 될 수 있다.

② 투자신탁의 자산소유자는 신탁업자이다.

③ 투자신탁은 계약형이다.

④ 투자신탁은 수익자총회에서 주요사항을 결정한다.

03
중요도 ★★

다음 중 수익자총회 결의사항이 아닌 것은 모두 몇 개인가?

㉠ 판매보수 및 판매수수료의 인하	㉡ 신탁계약기간의 변경
㉢ 부수적인 투자대상자산의 변경	㉣ 집합투자업자의 변경
㉤ 판매회사의 변경	㉥ 환매대금 지급일의 연장

① 2개   ② 3개

③ 4개   ④ 5개

04 중요도 ★★★

투자신탁의 기관인 수익자총회의 결의가 필요한 신탁계약의 변경과 가장 거리가 먼 것은?

☐

① 신탁업자 변경
② 보수 또는 수수료 인상
③ 판매사의 추가등록
④ 환매금지형투자신탁이 아닌 투자신탁의 환매금지형투자신탁으로의 변경

05 중요도 ★★★

투자신탁의 신탁계약 해지사유와 가장 거리가 먼 것은?

☐

① 수익자총회의 투자신탁 해지 결의
② 사모펀드가 아닌 것으로 설정 후 1년이 되는 날 원본액이 100억원 미만인 경우
③ 투자신탁의 피흡수합병
④ 수익자 전원이 동의한 경우

정답 및 해설

01 ③ 투자신탁의 경우 투자대상에 MMF를 포함하며, 투자회사의 경우 투자대상에서 MMF를 제외한다.

02 ① 투자신탁은 실체가 없어 법률행위의 주체가 될 수 없다.

03 ② 신탁계약이 변경될 경우 중대사항에 대해서는 수익자총회의 결의를 필요로 한다. 판매보수 및 판매수수료의 인하, 부수적인 투자대상자산의 변경, 판매회사의 변경은 수익자총회 결의사항에 해당하지 않는다.

04 ③ 수익자총회의 결의가 필요한 신탁계약의 변경내용에는 보수 또는 수수료 인상, 신탁업자 변경, 신탁계약기간 변경, 투자신탁 종류의 변경, 주된 투자대상자산의 변경, 집합투자업자의 변경, 환매금지형투자신탁이 아닌 투자신탁의 환매금지형투자신탁으로의 변경, 환매대금 지급일의 연장 등이 있다.

05 ② 신탁계약 해지사유

- 신탁기간의 종료, 수익자총회의 투자신탁 해지 결의, 투자신탁의 피흡수합병, 투자신탁의 등록 취소
- 집합투자업자가 금융위원회의 해지 승인을 받은 경우
- 수익자 전원이 동의한 경우, 수익증권 전부에 대한 환매청구 발생 시, 사모펀드가 아닌 것으로 설정 후 1년이 되는 날 원본액이 50억원 미만인 경우, 투자신탁 설정 1년 후 1개월간 계속 50억원 미만인 경우(집합투자업자가 금융위원회의 해지 승인 없이도 해지할 수 있음)

06 중요도 ★★★
투자신탁 및 투자회사에 대한 내용으로 올바른 것은?

① 투자신탁은 회사형태이다.
② 투자회사는 계약관계이다.
③ 투자회사는 이사회 및 주주총회에서 의사결정을 한다.
④ 투자회사는 MMF를 비롯하여 일반적 상품을 취급할 수 있다.

07 중요도 ★
투자회사의 보조 및 업무대행을 하는 관계 회사는?

① 판매회사   ② 일반사무관리회사
③ 집합투자업자   ④ 신탁업자

08 중요도 ★★★
집합투자기구 설립 중 투자회사 방식에 대한 설명으로 잘못된 것은?

① 투자회사를 설립하기 위해서는 1인 이상의 발기인이 상법상 정관을 작성하여 기명·날인
해야 한다.
② 투자회사의 정관의 경우 투자신탁의 신탁계약서 기재사항과 동일하며, 일반사무관리를 통
하여 외부에 맡기도록 의무화되어 있다.
③ 발기인에 대해서는 일정한 자격요건을 갖추고 있으면서 결격사유에 해당하지 않아야 한다.
④ 투자회사의 정관변경은 이사회 결의로 한다.

09

중요도 ★★

투자유한회사에 대한 설명으로 잘못된 것은?

① 집합투자업자가 법인이사인 상법상 유한회사형태의 집합투자기구이다.

② 투자유한회사의 사원은 출자금액의 반환 및 이익의 분배 등에 관하여 지분증권의 수에 따라 균등한 권리를 가진다.

③ 청산감독인 관련 내용을 제외한 해산, 청산, 합병규정은 투자회사의 규정을 준용한다.

④ 투자유한회사는 법인이사(집합투자업자) 1인을 두고 법인이사가 소집하며 감독이사는 1인 이상 두어야 한다.

10

중요도 ★

투자합자회사에 대한 설명으로 잘못된 것은?

① 무한책임사원(집합투자업자)과 유한책임사원으로 구성된 상법상 합자회사 형태의 집합투자기구이다.

② 설립하는 경우 법정사항을 기재한 정관을 작성하여 무한책임사원 1인과 유한책임사원 1인이 기명날인 또는 서명하여야 한다.

③ 투자합자회사는 업무집행사원 1인 이상의 무한책임사원을 두어야 한다.

④ 투자합자회사에 사원 전원으로 구성되는 사원총회를 둔다.

정답 및 해설

06 ③ ① 투자신탁은 계약관계이다.
　　　　② 투자회사는 회사형태이다.
　　　　④ 투자회사는 투자자 보호를 위하여 MMF를 제외한 일반적 상품, M&A, 부동산 및 선박펀드 등에 투자한다.

07 ② 투자신탁의 경우 업무와 관련된 내용은 신탁계약과 관련하여 신탁업자가 관리하고 있으나, 투자회사의 경우 일반사무관리회사는 보조 및 업무대행을 하며, 신탁업자는 투자자산을 관리한다.

08 ③ 임원의 결격사유만 있고 발기인에 대해서는 특별한 자격요건이 없다.

09 ④ 투자유한회사는 법인이사(집합투자업자) 1인을 두고 법인이사가 소집하며 감독이사는 별도로 없다.

10 ③ 투자합자회사는 업무집행사원 1인 외의 무한책임사원을 둘 수 없다.

11 중요도 ★

투자합자조합에 대한 내용으로 잘못된 것은?

① 신탁계약에 의하여 무한책임사원 1인과 유한책임조합원 2인 이상으로 구성된 집합투자기구이다.

② 투자합자조합의 채무에 대하여 집합투자업자인 업무집행조합원 1인은 무한책임을 진다.

③ 집합투자업자는 투자합자조합을 설립하는 경우 법정사항을 기재한 조합계약을 작성하여 업무집행조합원 1인과 유한책임조합원 1인이 기명날인 또는 서명하여야 한다.

④ 감독이사는 별도로 없다.

12 중요도 ★

투자익명조합에 대한 내용으로 잘못된 것은?

① 익명조합계약에 의하여 집합투자업자와 익명조합원으로 구성된 집합투자기구이다.

② 익명조합계약을 작성하여 영업자 1인과 익명조합원 1인이 기명날인하여야 한다.

③ 투자익명조합재산은 익명조합원이 운용한다.

④ 민법상 조합과 상법상 익명조합은 구별된다.

13 중요도 ★★

다음 중 증권펀드의 투자대상과 가장 거리가 먼 것은?

① 주 식   ② 채 권

③ 파생결합증권   ④ 선박투자회사 발행주식

14

부동산집합투자기구의 투자대상에 해당하지 않는 것은?

① 주택저당채권

② 증권예탁증권

③ 부동산투자회사 발행주식

④ 유동화증권 중 부동산 관련 유동화자산 가액이 70% 이상인 유동화증권

정답 및 해설

11 ① 투자합자조합은 조합계약에 의하여 업무집행조합원(집합투자업자) 1인과 유한책임조합원 1인으로 구성된 집합투자기구이다.

12 ③ 투자익명조합재산은 집합투자업자인 영업자 1인이 운용한다.

13 ④ 선박투자회사 발행주식은 증권펀드의 투자대상에서 제외되는 증권이다.

[참고] 증권펀드의 투자대상에서 제외되는 증권

- 부동산, 부동산 관련 권리(지상권, 임차권, 분양권 등) 등에 펀드재산의 50% 이상을 투자하는 경우 그 집합투자증권, 유동화증권, 수익증권
- 부동산회사 관련 증권에 투자되는 증권 : 부동산투자회사 발행주식, 선박투자회사 발행주식, 사회기반시설사업 법인 발행주식·채권, 사회기반시설사업 법인이 대출한 법인의 지분증권, 부동산투자목적회사 발행 지분증권
- 유동화증권 중 부동산 관련 유동화자산 가액이 70% 이상인 유동화증권
- 주택저당담보부채권, 주택저당증권 등

14 ② 증권예탁증권은 증권집합투자기구의 투자대상이다.

[참고] 부동산집합투자기구의 투자대상

- 부동산
- 부동산을 기초자산으로 한 파생상품
- 부동산 관련 권리(지상권, 지역권, 임차권, 분양권, 부동산 담보 금전채권)
- 부동산 관련 증권(부동산투자회사 발행주식, 부동산개발회사 발행증권, 부동산투자목적회사 발행 지분증권)
- 유동화증권 중 부동산 관련 유동화자산 가액이 70% 이상인 유동화증권
- 주택저당담보부채권 또는 주택저당채권 등

15 중요도 ★★★

집합투자재산을 운용함에 있어서 증권·부동산·특별자산집합투자기구 관련 규정의 제한을 받지 않는 집합투자기구로 옳은 것은?

① 단기금융집합투자기구
② 증권집합투자기구
③ 특별자산집합투자기구
④ 혼합자산집합투자기구

16 중요도 ★

다음 자산을 해당 펀드에 50%를 초과하여 투자한다고 할 경우 부동산집합투자기구로 분류할 수 없는 것은?

① 주택저당담보부채권
② 부동산투자목적회사 발행 지분증권
③ 부동산이 자산의 대부분을 차지하는 상장회사의 지분
④ 지역권

17 중요도 ★★★

단기금융집합투자기구에서 투자하는 단기금융상품과 가장 거리가 먼 것은?

① 잔존만기 6월 이내 CD
② 잔존만기 1년 이내 CB
③ 잔존만기 5년 이내 국채증권
④ 단기대출

18

☐

중요도 ★

단기금융집합투자기구(MMF)는 그 특성 및 투자자 보호를 위해 운용 시 규제를 두고 있다. 이에 해당하는 내용과 가장 거리가 먼 것은?

① 증권 대여 및 차입금지

② 잔존만기 1년 이상인 국채증권에는 투자재산의 5% 이내에서 운용할 것

③ 환매조건부매도는 보유증권 총액의 10% 이내일 것

④ 재산의 40% 이상을 채무증권(국채·지방채·특수채·사채·CP에 한하며, RP는 제외)에 운용할 것

정답 및 해설

15 ④ 혼합자산집합투자기구는 집합투자재산을 운용함에 있어서 증권·부동산·특별자산집합투자기구 관련 규정의 제한을 받지 않는 집합투자기구이다. 혼합자산집합투자기구는 투자대상, 투자한도 등의 법적 제한이 없으나 투자손실이 클 수 있어 환매금지형집합투자기구로 설정되어야 한다.

16 ③ 부동산이 자산의 대부분을 차지한다 하더라도 상장회사의 지분은 주권에 해당하고, 주권에 집합투자자산의 대부분을 투자하는 것은 증권집합투자기구로 분류해야 한다.

17 ② 단기금융집합투자기구의 투자대상

- 잔존만기 6개월 이내 양도성예금증서
- 잔존만기 5년 이내 국채증권
- 잔존만기 1년 이내 지방채·특수채·사채(단, 주권 관련 사채, 사모사채 제외) 및 기업어음증권·잔존만기 1년 이내의 금융기관이 발행·할인·매매 중개·인수·보증하는 어음
- 단기대출, 금융기관 예치, 다른 단기금융집합투자기구의 집합투자증권 등

18 ③ 단기금융집합투자기구(MMF)의 운용제한

- 증권 대여 및 차입금지
- 5% 제한(잔존만기 1년 이상인 국채증권에는 투자재산의 5% 이내에서 운용, 환매조건부매도는 보유증권 총액의 5% 이내일 것)
- 투자재산의 남은 만기 가중평균이 75일 이내일 것
- 자산이 증권지수에 따라 변동하거나 특정신용사건에 따라 확대·축소되는 것에 대한 투자금지
- 원리금, 거래금액 및 기간, 만기 등이 확정되지 않는 자산에 대한 투자금지
- 재산의 40% 이상을 채무증권(국채·지방채·특수채·사채·CP에 한하며, RP는 제외)에 운용할 것
- 채무증권의 신용평가등급이 상위 2개 등급 이내인 채무증권에 투자할 것 등

19 중요도 ★★
환매금지형집합투자기구가 집합투자증권을 추가로 발행할 수 있는 경우에 해당하지 않는 것은?

① 환매금지형집합투자기구로부터 이익분배금 범위 내에서 그 집합투자기구의 집합투자증권을 추가로 발행하는 경우
② 집합투자업자가 벤치마크보다 높은 수익을 달성한 경우
③ 기존 투자자 전원의 동의를 받은 경우
④ 기존 투자자의 이익을 해할 우려가 없다고 신탁업자의 확인을 받은 경우

20 중요도 ★★★
반드시 환매금지형집합투자기구로 설정·설립해야 하는 경우가 아닌 것은?

① 증권집합투자기구
② 부동산집합투자기구
③ 특별자산집합투자기구
④ 혼합자산집합투자기구

21 중요도 ★★★
종류형집합투자기구에 대한 내용으로 잘못된 것은?

① 동일한 투자기구에 부과되는 판매보수나 수수료 차이로 인하여 기준가격이나 판매수수료가 다른 여러 종류의 집합투자기구를 말한다.
② 종류(Class)의 수에는 제한이 없으나 기존에 설정된 비종류형집합투자기구를 종류형집합투자기구로 전환할 수는 없다.
③ 종류형집합투자기구 내의 여러 집합투자증권 간의 전환 시에는 환매수수료가 없다.
④ 집합투자자총회의 결의가 필요한 경우 특정 종류의 집합투자증권의 투자자에 대하여만 이해관계가 있다면 그 종류의 투자자만으로 총회를 개최할 수 있다.

22

중요도 ★★

전환형집합투자기구란 복수의 집합투자기구 간에 각 집합투자기구의 투자자가 소유하고, 집합투자증권을 다른 집합투자기구의 집합투자증권으로 전환할 수 있는 권리를 투자자에게 부여하는 구조의 집합투자기구를 말한다. 다음 중 전환형집합투자기구의 요건을 모두 고른 것은?

> ㉠ 복수의 집합투자기구 간에 공통으로 적용되는 집합투자규약이 있을 것
> ㉡ 집합투자규약에 법적유형이 다른 집합투자기구 간의 전환이 금지되어 있을 것
> ㉢ 일정 수익이 달성되면 펀드 해지 또는 안정적인 자산으로 투자대상을 변경시킬 것
> ㉣ 전환 시 기존 포트폴리오에 변화가 없을 것

① ㉠, ㉡

② ㉡, ㉢

③ ㉠, ㉡, ㉢

④ ㉠, ㉡, ㉢, ㉣

정답 및 해설

19 ② 환매금지형집합투자기구가 집합투자증권을 추가로 발행할 수 있는 경우

> • 환매금지형집합투자기구로부터 이익분배금 범위 내에서 그 집합투자기구의 집합투자증권을 추가로 발행하는 경우
> • 기존 투자자 전원의 동의를 받은 경우
> • 기존 투자자의 이익을 해할 우려가 없다고 신탁업자의 확인을 받은 경우
> • 기존 투자자에게 우선매수기회를 부여하는 경우 등

20 ① 부동산집합투자기구, 특별자산집합투자기구, 혼합자산집합투자기구, 펀드자산 총액의 20%를 초과하여 시장성 없는 자산(부동산, 특별자산)에 투자하는 펀드인 경우 반드시 환매금지형집합투자기구(폐쇄형펀드)로 설립해야 한다.

21 ② 종류(Class)의 수에는 제한이 없고, 기존에 설정된 비종류형집합투자기구도 종류형집합투자기구로 전환할 수 있다.

22 ① ㉢ 목표달성형펀드는 펀드에서 일정 수익이 달성되면 펀드 해지 또는 안정적인 자산으로 투자대상을 변경시키는 것이며, 전환형펀드는 투자자에게 다른 펀드로 전환시킬 수 있는 권리가 부여된 펀드이다.
  ㉣ 종류형펀드는 전환 시 기존 포트폴리오에 변화가 없고 환매수수료 적용대상이 아니지만 전환형펀드는 기존 포트폴리오에 변화가 있고, 환매수수료 적용대상이다. (단, 적용을 유예함)

23 중요도 ★★★

집합투자기구 운용에 있어서 일정 수익이 발생하면 집합투자기구 자체를 해지 또는 변경하는 집합투자기구는?

① 전환형집합투자기구   ② 종류형집합투자기구

③ 환매금지형집합투자기구   ④ 목표달성형집합투자기구

24 중요도 ★★★

모자형집합투자기구에 대한 설명으로 잘못된 것은?

① 모자형집합투자기구는 운용의 효율성을 위하여 도입되었다.

② 모자형집합투자기구는 투자자가 하위 집합투자기구에 투자한다.

③ 하위 집합투자기구는 반드시 상위 집합투자기구에만 투자할 수 있다.

④ 모자형집합투자기구는 상위 및 하위의 집합투자업자가 다르다.

25 중요도 ★★★

상장지수집합투자기구(ETF : Exchange Traded Fund)에 대한 설명으로 잘못된 것은?

① 투자자들은 거래소나 코스닥시장에 상장되는 이 증권을 주식처럼 매매한다.

② 수익증권 또는 투자회사 주식을 해당 투자신탁의 설정일 또는 투자회사의 설립일부터 60일 이내에 증권시장에 상장해야 한다.

③ 인덱스형, 추가형, 상장형투자기구이다.

④ 주가지수와 연동되는 수익률을 얻을 수 있도록 설계된 지수연동형집합투자기구이다.

26 중요도 ★★★

☐

ETF에 대한 설명으로 잘못된 것은?

① 이해관계인 간의 거래제한이 적용된다.

② 투자의사결정과 실제 투자 간의 시간적 차이로 인한 인덱스펀드의 단점을 제거하였다.

③ 자산총액의 30%까지 동일종목의 증권에 운용하는 것이 가능하다.

④ 자산총액으로 동일법인 등이 발행한 지분증권 총수의 20%까지 운용이 가능하다.

27 중요도 ★★

☐

ETF의 운용에 대한 설명으로 잘못된 것은?

① 국내 주식형 ETF에서 ETF 매매차익은 비과세, 이자배당소득은 과세한다.

② 국내 채권형 ETF, 해외주식형 ETF, 원자재 ETF는 보유기간 과세방식으로 처분이익과 보유기간 중 발생한 배당소득 과표상승분 중 적은 금액을 과표로 하여 과세한다.

③ 일반투자기구와 달리 증권실물로 투자기구의 설정 및 해지가 가능하다.

④ 추적오차율이 5%를 초과하여 1개월 지속되는 경우에는 상장폐지된다.

정답 및 해설

23 ④ 집합투자기구 운용에 있어서 일정 수익이 발생하면 집합투자기구 자체를 해지 또는 변경하는 집합투자기구를 목표달성형집합투자기구라고 한다.

24 ④ 모자형집합투자기구는 모투자기구와 자투자기구의 집합투자업자가 동일하다.

25 ② ETF의 요건

•기초자산의 가격 또는 기초자산의 종류에 따라 다수 종목의 가격수준을 종합적으로 표시하는 지수의 변화에 연동하여 운용하는 것을 목표로 할 것

•수익증권 또는 투자회사 주식의 환매가 허용될 것

•수익증권 또는 투자회사 주식이 해당 투자신탁의 설정일 또는 투자회사의 설립일부터 30일 이내에 증권시장에 상장될 것 등

26 ① 이해관계인 간의 거래제한 적용이 배제된다.

27 ④ ETF의 상장폐지 사유는 추적오차율이 10%를 초과하여 3개월 지속되는 경우, 지수를 산정할 수 없는 경우, 지수를 이용할 수 없게 된 경우 등이다.

28 중요도 ★★

☐ ETF는 인덱스펀드의 일종으로 법령에서 ETF가 추적할 수 있는 인덱스의 요건을 규정하고 있다. 이 요건과 가장 거리가 먼 것은?

① 거래소 등에서 거래되는 종목의 가격 또는 다수 종목의 가격수준을 종합적으로 표시하는 지수일 것

② 가격 또는 지수가 시장을 통해 투자자에게 적절하게 공표될 수 있을 것

③ 지수를 구성하는 종목이 20종목 이상이고 최상위 종목의 시가비중이 지수에서 차지하는 비율이 20%를 초과하지 않을 것

④ 지수가 거래소 등에서 공정하게 형성되고 매일 신뢰 가능한 가격으로 발표될 것

29 중요도 ★★★

☐ 상장지수집합투자기구(ETF : Exchange Traded Funds)의 특징으로 가장 거리가 먼 것은?

① 기존의 인덱스펀드의 단점인 추적오류를 많이 감소시켰다.

② 국내 주식형 ETF의 경우 처분에 따른 이익 및 보유 관련 과세를 기존 과세방식과 동일하게 부과한다.

③ 유통시장과 판매시장으로 이원화되어 있다.

④ 추가형투자기구이면서 상장형투자기구이다.

30 중요도 ★★

☐ ETF 구성종목 및 종목별 비중의 구비요건에 대한 내용으로 가장 거리가 먼 것은?

① 지수를 구성하는 종목이 10개 이상일 것

② 최상위 종목의 시가비중이 지수에서 차지하는 비율이 30%를 초과하지 아니할 것

③ 추적오차율이 10%를 초과하여 3개월 동안 지속되는 경우

④ 시가총액 상위 85% 종목의 3개월 평균 시가총액이 150억원 이상이고, 거래대금이 1억원 이상일 것

31 중요도 ★

□ 전문투자형 사모집합투자기구는 공모집합투자기구에 적용되는 규정이 배제되는 경우가 많다. 다음 중 전문투자형 사모집합투자기구에 대한 적용 배제규정과 가장 거리가 먼 것은?

① 파생상품매매에 따른 위험평가액 규정
② 투자광고에 대한 규정
③ 동일종목 증권에 대한 투자 제한 규정
④ 수시공시 의무 규정

32 중요도 ★

□ 사모집합투자기구의 특례에 대한 설명으로 잘못된 것은?

① 동일종목 증권에 대한 10% 투자 제한, 동일법인 발행 지분증권 총수의 20% 초과 투자 금지 규정이 적용되지 않는다.
② 각 집합투자증권의 50%를 초과한 증권 대여 제한 규정이 배제된다.
③ 사모집합투자기구는 동일 거래상대방에서 발생하는 위험평가액이 집합투자기구의 100%까지 파생상품에 투자할 수 있다.
④ 사모집합투자기구는 거래상대방에서 발생하는 장외파생상품거래 위험액이 자산총액의 10%를 초과하는 것도 가능하다.

정답 및 해설

28 ③ 지수를 구성하는 종목이 10종목 이상이고 최상위 종목의 시가비중이 지수에서 차지하는 비율이 30%를 초과하지 않아야 하며, 시가총액 상위 85% 종목의 3개월 평균 시가총액이 150억원 이상이고 거래금액이 1억원 이상이어야 한다.

29 ② 국내 주식형 ETF의 경우 이자소득 및 배당소득만을 과세하며, 국내 주식형이 아닌 ETF의 경우 보유기간 과세방식을 적용한다.

30 ③ 추적오차율이 10%를 초과하여 3개월 동안 지속되는 경우는 상장을 폐지하고 잔여재산을 투자자에게 배분하는 기준이다.

31 ① 파생상품매매에 따른 위험평가액 규정은 전문투자형 사모집합투자기구에 대하여 적용이 배제되는 것이 아니라 완화하여 적용된다. (공모는 순자산총액의 100%, 사모는 순자산총액의 400%까지 가능)

32 ③ 사모집합투자기구는 파생상품에서 발생하는 위험평가액이 펀드 순자산총액의 400%까지 가능하다.

33

중요도 ★★★

집합투자기구의 분류 방식에 따른 내용으로 가장 거리가 먼 것은?

① 대부분의 펀드는 수익자의 환매청구가 용이하도록 추가형, 개방형, 비상장형으로 구분한다.

② 투자자금의 운용에 따라 주식형, 채권형, 혼합형으로 분류한다.

③ 신탁기간의 제한이 있을 경우 폐쇄형으로 하여야 하며, 투자자를 위하여 공시 의무가 존재한다.

④ 일반투자자를 대상으로 하는 판매회사의 펀드 판매방식은 현재 매출식을 주로 이용한다.

34

중요도 ★★

일반적인 집합투자기구에 대한 설명으로 가장 거리가 먼 것은?

① 자본시장법에서는 파생상품펀드라는 분류가 없으며, 투자상품 분류는 투자자의 투자에 따른 위험의 차이로 구분된다.

② 펀드의 수익증권을 증권시장 등에 상장하여 증권시장에서 거래할 수 있도록 한 펀드를 상장형펀드라고 한다.

③ 장외파생상품에 투자할 경우 장내파생상품투자와 같이 레버리지 리스크만 발생한다.

④ 투자자의 환매청구가 용이하며, 대다수의 펀드가 비상장형펀드이다.

35

중요도 ★★★

다음 중 일반적 분류에 따른 집합투자기구에 대한 설명으로 가장 거리가 먼 것은?

① 추가형펀드의 경우 펀드의 최초 모집기간이 종료된 이후에도 펀드에 투자할 수 있으며, 다수의 집합투자기구가 추가형펀드에 속한다.

② 장외파생상품펀드, 부동산펀드의 경우 수익구조의 변화를 가져올 수 있기 때문에 단위형펀드가 일반적이다.

③ 개방형펀드의 경우 투자기간 중 환매를 요구할 수 있는 펀드이다.

④ 폐쇄형펀드의 경우 투자계약기간 중에 환매를 요구할 수 없고, 대다수의 펀드가 폐쇄형펀드에 해당한다.

36 중요도 ★★

펀드는 그 기준에 따라 다양하게 분류된다. 이에 대한 설명으로 잘못된 것은?

① 단위형펀드는 신탁계약기간이 정해져 있고 추가로 투자할 수 없다.

② 폐쇄형펀드는 환매를 요구할 수 없다.

③ 주식형(채권형)펀드는 주식(채권)에 펀드재산의 60% 이상을 투자하는 펀드다.

④ 패시브펀드는 비교지수의 수익률을 초과하는 것을 목적으로 하는 펀드다.

37 중요도 ★★

아래 각 내용에 해당하는 펀드가 잘못 연결된 것은?

> ㉠ 펀드재산의 60% 이상을 주식에 투자
>
> ㉡ 펀드재산의 60% 이상을 채권에 투자
>
> ㉢ 펀드재산의 50% 이상을 주식에 투자
>
> ㉣ 펀드재산의 50% 미만을 주식에 투자

① ㉠ – 주식형펀드　　　　　　　　② ㉡ – 채권형펀드

③ ㉢ – 주식형펀드　　　　　　　　④ ㉣ – 채권혼합형펀드

정답 및 해설

33 ④ 펀드설정 전에 투자자에게 미리 해당 펀드의 청약을 받고 그 돈으로 펀드를 운용하는 방식을 모집식펀드라고 하며, 모집식펀드가 현재 대다수로 이용되고 있다. 매출식은 회사자금으로 운용하는 방식으로 과거에 주로 사용하였다.

34 ③ 장외파생상품의 경우 장내파생상품이 가지고 있는 레버리지 리스크 등의 위험뿐만 아니라 상대방의 이행위험도 발생한다.

35 ④ 대다수 펀드의 경우 환매가 자유로운 개방형펀드에 해당한다. 환매에 제한을 두는 것은 폐쇄형펀드이며 공모폐쇄형펀드의 경우 집합투자증권을 한국거래소에 상장하여 간접적으로 환매를 유도한다.

36 ④ 비교지수의 수익률을 초과하는 것을 목적으로 하는 펀드는 액티브펀드이다. 패시브펀드는 미리 정해진 시스템에 따라 운용되도록 한 펀드이다.

37 ③ 주식형펀드는 펀드재산의 60% 이상을 주식에 투자하는 경우이며, 펀드재산의 50% 이상을 주식에 투자하는 경우는 주식혼합형펀드라 한다.

38

중요도 ★★★

다음 중 집합투자기구의 일반적 내용으로 가장 거리가 먼 것은?

① 투자지역을 기준으로 하였을 경우 '글로벌투자펀드 > 지역투자펀드 > 개별국가펀드' 순이다.

② 투자전략에 따라 액티브펀드, 패시브펀드, 섹터펀드로 분류할 수 있다.

③ 액티브 운용전략은 Bottom-Up Approach와 Top-Down Approach로 분류할 수 있으며, 현재 이 두 가지를 혼용하고 있다.

④ 패시브펀드의 대표적인 유형으로는 정통형, 스타일투자, 테마투자가 있다.

39

중요도 ★

투자전략에 따른 펀드 분류에 대한 내용으로 잘못된 것은?

① 액티브 운용전략은 Bottom-Up Approach와 Top-Down Approach로 분류할 수 있으며, 현재 이 두 가지를 혼용하고 있다.

② 패시브펀드는 흔히 체계적인 시스템에 의해 이루어진다고 하여 시스템펀드라고도 한다.

③ 패시브펀드는 목표 인덱스보다 나은 수익률을 목표로 운용한다.

④ 인덱스펀드의 장점으로는 저렴한 비용을 들 수 있다.

40

중요도 ★★

투자전략에 따른 펀드의 분류에 대한 내용으로 잘못된 것은?

① 패시브펀드는 사전에 정해진 룰에 따라 펀드의 재산을 투자하는 펀드이다.

② 패시브펀드에는 SRI펀드, Water펀드, 지배구조개선펀드 등이 있다.

③ 액티브펀드는 비교대상지수의 수익률을 초과하는 것을 목적으로 하는 펀드이다.

④ 액티브펀드에는 정통형, 스타일투자형, 테마투자형 등이 있다.

41 중요도 ★★★

□

인덱스펀드(Index Fund)는 특정지수(예 : KOSPI200)의 수익률과 동일하거나 유사한 수익률 달성을 목표로 하는 펀드를 말한다. 인덱스펀드에 대한 설명으로 잘못된 것은?

① 다른 펀드에 비하여 비용이 저렴하고, 운용이 투명하다는 점이 장점이다.

② 10년 이상 장기투자할 경우 동일한 수준의 수익률을 실현하는 액티브펀드보다 높은 수익률을 내는 경우가 많다.

③ 인핸스드인덱스펀드는 추적대상지수 수익률을 초과하는 수익률을 목표로 하는 인덱스펀드로 알파(α) 추구 전략 또는 차익거래를 이용한다.

④ 인핸스드인덱스펀드는 액티브펀드와 같이 위험을 제한 없이 부담하면서 추가 수익 전략을 수행한다.

42 중요도 ★★★

□

다음 중 인덱스펀드의 내용으로 가장 거리가 먼 것은?

① 대체로 낮은 보수가 적용된다.

② 대상지수의 움직임으로 인하여 투명한 운용이 가능하다.

③ 장기보다는 중·단기적으로 수익률이 높다.

④ 추적오차가 발생할 가능성이 있다.

정답 및 해설

38 ④ 패시브펀드의 경우 시장수익률을 목표로 하며 유형으로는 인덱스펀드, 포트폴리오보험전략펀드가 있다. 시장수익률 이상을 목표로 하는 것은 액티브펀드이며 그 유형으로는 정통형, 스타일투자, 테마투자가 있다.

39 ③ 패시브펀드를 대표하는 것이 인덱스펀드이다. 패시브펀드는 인덱스 수익률 형식으로 마케팅을 한다. 인덱스 + α에 운용목표를 두고 있는 것은 액티브펀드이다.

40 ② SRI펀드, Water펀드, 지배구조개선펀드 등은 액티브펀드 중 테마투자형에 속한다. 패시브펀드에는 인덱스펀드, 포트폴리오보험전략펀드 등이 있다.

41 ④ 인핸스드인덱스펀드는 액티브펀드와 달리 위험을 제한하면서 추가 수익 전략을 수행한다.

42 ③ 인덱스펀드의 경우 종합주가지수에 따라 진행하고 있기 때문에 액티브펀드보다는 저렴한 비용이 적용되며, 장기적 투자를 하였을 경우 수익률이 높다.

43 중요도 ★★★

전통적인 인덱스펀드의 경우 추적오차(Tracking Error)가 발생하는데, 이때 추적오차가 발생하는 원인이 아닌 것은?

① 인덱스펀드의 종목 차이

② 인덱스펀드의 판매를 구축하기 위한 거래 비용

③ 인덱스펀드의 포트폴리오와 추적대상지수 포트폴리오의 차이

④ 포트폴리오 구축 시 적용되는 가격과 실제 매매가격의 차이

44 중요도 ★★★

빈칸에 들어갈 말을 올바른 순서대로 나열한 것은?

> 자본시장법상 펀드재산으로 부동산을 취득하기 위해 금전을 차입하는 경우, 그 차입금의 한도는 부동산펀드의 계산으로 차입하는 때 그 펀드의 순자산총액의 (   )%를 원칙으로 한다. 그리고 부동산펀드가 아닌 펀드의 계산으로 차입하는 때에는 해당 펀드에 속하는 부동산 가액의 (   )%이다.

① 100, 100　　　　　　　　　　② 100, 70

③ 200, 100　　　　　　　　　　④ 200, 70

45 중요도 ★★

부동산펀드가 건축물 또는 그 밖의 공작물이 없는 토지를 취득한 후 부동산 개발사업을 시행하기 전에 그 토지를 처분할 수 있는 경우로 가장 거리가 먼 것은?

① 부동산펀드의 결산　　　　　　② 부동산펀드의 합병

③ 부동산펀드의 해지　　　　　　④ 부동산펀드의 해산

46

중요도 ★

다음은 부동산펀드의 환매금지에 대한 내용이다. 빈칸에 들어갈 용어로 올바른 것은?

□

> 자본시장법은 집합투자업자 등이 부동산펀드를 설정·설립하는 경우에는 반드시 당해 부동산
> 펀드를 환매금지형펀드로 설정·설립하도록 의무화하고 있다.
> 신탁계약 또는 정관에 투자자의 환금성 보장 등을 위한 별도의 방법을 정하지 아니한 경우 공모
> (㉠)의 집합투자업자 또는 공모(㉡)은/는 해당 집합투자증권을 최초로 발행한 날로부
> 터 90일 이내에 그 집합투자증권을 증권시장에 상장하여야 한다.

	㉠	㉡
①	부동산투자신탁	부동산투자회사
②	부동산투자회사	부동산투자합자조합
③	부동산투자신탁	부동산투자유한회사
④	부동산투자익명조합	부동산투자회사

정답 및 해설

43 ① 인덱스펀드의 실적과 지수의 실적 차이를 추적오차(Tracking Error)라고 하며, 추적오차의 경우 ②③④를 비롯하여 인덱스
펀드에 부과되는 보수 등의 비용으로 인해 발생한다.

44 ④ 금전차입은 순자산총액의 200%로 하고, 금전대여는 100%한도로 한다. 부동산펀드가 아닌 펀드에서의 부동산 취득 차입한
도는 부동산 가액의 70%로 한다.

45 ① 부동산펀드의 합병·해지·해산이나 투자자 보호를 위하여 필요한 경우에 처분 가능하다.

46 ① ㉠은 공모부동산투자신탁, ㉡은 공모부동산투자회사에 해당한다.

47 중요도 ★

다음 중 자본시장법상 부동산펀드에서 펀드재산으로 부동산을 취득하는 경우 당해 부동산펀드의 계산으로 금전을 차입할 수 있는 차입기관과 가장 거리가 먼 것은?

① 신용협동조합　　　　　　　② 투자매매업자
③ 종합금융회사　　　　　　　④ 보험회사

48 중요도 ★

자본시장법상 부동산 집합투자기구에서 집합투자재산의 50%를 초과하여 투자할 수 있는 대상이 아닌 것은?

① 지상권, 전세권, 임차권, 광업권
② 특정한 부동산을 개발하기 위하여 존속기간을 정하여 설립된 회사(부동산개발회사)가 발행한 증권
③ 부동산을 기초자산으로 하는 파생상품
④ 부동산개발과 관련된 법인에 대한 대출

49 중요도 ★★

집합투자업자는 환매금지형공모집합투자기구의 집합투자증권을 최초로 발행한 날로부터 며칠 이내에 증권시장에 상장하여야 하는가?

① 30일　　　　　　　　　　② 60일
③ 90일　　　　　　　　　　④ 120일

50 중요도 ★★

실물형부동산펀드의 유형에 해당하지 않는 것은?

① 임대형부동산펀드　　　　　② 권리형부동산펀드
③ 경공매형부동산펀드　　　　④ 개량형부동산펀드

51 중요도 ★★
부동산펀드의 종류에 대한 설명으로 거리가 먼 것은?

☐

① 대출형부동산펀드 – 펀드재산의 50%를 초과하여 부동산 개발과 관련된 법인에 대출형태로 투자행위를 하는 펀드로서, 일반적으로 프로젝트 파이낸싱(PF : Project Financing)형 부동산펀드라고 부른다.

② 실물형부동산펀드 – 펀드재산의 50%를 초과하여 부동산 자체에 투자하는 펀드로서, 운용방법에 따라 매매형, 임대형, 개량형, 중개형, 경공매형, 개발형으로 구분할 수 있다.

③ 권리형부동산펀드 – 펀드재산의 50%를 초과하여 지상권·지역권·전세권·임차권·분양권 등 부동산 관련 권리를 취득하는 형태의 부동산펀드이다.

④ 증권형부동산펀드 – 펀드재산의 50%를 초과하여 부동산과 관련된 증권에 투자하는 형태의 부동산펀드이다.

정답 및 해설

47 ① 금전차입기관의 종류

> • 은행, 한국산업은행, 중소기업은행, 한국수출입은행, 투자매매업자 또는 투자중개업자, 증권금융회사, 종합금융회사, 상호저축은행
> • 보험회사
> • 국가재정법에 따른 기금
> • 다른 부동산펀드
> • 상기 내용에 준하는 외국금융기관 등

48 ① 광업권은 50%를 초과하여 투자할 경우 특별자산에 해당한다.

49 ③ 집합투자업자는 환매금지형공모집합투자기구의 집합투자증권을 최초로 발행한 날로부터 90일 이내에 상장하여야 한다.

50 ② 권리형부동산펀드는 실물형부동산펀드에 해당하지 않는다.

51 ② 중개형은 실물형부동산펀드의 운용방법에 포함되지 않는다.

52

중요도 ★

집합투자업자가 사업계획서를 작성하여 인터넷 홈페이지 등에 공시하여야 하는 부동산 펀드로 옳은 것은?

① 매매형부동산펀드　　　　　　② 임대형부동산펀드
③ 개발형부동산펀드　　　　　　④ 대출형부동산펀드

53

중요도 ★

투자대상자산에 따른 부동산펀드의 유형과 관계가 없는 것은?

① 임대형부동산펀드　　　　　　② 파생상품형부동산펀드
③ 대출형부동산펀드　　　　　　④ 국내투자부동산펀드

54

중요도 ★★

특별자산펀드에 대한 설명으로 잘못된 것은?

① 집합투자재산의 50%를 초과하여 특별자산에 투자하는 펀드이다.
② 문화콘텐츠상품도 특별자산에 속한다.
③ 발행일로부터 30일 이내에 증권시장에 상장하여야 한다.
④ 자본시장법상 특별자산펀드는 반드시 환매금지형펀드로 설정하도록 의무화하고 있다.

55

중요도 ★★

다음 중 특별자산으로 보기 어려운 것은?

① 선박, 항공기, 건설기계, 자동차 등과 같이 등기·등록 등의 공시방법을 갖추고 있는 동산(動産)
② 선박투자회사법에 따른 선박투자회사가 발행한 주식
③ 증권을 기초자산으로 하는 파생상품
④ 탄소배출권

56

공모특별자산펀드의 운용특례로 각 펀드자산총액의 100%까지 동일종목에 투자할 수 있는 경우에 해당하는 것을 모두 고른 것은?

> ㉠ 사회기반시설사업 법인이 발행한 주식과 채권
> ㉡ 사회기반시설사업 법인에 대한 대출채권
> ㉢ 사회기반시설사업 법인에 투자하는 것을 목적으로 하는 법인의 지분증권
> ㉣ 특별자산이 신탁재산의 50%를 초과하는 수익증권·집합투자증권·유동화증권
> ㉤ 선박투자회사 발행주식

① ㉠, ㉡

② ㉠, ㉡, ㉢

③ ㉠, ㉡, ㉢, ㉣

④ ㉠, ㉡, ㉢, ㉣, ㉤

정답 및 해설

52 ③ 집합투자업자가 펀드재산으로 부동산개발사업에 투자하고자 하는 개발형부동산펀드의 경우에는 사업계획서를 작성하여 인터넷 홈페이지 등에 공시하여야 한다.

53 ④ 투자대상자산에 따라 임대형, 경공매형, 파생상품형, 대출형, 개발형, 권리형, 증권형부동산펀드로 구분된다.

54 ③ 발행일로부터 90일 이내에 증권시장에 상장하여야 한다.

55 ③ 자본시장법은 통화, 일반상품, 신용위험(당사자 또는 제3자의 신용등급의 변동, 파산 또는 채무재조정 등으로 인한 신용의 변동), 그 밖에 자연적·환경적·경제적 현상 등에 속하는 위험으로서 합리적이고 적정한 방법에 의하여 가격·이자율·지표·단위의 산출이나 평가가 가능한 것을 기초자산으로 하는 파생상품을 특별자산에 해당하는 파생상품으로 인정하고 있다.

56 ② 각 펀드자산총액의 100%까지 동일종목에 투자할 수 있는 경우
- 사회기반시설사업 법인이 발행한 주식과 채권
- 사회기반시설사업 법인에 대한 대출채권
- 사회기반시설사업 법인에 투자하는 것을 목적으로 하는 법인의 지분증권 등

57 중요도 ★★

펀드재산의 60%를 원유(WTI)선물에 투자하고 잔여재산을 선박투자회사가 발행한 주식에 투자하는 펀드의 유형은?

① 증권펀드
② 혼합자산펀드
③ 특별자산펀드
④ 부동산펀드

58 중요도 ★

선박투자회사법에 따른 선박투자회사가 발행한 주식은 자본시장법상 어떠한 증권에 해당하는가?

① 증권펀드의 투자대상자산에 해당하는 증권
② 부동산펀드의 투자대상자산에 해당하는 증권
③ 혼합자산펀드의 투자대상에 해당하는 증권
④ 특별자산펀드의 특별자산에 해당하는 증권

59 중요도 ★★

특별자산펀드가 투자할 수 있는 특별자산으로 볼 수 없는 것은?

① 애니메이션
② 건설기계
③ 명품 바이올린
④ 미술관

60
중요도 ★★★

자본시장법상 특별자산펀드에 대한 설명으로 가장 올바른 것은?

① 특별자산펀드에서 투자하는 특별자산은 공정가액으로 평가하는 것이 원칙이다.

② 시장성 없는 자산에 투자하지 않는 특별자산펀드는 개방형펀드로 설정·설립할 수 있다.

③ 모든 공모특별자산펀드는 집합투자증권의 최초 발행일로부터 90일 이내에 증권시장에 상장하여야 한다.

④ 특별자산펀드는 부동산에 투자할 수 없다.

61
중요도 ★★

다음 중 자본시장법상 특별자산펀드에 대한 설명으로 가장 거리가 먼 것은?

① 자본시장법은 증권과 부동산을 제외한 투자대상자산을 특별자산으로 규정하고 있다.

② 공모특별자산펀드인 경우 사회기반시설에 대한 민간투자법에 따른 사회기반시설사업의 시행 법인이 발행한 주식과 채권을 각 펀드 자산총액의 100분의 30까지 투자할 수 있다.

③ 특별자산펀드를 금융위원회에 등록하는 경우에는 특별자산의 평가방법을 기재한 서류를 별도로 첨부하여야 한다.

④ 특별자산투자회사는 설립 후에 그 특별자산투자회사의 정관을 선박에 투자하는 형태로 변경하여서는 아니 된다.

정답 및 해설

57 ③ 펀드재산의 60%를 원유(WTI)선물에 투자하고 잔여재산을 선박투자회사가 발행한 주식에 투자하는 펀드는 특별자산펀드이다.

58 ④ 선박투자회사법에 따른 선박투자회사가 발행한 주식은 자본시장법상 특별자산펀드의 특별자산에 해당하는 증권이다.

59 ④ 미술품(그림)은 특별자산이므로 투자할 수 있다. 그러나 미술관은 건물(부동산)이므로 특별자산이 아니다.

60 ③ ① 특별자산펀드에서 투자하는 특별자산은 시가로 평가하는 것이 원칙이다.
  ② 특별자산펀드는 폐쇄형펀드로 설정·설립하여야 한다.
  ④ 특별자산펀드는 50%를 초과하여 특별자산에 투자하고 나머지는 부동산에 투자할 수 있다.

61 ② 집합투자규약에서 예외적으로 각 펀드 자산총액의 100분의 100까지 동일종목에 투자할 수 있도록 규정하고 있다.

62 중요도 ★★

자본시장법상 특별자산펀드에 대한 설명으로 잘못된 것은?

① 투자대상 중 일반상품에 해당하는 것에는 농·수·축산물, 광산물, 에너지 등이 있다.

② 간접투자법하에서부터 일반상품에 직접 투자하는 실물펀드의 개발이 활성화되어 있었다.

③ 선박투자법에 따른 공모선박투자회사는 자본시장법상 특별자산투자상품의 하나로 인정될 수 있다.

④ 일반상품에 투자하는 특별자산펀드는 주식이나 채권과 함께 투자하는 경우 인플레이션 헤지 역할을 할 수 있다.

63 중요도 ★★

특별자산펀드에 대한 설명으로 가장 거리가 먼 것은?

① 집합투자업자가 공모특별자산펀드를 설정하는 경우에는 환매금지형펀드로 설정하여야 한다.

② 특별자산투자회사는 집합투자업자가 설립하고 정관에 의하여 운영된다.

③ 집합투자업자는 특별자산펀드에서 투자하는 특별자산을 시가로 평가하되, 시가가 없는 경우에는 공정가액으로 평가하여야 한다.

④ 통화, 일반상품, 신용위험 등 적정한 방법에 의하여 평가 가능한 자산을 기초자산으로 하는 파생상품에 펀드재산의 50%를 초과하여 투자할 수 있다.

64 중요도 ★

자본시장법상 특별자산펀드에 대한 설명으로 가장 거리가 먼 것은?

① 특별자산펀드는 증권 및 부동산에는 투자할 수 없다.

② 펀드재산의 50%를 초과하여 탄소배출권에 투자할 수 있다.

③ 자본시장법은 특별자산펀드에서 투자할 수 있는 특별자산을 포괄주의에 의거하여 정의하고 있다.

④ 특별자산펀드는 의무적으로 환매금지형펀드로 설정·설립하여야 한다.

65 중요도 ★★
다음 중 자산의 50%를 초과하여 투자할 경우 특별자산펀드에 해당하지 않는 것은?

☐

① 특별자산이 신탁재산의 50%를 초과하는 수익증권·집합투자증권·유동화증권에 투자하는 펀드

② 미술품, 악기에 투자하는 펀드

③ 사회기반시설법인에 대출한 법인의 지분증권에 투자하는 펀드

④ 농산물을 생산하는 회사의 지분증권에 투자하는 펀드

정답 및 해설

62 ② 일반상품을 기초자산으로 하는 특별자산펀드는 간접투자법하에서는 보관, 운송, 유동성의 측면을 충족시키기 힘들어서 거의 개발되지 못하였다.

63 ② 특별자산투자회사는 발기인이 설립한다.

64 ① 특별자산펀드는 증권 및 부동산에도 투자할 수 있다.

65 ④ 일반상품은 특별자산으로 특별자산펀드의 투자대상이나 일반상품 관련 사업을 하는 회사의 지분증권은 증권이므로 농산물과 같은 일반상품 관련 사업을 하는 회사의 지분증권에 투자하는 펀드는 증권펀드에 해당한다.

[참고] 특별자산펀드의 투자대상

- 일반상품 : 농·수·축산물, 에너지 등 실물자산
- 공시방법을 갖추고 있는 동산 : 자동차, 선박, 항공기, 건설기계 등
- 미술품, 악기, 문화콘텐츠상품(영화, 게임, 인터넷콘텐츠, 출판물 등)
- 특별자산에 해당하는 증권
  · 특별자산이 신탁재산의 50%를 초과하는 수익증권·집합투자증권·유동화증권
  · 선박투자회사 발행주식
  · 사회기반시설법인 발행주식과 채권
  · 사회기반시설법인에 대출한 법인의 지분증권
- 산출 또는 평가가 가능한 것을 기초자산으로 한 파생상품
- 어업권, 광업권, 탄소배출권, 지적재산권, 보험금 지급청구권 등 권리
- 기타 증권 및 부동산을 제외한 자산으로 경제적 가치가 있는 모든 자산(포괄주의)

66 중요도 ★★

다음 지문에 해당하는 자를 바르게 나열한 것은?

> ㉠ 수익자가 미정 또는 미존재할 경우 법원이 선임하는 자
> ㉡ 위탁자의 재산을 관리 및 운용하는 자

	㉠	㉡		㉠	㉡
①	위탁자	수익자	②	수익자	신탁재산관리인
③	신탁자	수익자	④	신탁관리인	수탁자

67 중요도 ★★

다음 보기에서 설명하는 신탁관계인으로 옳은 것은?

> 수탁자의 임무가 종료되거나 수탁자와 수익자 간에 이해가 상반되어 수탁자가 신탁사무를 수행하는 것이 적절하지 아니한 경우에 법원이 이해관계인의 청구에 의하여 수탁자에 갈음하여 선임한 자

① 위탁자　　　　　　　　　　② 수탁자
③ 신탁관리인　　　　　　　　④ 신탁재산관리인

68 중요도 ★★

신탁재산의 법적 특성에 대한 설명으로 잘못된 것은?

① 신탁재산에 대한 강제집행 금지
② 수탁자의 상속 및 파산으로부터의 독립
③ 신탁재산의 상계 금지
④ 신탁재산의 혼동

69

중요도 ★★

다음 중 신탁재산의 법적 특성은 모두 몇 개인가?

☐

┌───┐
│ ㉠ 신탁재산에 대한 강제집행의 금지   ㉡ 수탁자의 상속 및 파산으로부터의 독립 │
│ ㉢ 신탁재산의 상계 금지   ㉣ 신탁재산의 불 혼동 │
│ ㉤ 신탁재산의 독립성 │
└───┘

① 2개   ② 3개   ③ 4개   ④ 5개

70

중요도 ★

'신탁의 결과는 수익자에게 귀속됨으로써 이익 및 원본보장이 없다'라는 원칙으로 옳은 것은?

☐

① 분별관리의무   ② 선관의무

③ 실적배당의 원칙   ④ 충실의무

정답 및 해설

66 ④ 수익자가 미정 또는 미존재할 경우 법원이 신탁관리인을 선임하며, 위탁자의 재산을 관리 및 운용하는 자를 수탁자라 한다. 또한 수탁자와 수익자의 이해관계가 충돌할 경우 신탁재산관리인을 법원이 선임한다.

67 ④ 신탁재산관리인에 관한 설명이다.

68 ④ 혼동이 아니라, 불혼동이다. 신탁재산을 관리하는 수탁자는 형식상 권리자이며, 수탁자의 고유재산 및 수탁자가 관리하고 있는 재산으로부터 독립되어야 한다.

69 ④ 신탁재산은 위탁자의 소유에서 형식적으로 신탁자의 소유로 전환된 것으로서 독립성이 부여된다. ㉠㉡㉢㉣㉤ 모두 신탁재산의 독립성에 대한 설명이다.

70 ③ 신탁의 결과가 수익자에게 귀속됨으로써 이익 및 원본보장이 없다는 원칙은 실적배당의 원칙이다.

71 신탁상품에 대한 설명으로 잘못된 것은?

중요도 ★★★

① 신탁에 있어 수탁자는 수익자에게 이익을 보장하거나 원본을 보장하여 줄 수 없다.

② 신탁관리인은 수익자가 지정되지 않은 경우 법원이 직권으로 지정한 수익자이다.

③ 신탁재산에 속하는 채권과 속하지 않는 채무는 서로 상계할 수 있다.

④ 재산의 이전 없이 담보권을 설정하는 방식으로도 신탁을 설정할 수 있다.

72 신탁재산이 갖고 있는 법적 특성으로 볼 수 없는 것은?

중요도 ★★★

① 신탁재산은 강제집행, 경매, 보전처분, 체납처분 등을 할 수 없다.

② 신탁재산에 속하는 채권과 신탁재산에 속하지 않는 채무는 상계할 수 없다.

③ 신탁재산은 혼동하여 소멸되지 않는다.

④ 신탁재산은 위탁자의 파산위험으로부터 격리되나 수탁자는 그렇지 아니하다.

73 신탁의 기본원칙과 신탁재산의 법적 특성으로 볼 수 없는 것은?

중요도 ★

① 연금신탁은 예금과 마찬가지로 최고 5,000만원까지 예금자보호법에 의해 보호된다.

② 신탁재산은 수탁자가 파산, 사망 시 파산재단이나 상속재산에 포함되지 않는다.

③ 신탁재산은 원칙적으로 강제집행 및 담보권 실행을 할 수 없다.

④ 수탁자는 신탁사무에 있어 항상 위탁자에게 충실하게 하여야 한다.

74 중요도 ★
금융투자상품이 인정하는 증권 중 신탁상품의 대상이 되는 증권으로 옳은 것은?

① 채무증권   ② 투자계약증권

③ 수익증권   ④ 지분증권

75 중요도 ★★
다음 중 자본시장법상 투자성이 없는 신탁에 해당하는 것은?

① 연금신탁   ② 관리신탁

③ 퇴직신탁   ④ 개인연금신탁

정답 및 해설

71 ③ 신탁재산에 속하는 채권과 신탁재산에 속하지 않는 채무는 상계할 수 없다.

72 ④ 신탁재산은 위탁자 및 수탁자의 파산위험으로부터 격리된다.

73 ④ 충실의무란 수탁자가 신탁사무에 있어 항상 수익자에게 충실하게 하여야 한다는 의무로서 신탁재산의 소유권을 타인에게 이전하는 신탁관계를 지탱하는 신탁의 기본원칙이자 수탁자의 기본의무이다.

74 ③ 신탁상품의 대상이 되는 증권은 수익증권이다.

75 ② 관리신탁은 수탁자에게 신탁재산의 처분권한이 부여되지 않는 신탁상품으로, 자본시장법상 투자상품에서 제외되므로 투자성이 없는 신탁에 해당한다.

76 중요도 ★★★

고객과 신탁회사가 1:1로 계약을 맺고 관리하는 특정금전신탁에 대한 설명으로 잘못된 것은?

① 특정금전신탁은 다른 펀드에 투자하는 재간접투자상품으로도 활용된다.

② 수익자가 제3자로 지정될 경우에도 증여세는 부과되지 않는다.

③ 신탁재산인 금전을 보험상품으로 운용하는 것은 금지된다.

④ 단독운용신탁의 특성상 최저 가입금액이 다른 금융상품에 비해 높다.

77 중요도 ★★

특정금전신탁에 대한 설명으로 잘못된 것은?

① 가입기간에는 특별한 제한이 없다.

② 신탁재산은 수익자인 고객이 지시하는 대로 운용된다.

③ 단독운용신탁이므로 최저 가입금액이 다른 상품에 비해 높다.

④ 신탁계약 체결 시 수익자를 지정하지 않으면, 위탁자 본인이 수익자가 된다.

78 중요도 ★

예외적으로 원본을 보장하는 제도로 현행 판매가 이루어지는 신탁으로 옳은 것은?

① 연금신탁 　　　　　　　　　② 관리신탁

③ 퇴직신탁 　　　　　　　　　④ 국민신탁

79 중요도 ★★
연금신탁에 대한 설명으로 올바른 것은?

① 적립기간 중 연간 최고 400만원까지 소득공제 및 이자소득세가 비과세된다.

② 위탁자와 수익자가 동일하며 원금이 보장된다.

③ 만 50세 이후 연금으로 수령하며, 적립기간과 연금지급기간으로 구분된다.

④ 국내에 거주하는 만 20세 이상 개인만 가입이 가능하다.

80 중요도 ★★★
다음 중 연금신탁 가입에 대하여 위탁자에게 전달하여야 할 설명으로 잘못된 것은?

① 연간 최고한도 600만원까지 세액공제와 이자소득세에 대한 비과세 혜택이 있으며 연금수령 시 연금소득세를 납부하여야 한다.

② 채권형 상품과 총자산의 10% 범위 내에서 주식에 주로 투자한다.

③ 다른 신탁회사의 연금신탁으로 이전이 가능하나, 환매 시 세금을 징수하여야 한다.

④ 신탁금액은 전 금융기관 합산하여 연간 1,800만원 이내이다.

정답 및 해설

76 ② 수익자가 제3자로 지정될 경우 증여세가 부과된다.

77 ② 신탁재산은 위탁자인 고객이 지시하는 대로 운용된다.

78 ① 연금신탁은 예외적으로 원본을 보장하는 제도로 현행 판매가 이루어지나 간접투자자산운용업법에 의하여 퇴직연금신탁, 개인연금신탁이 존재한다.

79 ② ① 적립기간 중 연간 최고 600만원까지 세액공제 및 이자소득세가 비과세된다.
③ 만 55세 이후 연금으로 수령하며, 적립기간과 연금지급기간으로 구분된다.
④ 국내 거주자는 연령 제한이 없다.

80 ③ 다른 신탁회사의 연금신탁으로 자유로이 이전이 가능하며, 이 경우 별도의 세금 추징은 없다.

81

중요도 ★★

연금신탁에 대한 설명으로 잘못된 것은?

① 위탁자와 수익자가 다르더라도 가입이 가능하다.

② 가입대상은 국내 거주자인 개인이다.

③ 적립기간은 최소 5년 이상, 연금수령기간은 만 55세 이후부터 10년 차 이상이다.

④ 중도해지 시 기타소득세가 부과된다.

82

중요도 ★★

연금신탁에 대한 설명으로 잘못된 것은?

① 시가평가를 적용한 기준가격방식으로 실적배당한다.

② 신탁금액은 연간 1,800만원 이내로 제한된다.

③ 연금신탁의 적립기간은 5년 이상 연단위로 결정할 수 있다.

④ 국내 거주하는 만 20세 이상의 개인만 가입할 수 있다.

83

중요도 ★★★

신탁상품에 대한 설명으로 잘못된 것은?

① 연금신탁은 특정금전신탁으로 다수 위탁자의 자금을 합동으로 운용한다.

② 부동산담보신탁은 부동산 신탁 후 발행한 수익권증서를 담보로 자금을 차입하는 상품이다.

③ 부동산신탁은 부동산신탁회사 외에 은행, 증권 등 신탁겸영금융회사들도 취급할 수 있다.

④ 특정금전신탁의 운용으로 발생되는 수익 및 손실은 전부 수익자에게 귀속된다.

84

중요도 ★★

신탁상품의 종류에 대한 설명으로 잘못된 것은?

① 부동산신탁에는 담보신탁, 관리신탁, 처분신탁, 개발신탁이 있다.

② 증권신탁, 동산신탁, 종합재산신탁 등 다양한 상품이 등장하고 있다.

③ 종합재산신탁의 경우 최근 관리형 개발신탁과 분양관리신탁도 많이 이용된다.

④ 금전채권신탁은 자산유동화를 목적으로 하여 주로 이용된다.

85 중요도 ★★

전문투자자인 고객의 경우에도 생략해서는 안 되는 것은?

① 투자자 유형분류
② 적합한 신탁상품과 운용자산의 선정 및 권유
③ 신탁상품 및 운용자산의 설명
④ 상품설명서 및 상담확인서 징구

86 중요도 ★★

다음 중 불건전 영업행위의 성격이 다른 것은?

① 집합하여 운용한다는 내용으로 투자권유하거나 투자광고하는 행위
② 투자광고 시 특정 신탁계좌 및 여러 신탁계좌의 평균수익률을 제시하는 행위
③ 위탁자를 유형화하여 운용할 경우 각 유형별 가중평균수익률과 최고·최저 수익률을 함께 제시하지 않는 행위
④ 구체적인 근거와 내용을 제시하지 않으면서 현혹적이거나 타 신탁상품보다 비교우위에 있음을 막연하게 나타내는 행위

정답 및 해설

81 ① 위탁자와 수익자가 동일한 자익신탁으로만 가입이 가능하다.

82 ④ 연령 제한 없이 국내 거주자이면 가입할 수 있다.

83 ① 연금신탁은 불특정금전신탁 상품 중 유일하게 계속 판매가 되고 있는 상품이다.

84 ③ 부동산신탁의 경우 최근 관리형 개발신탁과 분양관리신탁도 많이 이용된다.

85 ④ 전문투자자라 할지라도 상품설명서 및 상담확인서는 징구하여야 한다.

86 ④ ①②③은 집합운용규제와 관련된 금지행위이며, ④는 신탁계약조건의 공시와 관련된 금지행위이다.

제 2 장
투자관리

학습전략

투자관리는 제1과목 전체 35문제 중 총 10문제가 출제된다.
투자관리의 경우 자산배분과의 관계가 매우 중요하며, 매우 이론적이고 정밀한 사고가 요구되는 영역이다. 따라서 자산집단, 기대수익률, 위험 등의 용어를 숙지하여야 하고, 자산배분전략의 종류를 확실히 구분하는 것이 필요하다.

출제예상 비중

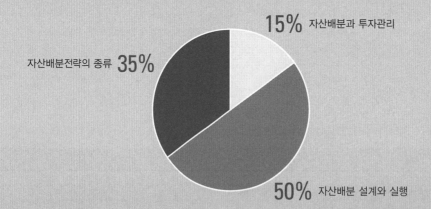

15% 자산배분과 투자관리

자산배분전략의 종류 35%

50% 자산배분 설계와 실행

핵심포인트

자산배분전략에 대한 설명으로 잘못된 것은?

① 자산의 자산구성비 변동을 통해 초과수익을 획득하고자 하는 적극적인 투자전략이다.

② 자산군의 선택과 상대비중에 대한 의사결정이 미래 투자실적에 더 큰 영향을 준다는 것이 다양한 연구를 통하여 알려지면서 자산배분전략이 광범위하게 활용되고 있다.

③ 현재는 시장예측활동(Market Timing)을 통하여 전체 투자자산 중에서 주식투자의 비중을 정하는 개념으로 사용된다.

④ 투자위험에 대한 관리, 투자목표의 달성을 위한 최적화 등의 여러 가지 과정을 포함한다.

TIP 과거 투자자금이 작고, 투자대상 자산이 주식으로 국한되었을 때 자산배분전략은 시장예측활동(Market Timing)을 통하여 전체 투자자산 중에서 주식투자의 비중을 정하는 개념으로 사용되었다. 그러나 현재는 특정 자산의 초과수익보다 각 자산이 가지고 있는 시장 수익률을 최적의 자산배분을 통하여 얻고자 하는 것을 자산배분전략이라고 한다.

핵심포인트 해설　　**자산배분(Asset Allocation) (1)**

(1) 개 념

기대수익률과 위험수준이 다양한 여러 자산집단(Asset Class)을 대상으로 투자자금을 배분하여 최적의 자산 포트폴리오를 구성하는 일련의 투자과정

(2) 유 형　→ 일반적으로 자산배분이란 '이종자산 간 자산배분'을 의미

① 이종자산 간 자산배분 : 주식과 채권처럼 다른 반응을 보이는 자산을 대상

② 동일자산 간 자산배분 : 자본시장 변동에 동일한 반응을 보이는 자산을 대상

(3) 전 략

① 자산의 자산구성비 변동을 통해 초과수익을 획득하고자 하는 적극적인 투자전략

② 현재는 특정 자산의 초과수익보다 각 자산이 가지고 있는 시장 수익률을 최적의 자산배분을 통하여 얻고자 하는 것을 의미함

정답 | ③

02

자산배분(Asset Allocation)의 중요성이 높아지는 이유로 거리가 먼 것은?

① 투자대상 자산군이 증가하고 있기 때문이다.
② 투자위험관리의 필요성이 증대되고 있기 때문이다.
③ 투자수익률 결정에 자산배분이 절대적인 영향을 미친다는 인식이 높아지고 있기 때문이다.
④ 시장예측이나 증권선택이 총수익률에 미치는 영향이 높아지고 있기 때문이다.

TIP 시장예측이나 증권선택이 총수익률에 미치는 영향은 자산배분보다 낮다.

핵심포인트 해설 **자산배분(Asset Allocation) (2)**

(1) 중요성
① 투자대상 자산군이 증가하고 있음
② 투자위험관리의 필요성이 증대되고 있음
③ 투자수익률 결정에 자산배분 효과가 절대적인 영향을 미친다는 투자자들의 인식이 높아지고 있음

(2) 과 제
① 분산투자(자산배분)의 방법
② 개별종목 선택
③ 투자시점의 선택

(3) 통합적 투자관리(INTEGRATED INVESTMENT MANAGEMENT) → 순서를 알기
① 1단계 : 투자목표를 설정, 투자전략수립에 필요한 사전투자분석 실시
② 2단계 : 투자전략적 관점에서 자산배분 실시
③ 3단계 : 투자전술적 관점에서 개별종목을 선택
④ 4단계 : 포트폴리오 수정과 투자성과의 사후통제 단계

정답 | ④

자산배분전략에 대한 설명으로 잘못된 것은?

① 펀드운용자가 자신의 투자목표를 계량적으로 정의할 수 있도록 한다.
② 운용성과 측정에 사용할 기준 포트폴리오를 명확하게 정의한다.
③ 투자전략의 수립과정에 사용될 여러 가지 변수에 대한 예측력의 강화를 요구한다.
④ 분산투자보다는 소수의 자산에 집중투자한다는 장점을 극대화시켜준다.

TIP 적절한 분산투자는 권장하는 방법이다.

핵심포인트 해설　시장예측활동(Market Timing)과 자산배분(Asset Allocation)

구 분	시장예측활동(Market Timing)	자산배분전략(Asset Allocation)
정 의	• 지표를 이용해 주식·채권 간 상대적 유망성만을 판단하는 것	• 자산집단을 대상으로, 투자자금 배분 • 포트폴리오를 구성하는 일련의 과정
시대적 배경	• 1980년대 중반 이전 유행	• 현대의 투자전략
사용자	• 브로커, 개인투자자	• 기금, 운용회사
전 략	• 주식 또는 채권가격이 오를지, 내릴지 단순판단	• 투자위험에 대한 관리, 투자목적 달성을 위한 최적화 등 과학적이고 포괄적인 전략 제시
포트폴리오 수정	• 어떻게 포트폴리오를 수정해야 할지 전략을 제시해주지 못함	• 투자자가 제시한 제약조건하에 포트폴리오 구성을 어떻게 수정해야 할지 전략을 제시해줌

정답 | ④

자산배분의 의사결정대상이 되는 자산집단의 성격으로 잘못된 것은?

① 자산집단은 분산가능성(Diversification)을 충족해야 한다.
② 자산집단 내에 분산투자가 가능하도록 충분하게 많은 개별증권이 존재해야 한다.
③ 자산집단은 독립성(Degree of Independence)을 갖추어야 한다.
④ 하나의 자산집단은 다른 자산집단과 상관관계가 충분하게 높아야 한다.

TIP 하나의 자산집단은 다른 자산집단과 상관관계가 충분하게 낮아서 분산투자 시 위험의 감소효과가 충분하게 발휘될 수 있는 통계적인 속성을 지녀야 한다.

핵심포인트 해설 **재무목표 설정·투자목표 설정·자산집단 선정**

(1) 재무목표 설정
① 투자목표 설정 전에 해야 함
② 구체화되어야 함

(2) 투자목표 설정
① 투자시계(Time Horizon) : 장기투자인가, 단기투자인가?
② 위험수용도(Risk Tolerance Levels) : 예상되는 기대수익률로부터의 변동성(위험)은 어느 정도까지 수용할 수 있는가?
③ 세금관계 : 면세, 종합금융소득세가 적용되는가?
④ 법적규제(제약)
⑤ 투자자금의 성격 : 단기자금인가? 자금의 계속적 유입이 있는가?
⑥ 고객의 특별한 요구사항
⑦ 투자목표 : 어느 정도의 투자수익을 기대하는가?

(3) 자산집단 선정
① 분산가능성 충족 : 자산집단 내에 분산투자가 가능하도록 충분하게 많은 개별증권이 존재해야 함
② 독립성 충족 : 하나의 자산집단은 다른 자산집단과 상관관계가 충분하게 낮아서 분산투자 시 위험의 감소효과가 충분히 발휘될 수 있는 통계적인 속성을 지녀야 함 → 상관관계가 높음 (X)

정답 | ④

자산집단의 종류에 대한 설명으로 잘못된 것은?

① 주식은 변동성이 낮고, 인플레이션 시 원금가치가 유지되지 않는다는 단점이 있다.

② 기본적인 자산집단은 이자지급형 자산, 투자자산, 부동산 등으로 나눌 수 있다.

③ 이자지급형 자산은 이자수익을 주목적으로 하는 자산을 말한다.

④ 투자자산은 투자수익이 확정되어 있지 않고, 성과에 따라 투자수익이 달라지는 자산이다.

TIP 이자지급형 자산(예금, 단기금융상품, 채권)에 대한 설명이며, 주식은 대표적인 투자자산으로 변동성이 높다.

핵심포인트 해설 　자산집단의 종류

(1) 기본적 자산집단

① 종류 : 이자지급형 자산, 투자자산, 부동산

② 이자지급형 자산과 투자자산

구 분	이자지급형 자산	투자자산
수익원천	이 자	투자성과
종 류	예금, 단기금융상품, 채권	주식, 부동산, 곡물, 원자재 등
변동성	낮 음	높 음
인플레이션 보상	없음(불리)	있음(유리)
투자기간	단기자금운용	장기투자활용
경기상황	불황 시 적합	호황 시 적합

(2) 세부 종류

① 국내 주식 : 대형주-소형주, 가치주-성장주, 테마주, ETF, 국내펀드

② 해외 주식 : 대형주-소형주, 가치주-성장주, 테마주, ETF, 해외펀드

③ 대안투자 : 부동산펀드, REITs, 곡물·원자재 등 상품(Commodity)펀드, 파생상품 등

④ 채권 : 기간별 채권, 국채-회사채, 신용등급별 채권(우량채권, 정크본드 등), 각종 신종채권, 외국채권

⑤ 예금 : 정기예금, 정기적금

⑥ 단기금융상품 : 요구불예금, 콜론, 어음, MMF, CMA, 기타 현금성 자산

정답 | ①

06

벤치마크에 관한 설명 중 잘못된 것은?

① 자산운용자의 운용계획을 표현하는 수단인 동시에 투자자와의 커뮤니케이션 수단이다.
② 벤치마크는 사후에 설정되어야 한다.
③ 벤치마크의 운용성과를 운용자가 추적하는 것이 가능하여야 한다.
④ 적용되는 자산의 바람직한 운용상을 표현하고 있어야 한다.

용어 알아두기

| 벤치마크 | '기준이 되는 점, 측정기준'을 말하며, 주식시장에서 벤치마크란 펀드의 수익률을 비교하는 '기준 수익률'로 펀드매니저의 운용능력을 평가하는 잣대로 사용된다. |

TIP 벤치마크는 사전에 설정되어야 한다.

핵심포인트 해설   벤치마크(Benchmark)

(1) 개 요

	사후 (×)
의 의	• 포트폴리오 평가기준 • 투자자와 운용자 사이의 의사소통 수단 • 반드시 운용 이전에 설정
시 점	• 사전에 설정
조 건	• 구체적인 내용(자산집단과 가중치)이 자산을 운용하기 전에 명확할 것 • 적용되는 자산의 바람직한 운용상을 표현할 것 • 벤치마크 운용성과를 운용자가 추적하는 것이 가능할 것
사 용	• 자산집단의 성과와 위험을 가장 잘 표현할 수 있는 다른 지수를 별도로 만들어 벤치마크로 사용

(2) 종 류

자산집단	벤치마크
국내주식	KOSPI 또는 KOSPI200
해외주식	MSCI ACWI
대안투자	Reuters Jefferies CRB Index + FTSE EPRA NAREIT Global Index
채 권	KRX 채권 종합지수
예 금	3년 정기예금 금리
단기금융상품	CD 91일물

정답 | ②

07

각 자산별 기대수익률을 추정하는 방법에 대한 설명 중 잘못된 것은?

① 기대수익률은 예상수익률의 기대치로 측정한다.
② 투자자산의 경우 기대수익률을 측정하기 위해서는 미래 투자수익률의 확률분포를 예상해야 한다.
③ 예금은 가입시점의 예금금리가 기대수익률이 된다.
④ 채권은 가입시점의 금리가 기대수익률이 된다.

용어 알아두기

기대수익률	자산 또는 포트폴리오에서 실제로 실현될 수 있는 수익률의 값들을 평균한 값이다.

TIP 채권의 경우 채권의 표면이자율(금리)에 채권가격 변동에 따른 시세차익을 합한 것이 기대수익률이 된다.

핵심포인트 해설 **기대수익률의 정의**

→ 간단한 계산문제 대비 필요

① 포트폴리오이론에서는 자산집단들의 투자가치를 기대수익과 위험, 두 가지 요인만 고려하여 평가

투자가치 = f(기대수익, 위험)

② 기대수익률은 각각의 자산집단의 투자에 따라 실제로 실현될 가능성이 있는 수익률의 값들을 평균한 값
③ 기대수익률 : 예상수익률의 기대치로 측정

예금자산	예금 가입시점의 예금금리가 기대수익률
단기금융상품	가입시점의 금리가 기대수익률
채 권	채권의 표면이자율(금리)에 채권가격 변동에 따른 시세차익을 합한 것이 기대수익률
투자자산	미래 투자수익률의 확률분포를 예상해야 함

④ 위험 : 미래 수익률의 분산 또는 표준편차로 측정하는 것이 일반적

정답 | ④

08

기대수익률의 측정방법에 대한 설명 중 잘못된 것은?

① 시나리오 분석법은 과거 수익률을 사용하여 상관관계를 추정하는 방법이다.

② 추세분석법은 과거의 장기간 수익률을 분석하여 미래의 수익률로 사용하는 방법이다.

③ 과거의 자료를 바탕으로 미래의 발생상황에 대한 기대치를 추가하여 수익률을 예측하는 방법으로 CAPM, APT 등이 있다.

④ 시장공동예측치 사용방법은 시장 참여자들 간에 공통적으로 가지고 있는 미래수익률에 대한 추정치를 사용하는 방법으로 $\frac{1}{PER}$, 배당수익률 + EPS 장기성장률 등이 사용되고 있다.

TIP 시나리오 분석법은 과거 수익률을 사용하지 않고 여러 가지 경제변수의 상관관계를 고려하여 시뮬레이션함으로써 수익률을 추정하는 방법이다.

핵심포인트 해설　　기대수익률의 측정

① 추세분석법
   ㉠ 자산집단의 과거 장기간 수익률을 분석하여 미래의 수익률로 사용하는 방법
   ㉡ 자본시장의 역사가 짧은 경우에는 사용이 어려움
② 시나리오 분석법 : 여러 가지 경제변수의 상관관계를 고려하여 시뮬레이션함으로써 수익률을 추정하는 방법
③ 펀더멘털 분석법
   ㉠ 과거의 자료를 바탕으로 미래의 발생상황에 대한 기대치를 추가하여 수익률을 예측하는 방법 예 CAPM, APT
   ㉡ 주식기대수익률 = 무위험이자율 + 주식시장 위험프리미엄
   ㉢ 과거의 결과일 뿐 미래의 기대수익률로 사용하는 데 한계가 있음
④ 시장공동예측치 사용법
   ㉠ 시장 참여자들 간에 공통적으로 가지고 있는 미래수익률에 대한 추정치를 사용하는 방법
   ㉡ 주식기대수익률 = $\frac{1}{PER}$
   ㉢ 주식기대수익률 = 배당수익률 + EPS장기성장률

정답 | ①

㈜해커스의 주식은 현재 한 주당 10,000원에 거래되고 있다. 투자자들은 연말까지 두 가지 가정하에서 이 기업의 주가와 배당을 다음과 같이 예상하고 있다. 연말까지 보유 시 이 주식의 표준편차를 구한 것으로 옳은 것은?

경제상황	확 률	주 가	배 당
호 전	0.3	12,000	1,000
불 변	0.7	10,000	500

① 11.5%   ② 12.5%

③ 13.5%   ④ 14.5%

용어 알아두기

표준편차	통계집단의 단위의 계량적 특성값에 관한 산포도를 나타내는 도수특성값이다.

TIP $\sqrt{0.3 \times (30\% - 12.5\%)^2 + 0.7 \times (5\% - 12.5\%)^2} = 0.11456 \fallingdotseq 11.5\%$

핵심포인트 해설   **위험(Risk)**

(1) 정 의
① 미래의 불확실성 때문에 투자로부터 발생할 것으로 예상되는 손실의 가능성
② 미래 기대수익률의 분산 및 투자수익의 변동가능성, 기대한 투자수익이 실현되지 않을 가능성
③ 실제결과가 기대예상과 다를 가능성

(2) 위험의 측정
① 분산 혹은 표준편차로 측정함
② 분산은 평균수익률로부터의 편차의 제곱들을 평균한 값으로 변동성의 크기를 측정한 것
　㉠ 분산(σ^2) = $\sum [r_i - E(R)]^2 \times p_i$
　㉡ 표준편차(σ) = $\sqrt{\sum [r_i - E(R)]^2 \times p_i}$
③ 투자결정의 기준으로 평균기대수익률과 분산만을 고려한다는 것은 수익률의 확률분포가 정규분포인 것을 가정한 것
④ 표준정규분포의 신뢰구간
　㉠ (평균) ± 1 × (표준편차) : 68.27%
　㉡ (평균) ± 2 × (표준편차) : 95.54%
　㉢ (평균) ± 3 × (표준편차) : 99.97%

정답 | ①

10

자산배분과정에서 지속적으로 반복하는 기능으로 잘못된 것은?

① 시장예측활동을 통해 수시로 매매시점을 포착하고 실행한다.
② 자본시장을 예측하여 자산집단의 기대수익률과 위험을 측정한다.
③ 고객의 성향과 자본시장의 예측치를 결합하여 최적의 자산배분을 결합한다.
④ 주기적으로 투자성과를 측정하고 평가한다.

TIP 시장예측활동을 통해 수시로 매매시점을 포착하는 것은 자산배분과정에 포함되지 않는다.

핵심포인트 해설   **자산배분과정의 개요**

(1) 정 의
계획(Plan), 실행(Do), 평가(See)의 3단계 활동의 의사결정체계

(2) 반복의 과정
① 고객의 투자목적 등을 파악하여 투자정책(Investment Policy)을 명확히 함
② 자본시장을 예측하여 자산집단의 기대수익률과 위험을 측정. 자산배분전략 수립의 기초자료로 사용
③ 고객의 성향과 자본시장의 예측치를 결합하여 최적의 자산배분을 결합
④ 감시(Monitoring)변수의 변화 발생 ⇨ 자산배분 리밸런싱 또는 업그레이딩 실시
⑤ 주기적으로 투자성과를 측정하고 평가

정답 | ①

고객성향 파악과 관련된 설명으로 잘못된 것은?

① 고객의 특성을 파악하여 투자정책을 수립하는 과정을 의미한다.
② 투자정책(Investment Policy)이란 유동성 확보, 세무 상황, 투자기간 등에 대한 정보이다.
③ 투자목표란 자금의 용도, 목표금액, 목표기간, 목표달성에 필요한 자산집단 등에 대한 정보이다.
④ 선호도는 위험허용도, 목표수익률, 투자수단, 운용방법 등에 대한 정보이다.

TIP 투자정책(Investment Policy)이란 투자자가 원하는 투자지침에 따라 자산배분을 시행하는 것이다.

핵심포인트 해설　　고객성향 파악

① 의미 : 고객의 특성을 파악하여 투자정책을 수립하는 과정
② 투자정책(Investment Policy) : 투자자가 원하는 투자지침에 따라 자산배분을 시행하는 것
③ 질문서, 대화방법 등을 이용
④ 투자목표, 자산운용의 제약요건, 선호도 등에 대한 정보가 필요하며, 자산배분 전에 고객과 이를 사전에 명확히 해야 함
⑤ 투자목표 : 자금의 용도(은퇴자금, 자녀 교육자금, 내 집 마련자금 등), 목표금액, 목표기간, 목표달성에 필요한 자산집단 등에 대한 정보
⑥ 자산운용 제약요건 : 예상되는 지출을 위한 유동성 확보, 세무 상황, 법 규정상의 제약요건, 투자기간 등에 대한 정보
⑦ 선호도 : 위험허용도, 목표수익률, 투자수단, 운용방법(상향식, 하향식, 집중화전략, 섹터 로테이션) 등에 대한 정보

정답 | ②

12

자본시장 예측과 관련된 설명으로 잘못된 것은?

① 경제분석을 통해 산업별 동향을 분석한다.
② 기업분석을 통해 주요 종목별로 기대수익과 위험을 추정한다.
③ 투자분석을 근간으로 전반적인 자본시장을 가정한다.
④ 과거수익률, 평균기대수익률, 위험(표준편차), 공분산을 추정한다.

용어 알아두기

자본시장 | 자본시장(Capital Market)은 기업의 투자를 위하여 필요로 하는 자금의 조달이 이루어지는 시장으로 비교적 장기에 걸치는 것이 많아 장기금융시장이라고도 한다.

TIP 경제분석은 미래의 경기순환, GDP 성장률, 이자율 동향 등과 같은 장·단기 경제예측, 정치·사회적 돌출변수를 예상하는 과정이다.

핵심포인트 해설 | **자본시장 예측**

① 자본시장에 대하여 예측함으로써 자산배분전략 수립 시 기초자료로 사용하는 기능을 의미
② 경제분석, 산업분석, 기업분석을 근간으로 전반적인 자본시장을 가정함
③ 투자분석
  ㉠ 경제분석 : 미래의 경기순환, GDP 성장률, 이자율 동향 등과 같은 장·단기 경제예측, 정치·사회적 돌출변수 예상
  ㉡ 산업분석 : 산업별 동향분석
  ㉢ 기업분석 : 주요 종목별로 기대수익과 위험추정
④ 과거수익률, 평균기대수익률, 위험(표준편차), 공분산 추정

정답 | ①

투자관리방법에 대한 설명으로 잘못된 것은?

① 투자전략에는 소극적 투자관리방법과 적극적 투자관리방법이 있다.
② 적극적 투자관리의 방법을 전술적 자산배분전략이라고 한다.
③ 소극적 투자관리의 방법은 증시가 비효율적인 것을 전제로 한다.
④ 적극적 투자관리의 방법은 초과수익을 추구하는 단기적인 투자관리를 말한다.

TIP 소극적 투자관리의 방법은 증시가 효율적인 것을 전제로 하여 시장평균수준의 투자수익을 얻거나 투자위험을 최소화하고자 하는 중·장기 투자관리방법이다.

핵심포인트 해설 | **투자전략 기준의 선택**

→ 비효율적이면 '적극적', 효율적이면 '소극적'

(1) 적극적 투자관리방법
① 전술적 자산배분전략
② 증시가 비효율적인 것을 전제로 하여 과소 혹은 과대평가된 증권에 투자해 일정한 위험수준에 상응하는 투자수익 이상의 초과수익을 추구
③ 단기적인 투자관리

(2) 소극적 투자관리방법
① 전략적 자산배분전략
② 증시가 효율적인 것을 전제로 하여 시장평균수준의 투자수익을 얻거나 투자위험을 최소화
③ 중·장기적 투자관리방법

(3) 투자관리방법 비교

구 분	적극적 투자관리방법	소극적 투자관리방법
증권시장 가정	비효율적	효율적
투자수익	초과수익 추구	시장평균수익 추구
투자기간	단 기	중·장기
대표적 전략	전술적 자산배분	전략적 자산배분

(4) 투자관리방법 선택요인
① 증시의 효율성에 대한 인식
② 위험부담의 정도
③ 정보수집·분석의 노력과 비용부담의 정도
④ 타이밍 고려의 정도

정답 | ③

14

자산집단의 상대가격변동에 따른 투자비율의 변화를 원래의 비율로 환원시키는 것은?

① 리밸런싱(Rebalancing)　　　　② 업그레이딩(Upgrading)

③ 모니터링(Monitoring)　　　　　④ 피드백(Feedback)

용어 알아두기

리밸런싱	운용하는 자산의 편입비중을 원래의 상태로 재조정하는 것이다.

TIP 자산집단의 상대가격변동에 따른 투자비율의 변화를 원래의 비율로 환원시키는 것은 리밸런싱이다.

핵심포인트 해설　　**자산배분 과정**

(1) 투자전략 기준 선택
　① 전술적 자산배분전략 : 적극적 투자관리방법, 초과수익 추구　→ 비효율적 시장을 가정
　② 전략적 자산배분전략 : 소극적 투자관리방법, 시장수익 추구　→ 효율적 시장을 가정
(2) 자산배분 모델 선정
　① 마코위츠의 평균–분산 모델
　② 블랙리터만의 자산배분 모델
(3) 자산배분전략 수정
　① 리밸런싱
　　㉠ 상황변화가 있을 경우 자산 포트폴리오가 갖는 원래의 특성을 그대로 유지하고자 하는 것
　　㉡ 자산집단의 상대가격변동에 따른 투자비율의 변화를 원래의 비율로 환원시키는 것
　② 업그레이딩
　　㉠ 위험에 비해 상대적으로 높은 기대수익을 얻고자 하거나 기대수익에 비해 상대적으로 낮은 위험을 부담하도록 포트폴리오의 구성을 수정하는 것
　　㉡ 리밸런싱보다 큰 폭의 조정 발생

정답 | ①

투자변수에 대한 모니터링과 투자성과 측정 및 피드백에 대한 내용으로 잘못된 것은?

① 고객의 성향과 자본시장의 예측은 고정되어 있지 않고 변한다.
② 전략적 자산배분을 채택한 경우 1개월 단위로 변화를 반영하는 것이 바람직하다.
③ 성과평가는 투자성과를 일정한 척도에 의해서 평가하는 중요한 단계이다.
④ 투자성과를 평가하는 것은 더 나은 자산배분 구성과 투자전략 수립에 도움을 준다.

TIP 전략적 자산배분을 채택한 경우 3년간의 중장기적 관점에서 접근하며, 대개 6개월의 간격을 두고 전략을 반영한다.

핵심포인트 해설 　모니터링과 피드백

(1) 투자변수에 대한 모니터링
① 투자변수의 변화에 따른 모니터링은 지속적으로 함
② 전략에 대한 실제 반영은 자산배분전략 시 채택한 전략적 자산배분전략 또는 전술적 자산배분전략에 따름
③ 전략적 자산배분 채택 : 3년간의 중장기적 관점에서 접근, 대개 6개월의 간격으로 반영
④ 전술적 자산배분 채택 : 1개월 단위로 고객과 자본시장의 변화를 반영하는 것이 바람직

(2) 투자성과의 측정 및 피드백
① 성과평가 : 투자과정 전체를 진단함으로써 투자목적을 달성할 수 있도록 피드백(Feedback)기능을 수행
② 단기간수익률 = $\dfrac{\text{총투자수익}}{\text{기초투자액}}$ = $\dfrac{\text{배당 또는 이자 + 시세차익(차손)}}{\text{기초투자액}}$ → 간단한 계산문제 대비 필요
③ 다기간 투자수익률을 계산할 때는 내부수익률, 산술평균수익률, 기하평균수익률을 사용

정답 | ②

16

다음 예시를 토대로 계산한 산술평균수익률과 기하평균수익률로 옳은 것은?

> A기업의 주식에 첫 번째 해에 총 100만원을 투자하였는데 1년 후 가격 상승으로 200만원이 되었다가 2년 말에는 다시 가격 하락으로 100만원이 되었다.

① 25%, 0%
② 20%, 0%
③ 0%, 25%
④ 0%, 20%

용어 알아두기

수익률	투자수익률의 약칭으로, 경영·경제학 분야에서 투자대상사업의 투자액에 대한 기대이익의 정도를 표시하는 지표이다.

TIP ・산술평균수익률(ARR) $= \dfrac{1}{2}[100\% + (-50\%)] = 25\%$

・기하평균수익률(GRR) $= \sqrt[2]{\dfrac{100만원}{100만원}} - 1 = 0\%$

핵심포인트 해설 | **투자성과측정**

↳ 내부수익률(IRR), 산술평균수익률(ARR), 기하평균수익률(GRR)을 구별

IRR	・현금유출액의 현재가치와 현금유입액의 현재가치를 일치시켜주는 할인율을 계산하여 측정 ・금액가중평균수익률이라고도 함
ARR	・기간별 단일기간수익률을 모두 합한 다음, 이를 관찰 수(기간 수)로 나누어 측정 ・시간가중평균수익률이라고도 함 ・미래기대수익률을 추정할 때에 이용
GRR	$$GRR = \sqrt[n]{\dfrac{w_{t+n}}{w_t}} - 1$$ (w_t: 기초 부, w_{t+n}: 기말 부) ・중도현금흐름이 재투자되어 증식되는 것을 감안한 평균수익률의 계산방법 ・산술평균수익률보다 과거수익률을 정확하게 측정

정답 | ①

전략적 자산배분전략(SAA : Strategic Asset Allocation)**에 대한 설명으로 잘못된 것은?**

① 전략적 자산배분전략에서는 장기적인 자본시장 예측치를 사용하므로 중·단기적으로는 자산의 기대수익률, 위험, 상관관계가 일정하다고 가정한다.

② 최적 포트폴리오를 구성할 때 사용한 각종 자료는 시장상황의 변화가 발생하는 경우 정기적으로 재조정해야 한다.

③ 자본시장 상황의 변화에 따른 투자자의 위험허용 정도에 변화가 없다고 가정한다.

④ 전략적 자산배분전략은 투자자가 정하는 것이 원칙이다.

용어 알아두기

전략적 자산배분전략	장기적인 자산구성비율과 중기적으로 개별자산이 취할 수 있는 투자비율의 한계를 결정하는 의사결정이다.

TIP 최적 포트폴리오를 구성할 때 사용한 각종 자료는 시장상황의 변화에도 불구하고 재조정하지 않는다.

핵심포인트 해설 | **전략적 자산배분전략(SAA)**

→ 전술적 자산배분전략(TAA)과 비교하여 학습

(1) 특 징
장기적, 소극적(정적) 전략

(2) 가 정
① 장기적인 자본시장 예측치를 사용하므로 중단기적으로는 자산의 기대수익률, 위험, 상관관계가 일정하다고 가정
② 자본시장 상황의 변화에 따른 투자자의 위험허용 정도의 변화가 없다고 가정

(3) 이론배경
① 효율적 투자기회선(Efficient Frontier) : 효율적 포트폴리오를 연결한 곡선
② 추정오차를 반영하면 효율적 투자선을 선이 아닌 영역(밴드)으로 표시
③ 최적화 방법의 문제점 : 해가 불안정, 기법 자체가 난해, 운용조직의 갈등

(4) 실행방법
① 시장가치 접근법 : 시가총액 비율 이용
② 위험수익 최적화방법 : 지배원리 이용
③ 투자자별 특수상황 고려법
④ 다른 기관의 자산배분 모방

(5) 실행과정
① 장기적인 투자를 지향하므로 단기적인 시장상황 변화에 무관한 자산구성
② 최적 포트폴리오를 구성할 때 사용한 각종 자료는 시장상황의 변화에도 불구하고 재조정하지 않음

정답 | ②

18

최적 포트폴리오(Optimal Portfolio)**의 정의로 옳은 것은?**

① 효율적 투자기회선보다 상위에 위치한 포트폴리오를 말한다.
② 효율적 투자기회선(또는 밴드)과 투자자의 효용함수가 접하는 점을 말한다.
③ 추정오차를 반영한 효율적인 투자기회선을 의미한다.
④ 효율적 포트포리오를 말한다.

TIP 효율적 투자기회선(또는 밴드)과 투자자의 효용함수가 접하는 점을 최적 포트폴리오(Optimal Portfolio)라고 한다.

핵심포인트 해설 **전략적 자산배분전략(SAA)의 이론적 배경**

(1) 효율적 투자기회선(EFFICIENT FRONTIER)
  ① 효율적 포트폴리오 : 정해진 위험수준하에서 가장 높은 수익률을 달성하는 포트폴리오
  ② 효율적 투자기회선 : 여러 개의 효율적 포트폴리오를 수익률과 위험의 공간에서 연속으로 연결한 선

(2) 추정오차를 반영한 효율적 투자기회선(FUZZY FRONTIER)
  ① 효율적 투자기회선은 현실적으로 변수 추정에 오류가 존재함
  ② 변수 추정에 오류가 존재한다면 효율적인 프런티어는 선이 아니라 일종의 영역(밴드)으로 표시됨
  ③ 최적 포트폴리오(Optimal Portfolio) : 효율적 투자기회선(또는 밴드)과 투자자의 효용함수가 접하는 점

(3) 최적화 방법의 문제점
  ① 불안정한 해 : 미세 변화에도 포트폴리오가 급변하는 불안정성
  ② 재조정비용 과다 : 분기 단위의 대규모 변경은 높은 거래비용을 초래하여 자산배분의 질이 저하
  ③ 최적화기법의 난해함 : 평균-분산 최적화기법은 복잡하고 통계치로 가득 찬 기법임
  ④ 최적화를 둘러싼 운용조직 간 갈등 : 특정 자산집단에 대한 투자를 선호하거나 싫어하는 운용관계자들이 존재하면 주관적인
    요소가 가미되면서 갈등이 표출됨

정답 | ②

전략적 자산배분전략의 실행방법과 거리가 먼 것은?

① 포뮬러 플랜(Formula Plan)
② 시장가치 접근방법
③ 다른 유사한 기관투자가의 자산배분을 모방하는 방법
④ 투자자별 특수상황을 고려하는 방법

용어 알아두기

포뮬러 플랜	투자의사결정을 미리 설정된 매매행동 계획표에 따라 기계적으로 실행하는 것이다.

TIP 포뮬러 플랜(Formula Plan)은 전술적 자산배분전략의 실행방법이다.

핵심포인트 해설 **전략적 자산배분전략(SAA)의 실행방법**

시장가치 접근방법	여러 가지 투자자산들의 포트폴리오 내 구성비중을 각 자산이 시장에서 차지하는 시가총액의 비율과 동일하게 포트폴리오를 구성하는 방법으로 CAPM이론에 의해 지지
위험–수익 최적화방법	기대수익과 위험 간의 관계를 고려하여, 동일한 위험수준하에서 최대한으로 보상받을 수 있는 지배원리에 의하여 포트폴리오를 구성하는 방법
투자자별 특수상황을 고려하는 방법	운용기관의 위험, 최소요구수익률, 다른 자산들과의 잠재적인 결합 등을 고려하여 수립하는 투자전략
다른 유사한 기관투자가의 자산배분을 모방	기관투자자들의 시장에서 실행하고 있는 자산배분을 모방하여 전략적 자산구성을 하는 방법

정답 | ①

20

전략적 자산배분전략의 실행단계에서 이뤄져야 할 일로 가장 거리가 먼 것은?

① 선택된 자산집단에 대한 미래수익률과 미래위험을 추정한다.
② 투자자의 투자목적 및 투자제약조건을 파악한다.
③ 자본시장의 과잉반응(Over Reaction)을 활용해야 한다.
④ 가장 효율적인 투자기회집합을 추출하여 최적자산구성을 선택한다.

TIP 자본시장의 과잉반응(Over Reaction)을 활용하는 것은 전술적 자산배분전략이다.

핵심포인트 해설 **전략적 자산배분전략(SAA)의 실행과정**

(1) 실행단계
　① 투자자의 투자목적 및 투자제약조건 파악
　② 자산집단의 선택
　③ 자산종류별 기대수익, 위험, 상관관계의 추정
　④ 최적자산구성 선택

(2) 기본가정 → 자본시장과 투자자 조건 모두가 불변임을 명심

구 분	기본가정	내 용
자본시장 조건	불 변	• 장기적인 투자를 지향하므로 단기적인 시장상황 변화에 무관한 자산구성을 정함 • 시장상황의 변화에도 불구하고 재조정하지 않음
투자자 위험허용도	불 변	• 자본시장 상황의 변화에 따른 투자자의 위험허용도는 변화가 없다고 가정

(3) 전략적 자산배분의 결정자
　투자자가 정함이 원칙

정답 | ③

전술적 자산배분전략에 대한 설명으로 잘못된 것은?

① 중·단기적인 가격착오를 중시하는 전략이다.
② 자본시장 예측기능은 강조되지 않는다.
③ 자산가격이 빈번하게 적정가격에서 벗어나더라도 결국 균형가격에 복귀한다는 가정 하에 이루어지는 것이다.
④ 시장변화 방향을 예상하여 사전적으로 자산구성을 변화시켜 나간다.

용어 알아두기

전술적 자산배분전략	시장의 변화방향을 예상하여 사전적으로 자산구성을 변동시켜 나가는 전략으로 저평가된 자산을 매수하고 고평가된 자산을 매도함으로써 펀드의 투자성과를 높이고자 한다.

TIP 자산집단의 기대수익률, 위험, 상관관계의 변화를 중·단기적으로 계속하여 예측하므로 자본시장 예측기능이 매우 강조된다.

핵심포인트 해설　　**전술적 자산배분전략(TAA)**

(1) 특징
① 중·단기적인 가격착오(Mispricing)를 적극적으로 활용하여 고수익을 지향
② 자산집단의 기대수익률, 위험, 상관관계의 변화를 중·단기적으로 계속하여 예측하므로 자본시장 예측기능이 매우 강조됨
③ 중·단기적이며, 적극적(동적) 전략

(2) 이론적 배경
→ 혼동하여 이해하는 것에 주의
① 역투자전략(Contrary Strategy) : 시장가격이 내재가치 대비 <u>고평가되면 매도, 저평가되면 매수</u>하는 운용방법
② 증권시장의 과잉반응 현상 : 새로운 정보에 대해 지나치게 낙관적이거나 비관적인 반응으로 인하여 내재가치로부터 상당히 벗어나는 가격착오현상인 과잉반응을 활용하는 전략

(3) 실행도구
① 가치평가모형 : 기본적 분석방법·요인모형방식(CAPM, APT) 등을 사용
② 기술적 분석
③ 포뮬러 플랜(Formula Plan) : 역투자전략으로 정액법과 정률법이 있음

정답 | ②

22

전술적 자산배분전략에 대한 적절한 설명으로 모두 묶인 것은?

> ㉠ 저평가주식을 매수하고 고평가주식을 매도한다.
> ㉡ 전술적 자산배분은 본질적으로 역투자전략이다.
> ㉢ 전술적 자산배분은 현실적으로 자본시장의 과잉반응이 있는 경우 적용하기 어렵다는 단점이 있다.
> ㉣ 최저수익률 확보나 절대수익률을 시장상황에 좌우되는 평가방법으로 제시할 때 적절한 전략이다.

① ㉠, ㉡
② ㉠, ㉣
③ ㉡, ㉢
④ ㉠, ㉡, ㉢, ㉣

TIP ㉢ 전술적 자산배분은 기본적으로 시장의 과잉반응을 이용한 전략이다.
　　㉣ 자금운용자들이 자연스럽게 시장수익률을 시장변화와 같은 방향으로 추적하게 되므로 역투자전략이 기본인 전술적 자산배분은 불가능하게 된다.

핵심포인트 해설 　　**전술적 자산배분전략(TAA)의 이론적 배경**

(1) 역투자전략(CONTRARY STRATEGY)
① 내재가치와 시장가격을 비교하여 고평가 시 매도, 저평가 시 매수
② 결과적으로 시장 상승 시 매도, 시장 하락 시 매수(= Negative Feedback Strategy)

(2) 증권시장 과잉반응현상
① 과잉반응현상: 새로운 정보에 대해 지나치게 낙관적이거나 비관적인 반응이 발생함으로써 증권의 시장가격이 내재가치로부터 상당히 벗어나는 가격착오현상
② 평균반전: 자산집단가격이 단기적으로는 내재가치에서 벗어나지만 장기적으로는 결국 내재가치를 향해 돌아온다는 현상
③ 시장이 비효율적이라는 가정(Random Walk 현상이 성립하지 않는 시장)

(3) 자금운용자의 리스크허용도와 TAA
① TAA가 가능하려면 매니저가 호황·불황 시에 동일한 위험, 즉 고정적인 위험함수를 가져야 하는데, 실제로는 상승장에서 낙관적이며 고위험이 가능하고, 하락장에서는 보수적이며 위험회피적이게 됨
② TAA에서는 정확한 균형가격보다 변화의 방향 예측, 다른 자산과의 상대적 가격 비교가 중요함

정답 | ①

전술적 자산배분전략(TAA : Tactical Asset Allocation)의 실행도구와 가장 거리가 먼 것은?

① 위험-수익 최적화방법
② 포뮬러 플랜
③ 기술적 분석
④ 가치평가모형(기본적 분석방법, CAPM, APT 등)

TIP 위험-수익 최적화방법은 전략적 자산배분전략의 방법이다.

핵심포인트 해설　　**전술적 자산배분전략(TAA)의 실행도구**

(1) 가치평가모형
　① 자산가격이 단기적으로는 균형가격 또는 적정가격에서 벗어날 수 있지만, 중·장기적으로는 균형가격에 복귀한다는 가정에서 출발
　② 가치평가가 가장 중요한 요소
　③ 기본적 분석방법 : 주식의 이익할인·배당할인·현금흐름할인모형 등 채권의 기간구조를 이용한 현금흐름할인모형 이용
　④ 요인모형방식 : CAPM, APT, 다변량회귀분석 등을 이용

(2) 기술적 분석
　① 자산집단의 가치평가 시 과거 일정 기간의 변화 모습을 활용
　② 주가와 채권의 추세분석, 이격도 등 다양한 방법 적용

(3) 포뮬러 플랜
　① 막연하게 시장과 역으로 투자함으로써 고수익을 지향하고자 하는 전략
　② 주가가 하락하면 주식을 매수하고, 주가가 상승하면 주식을 매도하는 역투자전략
　③ 정액법과 정률법

정답 | ①

전술적 자산배분전략의 실행과정에 관한 내용으로 잘못된 것은?

① 자본시장의 변화가 자산집단의 기대수익률과 위험에 영향을 준다고 믿는다.

② 자산집단 간의 기대수익률 변화, 즉 내재가치 변화를 추정하는 가치평가기능이 중요하다.

③ 투자자의 위험허용도는 상황변화에 영향을 받는다고 가정한다.

④ 실제로는 시장가격의 상승으로 실현수익률이 높아지면 투자자의 위험허용도가 증가한다.

TIP 투자자의 위험허용치는 포트폴리오의 실현수익률이라는 상황변화에 영향을 받지 않는다고 가정한다.

핵심포인트 해설 　　**전술적 자산배분전략(TAA)의 실행과정**

(1) 실행단계

① 자산집단의 가치평가활동

② 가치판단 결과를 실제투자로 연결할 수 있는 위험 허용 여부

(2) 기본가정 → 자본시장 조건은 '변화', 투자자 조건은 '불변'

구 분	기본가정	내 용
자본시장 조건	변함 (예측활동 필요)	• 자산집단 간의 기대수익률 변화(내재가치 변화)를 추정하는 것이기 때문에 자산집단의 기대수익률, 위험, 상관관계를 중기적으로 계속 예측하여야 함
투자자 위험허용도	불 변	• 고정적인 위험허용함수(Constant Risk Tolerance)를 가정함 • 투자자의 위험허용도가 포트폴리오의 실현수익이라는 상황 변화에 영향을 받지 않음

정답 | ③

자산배분전략을 비교한 내용으로 옳은 것은?

① 전략적 자산배분전략(SAA)은 단기적인 포트폴리오의 자산구성을 정하는 의사결정이다.

② 전략적 자산배분전략(SAA)은 투자기간 중 기본적인 가정이 변화하지 않는 이상 변화를 주지 않는 단기적인 의사결정이다.

③ 전술적 자산배분전략(TAA)이란 시장의 변화를 예상하여 사전적으로 자산구성을 변동시켜 나가는 전략이다.

④ 전술적 자산배분전략(TAA)은 포트폴리오를 투자전망에 따라 장기적으로 변경하는 과정이다.

TIP ① 전략적 자산배분전략(SAA)은 투자목적을 달성하기 위해 장기적인 포트폴리오의 자산구성을 정하는 의사결정이다.
② 전략적 자산배분전략(SAA)은 투자기간 중 기본적인 가정이 변화하지 않는 이상 포트폴리오의 자산구성을 변경하지 않는 매우 장기적인 의사결정이다.
④ 전술적 자산배분전략(TAA)은 전략적 자산배분에 의해 결정된 포트폴리오를 투자전망에 따라 중·단기적으로 변경하는 실행과정이다.

핵심포인트 해설   **자산배분전략의 비교표**

↳ 반복하여 숙지할 것

구 분	SAA	TAA
기 간	• 장 기	• 중·단기
운용방법	• 정 적	• 동 적
자본시장조건	• 불 변	• 변동(예측활동 필요)
투자자 위험허용도	• 불 변	• 불 변
실행방법	• 시장가치접근법 • 위험수익최적화법 • 투자자별 상황고려법 • 다른 기관투자자 모방법	• 기본적 분석 • 기술적 분석 • 요인모형 • 포뮬러 플랜
특 징	• 자산구성비율 및 투자비율 결정	• 저가 매수, 고가 매도(Negative Strategy)

정답 | ③

26

ESG 투자와 관련된 설명으로 가장 거리가 먼 것은?

① ESG는 기존 재무정보에 포함되어 있던 환경, 사회, 지배구조를 체계화하여 평가하는 Tool이다.
② ESG 요소를 반영한 투자를 책임투자 또는 지속가능투자로 부른다.
③ 2014년 주요국 기관투자자 연합이 결성한 GSIA가 ESG의 투자방식을 7가지로 정의하였다.
④ 우리나라의 경우 책임투자의 시작은 2006년 국민연금 책임투자형 위탁펀드 운용이라 볼 수 있다.

TIP ESG는 기존 재무정보에 포함되지 않고 있었던 기업의 중장기 지속가능성에 영향을 미칠 수 있는 요인이다.

핵심포인트 해설　　**ESG(Environmental, Social, Governance)와 책임투자의 기본 이해**

(1) ESG 기본 개념과 대두 배경
　① 기존 재무정보에 포함되지 않으나 기업의 중장기 지속가능성에 영향을 미칠 수 있는 요인들을 환경, 사회, 지배구조로 나누어 체계화하여 평가하는 Tool
　② 자본시장에서 기업을 평가하는 새로운 프레임워크로 발전
　③ 금융기관 중심, 유럽중심으로 발전, 2006년 금융기관 이니셔티브인 PRI 결성
　④ 금융위기와 COVID-19를 겪으며 ESG가 회복탄력성의 중요한 요소로 강조됨
　⑤ 환경을 중심으로 ESG에 대한 중요성이 점차 확대될 전망

(2) ESG 투자방식과 시장규모
　① ESG 요소를 반영한 투자를 책임투자 또는 지속가능투자로 일컬음
　② 2014년 주요국 기관투자자 연합이 결성한 GSIA가 ESG의 투자방식을 7가지로 정의함
　③ 7가지 중 하나 이상의 투자기준을 적용하고 있는 펀드를 책임투자로 정의
　④ ESG의 분류체계 수립 및 금융기관의 ESG상품에 대한 공시의 강화가 예상
　⑤ 한국의 경우 책임투자의 시작은 2006년 9월 국민연금 책임투자형 위탁펀드 운용이라 볼 수 있음
　⑥ 2018년 이후 국민연금의 ESG 투자확대를 위한 정책 및 제도 정비가 빠르게 진행되고 있음
　⑦ 국내주식 액티브형에 한정되어 온 ESG 거래를 국내주식 패시브형, 해외주식과 채권자산 등으로 확대하고 있음
　⑧ 국민연금은 책임투자 활성화를 위한 방안으로 책임투자 대상 자산군 확대, 책임투자 추진전략 수립, 위탁운용의 책임투자 내실화, 책임투자 활성화 기반 조성을 제시하고 있음
　⑨ 책임투자의 적용을 위해서는 전담조직, 외부리소스 활용 등 자원의 투자가 필요하다는 점에서 국내 ESG 펀드의 ESG반영방식은 아직 매우 기초적인 수준일 것으로 추정

정답 | ①

27

금융기관 대상 상품과 정책에 대한 포괄적인 공시기준은?

① SFDR
② TCFD
③ GSIA
④ ISSB

TIP 유럽을 중심으로 한 지속가능 금융공시 규제이며, 일정규모 이상 금융기관은 주체단위, 상품단위의 ESG 정보를 공시해야 한다.

핵심포인트 해설 **ESG 정보 공시**

(1) ESG 공시제도
　① 마케팅 목적 중심의 ESG워싱(그린워싱)이 확대되고 있어 주의가 필요
　② 국내 금융기관의 ESG 투자 및 상품관련 정보 공시 제도화에 관한 논의는 미진함
　③ 앞으로 기업 및 금융기관의 ESG 정보 공시 확대가 예상됨

(2) SFDR(SUSTAINABLE FINANCE DISCLOSURE REGULATION)
　① (유럽)금융기관 대상 상품과 정책에 대한 포괄적인 공시기준, 지속가능 금융공시 규제
　② 일정규모 이상 금융기관은 주체단위, 상품단위의 ESG 정보를 공시해야 함
　③ 주체단위 : 지속가능성 리스크정책, 주요 부정적인 지속가능성 영향, 보수정책
　④ 상품단위 : ESG 투자무관 상품, 라이트 그린 펀드, 다크 그린 펀드
　⑤ 주요 공시 지표 : 온실가스 배출량 및 집약도, 에너지 사용량, 화석연료 노출 등
　⑥ 인권, 이사회의 성별 다양성, 논란성 무기에 대한 노출도 등 사회지표도 포함

(3) TCFD(TASK FORCE ON CLIMATE-RELATED FINANCIAL DISCLOSURE)
　① 파리협약 목표 이행 요구와 금융시장 참여자들로부터 기후관련 정보 수요가 증가함에 따라 2015년 설립된 이니셔티브
　② 기후 공시 표준화 프레임 워크 역할
　③ 지배구조, 경영전략, 리스크 관리, 지표 및 목표의 4가지 구분에 따른 정보공개 지침 제시
　④ 금융의 4개 산업 및 비금융 4개 산업에 대해서는 보충지침 발표
　⑤ 기후공시 주요지표 : 탄소배출량, 전환위험, 물리적 위험, 기후관련 기회, 자본배치, 내부 탄소 가격, 보상
　⑥ 자산운용사는 포트폴리오 부합성, 자금배출지표 등 정보공시 내용 및 수준이 심화됨

정답 | ①

fn.Hackers.com

출제예상문제

다시 봐야 할 문제(틀린 문제, 풀지 못한 문제, 헷갈리는 문제 등)는 문제 번호 하단의 네모박스에 체크하여 반복학습하시기 바랍니다.

01

중요도 ★★

자산배분(Asset Allocation)에 대한 설명으로 잘못된 것은?

① 여러 자산집단을 대상으로 투자자금을 배분하는 일련의 투자과정이다.

② 자산배분의 한 종류로 '이종자산 간 자산배분'이 있다.

③ 자산배분의 한 종류로 '동일자산 간 자산배분'이 있다.

④ 자산구성비 변동을 통해 시장평균수익을 얻고자 하는 소극적인 투자전략을 의미한다.

02

중요도 ★★

다음 중 투자관리에 대한 설명으로 잘못된 것은?

① 투자관리의 3요소에는 자산배분(분산투자)의 방법, 개별종목의 선택, 투자시점의 선택 등이 해당한다.

② 대부분의 투자관리는 상향식(Bottom-up)의 방식으로 진행되는 경향이 있다.

③ 통합적 투자관리의 첫 단계는 포트폴리오 수정과 사후통제이다.

④ 자산배분이 이루어지고 종목선정을 하는 하향식(Top-down) 방법이 투자성과가 높다.

03

중요도 ★★

빈칸 안에 들어갈 용어로 가장 올바른 것은?

> 자산배분이란 (   )와/과 (   )이/가 다양한 여러 자산집단을 대상으로 투자자금을 배분하여 포트폴리오를 구성하는 일련의 과정이다.

① 기대수익률, 위험수준

② 투자목표, 상품종류

③ 이종자산, 표준편차

④ 개별종목, 투자시점

04 중요도 ★★
다음 중 시장예측 및 증권선택이 총수익률에 낮은 영향을 미치는 이유와 관련된 설명으로 잘못된 것은?

① 펀드매니저가 자산시장의 높은 변동성을 지속적으로 따라가기 힘들다.

② 미래에 수익을 낼 만한 자산군이 점차 줄어들고 있기 때문이다.

③ 시장의 변동성보다 나은 성과를 내기 위하여 시장대응과 종목대응 시 들어가는 거래비용이 이익률에 마이너스(−)로 작용한다.

④ 자산시장의 단기 변동성에 대한 적극적인 대응보다 중·장기적 관점에서 자산배분전략을 세워 투자를 실행하는 것이 더 나은 성과를 낸다.

05 중요도 ★
통합적 투자관리의 과정이 바르게 연결된 것은?

> ㉠ 투자목표 설정　　　　　　　　㉡ 자산배분
> ㉢ 개별 종목선택　　　　　　　　㉣ 포트폴리오 수정
> ㉤ 투자성과 사후통제

① ㉠ ⇨ ㉡ ⇨ ㉢ ⇨ ㉣ ⇨ ㉤　　　　② ㉡ ⇨ ㉠ ⇨ ㉢ ⇨ ㉣ ⇨ ㉤

③ ㉢ ⇨ ㉠ ⇨ ㉡ ⇨ ㉣ ⇨ ㉤　　　　④ ㉢ ⇨ ㉡ ⇨ ㉠ ⇨ ㉣ ⇨ ㉤

정답 및 해설

01 ④ 자산배분전략이란 자산구성비 변동을 통해 초과수익을 획득하고자 하는 적극적인 투자전략을 의미한다.

02 ③ 통합적 투자관리는 투자목표의 설정 및 투자환경분석, 자산배분, 종목선정, 사후통제의 순서로 이루어진다.

03 ① 자산배분이란 기대수익률과 위험수준이 다양한 여러 자산집단을 대상으로 투자자금을 배분하여 포트폴리오를 구성하는 일련의 과정이다.

04 ② 과거에는 주식과 채권이 주를 이루었으나 현재에는 부동산, 선박, 원자재, 파생상품 등 수익과 위험이 공존하는 자산군이 더욱 증가하고 있는 추세이다.

05 ① 통합적 투자관리는 하향식(Top-Down) 방식으로 이루어지며, '투자목표 설정 ⇨ 자산배분 ⇨ 개별 종목선택 ⇨ 포트폴리오 수정 ⇨ 투자성과 사후통제' 순으로 진행된다.

06 중요도 ★
투자관리의 3요소와 거리가 먼 것은?

① 펀드매니저의 철학
② 분산투자(자산배분)의 방법
③ 개별 종목선택
④ 투자시점의 선택

07 중요도 ★★
자산배분이 중요한 이유와 거리가 먼 것은?

① 투자대상 자산군이 증가하고 있다.
② 투자위험에 대한 관리의 필요성이 증가하고 있다.
③ 분산투자는 최고의 수익률을 내는 것에 중점을 둔다.
④ 수익률 결정에 자산배분의 효과가 절대적인 영향을 미친다는 인식이 높아지고 있다.

08 중요도 ★★
자산집단(Asset Class)에 대한 설명으로 올바른 것은?

① 투자자산은 금융기관이나 채권발행자에게 자금을 맡기거나 빌려주고 대가를 지급하는 이자수익을 주목적으로 하는 자산이다.
② 이자지급형 자산은 투자수익이 확정되어 있지 않고 투자성과에 따라 투자수익이 달라지는 자산이다.
③ 자산집단 간의 상관관계는 낮을수록 분산효과 측면에서 유리하다.
④ 자산집단은 분산가능성과 독립성이 중요하지 않다.

09

중요도 ★★★

이자지급형 자산에 대한 설명으로 잘못된 것은?

① 인플레이션에 취약하다.

② 낮은 변동성을 갖고 있다.

③ 경기침체 시 안전자산으로 투자 매력도가 높다.

④ 장기자금운용에 활용하는 것이 바람직하다.

10

중요도 ★★

투자 시 의사결정의 대상이 되는 자산집단에 대한 설명으로 잘못된 것은?

① 자산집단 내에 분산투자가 가능하도록 충분하게 많은 개별 증권이 존재해야 한다는 것을 독립성(Degree of Independence)이라고 한다.

② 하나의 자산집단은 다른 자산집단과 상관관계가 충분히 낮아야 분산투자의 효과를 얻을 수 있다.

③ 이자지급형 자산은 금융기관이나 채권발행자에게 자금을 맡기거나 빌려주고 대가로 지급하는 이자수익을 주목적으로 하는 자산을 말한다.

④ 투자자산은 투자수익이 확정되어 있지 않고, 투자성과에 따라 투자수익이 달라지는 자산을 말한다.

정답 및 해설

06 ① 투자관리의 3요소는 '분산투자의 방법, 개별 종목선택, 투자시점의 선택'이다.

07 ③ 분산투자는 최고의 수익률보다 위험을 최소화하는 데 중점을 둔다.

08 ③ ① 이자지급형 자산은 금융기관이나 채권발행자에게 자금을 맡기거나 빌려주고 대가를 지급하는 이자수익을 주목적으로 하는 자산이다.
② 투자자산은 투자수익이 확정되어 있지 않고 투자성과에 따라 투자수익이 달라지는 자산이다.
④ 자산집단은 분산가능성과 독립성이 중요하다.

09 ④ 언제 발생할지 모르는 현금의 필요에 대비하여 단기자금운용에 활용하는 것이 바람직하다.

10 ① 자산집단 내에 분산투자가 가능하도록 충분하게 많은 개별 증권이 존재해야 한다는 것은 분산가능성(Diversification)이라고 한다.

11 중요도 ★
통합적 투자관리과정 중 투자목표의 설정과정과 거리가 먼 것은?

① 투자위험의 수용도   ② 경제상황 예측

③ 투자자금의 성격   ④ 투자자별 특수상황 고려

12 중요도 ★★★
벤치마크(Benchmark)에 대한 설명으로 잘못된 것은?

① 자산집단에 대한 투자성과를 측정하기 위하여 운용 직후 설정해야 한다.

② 벤치마크의 운용성과를 운용자가 추적하는 것이 가능해야 한다.

③ 자산집단의 성과와 위험을 잘 표현할 수 있는 다른 지수를 별도로 만들어 벤치마크로 사용할 수 있다.

④ 벤치마크는 평가기준인 동시에 특별정보(효용함수 값을 계산할 수 없는 정보)가 없는 경우 바람직한 포트폴리오라고 할 수 있다.

13 중요도 ★★
벤치마크의 세 가지 조건과 거리가 먼 것은?

① 적용되는 자산의 바람직한 운용상을 표현하고 있어야 한다.

② 벤치마크의 운용성과를 운용자가 추적하는 것이 가능해야 한다.

③ 매니저의 운용스타일 및 성향과 일치해야 한다.

④ 구체적인 내용(자산집단과 가중치)이 운용하기 이전에 명확해야 한다.

14 중요도 ★★
다음 중 벤치마크에 대한 설명으로 가장 거리가 먼 것은?

☐
① 단기금융상품은 1년 만기 정기예금 수신금리를 벤치마크로 현재 많이 사용하고 있다.
② 벤치마크는 운용자의 운용계획 표현수단인 동시에 투자자와 커뮤니케이션 수단이 된다.
③ 투자성과와 위험도를 측정하기 위해서는 자산집단 각각에 대한 벤치마크가 사전에 설정되어 있어야 한다.
④ 활용 중인 자산집단별 벤치마크 외 다른 지수를 별도로 만들어 벤치마크로 사용할 수 있다.

15 중요도 ★
투자성과와 위험도를 측정하기 위한 벤치마크는 자산운용자의 운용계획을 표현하는 수단인 동시에 커뮤니케이션의 수단이 된다. 자산집단별 일반적인 벤치마크가 잘못된 것은?

☐
① 국내주식 : KOSPI 또는 KOSPI200
② 해외주식 : MSCI ACWI
③ 국내채권 : KRX 채권 종합지수
④ 단기금융상품 : 1년 만기 국채수익률

정답 및 해설

11 ② 경제상황 예측은 투자분석단계에 해당한다.

12 ① 자산집단에 대한 투자성과를 측정하기 위하여 사전에 설정되어야 한다.

13 ③ 벤치마크는 다음 세 가지 조건을 충족해야 한다.

> • 구체적인 내용(자산집단과 가중치)이 운용하기 이전에 명확할 것
> • 벤치마크의 운용성과를 운용자가 추적하는 것이 가능할 것
> • 적용되는 자산의 바람직한 운용상을 표현하고 있을 것

14 ① 단기금융상품은 CD 91일물을 벤치마크로 현재 많이 사용하고 있다.

15 ④ 단기금융상품은 CD 91일물이다.

16

기대수익률을 측정하는 방법으로 잘못된 것은?

① 이동평균법   ② 시나리오 분석법

③ 추세분석법   ④ 시장공동예측치 사용법

17

다음 미래수익률의 확률분포표를 보고 구한 A주식과 B주식의 기대수익률로 옳은 것은?

구 분	호 황	정 상	불 황
확률(P_i)	30%	40%	30%
A주식	100%	15%	−70%
B주식	40%	15%	−10%

① 15%, 15%   ② 15%, 12%

③ 12%, 12%   ④ 12%, 15%

18

주식 A, B, C에 대한 증권분석 결과 호경기, 정상, 불경기의 세 가지 상황(각각 일어날 확률은 0.3, 0.4, 0.3)에서 예상 투자수익률이 아래 표와 같이 추정되었다고 한다. 주식 A, B, C의 기대수익률로 옳은 것은?

상 황	확률(P_i)	주식 A	주식 B	주식 C
호경기	0.3	80%	50%	20%
정 상	0.4	25%	15%	24%
불경기	0.3	−50%	−10%	28%

	A	B	C
①	20%	17%	23%
②	19%	18%	24%
③	18%	19%	25%
④	17%	20%	26%

19 중요도 ★★

다기간 투자수익률 계산방법과 특징에 대한 설명으로 잘못된 것은?

① 기하평균수익률은 복리로 증식되는 것을 감안한다.
② 시간가중평균수익률은 현금유출액의 현재가치와 현금유입액의 현재가치를 일치시켜주는 할인율이다.
③ 산술평균수익률은 시간가중평균수익률이라고도 한다.
④ 내부수익률은 금액가중평균수익률이라고도 한다.

20 중요도 ★★★

기대수익률의 측정방법 중 시나리오 분석법에 대한 설명으로 옳은 것은?

① 여러 경제변수의 상관관계를 고려하여 시뮬레이션을 실행한다.
② 과거 시계열자료를 토대로 각 자산별 리스크 프리미엄을 반영한다.
③ 자산집단의 과거 장기간 수익률을 분석하여 미래수익률로 사용한다.
④ 시장 참여자들 간의 공통적인 미래수익률에 대한 추정치를 사용한다.

정답 및 해설

16 ① 이동평균법은 기대수익률을 측정하는 방법이 아니다.

17 ① 투자금액의 비율로 가중평균하여 구하는 방법

$$E(R_p) = \Sigma \omega_j \times E(R_j)$$
$$E(R_p) = \omega_x \times E(R_x) + \omega_y \times E(R_y)$$
$(\omega_j : 개별 증권 j에 대한 투자비율, E(R_j) : 개별 증권 j에 대한 기대수익률)$

- $E(R_A) = (0.3 \times 1.0) + (0.4 \times 0.15) + (0.3 \times -0.7) = 0.15 = 15\%$
- $E(R_B) = (0.3 \times 0.4) + (0.4 \times 0.15) + (0.3 \times -0.1) = 0.15 = 15\%$

18 ② 주식 A, B, C의 기대수익률(E(R))은 다음과 같이 계산된다.
- A : (0.3 × 80%) + (0.4 × 25%) + (0.3 × -50%) = 19%
- B : (0.3 × 50%) + (0.4 × 15%) + (0.3 × -10%) = 18%
- C : (0.3 × 20%) + (0.4 × 24%) + (0.3 × 28%) = 24%

19 ② 현금유출액의 현재가치와 현금유입액의 현재가치를 일치시켜주는 할인율은 내부수익률이다.

20 ① ② 펀더멘털 분석법에 대한 설명이다.
③ 추세분석법에 대한 설명이다.
④ 시장공동예측치 사용법에 대한 설명이다.

21

중요도 ★

조건이 보기와 같을 때 X주식에 60%, Y주식에 40% 투자한다면 포트폴리오의 기대수익률로 옳은 것은?

상 황	확 률	기대수익률	
		X주식	Y주식
호 황	50%	30%	20%
불 황	50%	−10%	5%

① 10% ② 11% ③ 12% ④ 13%

22

중요도 ★★

주식 A의 기대수익률은 12%, 위험(표준편차)은 12.8%인 정규분포를 따른다고 한다. 이 주식의 68.27%의 신뢰구간의 투자수익으로 옳은 것은?

① −0.8% ~ 24.8%   ② −13.6% ~ 37.6%
③ −26.4% ~ 50.4%   ④ −39.2% ~ 63.2%

23

중요도 ★★

투자관리의 과정 중 고객성향 파악과정에 대한 내용으로 거리가 먼 것은?

① 투자 성과평가란 고객의 특성을 파악하여 투자정책을 수립하는 과정을 의미한다.
② 투자정책은 투자자가 원하는 투자지침에 따라 자산배분을 시행하는 것이다.
③ 성향 파악 시 질문서, 대화방법 등을 이용한다.
④ 투자목표, 자산운용의 제약요건, 선호도 등에 대한 정보가 필요하다.

24 중요도 ★★

자산배분전략을 수정하는 방법 중 다음 내용에 해당하는 것은?

□

> • 상황변화가 있을 경우 자산 포트폴리오가 갖는 원래의 특성을 그대로 유지하고자 하는 것
> • 자산집단의 상대가격변동에 따른 투자비율의 변화를 원래의 비율로 환원시키는 것

① 포뮬러 플랜 　　　　　　　　② 포트폴리오 리밸런싱

③ 포트폴리오 업그레이딩 　　　　④ 포트폴리오 튜닝

25 중요도 ★

포트폴리오 수정방법 중 업그레이딩(Upgrading)에 대한 설명으로 잘못된 것은?

□

① 상황변화에 따라 위험에 비하여 상대적으로 높은 기대수익을 얻고자 하거나 기대수익에 비하여 상대적으로 낮은 위험을 부담하도록 포트폴리오의 구성을 수정하는 것이다.

② 보통 높은 성과를 지닌 자산을 식별하는 것보다 큰 손실을 주는 자산을 식별하여 그 자산을 포트폴리오에서 제거하는 방법을 사용한다.

③ 고정목표 수정전략은 업그레이딩에 해당한다.

④ 거래비용, 정보비용, 관리비용이 소요되므로 엄격한 비용·수익 분석이 선행되어야 한다.

정답 및 해설

21 ② ・$E(R_x) = (0.5 \times 0.3) + (0.5 \times -0.1) = 0.1$
　　　・$E(R_y) = (0.5 \times 0.2) + (0.5 \times 0.05) = 0.125$
　　　∴ 포트폴리오의 기대수익률 $E(R_p) = (0.6 \times 0.1) + (0.4 \times 0.125) = 0.11 = 11\%$

22 ① 표준정규분포에 의하면 $Z = 1, 2, 3$에 대하여 다음과 같은 신뢰구간을 갖는다.
　　　・(평균) $\pm 1 \times$ (표준편차) : 68.27%
　　　・(평균) $\pm 2 \times$ (표준편차) : 95.54%
　　　・(평균) $\pm 3 \times$ (표준편차) : 99.97%
　　　∴ $12\% \pm 1 \times 12.8\% = -0.8\% \sim 24.8\%$

23 ① 고객의 특성을 파악하여 투자정책을 수립하는 과정은 고객성향을 파악하는 것이다.

24 ② 포트폴리오 리밸런싱에 대한 설명이다.
　　　참고 포트폴리오 업그레이딩은 위험에 비해 상대적으로 높은 기대수익을 얻고자 하거나, 기대수익에 비해 상대적으로 낮은 위험을 부담하도록 포트폴리오의 구성을 수정하는 것으로 리밸런싱보다 큰 폭의 조정이 발생함

25 ③ 고정목표 수정전략은 리밸런싱에 해당한다.

26 적극적 투자관리기법과 소극적 투자관리기법을 비교한 내용으로 잘못된 것은?

☐

	구 분	적극적 투자관리기법	소극적 투자관리기법
①	시 장	효율적	비효율적
②	수 익	초과수익 추구	시장평균수익 추구
③	기 간	단 기	중·장기
④	전 략	전술적 자산배분	전략적 자산배분

27 전략적 자산배분전략에 대한 설명 중 잘못된 것은?

☐

① 장기적인 자산구성비율과 중기적인 개별자산의 투자비율한계를 결정하는 의사결정이며, 이론적 근거는 포트폴리오 이론이다.

② 장기적인 자산구성의 결정은 투자자의 투자목적과 제약조건을 충분하게 반영하여 이루어져야 한다.

③ 중·단기적으로 자본시장변화의 영향에 따라 자산의 기대수익률, 위험, 상관관계가 변화하고 이에 적극적으로 대응하는 것을 원칙으로 하고 있다.

④ 전략적 자산배분은 투자자가 정하는 경우와 자산운용회사가 정하는 경우로 나누어질 수 있다.

28 전략적 자산배분전략의 실행방법과 거리가 먼 것은?

☐

① 시장가치 접근방법

② 포뮬러 플랜

③ 위험 – 수익 최적화방법

④ 다른 유사한 기관투자가의 자산배분을 모방하는 방법

29 중요도 ★★
다음 설명 중 전략적 자산배분의 실행방법으로 잘못된 것은?

① CAPM 이론에 의해 지지되는 시장 포트폴리오(Market Portfolio)를 구성한다.

② 투자자의 투자목적 및 투자제약조건을 파악한다.

③ 다른 유사한 기관투자가의 자산배분을 모방한다.

④ 주식과 채권의 편입비중을 일정하게 유지하여 시장의 변화방향을 예상해 자산구성을 변동시킨다.

30 중요도 ★★
역투자전략에 대한 설명으로 잘못된 것은?

① 과매도 국면으로 판단되면 펀드매니저는 주식비중을 확대한다.

② 주식의 고평가 국면에서는 주가가 오를수록 주가에 볼록한 수익률곡선의 모습을 띠게 된다.

③ 투자자는 주가 상승에 의하여 실현수익률이 높아질수록 위험허용도가 증대된다.

④ 자산가격은 중·장기적으로 균형가격에 복귀한다는 가정을 한다.

정답 및 해설

26 ① 적극적 투자관리기법은 시장을 비효율적이라 가정하고, 소극적 투자관리기법은 시장을 효율적이라 가정한다.

27 ③ 전술적 자산배분전략에 대한 설명이다.

28 ② 포뮬러 플랜은 전술적 자산배분전략의 실행방법이다.

29 ④ 전술적 자산배분전략에 대한 설명이다.

30 ③ 투자자의 위험허용도는 포트폴리오의 실현수익률에 영향을 받지 않는다.

31

중요도 ★★★

역투자전략에 대한 설명으로 잘못된 것은?

① 시장가격이 상승하면 매도하고, 시장가격이 하락하면 매수한다.

② 내재가치는 시장가격보다 높은 변동성을 보이므로 역투자전략의 수행을 어렵게 만든다.

③ 전술적 자산배분은 평가된 내재가치와 시장가치 간의 비교를 통해 실행을 판단하게 된다.

④ 내재가치 대비 고평가되면 매도하며, 내재가치 대비 저평가되면 매수하고자 하는 운용방법이다.

32

중요도 ★★

증권시장의 과잉반응 현상에 대한 설명으로 잘못된 것은?

① 증권시장은 주기적으로 버블과 역버블의 과정이 반복된다.

② 과잉반응이란 새로운 정보에 대한 낙관적이거나 비관적인 반응으로 내재가치에서 벗어나는 현상이다.

③ 전술적 자산배분전략이 성립되기 위해서는 평균반전의 가정이 성립해야 한다.

④ 자산가격은 중·장기적으로 균형가격에서 벗어날 수 있지만 단기적으로는 균형가격으로 복귀한다.

33

중요도 ★★★

전술적 자산배분전략에 대한 설명 중 잘못된 것은?

① 시장의 변화방향을 예측하여 사전에 자산구성을 변동시켜 나가는 전략이다.

② 자산집단들의 상대적 가치가 변하는 경우 이러한 가치변화로부터 투자이익을 얻기 위해 분기·월·주간 단위로 자산구성을 변경하는 적극적인 투자전략이다.

③ 전략적 자산배분에 의하여 결정된 포트폴리오를 투자전망에 따라 중·단기적으로 변경하는 전략이다.

④ 중·단기적인 가격착오는 활용하지 않는다.

34 중요도 ★★

전술적 자산배분전략에 대한 설명으로 가장 거리가 먼 것은?

☐

① 자산가격은 중·장기간에 균형가격으로 복귀할 수 없다는 가정을 이용하는 투자전략이다.

② 시장가격이 상승하여 고평가되면 매도하고, 시장가격이 하락하여 저평가되면 매수하는 역투자전략을 이용한다.

③ 새로운 정보에 대하여 지나치게 낙관적이거나 비관적으로 반응하여 내재가치로부터 벗어나는 가격착오 또는 과잉반응을 활용하는 전략이다.

④ 자본시장의 변화가 자산집단의 기대수익률과 위험에 영향을 준다고 본다.

정답 및 해설

31 ② 내재가치는 시장가격보다 낮은 변동성을 보이므로 역투자전략의 수행을 용이하게 만든다.

32 ④ 단기적으로 균형가격에서 벗어날 수 있지만 중·장기적으로는 균형가격으로 복귀한다는 가정을 토대로 한다.

33 ④ 전술적 자산배분전략은 이미 정해진 자산배분을 운용자가 자산가격에 대한 예측하에 투자비중을 변경하는 것으로 중·단기적인 가격착오를 적극적으로 활용하여 고수익을 지향하는 전략이다.

34 ① 자산가격은 단기적으로 빈번하게 균형가격 또는 적정가격을 벗어날 수 있지만, 중·장기간에 균형가격으로 복귀한다는 가정을 이용하는 투자전략이다.

35 중요도 ★★

□ 펀드매니저 A는 주식시장이 적정한 범위에서 등락을 보이는 변동성장세가 상당기간 지속될 것으로 판단하고 정액법에 의한 포뮬러 플랜법을 활용하여 펀드를 운용하고 있다. (주식과 채권의 비율 5:5, 3개월마다 비율조정) 초기 1억원을 투자하여 2기에 주식에서 −10%, 채권에서 +10%의 수익을 달성하였을 때 투자를 위한 비율조정으로 옳은 것은?

① 주식 500만원 매입, 채권 500만원 매도
② 주식 500만원 매도, 채권 500만원 매입
③ 손실이 발생하였으므로 주식 전액을 채권으로 전환
④ 위험허용수준 불변을 가정하므로 조정할 필요 없음

36 중요도 ★★

전술적 자산배분에 대한 설명 중 잘못된 것은?

□ ① 전략적 자산배분에 의해 결정된 포트폴리오를 투자전망에 따라 중·단기적으로 변경하는 실행과정이다.
② 중·단기적인 가격착오를 적극적으로 활용하여 고수익을 지향하는 운용전략이다.
③ 전술적 자산배분은 평균반전현상을 이용하는 것으로 랜덤워크를 따른다.
④ 시장가격의 움직임과 반대로 활동하는 역투자전략이다.

37 중요도 ★★

ESG 투자방식과 시장규모에 관한 설명으로 옳지 않은 것은?

□ ① 국민연금의 ESG 투자확대를 위한 정책 및 제도 정비가 빠르게 진행되고 있다.
② ESG 요소를 반영한 투자를 책임투자 또는 지속가능투자로 일컫고 있다.
③ 국내 책임투자의 시작은 2005년 사학연금 책임투자형 직접펀드 운용이라 볼 수 있다.
④ ESG의 분류체계 수립 및 금융기관의 ESG상품에 대한 공시의 강화가 예상되고 있다.

38

□ TCFD(Task Force on Climate–Related Financial Disclosure)에 관한 설명으로 옳지 않은 것은?

① 기후 공시 표준화 프레임 워크 역할을 하고 있다.

② 지배구조, 경영전략, 리스크 관리, 지표 및 목표의 4가지 구분에 따른 정보공개 지침을 제시한다.

③ 자산운용사는 포트폴리오 부합성, 자금배출지표 등 정보 공시 내용 및 수준이 심화된다.

④ 인권, 이사회의 성별 다양성, 논란성 무기에 대한 노출도 등 사회지표도 포함된다.

정답 및 해설

35 ① 평가금액이 기존 주식 5,000만원, 채권 5,000만원에서 주식 4,500만원, 채권 5,500만원으로 변경되었으므로 다시 5:5로 조정하기 위해 주식 500만원을 매입하고 채권 500만원을 매도하여 5:5 비율을 유지하여야 한다.

36 ③ 랜덤워크는 미래의 증권가격을 도저히 예측할 수 없다는 것을 의미하며, 평균반전현상은 랜덤워크가 아니라 예측가능한 모습을 띠고 있다.

37 ③ 한국의 경우 책임투자의 시작은 2006년 9월 국민연금 책임투자형 위탁펀드 운용이라 볼 수 있다.

38 ④ SFDR(Sustainable Finance Disclosure Regulation)에 따른 사회지표이다.

제3장
펀드평가

학습전략

펀드평가는 제1과목 전체 35문제 중 **총 10문제**가 출제된다.

좋은 펀드를 고르는 기준은 무엇인지, 모든 투자에서 준거가 되는 위험과 수익률을 어떻게 측정하는지에 대한 지식수준을 평가하는 것이 기본이다. 특히 위험척도의 종류와 수익률의 종류를 이해하는 것이 중요하며 위험조정성과 평가는 빠지지 않고 출제되는 영역이다.

출제예상 비중

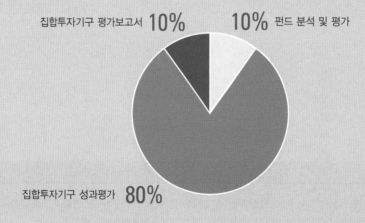

집합투자기구 평가보고서 10%   10% 펀드 분석 및 평가

집합투자기구 성과평가 80%

핵심포인트

구 분	핵심포인트	중요도	페이지
펀드 분석 및 평가 (10%)	01 펀드 분석 및 평가의 목적	★★	p. 148
	02 집합투자기구 분석 및 평가의 대상	★★★	p. 153
	03 집합투자기구 평가의 프로세스	★★	p. 154
집합투자기구 성과평가 (80%)	04 투자 프로세스와 투자성과요인	★★	p. 155
	05 관점에 따른 성과평가의 종류	★★	p. 156
	06 집합투자기구 유형분류	★★★	p. 158
	07 벤치마크(Benchmark) 설정	★	p. 159
	08 수익률 계산	★	p. 161
	09 위험의 측정	★★★	p. 164
	10 위험조정성과의 측정	★★★	p. 167
	11 성과요인 분석	★	p. 171
	12 포트폴리오 분석	★	p. 172
	13 운용회사·운용자 질적 분석	★	p. 173
집합투자기구 평가보고서 (10%)	14 집합투자기구 평가보고서	★★	p. 174

펀드 분석·평가의 목적 및 대상에 대한 내용으로 가장 거리가 먼 것은?

① 펀드 분석·평가의 대상은 펀드 가격정보, 포트폴리오 정보, 운용자 및 운용회사에 대한 정보 등이다.

② 성과요인 분석, 포트폴리오 분석, 운용사의 질적 평가 등을 파악하는 것은 양적(정량적) 성과평가이다.

③ 투자자는 펀드 운용결과(성패)에 대한 책임은 있으나 운용에 간섭하는 것은 불가하다.

④ 운용결과 분석의 목적은 환매 또는 재투자 여부에 대한 결정 때문이다.

TIP 성과요인 분석, 포트폴리오 분석, 운용사의 질적 평가 등을 파악하는 것은 질적(정성적) 성과평가이다.

핵심포인트 해설 | **펀드 분석·평가의 목적 및 대상**

(1) 펀드 분석·평가의 목적

펀드 선정	• 펀드 선정의 점검사항 → 반드시 구별할 것! · 양적(정량적) 성과평가 : 절대적·상대적으로 높은 수익률, 위험조정성과, 평가등급이 높고 위험이 낮은 펀드가 양호한 펀드 · 질적(정성적) 성과평가 : 성과요인 분석, 포트폴리오 분석, 운용사의 질적 평가 등을 파악하여 펀드를 선택하여야 함
펀드 모니터링	• 펀드 모니터링의 점검사항 · 펀드성과(수익률, 위험, 위험조정성과, 평가등급) · 펀드보유자산 및 매매현황 · 펀드 운용자 및 운용회사 · 펀드의 자금흐름
펀드 운용결과 분석	• 운용결과 분석의 목적은 환매·재투자 여부에 대한 결정 때문임 • 투자자는 펀드 운용결과(성패)에 대한 책임이 있으나 운용 간섭은 불가

(2) 펀드 분석·평가의 대상
① 펀드 가격정보
② 포트폴리오 정보
③ 운용자 및 운용회사에 대한 정보

정답 | ②

펀드를 분석하고 평가하는 주된 목적으로 볼 수 없는 것은?

① 투자하기 좋은 펀드를 고르기 위해

② 투자한 펀드가 정상적으로 운용되고 있는지 판단하기 위해

③ 펀드 운용의 성공 및 실패 여부를 분석하고 재투자 여부를 판단하기 위해

④ 펀드 운용자의 능력을 판단하고 서열을 부여하기 위해

TIP 펀드 운용자의 능력을 평가하는 것이 펀드 분석 및 평가의 주된 목적이 될 수는 없다.

핵심포인트 해설　　　**펀드 분석 및 평가의 목적**

> 반드시 구별할 것!

펀드 분석	• 분석대상 펀드의 특징을 찾아내는 과정
펀드 평가	• 펀드의 운용성과를 측정하여 그 우열이나 순위를 가리는 과정
목 적	• 펀드 선정 : 투자하기 좋은 펀드를 고르기 위해 • 펀드 모니터링 : 투자한 펀드가 정상적으로 운용되고 있는지 판단하기 위해 • 펀드 운용결과 분석 : 펀드 운용결과의 성공 및 실패 여부를 분석하고 재투자 여부를 판단하기 위해

참고 펀드평가회사

• 펀드를 평가하고 이를 기관, 개인 등 투자자와 펀드 판매회사에게 제공하는 것을 주된 업으로 하는 회사
• 펀드평가업을 영위하고자 하는 자는 투자매매업자, 투자중개업자 또는 집합투자업자와 계열회사에 해당하지 않고 납입자본금 5억원 이상으로서 전문인력을 확보하는 등 일정 요건을 갖추어 금융위원회에 등록하여야 함

정답 | ④

질적(정성적) 평가에 대한 설명으로 잘못된 것은?

① 성과요인 분석, 포트폴리오 분석 및 운용회사에 대한 질적 평가가 해당된다.
② 펀드의 성과원인 및 특성을 파악하는 것이다.
③ 모든 펀드를 대상으로 분석하여 투자자의 선택에 자료로 삼는다.
④ 많은 시간과 노력을 필요로 한다.

TIP 모든 펀드를 대상으로 분석하는 것은 현실적으로 불가능하다.

핵심포인트 해설　　**펀드 선정**

펀드 선정	• 수익률이 절대적·상대적으로 높은 펀드 • 위험이 절대적·상대적으로 낮은 펀드 • 위험조정성과가 절대적·상대적으로 높은 펀드 • 평가등급(Rating)이 높은 펀드
과 정	• 계량적(정량적)인 성과 분석 + 성과원인 추가 분석(질적 분석) • 성과원인 양호 + 결과 양호 + 성과 지속성 예상 펀드를 선택
질적 분석	• 개 념 　· 성과요인 분석 　· 포트폴리오 분석 　· 운용자와 운용회사에 대한 질적(정성적)인 평가
	• 내 용 　· 성과원인 및 특성을 파악하는 것 　· 많은 시간과 노력이 소요 　· 판매되는 모든 펀드를 대상으로 분석하는 것은 현실적으로 불가능

정답 | ③

투자자 및 집합투자판매인이 정기적으로 점검하는 항목에 해당하지 않는 것은?

① 펀드의 수익률

② 펀드의 평판(Reputation)

③ 펀드의 평가등급(Rating)

④ 펀드의 수탁고 변화

용어 알아두기

평가등급 (Rating)	일관된 기준하에 벤치마크와 비교분석 등 다양한 방법을 통해 펀드에 부여하는 서열을 의미한다.

TIP 펀드 모니터링 점검항목은 다음과 같다.
- 펀드성과(수익률·위험·위험조정성과·Rating)
- 펀드보유자산과 매매현황
- 펀드 운용자 및 운용회사
- 펀드의 자금흐름(수탁고 변화) 등

핵심포인트 해설   **펀드 모니터링 점검항목**

① 펀드성과(수익률·위험·위험조정성과·Rating)
  ㉠ 모니터링은 주기적으로 실시
  ㉡ 단순한 성과 우열을 따지는 것이 아님
  ㉢ 펀드가 투자하는 시장상황과 성과원인에 중점을 두는 것이 바람직
② 펀드보유자산과 매매현황
  ㉠ 펀드의 성과원인과 특성의 변화 여부 파악
  ㉡ 포트폴리오의 특징, 펀드 스타일의 변화, 펀드 운용자 교체 여부 등
③ 펀드 운용자 및 운용회사
④ 펀드의 자금흐름(수탁고 변화) 등
  ㉠ 자금흐름이 펀드의 종합적인 상황 등을 반영한 결과일 수 있기 때문
  ㉡ 성과가 부진하거나 펀드가 제대로 관리되지 않거나 운용회사·운용자의 변화가 생긴 경우 ⇨ 펀드자금흐름 변화 ⇨ 펀드성과 영향

정답 | ②

집합투자기구의 운용결과 분석에 관한 설명으로 잘못된 것은?

① 계획 대비 성패 여부를 판단하고 개선할 수 있는 방법을 찾기 위함이다.
② 운용결과를 분석함에 있어 장기 운용의 성공 여부를 파악하여야 한다.
③ 운용결과를 분석하는 궁극적인 이유는 환매 또는 재투자 여부를 결정하기 위함이다.
④ 집합투자기구의 운용결과의 성패에 대한 책임은 운용자가 부담한다.

TIP   집합투자기구 운용에 대한 결과는 궁극적으로 투자자에게 귀속되며, 그 책임도 투자자에게 있다.

핵심포인트 해설   집합투자기구의 운용결과 분석

① 집합투자기구의 운용결과를 분석하는 궁극적인 이유는 (일부)환매 여부 또는 재투자 여부를 결정하기 위함
② 단기 운용의 성공과 실패를 분석하는 차원에서 나아가 장기 운용의 성공과 실패로 연결될지의 여부를 파악
③ 일차적으로 집합투자기구의 성과(수익률, 위험, 위험조정성과, 평가등급)가 절대적·상대적으로 양호하였는지를 판단
④ 성과가 나타난 원인(성과요인, 포트폴리오 구성, 운용사·운용자 특성 등)이 무엇인지를 판단
⑤ 해당 성과가 지속될지 여부를 판단

정답 | ④

06

펀드의 분석 및 평가의 대상에 대한 내용으로 가장 거리가 먼 것은?

① 투자에 있어 가장 중요한 요소는 위험이다.
② 펀드 평가의 일차적인 관점은 투자했거나 향후 투자할 펀드가 주는 수익이다.
③ 수익과 위험을 측정하기 위해서는 펀드의 가격정보가 필요하다.
④ 일반적으로 수익이 크면 위험도 크며, 위험이 작으면 수익도 작다.

TIP 투자에 있어 가장 중요한 요소는 수익이다. 인간적인 관계 등으로 인해 어쩔 수 없이 투자하는 것이 아니라면, 수익이 나쁜 펀드에 투자할 이유가 없다.

핵심포인트 해설 | **펀드의 분석 및 평가의 대상**

수 익	• 투자에 있어 가장 중요한 요소 • 펀드 평가의 일차적인 관점은 투자자가 투자했거나 향후 투자할 펀드가 주는 수익
위 험	• 수익을 실현하지 못할 가능성 • 일반적으로 수익이 크면 위험도 크며, 위험이 작으면 수익도 작음
대 상	• 수익과 위험을 측정하기 위해서는 펀드의 가격정보(기준가격, 설정좌수, 분배율 등)가 필요하며, 펀드의 가격정보가 분석 및 평가의 첫 번째 대상임 • 펀드가 투자한 자산명세, 즉 포트폴리오(Portfolio)를 분석함으로써 펀드의 다양한 특징을 파악할 수 있음 • 펀드의 운용자·운용회사를 대상으로 분석 및 평가를 수행

정답 | ①

집합투자기구 평가의 프로세스를 올바르게 배열한 것은?

> ㉠ 성과의 우열 가리기　　　㉡ 성과의 질적 특성 파악하기　　　㉢ 성과평가의 기준

① ㉠ ⇨ ㉡ ⇨ ㉢　　　　　　　② ㉠ ⇨ ㉢ ⇨ ㉡

③ ㉢ ⇨ ㉠ ⇨ ㉡　　　　　　　④ ㉢ ⇨ ㉡ ⇨ ㉠

TIP 집합투자기구 평가의 프로세스는 '성과평가의 기준 ⇨ 성과의 우열 가리기 ⇨ 성과의 질적 특성 파악하기' 순 이다.

핵심포인트 해설　　**펀드(집합투자기구) 평가 프로세스**

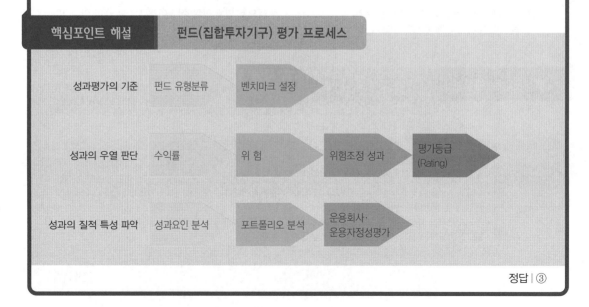

정답 | ③

08

필요자금의 현금흐름 및 과부족을 예측하여 목표수익률을 설정하는 단계로 적절한 것은?

① 계획(Plan)
② 투자실행(Do)
③ 결과평가(See)
④ 피드백(Feedback)

TIP 투자설계라고 불리는 계획(Plan)단계에서는 투자자의 투자성향 및 위험감내도 등을 체계적으로 분석한다. 이어
서 필요자금의 현금흐름 및 과부족을 예측하여 목표수익률을 설정한 후 시장분석을 통해 자산별로 기대되는 수
익률과 위험을 추정하여 고객의 자산배분계획을 수립한다.

핵심포인트 해설   투자 프로세스와 투자성과요인

= 위험감내도

투자 프로세스	계 획 (Plan)	• 투자자의 투자성향 및 위험감내도 등을 체계적으로 분석 • 필요자금의 현금흐름 및 과부족을 예측하여 목표수익률을 설정 • 시장분석을 통해 자산별로 기대되는 수익률과 위험을 추정 • 고객의 자산배분계획을 수립
	투자실행 (Do)	• 자금을 추가로 투자하거나 회수 • 자산별 투자금액을 조정
	결과평가 (See)	• Feedback되어 투자계획이나 투자실행을 조정
투자성과요인		• 투자대상 유형별 자산배분의 선택 • 시장예측을 통한 투자시점의 결정 • 투자한 펀드의 운용수익률

정답 | ①

투자자 관점의 성과평가 대상으로 볼 수 없는 것은?

① 자산배분의 선택
② 투자시점의 결정
③ 투자한 펀드의 선택
④ 펀드 운용자의 선택

TIP 펀드 운용자의 선택은 투자자 관점의 성과평가 대상으로 볼 수 없다.

핵심포인트 해설　　　**투자자 관점의 성과평가**

의 의	• 투자자의 투자목표가 성공적으로 달성되고 있는지 평가하는 것 • 투자자가 향유한 실제 수익규모(회계상 손익 또는 경제적 가치)를 측정하는 것을 기반으로 함
이 용	• 투자자가 재무목표를 효과적으로 달성하였는지를 판단 • 잘못된 계획이나 잘못된 투자실행으로 인해 발생한 위험을 효율적으로 관리
대 상	• 자산배분의 선택 • 투자시점의 결정 • 투자한 펀드의 선택

참고 관점에 따른 성과평가

• 투자자 : 투자하기 좋은 펀드	• 판매자 : 판매하기 좋은 펀드
• 운용자 : 운용을 잘했는지 여부	• 감독기관 : 시장원칙과 감독규정 준수 여부

정답 | ④

펀드의 성과평가에 대한 설명으로 잘못된 것은?

① 펀드의 운용결과가 양호했는지 여부에 초점을 두고 있다.

② 투자 중 여러 번 환매한 경우에 투자자 관점의 성과평가와 동일하다.

③ 펀드를 운용하는 펀드 운용자와 운용회사의 운용능력을 평가하기 위한 것이다.

④ 펀드 운용자가 역할을 수행할 수 있는 펀드의 성과에만 초점을 두고 있다.

TIP   펀드의 성과평가는 투자자가 해당 펀드에 일시불로 투자한 경우 투자자 관점의 성과평가 결과와 동일하다. 따라서 펀드 성과평가는 평가 기간 초기에 일시불로 투자한 이후 평가 기간 말기까지 추가로 투자하거나 환매하지 않은 경우의 투자자 관점의 성과평가로 볼 수 있다.

핵심포인트 해설   **펀드의 성과평가**

↳ 투자자 관점의 성과평가와 비교되어 출제(P.154)

의 의	• 펀드의 운용결과가 양호했는지 여부에 초점 • 펀드를 운용하는 펀드 운용자와 운용회사의 운용능력을 평가하기 위한 것 • 펀드 운용자가 역할을 수행할 수 있는 펀드의 성과에만 초점
내 용	• 투자자가 해당 펀드에 일시불로 투자한 경우 투자자 관점의 성과평가 결과와 동일 • 평가 기간 초기에 일시불로 투자한 이후 평가 기간 말기까지 추가로 투자하거나 환매하지 않은 경우의 투자자 관점의 성과평가

정답 | ②

펀드 유형(Fund Category)**에 대한 설명으로 잘못된 것은?**

① 유사한 펀드들끼리 묶어 놓은 동일집단(Peer Group)이다.
② 펀드의 성과를 상대적으로 비교·측정하기 위하여 분류한다.
③ 채권형펀드는 성장·가치 여부에 따라 대·중·소형으로 분류한다.
④ 수익·위험 구조와 벤치마크가 유형 분류의 기준이 된다.

용어 알아두기

성장주	기업의 수익구조가 지속적으로 향상되고 있어 주가가 상승할 것으로 기대되는 주식이다.
가치주	실적이나 자산에 비해 기업 가치가 상대적으로 저평가됨으로써 낮은 가격에 거래되는 주식이다.

TIP 채권형펀드의 경우 채권의 듀레이션 장·중·단기에 따라 신용등급의 고·중·저로 분류한다. 성장·가치 여부에 따라 대·중·소형주로 분류하는 것은 주식형펀드이다.

핵심포인트 해설 | **펀드 유형(Fund Category) 분류**

의 미	• 펀드의 성과를 상대적으로 비교·측정하기 위하여 펀드의 투자목적, 투자자산, 투자전략, 투자스타일, 특징 등이 유사한 펀드들끼리 묶어 놓은 동일집단(Peer Group)
내 용	• 증권펀드 : 채권형펀드, 주식형펀드, 혼합형(주식·채권)펀드로 세분화됨 • 수익·위험 구조와 벤치마크가 유형분류의 기준 • 유형분류는 객관적인 평가를 위하여 필요한 요소이자 투자자의 자산배분의 기초단위 • 투자자가 펀드의 유형을 명확하게 인지할 수 있도록 함
주식형펀드	• 성장·가치 여부에 따라 분류 • 대·중·소형주로 분류
채권형펀드	• 듀레이션 : 장·중·단기에 따라 분류 • 신용등급 : 고·중·저로 분류
지 역	• 해외펀드, 국내펀드

↳ *분류기준을 잘 숙지할 것!*

정답 | ③

다음 중 펀드의 벤치마크가 가져야 할 특성으로 옳은 것은?

① 투자자의 미래 투자견해를 반영하여야 한다.

② 특정 기간마다 벤치마크의 수익률을 확인하거나 계산할 수 있어야 한다.

③ 벤치마크를 구성하는 종목과 비중, 구성방법 등이 정확히 표시되어야 한다.

④ 평가 기간이 시작된 후에 정의되어야 한다.

TIP ① 투자자의 현재 투자견해를 반영하여야 한다.
② 원하는 기간마다 벤치마크의 수익률을 확인하거나 계산할 수 있어야 한다.
④ 평가 기간이 시작되기 전에 정의되어야 한다.

핵심포인트 해설　　　**벤치마크의 개념과 속성**

(1) 개 념
　① 사전적인 의미로 기준 또는 잣대라는 뜻
　② 집합투자기구의 운용목표와 전략을 가장 잘 나타내는 지표
　③ 운용지침(Guideline) 역할
　④ 투자자가 집합투자기구에 투자할지를 사전에 판단할 수 있는 투자지침 역할
　⑤ 성과평가(Fund Performance Evaluation)의 기준 역할

(2) 속 성　　라기 (×), 미래 (×)

명확성(Unambiguous)	종목과 비중, 구성방법 등이 정확히 표시되어야 함
투자가능성(Investable)	구성종목에 투자할 수 있어야 함
측정가능성(Measurable)	원하는 기간마다 벤치마크의 수익률을 확인하거나 계산할 수 있어야 함
적합성(Appropriate)	운용스타일 또는 전략에 부합하여야 함
현재의 투자견해를 반영(Reflective of Current Investment Opinions)	투자자의 현재 투자견해를 반영하여야 함
사전에 정의(Specified in Advance)	평가 기간이 시작되기 전에 정의되어야 함

　　　→ 사후 (×)

정답 | ③

특정 펀드 운용과 평가를 위한 포트폴리오로 옳은 것은?

① 시장지수(Market Index)
② 합성지수(Synthesized Index)
③ 정상포트폴리오(Normal Portfolio)
④ 맞춤포트폴리오(Customized Portfolio)

TIP 특정 펀드 운용과 평가를 위한 포트폴리오는 맞춤포트폴리오(Customized Portfolio)이다. 포트폴리오 보험전략 펀드를 평가하는 등 일반성이 적은 펀드를 평가하기 위해 만들어진다.

핵심포인트 해설   벤치마크의 종류

종 류	설 명	사 례
시장지수 (Market Index)	• 자산유형에 소속된 모든 대상 종목을 포함한 것으로 가장 넓은 대상을 포함 • 운용에 특이한 제약조건이 없는 경우 적합	• 종합주가지수, 종합채권 지수
섹터·Style 지수 (Sector Index)	• 자산유형 중 특정한 분야나 특정한 성격을 지니는 대상만을 포함 • 특정 분야에 집중투자하는 경우 적합	• 중소형주, 가치주, 성장주, 국공채, 회사채
합성지수 (Synthesized Index)	• 2개 이상의 시장지수나 섹터지수를 합성하여 별도로 계산 • 복수의 자산 유형에 투자하는 경우에 적합	• 혼합형 펀드를 위한 벤치마크
정상포트폴리오 (Normal Portfolio)	• 투자 가능한 종목만으로 포트폴리오 구성 • 채권형 벤치마크(BM)로 많이 활용	• KOBI120, KOBI30
맞춤포트폴리오 (Customized Portfolio)	• 특정 펀드 운용과 평가를 위한 포트폴리오 • 일반성이 적은 펀드를 평가하기 위함	• 동결포트폴리오, 포트폴리오 보험전략 펀드 평가

정답 | ④

그룹수익률 산출 이유가 아닌 것은?

① 대표계정의 오류 제거
② 객관적인 성과 비교
③ 생존계정의 오류 제거
④ 펀드의 절대적 성과 판단

TIP 펀드의 절대적 성과 판단은 벤치마크 수익률과 개별 펀드의 수익률 비교를 통해 행해진다.

핵심포인트 해설	수익률과 위험의 측정

수익률 측정	• 개별 펀드의 수익률 측정 : 시간가중수익률 방식 • 펀드 유형의 수익률 측정 : 그룹수익률 측정방식 • 그룹수익률 산출 이유 : 대표계정·생존계정 오류 제거, 객관적인 성과 비교 • 벤치마크 수익률 : 펀드의 절대적 성과 판단 • 유형평균수익률 : 펀드의 상대적 성과 판단
위험 측정	• 절대적 위험 측정 : 표준편차, VaR • 상대적 위험 측정 : 베타, 초과수익률, 공분산, 상대 VaR

정답 | ④

다음 설명에 해당하는 수익률로 적절한 것은?

- 운용 기간 중 현금흐름에 영향이 없다.
- 벤치마크(BM) 및 동일집단(Peer Group) 간 상대비교가 가능하다.
- 운용자·운용회사 관점의 수익률은 집합투자기구 운용자의 운용능력을 가장 정확하게 나타낸다.

① 시간가중수익률(Time Weighted Rate of Return)
② 내부수익률(Internal Rate of Return)
③ 만기수익률(Yield to Maturity)
④ 금액가중수익률(Dollar Weighted Rate of Return)

TIP 시간가중수익률에 대한 설명이다.

핵심포인트 해설 | **시간가중수익률과 금액가중수익률의 비교**

↳ 자주 비교되어 출제

시간가중수익률(Time Weighted Rate of Return)	금액가중수익률(Dollar Weighted Rate of Return)
• 운용 기간 중 현금흐름에 영향을 받지 않음 • 벤치마크(BM) 및 동일집단(Peer Group) 간 상대비교가 가능 • 운용자·운용회사 관점의 수익률은 집합투자기구 운용자의 운용능력을 가장 정확하게 나타냄 • 기하수익률(GRR : Geometric Rate of Return) • Daily Valuation Method	• 운용 기간 중 현금흐름에 영향을 받음 • 벤치마크(BM) 및 동일집단(Peer Group) 간 비교가 어려움 • 투자자 관점의 수익률은 투자자의 실제수익을 가장 적절하게 표현 • 내부수익률(IRR : Internal Rate of Return)

정답 | ①

16

운용회사 또는 펀드 유형의 그룹수익률에 대한 설명으로 옳은 것은?

① 그룹수익률이란 운용회사 또는 펀드 유형에 속한 전체를 하나의 펀드인 것으로 간주하고 수익률을 측정하는 것이다.

② 그룹수익률 측정을 통해 객관적인 성과 비교가 가능하나 대표계정과 생존계정의 오류를 제거할 수는 없다.

③ 유형(Peer Group)평균수익률과 펀드의 수익률을 비교하는 것은 펀드가 절대적으로 운용을 잘했는지를 판단하기 위해 중요하다.

④ 유형평균보다 양호한 성과를 실현하더라도 벤치마크 대비 낮은 성과를 기록하였다면 상대적으로는 운용은 실패했다고 판단할 수 있다.

TIP ② 그룹수익률 측정을 통해 대표계정과 생존계정의 오류를 제거하고 객관적인 성과 비교가 가능하다.
③ 펀드가 상대적으로 운용을 잘했는지를 판단하기 위해 중요하다.
④ 벤치마크 대비 낮은 성과를 기록하였다고 할지라도 유형평균보다 양호한 성과를 실현하면 상대적으로는 운용이 성공적이라고 판단할 수 있다.

핵심포인트 해설 **운용회사·펀드 유형 그룹수익률**

(1) 의 의

운용회사 또는 펀드 유형에 속한 전체를 하나의 펀드인 것으로 간주하고 수익률을 측정하는 것

(2) 산출이유

① 대표계정·생존계정 오류 제거, 객관적인 성과 비교

대표계정의 오류 (Representative Accounts)	운용회사가 운용하는 일부 펀드들만으로 성과를 측정하여 비교할 경우 전체성과를 정확히 나타내지 못하고 펀드별 성과의 차이가 큰 운용회사가 상대적으로 유리
생존계정의 오류 (Survivorship Biases)	성과가 나빠 운용이 중단된 펀드 등을 제외하고 현재 시점에서 존재하는 펀드만을 대상으로 평가함으로써 부실한 운용으로 고객이탈이 많은 운용회사의 성과가 상대적으로 높게 표시

② 여러 펀드들을 하나의 수익률로 나타냄으로써 수익률 측정 기간을 일치시키면 객관적으로 운용사 간의 성과 비교가 가능

③ 투자결과의 이전가능성(Portability of Investment Results)의 문제 : 운용회사의 펀드 운용자의 이동이 발생한 경우의 그룹수익률은 이동한 운용자의 운용성과가 반영

(3) 판 단

① 유형(Peer Group)평균수익률과 펀드의 수익률을 비교하는 것은 펀드가 상대적으로 운용을 잘했는지를 판단하기 위해 중요

② 벤치마크에 비해 절대적으로 운용을 잘했다고 할지라도 동일유형의 다른 펀드들에 비해 상대적으로 낮은 성과를 실현했다면 펀드 선택의 실패

③ 벤치마크 대비 낮은 성과를 기록하였다고 할지라도 유형평균보다 양호한 성과를 실현하면 상대적으로 운용이 성공적

정답 | ①

17

위험(Risk)과 투자안의 선택에 대한 설명으로 옳은 것은?

① 위험과 투자안 선택과는 별개로 분리된 의사결정 체계이다.
② 실제수익률과 예상수익률이 같지 않을 가능성이 높으면 위험이 낮다.
③ 위험을 많이 부담할수록 높은 수익률로 보상을 받아야 한다.
④ 합리적인 투자자라면 동일한 수익률에 대하여 위험이 높은 투자안을 선택한다.

TIP ① 투자자는 수익률 – 위험 간의 관계를 고려하여 투자하게 되므로 위험은 투자안 선택에 큰 영향을 준다.
② 위험의 본질은 불확실성이므로 실제수익률과 예상수익률이 같지 않을 가능성이 높다는 것은 위험도 높다는 것이다.
④ 합리적인 투자자라면 동일한 수익률에 대하여 위험이 낮은 투자안을 선택한다.

핵심포인트 해설 | **위험과 투자안의 선택**

위 험 (Risk)	• 실제수익률이 기대수익률 또는 예상한 수익률과 같지 않을 가능성 • 실제수익률과 예상수익률이 같지 않을 가능성이 높으면 위험이 높고, 반대로 그 가능성이 낮으면 위험도 낮음 • 위험을 많이 부담할수록 높은 수익률로 보상을 받아야 함
지배원리	• 동일한 기대수익률을 가진 두 가지 투자안이 있다면 합리적인 투자자들의 경우 위험이 낮은 투자안을 선택 • 위험이 같다면 기대수익률이 높은 투자안을 선택 • 투자자는 수익률 – 위험 간의 관계를 고려하여 투자하게 되므로 위험은 투자안 선택에 큰 영향을 줌

정답 | ③

18

다음 중 절대적 위험(Absolute Risk)의 척도인 것은?

① 공분산(Covariance)　　　② 베타(β : Beta)
③ 상대 VaR(Relative VaR)　　④ VaR(Value-at-Risk)

용어 알아두기

척 도	사물이나 사람의 특성을 수량화하기 위해 체계적인 단위를 가지고 그 특성에 숫자를 부여한 것이다.
베 타(β)	개별 기업의 투자 민감도를 뜻하며 개별 기업의 위험을 뜻하기도 한다. 시장의 움직임을 1로 규정하고 각 기업이 시장의 움직임에 비해 얼마나 민감한지 측정한다.
VaR	VaR(Value-at-Risk)는 발생 가능한 최대손실금액이라는 의미로 금융기관의 시장위험 예측 지표를 말하며 의도한 투자가 실패한 경우 현재 자산의 하루 평균 손실액수를 확률적으로 나타낸 값이다.

TIP ①②③ 상대적 위험(Relative Risk)의 척도이다.

핵심포인트 해설　　위험지표의 종류

종 류	척 도	사용 용도
절대적 위험 (Absolute Risk)	• 표준편차 • VaR(Value-at-Risk)	• 수익률의 안정성을 중시하는 전략에 적합
상대적 위험 (Relative Risk)	• 공분산(Covariance) • 초과수익률(Excess Return) • 베타(β : Beta) • 상대 VaR(Relative VaR)	• 사전에 자산배분이 정해지고, 실제 운용단계에서는 벤치마크를 추구하는 경우에 적합

정답 | ④

다음 내용이 설명하는 위험척도로 적절한 것은?

- 펀드의 위험을 나타내는 가장 일반적인 지표이다.
- 수익률의 변동성을 나타낸다.

① VaR(Value-at-Risk) ② 표준편차
③ 초과수익률(Excess Return) ④ 공분산(Covariance)

TIP 펀드의 위험을 나타내는 가장 일반적인 지표로, 수익률의 변동성을 나타내는 위험척도는 표준편차이다.

핵심포인트 해설   **표준편차와 베타**

(1) 표준편차(절대적 위험)

일정 기간의 수익률이 동일 기간의 평균수익률과 대비하여 변동한 범위를 측정한 것

$$표준편차 = \sqrt{\frac{\Sigma(펀드주간수익률 - 평균수익률)^2}{표본수 - 1}}$$

(2) 베타(상대적 위험)

① 집합투자기구의 수익률이 벤치마크 수익률의 변동에 대하여 어느 정도 민감도를 가지고 있는가를 나타냄
② 벤치마크 수익률에 영향을 주는 거시적인 사건이 발생할 때, 특정 집합투자기구가 얼마나 민감하게 반응하는가를 계량적으로 측정한 것
③ 베타 > 1 : 공격적으로 운용한 집합투자기구
④ 베타 < 1 : 방어적으로 운용한 집합투자기구
└─▶ 의미를 정확히 이해해야 함

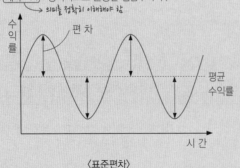

〈표준편차〉

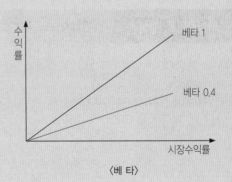

〈베 타〉

정답 | ②

20

다음 설명에 해당하는 위험척도로 적절한 것은?

- 적극적 투자활동의 결과로 발생한 초과수익률과 집합투자기구의 초과수익률에 대한 추적오차(Tracking Error)의 비율이다.
- 일반적으로 이 비율이 높다는 것은 집합투자기구 운용자의 능력이 탁월하다는 것을 의미한다.

① 샤프비율(Sharpe Ratio)
② 젠센의 알파(Jensen's Alpha)
③ 정보비율(Information Ratio)
④ VaR(Value-at-Risk)

용어 알아두기

추적오차	펀드의 가격변동과 벤치마크의 가격변동 간의 의도하지 않은 차이이다.

TIP 정보비율(Information Ratio)에 대한 설명이다.

핵심포인트 해설 　위험조정지표의 종류

각 지표의 특성을 철저히 숙지할 것!

샤프비율	• 위험을 고려하여 펀드 운용성과를 측정하는 대표적 지표 • 펀드가 부담한 위험 한 단위당 초과수익률의 정도를 비율로 나타낸 것 • 포트폴리오(집합투자기구) 수익률에서 무위험이자율을 차감한 초과수익률(Excess Return)을 포트폴리오(집합투자기구)의 표준편차(총위험)로 나누어서 측정 $$샤프비율 = \frac{포트폴리오의\ 평균수익률 - 무위험이자율}{포트폴리오\ 수익률의\ 표준편차}$$
젠센의 알파 → 우월한 차감(−) 지표	• 실제수익률이 시장균형을 가정한 경우의 기대수익률보다 얼마나 높은지 측정하는 지표 • 집합투자기구 실제수익률에서 균형하에서의 기대수익률을 차감한 값을 의미 $$\alpha_p = (R_p - R_f) - \beta_p \times (R_m - R_f)$$ (단, R_p : 집합투자기구의 수익률, R_f : 무위험수익률, β_p : 집합투자기구의 베타, R_m : 시장수익률)
트래킹 에러	• 일정 기간의 펀드 수익률과 벤치마크 수익률의 차이를 측정하는 지표이며 추적오차를 의미 • 트래킹 에러가 크다는 것은 펀드가 투자한 종목의 구성이나 편입비가 벤치마크와 상이하다는 것을 의미
정보비율	• 적극적 투자활동의 결과로 발생한 초과수익률과 집합투자기구의 초과수익률에 대한 표준편차의 비율 • 일반적으로 높은 정보비율은 집합투자기구 운용자의 능력이 탁월하다는 것을 의미

정답 | ③

21

샤프비율(Sharpe Ratio)에 대한 설명으로 잘못된 것은?

① 위험 한 단위당 무위험이자율을 초과 달성한 포트폴리오 수익률이다.
② 수익률 구간(일간, 주간, 월간수익률)에 따라 상이한 평가결과가 도출될 수 있다.
③ 수익률을 체계적 위험으로 나누어 위험 한 단위당 수익률을 구한다.
④ 평가 기간이 동일하고 동일한 유형의 펀드들 간에만 비교해야 한다.

용어 알아두기

체계적 위험	체계적 위험(Systematic Risk)은 주식과 채권 등의 모든 증권에 공통된 증권위험의 일부로서 분산투자에 의해 제거될 수 없는 위험을 말한다.

TIP 초과수익률(Excess Return)을 포트폴리오(펀드)의 표준편차(총위험)로 나누어서 측정한다.

핵심포인트 해설   샤프비율(Sharpe Ratio)

개 요	• 수익률을 위험으로 나누어 위험 한 단위당 수익률을 구하는 것 • 포트폴리오(펀드) 수익률에서 무위험이자율을 차감한 초과수익률(Excess Return)을 포트폴리오(펀드)의 표준편차(총위험)로 나누어서 측정 $$S_p = \frac{R_p - R_f}{\sigma_p} = 샤프비율 = \frac{포트폴리오의\ 평균수익률 - 무위험\ 평균이자율}{포트폴리오\ 수익률의\ 표준편차}$$
의 미	• 일정 투자 기간 동안 위험 한 단위당 무위험이자율을 초과 달성한 포트폴리오 수익률 • 높으면 위험조정 후 성과가 좋은 것이고 낮으면 성과가 부진했음을 의미
유의점	• 반드시 평가 기간이 동일하고 동일한 유형의 펀드들 간에만 비교 • 수익률 구간(일간, 주간, 월간수익률)에 따라 상이한 평가결과를 도출 • 정규분포의 통계적인 속성에 따라 장기수익률을 측정하는 것이 바람직 • 초과수익률이 부(−)수익률일 경우에는 설명하기 어려움

정답 | ③

'젠센의 알파(Jensen's Alpha) > 0'에 대한 내용으로 잘못된 것은?

① 좋은 펀드이다.
② 펀드의 수익률이 시장균형하의 평균수익률보다 높았다.
③ 초과수익이 있었다.
④ 증권선택은 좋지 못했다.

용어 알아두기

| 젠센의 알파 | 개별 펀드의 실제수익률이 시장균형을 가정한 경우의 수익률보다 얼마나 높은지를 나타내는 지표로, 펀드의 수익률에서 시장균형하에서의 기대수익률을 차감한 값을 의미한다. 따라서 α값이 클수록 실제 투자가 성공적이었다는 것을 나타낸다. |

TIP 펀드 운용자들의 증권선택, 자산구성비 변경, 업종투자비중의 조절 등 시장평균수익률을 이기기 위해 취한 활동이 성공적이었음을 의미한다.

핵심포인트 해설 　　젠센의 알파(Jensen's Alpha)

개 요	• 펀드의 실제수익률이 시장균형을 가정한 경우의 기대수익률을 초과한 값 • 펀드 수익률에서 균형하에서의 기대수익률을 차감한 값
알파 > 0	• 시장균형 하에서 베타 위험을 가지는 펀드의 기대수익률보다 해당 펀드의 수익률이 더 높았다는 것 • 펀드 운용자들의 증권선택, 자산구성비 변경, 업종투자비중의 조절 등 시장평균수익률을 이기기 위해 취한 활동이 성공적이었음을 의미 • 양호한 펀드
한 계	• 종목선택정보와 시장예측정보를 정확하게 구분하지 못함 • 시장예측활동과 종목선택활동을 모두 활용하는 펀드에 대해서는 적절한 평가지표는 아님

정답 | ④

적극적 투자활동의 결과로 발생한 초과수익률과 펀드의 초과수익률에 대한 표준편차의 비율은?

① 정보비율(Information Ratio)
② 젠센의 알파(Jensen's Alpha)
③ 트레이너비율(Treynor Ratio)
④ 샤프비율(Sharpe Ratio)

TIP 정보비율(Information Ratio)은 적극적 투자활동의 결과로 발생한 초과수익률과 펀드의 초과수익률에 대한 표준편차의 비율로서 평가비율(Appraisal Ratio)이라 하기도 한다.

핵심포인트 해설　　정보비율(Information Ratio)

개 요	• 적극적 투자활동의 결과로 발생한 초과수익률과 펀드의 초과수익률에 대한 표준편차의 비율 • 평가비율(Appraisal Ratio)이라 하기도 함 • 펀드 수익률이 벤치마크 수익률보다 높을수록 좋은 펀드라는 개념(분자)과 펀드 수익률이 벤치마크 수익률과 큰 차이를 보이면 곤란하다는 위험 개념(분모)을 결합한 것 • 정보비율이라 하는 이유 : 벤치마크를 초과한 수익을 얻는 원천이 펀드 운용자만의 고유한 정보 때문이라고 여기기 때문
해 석	• 일반적으로 높은 정보비율은 펀드 운용자의 능력이 탁월한 것을 의미 • 어느 정도의 값이 높은 수준인가에 대하여는 이론적인 근거가 없음 • 실무적으로는 미국의 경우 정보비율이 0.5 이상인 경우 '우수', 0.75 이상인 경우에는 '매우 우수', 1.0 이상인 경우에는 '탁월'한 것으로 판단
유의점	• 짧은 기간 동안에 계산된 정보비율에는 펀드 운용자의 능력 이외에 운(Luck) 등 다른 요인이 큰 비중을 차지 • 운용자 능력을 평가하기 위해서는 성과측정 기간이 충분해야 함

정답 | ①

24

특정한 조건을 가진 가상의 포트폴리오를 만들어 실제 펀드의 성과와 비교하여 그 차이를 분석하는 성과요인 분석방법은?

① 벤치마크를 이용한 수리모형
② 가상포트폴리오를 이용하는 방법
③ Treynor-Mazuy의 이차항 회귀분석모형
④ Henriksson-Merton의 옵션모형

TIP 성과요인 분석방법 중 가상포트폴리오를 이용하는 방법에 대한 설명이다.

핵심포인트 해설   **성과요인 분석**

(1) 의 의
　① 성과의 원인을 파악하는 일련의 계량분석과정
　② 성과의 원인을 세분하고 각각의 원인이 성과에 기여한 정도를 분석하기 위하여 수행

(2) 성과요인
　시장예측능력, 종목선정능력

시장예측 (Market Timing)	• 시장의 흐름을 예측하여 저점에 매수하고 고점에 매도하는 전략 • 시장이 강세일 때는 민감도가 높은 종목을 편입하거나 편입비중을 늘이고, 시장이 약세일 때는 　민감도가 낮은 종목을 편입하거나 편입비중을 줄여 나은 성과를 추구하는 운용방법
종목선정 (Stock Selection)	• 시장의 흐름과 무관하게 벤치마크보다 높은 성과를 보일 종목, 즉 상대적으로 저평가되었거나 　향후 상승 가능성이 높은 종목을 선택함으로써 성과를 올리려는 운용방법

(3) 측정방법
　벤치마크를 이용한 수리모형, 가상포트폴리오를 이용하는 방법

벤치마크 이용	• Treynor-Mazuy의 이차항 회귀분석모형, Henriksson-Merton의 옵션모형
가상포트폴리오 이용	• 특정한 조건을 가진 가상의 포트폴리오를 만들어 실제 펀드의 성과와 비교하여 그 차이를 　분석하는 방법 • 성과의 요인을 보다 다양하게 구분할 수 있음 • 각각의 성과요인이 기여한 정도를 측정하기가 용이 • 한계 : 펀드의 포트폴리오 명세와 매매내역을 충분히 입수할 수 있는 경우에만 적용할 수 있음

(4) 적 용
　① 가장 큰 효과를 발휘할 수 있도록 펀드별로 자금을 배정할 수 있음
　② 성과요인이 다른 여러 펀드에 분산하여 투자하는 자산배분전략의 하나로 이용할 수 있음

정답 | ②

성과에 가장 큰 요인을 주는 변수를 골라내 이를 기준으로 펀드를 분류하는 기법은?

① 자산 투자 비중 분석

② 종목 비중 분석

③ 거래특성 분석

④ 스타일 분석

TIP 포트폴리오 분석 중 펀드평가사의 기능을 가장 잘 설명해주는 것이 스타일 분석이다. 스타일 분석이란 성과에
가장 큰 요인을 주는 변수를 골라내 이를 기준으로 펀드를 분류하는 기법이라 할 수 있다.

핵심포인트 해설　　포트폴리오 분석

의 의	• 포트폴리오 : 증권일람표(투자된 증권 묶음)
과 정	• 자산의 투자 비중 분석 · 펀드 전체의 자산종류별 구성현황을 분석 · 세부 자산별 배분현황과 개별 종목별 비중 등을 분석 · 개별 주식 또는 채권의 투자 비중을 분석 • 거래특성 분석 • 스타일 분석 · 성과에 가장 큰 요인을 주는 변수를 골라내 이를 기준으로 펀드를 분류하는 기법 · 사전적으로는 좋은 수익률을 보일 펀드를 고르는 판단요소 · 사후적으로 과거 펀드성과의 원인을 적절하게 설명해주는 역할 · 효과적인 분산투자 방안을 마련

정답 | ④

운용회사 질적 분석에 대한 설명으로 잘못된 것은?

① 분석을 통해 펀드의 성과가 우연인지 운용사의 질적 특성에 의한 것인지를 파악한다.
② 계량적인 정보의 경우에는 실사나 면접 등을 통해 평가한다.
③ 운용회사의 수익성, 재무구조, 지배구조 등은 주요한 질적 특성 구성요소이다.
④ 질적인 특성은 계량적으로 측정 가능한 변수와 비계량 변수로 분류된다.

TIP 계량 정보의 경우 상호비교를 통해 평가를 하는 것이 일반적이며, 비계량적인 정보의 경우에는 실사(Due Diligence)나 면접(Interview) 등을 통해 평가한다.

핵심포인트 해설   **운용회사·운용자 질적 분석**

(1) 분석 이유

성과 분석, 성과요인 분석, 포트폴리오 분석들과 비교함으로써 펀드의 성과가 우연에 의해 나타난 성과인지 운용회사의 질적 특성에 의해 나타난 성과인지를 파악

(2) 질적 특성 구성 변수

계량 정보	상호비교를 통해 평가
비계량 정보	실사(Due Diligence)나 면접(Interview) 등을 통해 평가

① 운용회사의 안정성(수익성, 재무구조, 지배구조 등)
② 조직·인력(운용 관련 인력수와 경력, 지원 관련 인력수와 경력, 권한배분의 적정성 등)
③ 운용프로세스, 위험관리능력 및 컴플라이언스
④ 운용규모, 고객지원 서비스 등

정답 | ②

펀드 평가보고서에 대한 설명으로 잘못된 것은?

① 사전적 투자판단을 위한 정보만을 제공한다.
② 개별 펀드의 수익률, 위험 등을 평가한다.
③ 개별 펀드의 투자 스타일을 판단한다.
④ 개별 펀드의 성과요인을 판단한다.

TIP 펀드 평가보고서는 투자자가 사전적 또는 사후적으로 투자의사결정을 하는 데 유용한 정보를 제공하기 위한 것이다.

핵심포인트 해설   펀드 평가보고서

(1) 개 요
개별 펀드의 수익률, 위험 등을 평가하고, 투자스타일 및 성과요인을 판단하기 위해 포트폴리오를 분석한 보고서로서 투자자에게 사전적·사후적 투자판단을 위한 정보를 제공

(2) 내 용

펀드 유형 구분	• 펀드의 성과는 동일한 유형끼리 비교해야 함
펀드의 등급	• 수익률과 위험을 동시에 고려하여 평가(위험조정성과)
기간누적수익률	• 최근 6개월, 1년, 3년, 5년 등의 누적수익률 분석 • 벤치마크 수익률, 유형평균수익률, 운용사의 유형평균수익률과도 비교하여 판단해야 함 • %순위 : 전체 펀드를 100개로 가정할 경우의 상대적 순위
위험지표	• 표준편차 : 일정 기간 동안 평균수익률 대비 변동정도 측정 • 베타 : 기준수익률(시장수익률) 변동에 대한 민감도 측정 • 샤프비율 : 위험 한 단위당 초과수익률 정도 측정 • 젠센의 알파 : 펀드 수익률이 기대수익률을 얼마나 초과했는지 측정
스타일 분석	• 성과에 가장 큰 영향을 주는 변수를 기준으로 한 분석방법 • 주식형 : 주식규모(대·중·소형주)와 특성(가치주, 성장주) 분석 • 채권형 : 평균신용등급, 평균만기(듀레이션)분석
포트폴리오 분석	• 주식, 채권, 유동성 자금 등 주요 자산별 비중과 추이 분석 • 과거 성과원인과 시장에 대한 운용전략 파악

정답 | ①

28

포트폴리오 분석에 해당하지 않는 것은?

① 종목 분석
② 업종 분석
③ 수익률 분석
④ 스타일 분석

TIP 수익률·위험 정보(벤치마크, 유형비교 포함)는 성과 분석의 내용이다.

핵심포인트 해설 **펀드 평가보고서의 내용과 활용**

(1) 의 의
① 투자 스타일이나 성과요인을 판단하기 위해 펀드가 투자한 포트폴리오를 분석한 보고서
② 개별 펀드에 대하여 수익률, 위험, 위험조정성과 등을 객관적으로 일목요연하게 상대적 또는 절대적 관점에서 평가
③ 투자자가 사전적 또는 사후적으로 투자의사결정을 하는 데 유용한 정보를 제공

(2) 내 용

성과 분석	펀드 기본정보, 수익률·위험 정보(벤치마크, 유형비교 포함), 성과추이 분석 등
포트폴리오 분석	종목 분석, 업종 분석, 포트폴리오 특성 분석(스타일 분석 등)
기 타	성과요인 분석, 분석 의견 등

(3) 활 용
① 투자자에게 적합한 펀드를 선정해줌으로써 불완전 판매에 따른 폐해를 줄일 수 있음
② 펀드성과에 대해 충분히 고객에게 설명하는 고품격의 사후 서비스 제공
③ 판매 후 불만 사항을 최소화하고 장기적으로 투자자의 신뢰를 높일 수 있음
④ 주기적으로 체크하여야 하며, 가급적 장기간의 성과에 대한 평가보고서를 활용하는 것이 바람직

(4) 한 계
① 특정 시점에 작성된 평가보고서가 해당 펀드의 특성을 완전하게 표현할 수 없음
② 일반적인 평가보고서는 성과중심의 계량정보로만 구성, 운용회사의 정성적인 특성 등에 대해 알기 어려움

정답 | ③

출제예상문제

다시 봐야 할 문제(틀린 문제, 풀지 못한 문제, 헷갈리는 문제 등)는 문제 번호 하단의 네모박스에 체크하여 반복학습하시기 바랍니다.

01 중요도 ★★
집합투자기구평가회사가 집합투자기구의 가격정보를 활용하여 수행하는 평가업무로 가장 거리가 먼 것은?

① 벤치마크 설정   ② 수익률 측정

③ 위험 측정   ④ 위험조정성과 측정

02 중요도 ★★★
다음 중 양호한 집합투자기구가 아닌 것은?

① 수익률이 절대적·상대적으로 높은 펀드

② 위험이 절대적·상대적으로 낮은 펀드

③ 위험조정성과가 절대적·상대적으로 낮은 펀드

④ 평가등급(Rating)이 높은 펀드

03 중요도 ★★★
다음 중 펀드의 성과에 해당하지 않는 것은?

① 평 판   ② 위 험

③ 위험조정성과   ④ 평가등급

04

중요도 ★★

집합투자기구 운용결과 분석에 관한 설명으로 잘못된 것은?

① 집합투자기구의 운용결과를 분석하는 궁극적인 이유는 (일부)환매 또는 재투자 여부를 결정하기 위함이다.

② 장기 운용의 성공과 실패를 분석하는 차원에서 나아가 단기 운용의 성공 여부를 파악하기 위함이다.

③ 일차적으로 집합투자기구의 성과(수익률·위험·위험조정성과·평가등급)가 절대적·상대적으로 양호하였는지 판단한다.

④ 성과가 나타난 원인(성과요인, 포트폴리오 구성, 운용사·운용자 특성 등)이 무엇인지를 판단한다.

05

중요도 ★★★

다음 중 펀드의 유형(Fund Category)**에 관한 설명으로 옳은 것은?**

① 펀드의 성과를 상대적으로 비교·측정하기 위하여 유사한 펀드들끼리 묶어 놓은 동일집단(Peer Group)이다.

② 혼합자산펀드는 채권형펀드, 주식형펀드, 혼합형(주식·채권)펀드로 세분화된다.

③ 채권형펀드는 성장·가치 여부에 따라 대·중·소형주로 분류된다.

④ 주식형펀드는 듀레이션에 따라 장·중·단기로, 신용등급에 따라 고·중·저로 분류된다.

정답 및 해설

01 ① 벤치마크 설정은 집합투자기구의 가격정보를 활용하기 이전에 이루어진다.

02 ③ 양호한 집합투자기구는 위험조정성과가 절대적·상대적으로 높은 펀드이다.

03 ① 펀드의 성과에는 수익률, 위험, 위험조정성과, 평가등급이 있다.

04 ② 단기 운용의 성공과 실패를 분석하는 차원에서 나아가 장기 운용의 성공 여부를 파악하기 위함이다.

05 ① ② 증권형펀드가 채권형펀드, 주식형펀드, 혼합형(주식·채권)펀드로 세분화된다.

　　③ 채권형펀드는 채권의 듀레이션에 따라 장·중·단기로, 신용등급에 따라 고·중·저로 분류된다.

　　④ 주식형펀드는 성장·가치 여부에 따라 대·중·소형주로 분류된다.

06 중요도 ★★

펀드투자과정에서 투자자가 양호한 성과를 내는 데 영향을 주는 요인에 대한 설명으로 잘못된 것은?

① 투자대상 유형별 자산배분의 선택을 잘해야 좋은 성과를 기대할 수 있다.

② 시장예측을 통한 투자시점의 결정을 잘해야 좋은 성과를 기대할 수 있다.

③ 투자한 펀드의 운용수익률이 좋아야 양호한 성과를 기대할 수 있다.

④ 투자결과에 90% 이상 영향을 미치는 것은 종목선택이다.

07 중요도 ★★

펀드 투자자의 성과에 가장 큰 영향을 주는 3가지 요소를 모두 묶은 것은?

㉠ 자산배분의 선택	㉡ 운용자의 시장예측능력
㉢ 투자 시점의 결정	㉣ 집합투자기구(펀드)의 선택

① ㉠, ㉡, ㉢   ② ㉠, ㉢, ㉣

③ ㉡, ㉢, ㉣   ④ 정답 없음

08 중요도 ★

펀드 분석 및 평가의 목적과 가장 거리가 먼 것은?

① 좋은 펀드를 선정할 수 있다.

② 펀드 모니터링을 통해 펀드가 잘 운용되고 있는지 알 수 있다.

③ 펀드 운용결과를 분석하여 투자 성공과 실패 여부 분석 및 재투자 여부를 판단할 수 있다.

④ 정보수요자의 펀드 분석 및 평가의 목적은 모두 동일하다.

09 중요도 ★
성과원인과 결과가 양호하며 성과의 지속성이 예상되는 펀드를 선택하기 위해 분석하는 것과 가장 관계가 적은 것은?

① 성과요인 분석
② 계량적 평가
③ 포트폴리오 분석
④ 운용자와 운용회사의 질적(정성적) 평가

10 중요도 ★★
펀드의 정기적 점검에 대한 설명으로 가장 거리가 먼 것은?

① 펀드의 자금흐름 변화 여부를 모니터링해야 한다.
② 펀드의 보유자산 및 매매현황과 관련하여 그 특징, 스타일 변화 여부, 운용자 교체 여부 등을 모니터링해야 한다.
③ 펀드 운용자의 변경 여부 등을 1년에 한 번 조사하는 것이 좋다.
④ 펀드의 성과는 주기적으로 모니터링하고, 단순한 성과의 우열보다 시장상황과 성과원인에 중점을 두어야 한다.

정답 및 해설

06 ④ 투자결과에 90% 이상 영향을 미치는 것은 자산배분이다.

07 ② 펀드 투자자의 성과에 가장 큰 영향을 주는 3가지 요소는 자산배분의 선택, 투자 시점의 결정, 수익률 좋은 펀드의 선택 등이다.

08 ④ 정보수요자의 펀드 분석 및 평가의 목적은 다르다. 투자자는 투자하기 좋은 펀드를 찾기 위해, 판매자는 판매하기 좋은 펀드를 찾기 위해, 운용자는 운용을 잘했는지 여부를 판단하기 위해, 감독기관은 시장원칙과 감독규정 준수 여부를 파악하기 위해 펀드 분석과 평가를 한다.

09 ② 계량적 평가는 성과의 우열을 가리기 위한 것이다. 반면 성과요인 분석, 포트폴리오 분석, 운용자 및 운용회사의 질적 평가는 펀드의 성과원인과 특성을 파악하는 것으로 성과의 지속성이 예상되는 펀드를 선택하는 데 유용하다.

10 ③ 펀드 운용자의 변경 여부 등은 분기 1회 이상 조사하는 것이 중요하다.

11

중요도 ★

펀드의 분석 및 평가의 대상과 가장 거리가 먼 것은?

① 판매사의 정보
② 운용회사 및 운용자의 정보
③ 펀드의 가격정보
④ 포트폴리오 정보

12

중요도 ★★

다음 중 집합투자기구의 투자과정에서 투자자가 양호한 성과를 달성하는 데 영향을 주는 요소가 아닌 것은?

① 투자대상 유형별 자산배분의 선택
② 투자목표가 성공적으로 달성되고 있는지 평가
③ 시장예측을 통한 투자 시점의 결정
④ 투자한 집합투자기구의 운용수익률

13

중요도 ★★★

펀드의 유형분류 및 벤치마크 설정에 대한 설명으로 잘못된 것은?

① 펀드의 유형이란 펀드의 성과를 상대적으로 측정하기 위한 구분이다.
② 펀드를 평가하기 위한 기준은 펀드의 유형과 벤치마크를 설정하는 것이다.
③ 합성지수는 혼합자산펀드 등의 벤치마크로 사용한다.
④ 운용자의 운용지침이 되는 것은 펀드 유형(Fund Category)이다.

14

중요도 ★★★

펀드 유형(Fund Category) **및 벤치마크에 대한 설명으로 잘못된 것은?**

① 시장지수뿐만 아니라 여러 지수를 합성한 지수도 벤치마크로 사용할 수 있다.

② 벤치마크는 엄밀한 상대평가를 위해 운용 이전에 설정해야 한다.

③ 동일 유형의 펀드라면 수익과 위험구조가 유사하므로 펀드의 평가기준이 될 수 있다.

④ 채권형펀드의 경우 성장, 가치, 혼합형의 스타일로 분류한다.

15

중요도 ★★★

벤치마크에 대한 설명으로 잘못된 것은?

① 벤치마크는 펀드의 운용목표와 전략을 가장 잘 나타낸 지표다.

② 벤치마크는 운용지침, 투자지침, 성과평가의 기준 역할을 한다.

③ 벤치마크는 특성이 다른 펀드들을 동일한 기준에 의하여 비교하는 데 적절하다.

④ 좋은 벤치마크는 운용자의 운용지침이 되어야 하고, 미리 정의되어 있어야 하며, 쉽게 이해하고, 명확히 인지할 수 있고, 측정 가능해야 한다.

정답 및 해설

11 ① 펀드의 분석 및 평가를 위해서는 펀드의 가격정보, 포트폴리오 정보, 운용회사 및 운용자에 대한 정보가 필요하다.

12 ② 투자자의 투자목표가 성공적으로 달성되고 있는지 평가하는 것은 투자자 관점의 성과평가 내용이다.

13 ④ 운용자의 운용지침이며, 펀드의 유형 분류의 기준이 되는 것은 벤치마크이다.

14 ④ 주식형펀드의 경우 성장·가치 여부에 따라 대·중·소형주로 분류하고, 채권형펀드의 경우 채권의 듀레이션 장·중·단기에 따라 신용등급의 고·중·저로 분류한다.

15 ③ 벤치마크는 펀드별로 정해진다. 펀드별로 투자대상과 운용전략이 다양하기 때문에 이들의 특성을 잘 나타내는 지표는 다를 수 밖에 없으며, 특성이 다른 펀드들을 동일한 기준에 의해 상호비교하는 것은 적절하지 않다.

16 중요도 ★★★
벤치마크가 가져야 할 특성과 가장 거리가 먼 것은?

① 투자가능성
② 측정가능성
③ 사후에 정의될 것
④ 명확성

17 중요도 ★
벤치마크의 종류와 예가 적절한 것은?

① 시장지수 – 중소형지수
② 섹터지수 – 종합채권지수
③ 맞춤포트폴리오 – 포트폴리오 보험전략
④ 정답 없음

18 중요도 ★
펀드의 벤치마크에 대한 설명으로 가장 거리가 먼 것은?

① 펀드의 운용목표와 운용전략을 잘 나타내는 지표이다.
② 벤치마크를 추종하여 운용하면 시장수익률을 크게 초과하는 성과를 달성하게 된다.
③ 투자자가 해당 펀드에 대한 투자 여부를 사전에 판단할 수 있는 투자지침 역할을 한다.
④ 펀드의 성과평가 기준 역할을 한다.

19 중요도 ★
다음 중 자산운용회사가 펀드를 운용하는 데 고려하여야 할 운용리스크에 대한 설명으로 잘못된 것은?

① 최소유동성비율은 유동성위험 관리지표이다.

② 유동성위험은 환매요구에 대응하지 못하는 위험이다.

③ 법적 위험은 관련 법률, 펀드 약관 등의 위반이 발생할 수 있는 위험이다.

④ 벤치마크 대비 수익률은 신용위험의 평가·관리지표 중 하나이다.

20 중요도 ★★★
다음 집합투자기구의 벤치마크에 대한 올바른 설명으로 모두 묶인 것은?

> ⊙ 집합투자기구의 벤치마크는 평가 기간이 시작되기 전에 결의되어야 하는 것이 원칙이다.
> ⓒ 벤치마크는 운용전략 등 개별 집합투자기구의 특성보다는 시장 전반적인 특성을 반영하여 선택하는 것이 바람직하다.
> ⓒ 벤치마크는 투자자의 투자목표와 기준을 바탕으로 집합투자기구의 운용자와 투자자가 협의하여 정하여야 한다.

① ⊙

② ⊙, ⓒ

③ ⊙, ⓒ

④ ⊙, ⓒ, ⓒ

정답 및 해설

16 ③ 벤치마크가 가져야 할 특성에는 명확성, 투자가능성, 측정가능성, 적합성, 사전에 정의될 것, 현재 투자견해를 반영할 것 등이 있다.

17 ③ ① 시장지수 – 종합주가지수, 종합채권지수
② 섹터지수 – 중소형주, 가치주, 성장주, 국공채, 회사채 지수 등
③ 맞춤포트폴리오 – 동결포트폴리오, 포트폴리오 보험전략 등

18 ② 벤치마크를 추종한다 하여 시장수익률을 초과 달성할 수는 없다.

19 ④ 벤치마크 대비 수익률은 수익률 평가지표에 해당한다.

20 ① ⓒ 벤치마크는 운용전략 등 개별 집합투자기구의 특성을 반영하여 선택하는 것이 바람직하다.
ⓒ 벤치마크는 집합투자기구의 운용자가 단독으로 정한다.

21

중요도 ★★★

성과평가 시 사용하는 벤치마크 수익률에 대한 설명으로 잘못된 것은?

① 벤치마크 수익률이란 평가의 기준이 되는 수익률을 의미한다.

② 벤치마크는 반드시 시장수익률을 사용하여야 한다.

③ 투자 운용스타일이나 전략은 벤치마크를 결정하는 기준이 될 수 있다.

④ 벤치마크는 반드시 운용이 시작되기 전에 결정되어야 한다.

22

중요도 ★★

다음 중 바람직한 벤치마크의 특성이 아닌 것은?

① 사후에 정의(Specified After the Fact)

② 측정가능성(Measurable)

③ 현재 투자견해를 반영(Reflective of Current Investment Opinions)

④ 투자가능성(Investable)

23

중요도 ★

투자 가능한 종목만으로 포트폴리오를 구성하여 채권형 기준지표로 많이 활용되는 기준지표의 유형으로 적절한 것은?

① 정상포트폴리오

② 섹터·스타일 지수

③ 시장지수

④ 맞춤포트폴리오

24

중요도 ★★

펀드 수익률에 대한 설명으로 가장 거리가 먼 것은?

① 시간가중수익률은 운용자 및 운용회사 관점에서 계산된 수익률로 일명 내부수익률이다.

② 시간가중수익률은 벤치마크(Benchmark) 및 유형(Peer Group)의 평균수익률과 비교가 가능하다.

③ 금액가중수익률은 투자자 관점의 수익률로서 투자자의 실제수익을 가장 적절하게 표현한다.

④ 금액가중수익률은 운용 기간 중 현금흐름에 영향을 받는다.

정답 및 해설

21 ② 벤치마크는 시장수익률과 동일한 경우가 많지만 펀드투자에 있어서 제약이 가해지는 경우 시장수익률을 사용할 수 없는 경우도 많이 발생한다.

22 ① 벤치마크는 평가 기간이 시작되기 전에 정의되어야 하므로 사전에 정의(Specified in Advance)가 맞다.

> 참고 바람직한 벤치마크의 특성
>
> • 명확성(Unambiguous) : 종목과 비중, 구성방법 등이 정확히 표시되어야 함
> • 투자가능성(Investable) : 구성종목에 투자할 수 있어야 함
> • 측정가능성(Measurable) : 원하는 기간마다 벤치마크의 수익률을 확인하거나 계산할 수 있어야 함
> • 적합성(Appropriate) : 운용스타일 또는 전략에 부합하여야 함
> • 현재의 투자견해를 반영(Reflective of Current Investment Opinions) : 투자자의 현재 투자견해를 반영하여야 함
> • 사전에 정의(Specified in Advance) : 평가 기간이 시작되기 전에 정의되어야 함

23 ① 현실적으로 투자가 불가능한 종목을 제거하고 투자 가능한 종목만으로 포트폴리오를 구성하여 채권형 기준지표로 많이 활용되는 기준지표의 유형은 정상포트폴리오이다.

24 ① 금액가중수익률(Dollar Weighted Rate of Return)은 총수익금을 총투자원금으로 나누어 계산하는 방식으로서 시간가중(Time Weighted)수익률과는 다르다. 금액가중수익률 측정방식은 최종적으로 얻어진 수익금과 현금흐름을 일치시키는 내부수익률로 나타내는 것이 가장 일반적인 방식이다.

25 중요도 ★

그룹수익률에 관한 설명으로 잘못된 것은?

① 대표계정(Representative Accounts)의 오류를 제거할 수 있다.

② 생존계정의 오류(Survivorship Biases)를 제거할 수 있다.

③ 수익률 측정 기간을 일치시켜도 운용사 간의 성과 비교는 가능하지 않다.

④ 수익률을 측정할 때 운용회사에 속한 펀드 전체를 하나로 간주한다.

26 중요도 ★

펀드의 수익률 계산과 관련된 설명으로 잘못된 것은?

① 중도에 결산 등으로 분배가 있으면 수익률 계산에 분배율을 고려해야 한다.

② 펀드의 수익률을 측정하는 것은 시간가중수익률 측정 방식과 동일하다.

③ 시간가중수익률은 운용자 및 운용회사의 관점에서 계산된 수익률로 벤치마크 및 유형의 평균수익률과 비교가 가능하다.

④ 시간가중수익률은 최종적으로 얻어진 수익금과 현금흐름을 일치시키는 내부수익률이다.

27 중요도 ★

운용회사의 그룹수익률을 산출하는 이유로 가장 거리가 먼 것은?

① 투자결과의 이전 가능성을 확인하기 위함이다.

② 생존계정의 오류를 제거하기 위함이다.

③ 객관적으로 운용사 간의 성과 비교가 가능하기 때문이다.

④ 대표계정의 오류를 제거하기 위함이다.

28

펀드 평가에 대한 설명으로 잘못된 것은?

① 펀드 분석·평가의 대상은 펀드 가격정보, 포트폴리오 정보뿐 아니라 운용자 및 운용회사에 대한 정보도 포함된다.

② 개별 펀드의 수익률 측정은 금액가중수익률 방식을 이용한다.

③ 평가 1단계에서는 유형분류 및 벤치마크를 설정해야 한다.

④ 성과요인 분석방법에는 벤치마크를 이용한 수리모형법과 가상포트폴리오를 이용하는 방법이 있다.

29

금액가중수익률과 시간가중수익률에 대한 설명으로 가장 거리가 먼 것은?

① 시간가중수익률은 금액가중수익률보다 투자자 관점의 실제수익률을 더욱 잘 표현한다.

② 시간가중수익률은 운용자 및 운용회사의 관점에서 계산된 수익률이다.

③ 시간가중수익률은 투자자의 의사결정에 따른 수익효과를 배제하고 순수하게 집합투자기구 자체의 수익효과만을 측정하기 위하여 사용한다.

④ 금액가중수익률은 운용 기간 중 현금흐름의 영향을 받는다.

정답 및 해설

25 ③ 각각의 여러 펀드들의 수익률이 아닌 하나의 수익률로 나타냄으로써 수익률 측정 기간을 일치시키면 객관적으로 운용사 간의 성과 비교가 가능하다.

26 ④ 금액가중수익률에 대한 설명이다.

27 ① 운용회사의 그룹수익률을 산출하는 이유와 직접적인 관계가 적다.

28 ② 개별 펀드의 수익률 측정은 시간가중수익률 방식을 이용한다.

29 ① 금액가중수익률이 투자자 관점의 실제수익률을 더욱 잘 표현한다.

30 중요도 ★★★

국민연·기금의 펀드매니저들은 담당하는 기금의 투자 규모를 결정할 수 있는데, 이 경우 펀드매니저들의 성과평가를 실시할 때 사용하는 투자수익률 산정 시 가장 바람직한 수익률은 무엇인가?

① 시간가중평균수익률　　　　　　② 산술평균수익률

③ 기하평균수익률　　　　　　　　④ 내부수익률

31 중요도 ★★

집합투자기구의 위험에 대한 설명으로 가장 올바른 것은?

① 예상한 수익률보다 높거나 낮게 나올 모든 가능성을 위험으로 보는 관점을 전체위험이라고 하며, 반편차와 베타가 대표적이다.

② 펀드의 상대적 위험지표로 베타, VaR, 공분산, 초과수익률 등이 있다.

③ 다른 집합투자기구에 비하여 베타가 크다는 것은 변동성이 큰 종목을 편입하였거나 편입비율을 높여 운용하였음을 의미한다.

④ 동일한 기대수익률을 가진 집합투자기구가 있다면 합리적인 투자자는 베타가 큰 집합투자기구를 선택하여야 한다.

32 중요도 ★★

펀드위험에 관한 설명으로 잘못된 것은?

① 만약 펀드운용의 목표를 특정 수준의 절대수익률로 정했다면 이에 미달하는 초과수익률을 위험으로 간주할 수 있다.

② 표준편차로 측정되는 수익률의 변동성은 위험수준을 나타내는 상대적 위험척도인 반면 특성선의 기울기로 측정되는 베타는 가장 대표적인 절대적 위험척도라고 할 수 있다.

③ VaR는 일정 기간에 특정 확률수준(95% 또는 99%)에서 발생할 수 있는 최대의 손실금액을 의미한다.

④ 일반적으로 포트폴리오 성과는 위험과 수익률(Risk and Return)의 차원에서 평가되어야 한다.

33 중요도 ★★★

위험조정성과의 측정기준과 가장 거리가 먼 것은?

① 벤치마크 ② 샤프비율

③ 젠센의 알파 ④ 정보비율

34 중요도 ★★★

샤프비율에 대한 설명으로 잘못된 것은?

① 포트폴리오 수익률에서 무위험이자율을 차감한 초과수익률을 포트폴리오의 표준편차(총위험)로 나누어 측정한다.

② 샤프비율이 높으면 위험조정 후 성과가 좋은 것으로, 낮으면 성과가 나쁜 것으로 판단한다.

③ 샤프비율을 통한 성과 분석은 수익률 구간에 따라 동일한 평가결과를 도출할 수 있다.

④ 정규분포의 통계적인 속성에 따라 장기수익률을 측정하는 것이 바람직하다.

정답 및 해설

30 ④ 펀드매니저에게 투자액수에 대한 권한이 있는 경우 금액가중평균수익률인 내부수익률을 사용하는 것이 원칙이다.

31 ③ ① 전체위험은 표준편차와 베타가 대표적이다.

② VaR(Value-at-Risk)는 절대적 위험지표이다.

④ 동일한 기대수익률을 가진 집합투자기구가 있다면 합리적인 투자자는 베타가 작은 집합투자기구를 선택하여야 한다.

32 ② 표준편차는 절대적 위험척도이며, 측정기준 수익률과 포트폴리오 수익률 간의 상대적인 관계로 파악되는 베타는 상대적 위험척도이다.

33 ① 위험조정성과의 측정기준에는 샤프비율, 젠센의 알파, 정보비율 등이 있다.

34 ③ 샤프비율을 통한 성과 분석은 수익률 구간(일간, 주간, 월간 수익률)에 따라 상이한 평가결과를 도출한다. (반드시 평가 기간과 유형이 동일한 펀드 간에만 비교해야 함)

35 중요도 ★★
젠센의 알파에 대한 설명으로 잘못된 것은?

① 펀드의 실제수익률이 시장균형을 가정한 경우의 기대수익률보다 얼마나 높은지를 나타낸다.
② 젠센의 알파가 0보다 크다는 것은 시장균형하에서 베타 위험을 가지는 펀드의 기대수익률보다 해당 펀드의 수익률이 더 높았음을 의미한다.
③ 펀드 운용자의 종목선택, 시장정보 분석능력을 측정하는 유용한 지표이다.
④ 종목선택정보와 시장예측정보를 정확하게 구분한다.

36 중요도 ★★
정보비율에 대한 설명으로 옳지 않은 것은?

① 적극적 투자활동의 결과로 발생한 초과수익률과 펀드의 초과수익률에 대한 표준편차의 비율이다.
② 벤치마크 수익률보다 높을수록 좋은 펀드라는 개념(분자)과 펀드 수익률이 벤치마크 수익률과 큰 차이를 보이면 위험하다는 위험 개념(분모)을 결합한 것이다.
③ 일반적으로 정보비율이 높으면 운용자의 능력이 탁월한 것을 의미한다.
④ 정보비율이 1.0 이상이면 '우수'한 것으로 판단한다.

37 중요도 ★
펀드의 위험평가지표에 대한 설명으로 잘못된 것은?

① 표준편차는 대표적인 절대위험지표 중 하나로 수익률의 변동성을 나타낸다.
② 베타가 1 이상인 펀드는 시장상승 시 예상보다 높은 수익이 기대되나, 하락 시에는 펀드 수익률이 예상보다 더 하락할 수 있다.
③ 샤프비율은 펀드가 무위험수익률 이상을 달성하는 것이 좋다는 개념으로, 클수록 우수한 펀드다.
④ 젠센의 알파는 위험조정성과지표 중 하나로 위험 한 단위당 수익의 크기로 해석할 수 있다.

38

중요도 ★
다음 보기를 보고 빈칸에 들어갈 적절한 단어를 순서대로 나열한 것은?

☐

> • (　　)은/는 일정 기간 총위험 한 단위당 무위험이자율을 초과 달성한 포트폴리오 수익률의 정도를 나타내며 수치가 높으면 성과가 좋은 것이고, 수치가 낮으면 성과가 부진함을 의미한다.
> • (　　)은/는 특정 집합투자기구가 취한 위험(베타)하에 요구되는 기대수익률을 집합투자기구 수익률이 얼마나 초과했는지를 보여주는 지표로, 수치가 높으면 집합투자기구의 성과가 양호했음을 의미한다.

① 샤프비율, 젠센의 알파　　　　　　② 트레이너비율, 샤프비율
③ 젠센의 알파, 정보비율　　　　　　④ 정보비율, 트레이너비율

정답 및 해설

35 ④ 종목선택정보와 시장예측정보를 정확하게 구분하지 못하는 단점이 있다.

36 ④ 정보비율이 0.5 이상이면 '우수', 0.75 이상이면 '매우 우수', 1.0 이상이면 '탁월'한 것으로 판단한다.

37 ④ 젠센의 알파는 증권시장선(SML)에 기초한 적정 수익률을 초과 달성한 크기를 의미한다.

38 ① 샤프비율과 젠센의 알파를 순서대로 설명하고 있다.

참고 샤프비율(Sharpe Ratio)

• 총위험 한 단위당 수익률을 구하는 것
• 포트폴리오(집합투자기구) 수익률에서 무위험이자율을 차감한 초과수익률(Excess Return)을 포트폴리오(집합투자기구)의 표준편차(총위험)로 나누어서 측정

참고 젠센의 알파(Jensen's Alpha)

• 실제수익률이 시장균형을 가정한 경우의 기대수익률보다 얼마나 높은지 측정
• 펀드수익률에서 시장이 균형 상태라면 얻을 수 있는 기대수익률을 뺀 값

39 중요도 ★★★

빈칸에 들어갈 용어로 가장 올바른 것은?

> 위험조정성과지표로서 (   )은/는 수익률을 위험으로 나누어서 위험 한 단위당 수익률을 산출하는 것이며, 구체적으로 포트폴리오(집합투자기구) 수익률에서 무위험이자율을 차감한 초과수익률을 포트폴리오(집합투자기구)의 표준편차(총위험)로 나누어서 측정한다.

① 젠센의 알파   ② 샤프비율

③ 정보비율   ④ 베 타

40 중요도 ★★

A펀드의 위험조정성과가 다음 표와 같을 때, A펀드의 수익률은?

A펀드			무위험수익률	벤치마크 수익률
베 타	표준편차	젠센의 알파		
1.2	8%	0.8%	4%	10%

① 8%   ② 10%

③ 12%   ④ 15%

41 중요도 ★★★

위험조정성과지표 중 위험차감성과가 아닌 단위 위험당 성과를 나타내는 지표로만 묶인 것은?

> ㉠ 샤프비율   ㉡ 트레이너비율
> ㉢ 정보비율   ㉣ 젠센의 알파

① ㉠   ② ㉠, ㉡

③ ㉠, ㉡, ㉢   ④ ㉠, ㉡, ㉢, ㉣

42

중요도 ★★

다음 중 가장 좋은 평가를 받았을 펀드는?

① 벤치마크 수익률을 초과하였고 샤프값이 작은 펀드
② 유형평균수익률을 초과하였고 알파값이 작은 펀드
③ 유형평균 수익률을 하회하였고 베타값이 큰 펀드
④ 벤치마크 수익률을 초과하였고 표준편차값이 작은 펀드

43

중요도 ★★

성과평가지표 중 위험조정성과를 측정하는 지표로만 묶인 것은?

㉠ 베 타	㉡ 샤프비율
㉢ 정보비율	㉣ 표준편차
㉤ 젠센의 알파	㉥ 트레이너비율

① ㉠, ㉡, ㉢, ㉣
② ㉡, ㉢, ㉣, ㉤
③ ㉡, ㉢, ㉤, ㉥
④ ㉢, ㉣, ㉤, ㉥

정답 및 해설

39 ② 샤프비율에 대한 설명이다.

40 ③ • 증권시장선수익률 = 무위험수익률 + (시장(벤치마크)수익률 − 무위험수익률) × 베타
= 0.04 + (0.1 − 0.04) × 1.2 = 0.112
= 11.2%
• 젠센의 알파 = 펀드수익률 − 증권시장선수익률
0.008 = 펀드수익률 − 0.112
∴ 펀드수익률은 12%이다.

41 ③ 젠센의 알파는 위험차감성과지표이다.

42 ④ 벤치마크 수익률을 초과하였으면 성과가 좋다는 것을 의미하고, 표준편차값이 작으면 위험이 작다는 것을 의미하므로 가장 좋은 평가를 받았을 것이다.

43 ③ 베타는 상대적인 위험척도이고, 표준편차는 절대적인 위험척도이다.

44 중요도 ★★★

다음 중 위험 한 단위당 성과가 가장 높은 펀드는? (단, 무위험수익률은 5%, 펀드의 유형 등 다른 조건은 동일하다고 가정)

구 분	A펀드	B펀드	C펀드	D펀드
평균수익률	17%	19%	11%	26%
표준편차	9%	10%	4%	15%

① A펀드   ② B펀드

③ C펀드   ④ D펀드

45 중요도 ★★

다음 중 투자성과 척도에 대한 설명으로 잘못된 것은?

① 젠센의 알파란 증권선택능력을 나타내는 척도이다.
② 샤프비율은 자본시장선(CML)에 기초한 평가기준이다.
③ 젠센의 알파와 트레이너비율은 증권시장선(SML)을 사용한다.
④ 젠센의 알파와 트레이너비율은 항상 동일한 평가 순위를 도출한다.

46 중요도 ★

성과요인 분석에 대한 내용으로 적절하지 않은 것은?

① 일반적으로 시장예측능력과 종목선정능력으로 구분하여 성과요인을 분석한다.
② 성과요인을 분석하는 방법에는 벤치마크를 이용한 수리모형과 가상포트폴리오를 이용하는 방법이 있다.
③ 벤치마크를 이용한 방법에는 이차항 회귀분석모형과 옵션모형이 있다.
④ 가상포트폴리오를 이용한 방법은 성과의 요인을 다양하게 구분할 수 있으나 각각의 성과요인이 기여한 정도를 측정하기 곤란하다.

47

중요도 ★

포트폴리오 분석 내용과 가장 거리가 먼 것은?

① 포트폴리오 분석은 펀드의 결과를 분석하는 것이다.

② 자산별 배분비율과 추이를 분석한다.

③ 세부 자산별 배분현황과 개별 종목별 비중을 분석한다.

④ 평균신용등급, 자산매매회전율, 매매수수료율 등 포트폴리오 내 자산의 특징 및 거래 특성을 분석한다.

48

중요도 ★

운용회사의 질적 특성을 구성하는 변수를 모두 고른 것은?

㉠ 운용회사의 안정성	㉡ 조직 및 인력
㉢ 운용수익률	㉣ 운용프로세스 및 컴플라이언스
㉤ 운용규모	㉥ 고객지원 서비스

① ㉠, ㉡, ㉢

② ㉠, ㉡, ㉢, ㉣

③ ㉠, ㉡, ㉣, ㉤, ㉥

④ ㉠, ㉡, ㉢, ㉣, ㉤, ㉥

정답 및 해설

44 ③ 샤프비율에 의한 평가 시 초과수익률(평균수익률 − 무위험수익률)을 표준편차로 나누었을 때 가장 큰 수가 우수한 펀드이다. 샤프비율을 계산해 보면 A펀드 : 1.33, B펀드 : 1.4, C펀드 : 1.5, D펀드 : 1.4이므로, 이 중 1.5로 수가 가장 큰 C펀드가 가장 우수한 펀드이다.

45 ④ 젠센의 알파와 트레이너비율은 위험측정 방법이 상이하므로 평가 순위 역시 상이하게 도출될 가능성이 높다.

46 ④ 가상포트폴리오를 이용한 방법은 성과의 요인을 다양하게 구분할 수 있고 각각의 성과요인이 기여한 정도를 측정하기 용이하다.

47 ① 포트폴리오 분석은 펀드의 결과를 분석하는 것이 아니라 포트폴리오 자체의 특성을 분석하는 것이다.

48 ③ 운용회사의 질적 특성을 구성하는 변수에는 운용회사의 안정성, 조직 및 인력, 운용프로세스 및 컴플라이언스, 운용규모, 고객지원 서비스 등이 있다.

49 중요도 ★★
운용회사 통합성과 측정 시 주의사항으로 옳은 것은?

① 운용회사별 대표성을 지니고 있는 주요 펀드들을 비교하는 것이 바람직하다.
② 충분히 긴 기간에 비교하는 등 특정 운용회사에 유리하지 않게 비교 기간을 정한다.
③ 현재 존재하는 펀드를 대상으로 통합성과를 측정하여 비교하는 것이 바람직하다.
④ 특정펀드에 지나치게 큰 영향이 없고 평가 대상 펀드들의 규모에 상관없이 산술평균수익률로 측정한다.

50 중요도 ★★
펀드 성과의 질적 특성 파악에 대한 설명으로 잘못된 것은?

① 성과요인 분석에서 시장예측능력, 종목선정능력 등을 분석한다.
② 운용사의 질적 평가에서 안정성, 조직 및 인력 등을 평가한다.
③ 성과요인 분석방법에는 벤치마크를 이용한 수리모형법이 있다.
④ 스타일 분석을 통해 사전적으로 펀드 성과의 원인을 설명할 수 있다.

51 중요도 ★
펀드 평가에 대한 설명으로 가장 거리가 먼 것은?

① 포트폴리오 분석을 통해 과거의 성과원인과 시장에 대한 운용전략을 파악한다.
② 평가를 주기적으로 실시할 필요는 없으나 시장상황과 성과원인보다는 성과의 우열에 중점을 두는 것이 좋다.
③ 펀드의 성과원인과 특성의 변화 여부를 파악하기 위해 운용자와 운용회사를 모니터링한다.
④ 펀드의 종합적인 상황 등을 확인하기 위해 펀드의 자금흐름을 모니터링한다.

52

중요도 ★★

펀드 평가보고서에 대한 설명으로 가장 거리가 먼 것은?

① 투자자에게 사전적·사후적 투자판단을 위한 정보를 제공하기 위한 것이다.

② 펀드의 등급은 수익률과 위험을 동시에 고려하여 평가해야 한다.

③ %순위란 전체 펀드를 100개로 가정할 경우의 상대적 순위를 의미한다.

④ 스타일 분석이란 주식, 채권, 유동성 자금 등 주요 자산별 비중과 추이를 분석하는 것이다.

53

중요도 ★★

일반적인 펀드 평가보고서에 들어가는 내용과 가장 거리가 먼 것은?

① 수익률 및 위험정보　　　　　　② 운용자의 분석

③ 성과추이 분석　　　　　　　　④ 포트폴리오 특성 분석

54

중요도 ★★

펀드 평가보고서에 나오는 주요사항과 가장 거리가 먼 것은?

① 판매사의 수탁 규모　　　　　　② 유 형

③ 펀드의 등급　　　　　　　　　④ 기간누적수익률

정답 및 해설

49 ② ① 운용회사별 대표성을 갖는 펀드들을 비교하는 것은 바람직하지 못하다.
③ 통합성과를 측정하여 비교하면 성과가 나쁜 펀드는 사라지고 성과가 좋은 펀드만 남게 되므로 바람직하지 못하다.
④ 펀드의 규모별로 비교하고 가중평균하여 측정한다.

50 ④ 스타일 분석은 사전적으로는 좋은 수익률을 보일 펀드를 고르는 판단요소가 되며 사후적으로 과거 펀드 성과의 원인을 적절하게 설명해주는 역할을 한다.

51 ② 평가는 주기적으로 실시하되 단순히 성과의 우열보다는 펀드가 투자하는 시장상황과 성과원인에 중점을 두는 것이 좋다.

52 ④ 주식, 채권, 유동성 자금 등 주요 자산별 비중과 추이를 분석하는 것은 포트폴리오 분석이다.

53 ② 일반적인 펀드 평가보고서에 들어가는 내용에는 성과 분석(펀드의 기본정보, 수익률 및 위험정보, 성과추이 분석), 포트폴리오 분석(종목 분석, 업종 분석, 포트폴리오 특성 분석), 기타(성과요인 분석, 분석의견 등) 등이 있다.

54 ① 펀드 평가보고서에는 유형, 등급, 기간누적수익률, 위험지표, 위험조정성과, 스타일 분석, 포트폴리오 분석 등이 포함된다.

제2과목
투자권유
[총 45문항]

제1장
펀드법규

학습전략

펀드법규는 제2과목 전체 45문제 중 **총 10문제**가 출제된다.
자본시장법의 시행으로 금융투자상품의 개념 및 용어가 달라졌다. 금융투자회사의 업무영역도 넓어지고 상품도 다양하고 복잡해졌다. 이에 따라 펀드법규에서는 달라진 금융투자상품의 법적 개념과 규제내용, 그리고 투자자 보호와 관련된 문제가 자주 출제되고 있다.

출제예상 비중

금융소비자보호법 **25%**

집합투자기구의 특례 **10%**

집합투자기구의 해산 **5%**

집합투자재산의 평가 및 회계 **5%**

10% 집합투자기구

15% 집합투자증권의 발행·환매·판매

15% 집합투자업자의 영업행위준칙

15% 집합투자기구의 종류

핵심포인트

구 분	핵심포인트	중요도	페이지
집합투자기구 (10%)	01 집합투자 02 집합투자기구의 개념·구조·기관 및 종류 03 집합투자기구의 설립 및 등록	★★★ ★★ ★★	p. 202 p. 203 p. 208
집합투자증권의 발행·환매·판매 (15%)	04 자산운용의 지시 및 실행 05 집합투자증권의 발행 06 집합투자증권의 투자권유	★★ ★★★ ★★	p. 209 p. 210 p. 212
집합투자업자의 영업행위준칙 (15%)	07 불건전 영업행위 금지 08 의결권 제한	★★★ ★★	p. 214 p. 215
집합투자기구의 종류 (15%)	09 집합투자기구의 종류 10 특수한 형태의 집합투자기구	★★★ ★★★	p. 216 p. 219
집합투자재산의 평가 및 회계 (5%)	11 집합투자재산의 평가 및 회계	★	p. 224
집합투자기구의 해산 (5%)	12 집합투자기구의 해지·해산	★★	p. 225
집합투자기구의 특례 (10%)	13 사모집합투자기구에 대한 특례	★★	p. 226
금융소비자보호법 (25%)	14 금융소비자보호법 규제체계 15 금융소비자보호법 6대 판매원칙 16 금융소비자보호법 권익보호제도	★ ★★★ ★★★	p. 228 p. 229 p. 231

다음 중 자본시장법상 집합투자의 요소로 올바른 것은?

① 2인 이상의 자에게 투자권유할 것

② 재산적 가치가 없는 자산도 운용 가능할 것

③ 투자자로부터 일상적인 운용지시를 받지 않을 것

④ 금전 등의 집합운용이 불가할 것

TIP ① 2인 이상의 자에게 판매되어야 한다.
② 재산적 가치가 있는 투자대상자산을 취득, 처분 그 밖의 방법으로 운용하여야 한다.
④ 투자자로부터 모은 금전 등을 집합하여 운용하여야 한다.

핵심포인트 해설　　**집합투자의 특징 및 요소**

(1) 집합투자(= 투자펀드)의 특징
　① 간접투자　　　　　　② 집단투자　　　　　　③ 실적배당
　④ 투자자평등　　　　　⑤ 고유자산과 펀드자산의 법적 분리

(2) 집합투자의 요소(자본시장법 제6조 ⑤)
　① 2인 이상의 자에게 판매될 것 → 2인 이상에게 투자권유 (×)
　② 투자자로부터 모은 금전 등을 집합운용할 것
　③ 투자자로부터 일상적인 운용지시를 받지 않을 것(투자자의 운용관여는 투자자총회를 통한 간접적인 관여만 허용)
　④ 재산적 가치가 있는 자산을 취득, 처분 그 밖의 방법으로 운용할 것
　⑤ 투자책임요건 : 운용결과에 대한 책임은 투자자에게 귀속될 것

(3) 집합투자가 아닌 경우
　① 특별법에 따라 사모의 방법으로 금전을 모아 운용배분하는 경우
　② 자산유동화법에 의하여 금전 등을 모아 운용배분하는 경우

정답 | ③

투자신탁의 당사자(집합투자업자, 신탁업자, 수익자)**에 대한 설명으로 가장 거리가 먼 것은?**

① 집합투자업자는 투자신탁 설정·해지, 투자신탁재산의 운용, 수익증권 발행업무를 한다.

② 신탁업자는 투자신탁재산의 보관·관리, 집합투자업자의 운용지시에 따른 자산 취득 및 처분, 환매대금 및 이익금 지급업무 등을 한다.

③ 집합투자업자는 법령에 의하여 신탁업자의 감시를 받지 않는다.

④ 수익자는 수익권 좌수에 따라 균등한 권리를 갖고, 언제든지 수익증권의 환매를 청구할 수 있다.

용어 알아두기

좌 수	펀드의 기본단위이다.

TIP 신탁업자는 집합투자업자가 작성한 투자설명서가 법령 및 집합투자규약에 부합하는지 및 자산의 평가와 기준가격 산정의 적정성 여부, 집합투자업자의 운용지시가 법령·신탁계약서·투자설명서에 위반되는지 여부를 감시하는 등 집합투자업자를 감시하는 기능을 수행한다.

핵심포인트 해설 　　**집합투자기구의 법적 형태**

(1) 집합투자기구의 법적 형태

① 신탁형 : 투자신탁

② 회사형 : 투자회사, 투자유한회사, 투자유한책임회사, 투자합자회사

③ 조합형 : 투자합자조합, 투자익명조합

(2) 투자신탁의 구조

당사자	역할 및 기능
집합투자업자	• 투자신탁 설정 및 해지 • 투자신탁재산의 투자 및 운용 • 수익증권 발행
신탁업자	• 투자신탁재산의 보관 및 관리 • 집합투자업자의 운용지시에 따른 자산 취득 및 처분 • 집합투자업자의 운용지시 위반 여부 감시 • 집합투자업자가 작성한 투자설명서, 자산평가, 기준가격 산정의 적정 여부 확인 • 환매대금 및 이익금의 지급
수익자	• 신탁원본 상환 및 이익분배 등에 관한 권리 보유 • 수익증권(투자신탁) 환매청구권 • 투자신탁재산에 대한 장부·서류 열람 및 등·초본 교부청구권 • 수익자총회 의결권

정답 | ③

자본시장법상 투자신탁의 수익자총회에 대한 설명으로 가장 올바른 것은?

① 수익자총회는 자본시장법에서 정한 사항에 한하여 의결할 수 있다.
② 수익자총회는 원칙적으로 신탁업자가 소집한다.
③ 수익자총회의 결의가 이루어지지 아니한 경우 그날로부터 1월 이내에 연기수익자총회를 소집해야 한다.
④ 자본시장법에서 정한 사항의 의결은 출석자 과반수와 총좌수 1/4 찬성으로 한다.

TIP ① 수익자총회는 자본시장법 또는 신탁계약에서 정한 사항에 한하여 의결할 수 있다.
　　 ② 수익자총회는 원칙적으로 집합투자업자가 소집한다.
　　 ③ 수익자총회의 결의가 이루어지지 아니한 경우 그날로부터 2주 이내에 연기수익자총회를 소집해야 한다.

핵심포인트 해설　　투자신탁의 기관(수익자총회)

의결 범위	• 자본시장법에서 정한 사항(환매대금 지급일 연장, 신탁계약 중요내용의 변경 등) • 신탁계약에서 정한 사항
소집권자	• 원칙 : 집합투자업자 • 신탁업자, 발행 수익증권 총좌수의 5% 이상 보유 수익자도 집합투자업자에게 총회소집 요구 가능
운 영	• 총회소집 시 각 수익자(실질수익자명부에 기재된 자)에게 2주 전 서면으로 통지
의결 방법	• 자본시장법에서 정한 사항 의결 : 출석자 과반수 & 총좌수 1/4 찬성 • 신탁계약에서 정한 사항 의결 : 출석자 과반수 & 총좌수 1/5 찬성 • 수익자가 불출석하고 서면에 의한 의결권 행사도 가능
연기수익자총회 의결 방법	• 자본시장법에서 정한 사항 의결 : 출석자 과반수 & 총좌수 1/8 찬성 • 신탁계약에서 정한 사항 의결 : 출석자 과반수 & 총좌수 1/10 찬성
수익증권 매수청구권	• 총회 결의에 반대하는 수익자는 집합투자업자에게 자신의 수익증권 매수청구 가능(결의일로부터 20일 이내) • 인정범위 : 신탁계약 변경, 합병결의에 한함

정답 | ④

04

자본시장법상 사전에 수익자총회의 결의를 거쳐야 하는 신탁계약 변경사항으로 올바른 것으로 모두 묶인 것은?

> ㉠ 신탁계약 기간의 변경
> ㉡ 일반사무관리회사의 변경
> ㉢ 주된 투자대상자산의 변경
> ㉣ 집합투자업자, 신탁업자 등이 받은 보수의 인하
> ㉤ 환매대금 지급일의 연장

① ㉠, ㉡, ㉢　　　　　　　　　② ㉠, ㉢, ㉤

③ ㉡, ㉢, ㉤　　　　　　　　　④ ㉢, ㉣, ㉤

용어 알아두기

환 매	개방형 집합투자증권을 매입한 투자자가 펀드의 순자산가치대로 자신의 집합투자증권의 일부 또는 전부를 회수하는 것이다.

TIP ㉡ ㉣은 투자자를 불리하게 하는 내용이 아니므로 수익자총회의 결의가 필요 없다.

핵심포인트 해설　　수익자총회 결의사항

구 분	수익자총회 결의를 요하는 사항
자본시장법에서 정한 사항	• 보수·수수료 인상 • 환매대금 지급일 연장 • 개방형펀드를 폐쇄형펀드로 변경 • 집합투자업자 변경 • 신탁업자 변경 • 투자신탁의 종류 변경 • 주된 투자대상자산의 변경 • 투자대상자산에 대한 투자한도의 변경(동일종목 한도를 변경하는 경우만 해당) • 신탁계약 기간 변경
신탁계약에서 정한 사항	• 합 병 • 환매연기 • 신탁계약의 중요내용 변경

정답 | ②

투자회사의 기관에 대한 설명 중 잘못된 것은?

① 감독이사는 2인 이상이어야 한다.

② 이사회는 법인이사와 감독이사로 구성된다.

③ 법인이사는 집합투자업자의 업무진행과 투자회사의 재산상황을 감독한다.

④ 이사회는 자본시장법과 정관에서 정하는 사항에 한해 의결한다.

TIP 법인이사는 회사를 대표하고 투자회사의 업무를 집행하는 이사로 집합투자업자가 법인이사가 된다. 감독이사는 집합투자업자의 업무진행과 투자회사의 재산상황을 감독한다.

핵심포인트 해설 **투자회사의 기관(이사, 이사회, 주주총회)**

이 사	• 유형 : 법인이사 1인 + 감독이사 2인 이상 → 1인 이상 (x) • 법인이사(집합투자업자) : 회사대표, 업무집행, 보고 • 감독이사 : 집합투자업자 업무집행 감독, 투자회사의 업무·재산상황 감독
이사회	• 구성 : 법인이사 + 감독이사 • 소집권자 : 각 이사 • 의결 방법 : 과반수 출석 + 출석이사 과반수 찬성으로 의결 • 의결 범위 : 자본시장법과 정관에서 정한 사항(업무위탁계약체결, 보수지급, 금전분배 및 주식배당 등)
주주총회	• 의결 범위 : 자본시장법과 정관에서 정한 사항 → 신탁계약 (x) • 소집권자 : 이사회(신탁업자, 5% 이상 보유 주주도 이사회에 총회소집 요구 가능) • 기타 : 수익자총회 규정을 준용

정답 | ③

투자회사에 대한 설명 중 잘못된 것은?

① 수익증권을 발행하는 형태의 집합투자기구이다.
② 모든 업무를 외부 전문가에게 위탁하여야 한다.
③ 투자자는 투자회사가 발행하는 주식을 취득함으로써 투자회사의 주주가 된다.
④ 투자업무 외의 업무는 할 수 없다.

용어 알아두기	
수익증권	투자신탁의 수익자가 신탁원본의 상환 및 이익분배 등에 관하여 좌수에 따라 균등하게 가지는 권리인 수익권을 표시하는 증권이다.
위 탁	행동이나 일 등을 다른 사람에게 맡기며 부탁하는 것이다.

TIP 주권을 발행하는 형태의 집합투자기구이다.

핵심포인트 해설　　**투자회사**

(1) 투자회사의 의의
　① 투자회사는 주식회사제도를 집합적·간접적 투자에 적합하게 변형한 제도
　② 회사형 집합투자기구
　③ 서류상 회사(Paper Company)
　④ 내부감사가 없는 대신 외부감사가 의무화되어 있음

(2) 투자회사의 특징
　① 투자업무 외의 업무는 할 수 없음
　② 본점 외의 영업소를 설치할 수 없음
　③ 직원 고용 및 상근 임원을 채용할 수 없음
　④ 모든 업무를 외부 전문가에게 위탁하여야 함
　⑤ 투자자는 투자회사가 발행하는 주식을 취득함으로써 투자회사의 주주가 됨

정답 | ①

집합투자기구의 등록에 대한 설명 중 잘못된 것은?

① 등록은 증권신고서 제출과는 별개의 절차이다.

② 증권신고서와 등록신청서를 동시에 제출하는 경우 증권신고서가 수리된 때에 등록된 것으로 의제한다.

③ 모든 집합투자기구는 자본금(또는 출자금)이 1억원 이상 있어야 한다.

④ 변경등록 시 정정신고서를 제출한 경우 그 정정신고의 효력이 발생하는 때에 변경등록되는 것으로 간주한다.

TIP 투자신탁 외의 펀드(회사형펀드, 투자합자조합, 투자익명조합)는 1억원 이상일 것을 요하지만 투자신탁은 자본금을 요건으로 하지 않는다.

핵심포인트 해설 **집합투자기구의 등록**

(1) 등록의 의의
　① 증권신고서 제출과는 별개의 절차로 집합투자기구가 설정된 경우 해당 투자기구를 금융위원회에 등록해야 함
　　⇨ 금융위원회는 등록신청 후 20일 이내에 등록 여부 결정
　② 증권신고서와 등록신청서를 동시에 제출하는 경우 증권신고서가 수리된 때에 등록된 것으로 의제함

(2) 등록 주체 및 자본금 요건
　① 등록 주체
　　　펀드운용사를 말함
　　㉠ 투자신탁, 투자익명조합 : 집합투자업자
　　㉡ 회사형 집합투자기구 : 당해 회사
　　㉢ 투자합자조합 : 당해 조합
　② 투자신탁 등록요건
　　㉠ 등록하려는 펀드의 매수규모, 기간 등에 관하여 금융위원회 고시 기준을 충족하는 계획을 수립할 것
　　㉡ 해당 집합투자업자가 운용하는 펀드 중 소규모펀드(50억원 미만)로서 금융위원회가 고시하는 펀드가 차지하는 비율이 5% 이하일 것
　③ 투자회사 등록요건
　　㉠ 감독이사가 금융회사지배구조법 제5조 제1항 각 호의 어느 하나에 해당하지 않을 것
　　㉡ 등록 신청 당시 자본금이 1억원 이상일 것

(3) 변경 등록
　① 금융위원회에 등록한 집합투자기구 관련 사항 변경 시 2주 이내에 변경등록해야 함
　② 변경등록이 불필요한 경우 : 법령·명령에 의한 변경, 단순한 자구수정
　③ 변경등록 시 정정신고서를 제출한 경우 그 정정신고의 효력이 발생하는 때에 변경등록되는 것으로 간주함

(4) 사모펀드의 등록
　사모펀드 설정일로부터 2주 이내에 '사후보고'하면 됨

정답 | ③

08

집합투자업자의 영업행위준칙에 대한 설명 중 잘못된 것은?

① 자본시장법은 집합투자기구의 투자대상자산을 한정하지 않고 있으나 MMF에 대해서는 운용대상자산에 대해 일정한 규제를 하고 있다.

② 투자신탁의 집합투자업자는 직접 자산을 취득, 매각할 수 없고 모두 신탁업자를 통해야 한다.

③ 투자회사의 집합투자업자는 집합투자기구 명의로 투자대상자산을 취득·처분하며, 취득·처분한 자산의 보관·관리에 필요한 지시를 신탁업자에게 한다.

④ 집합투자업자 및 신탁업자는 투자신탁재산으로 투자대상자산을 취득·처분한 경우 그 투자신탁재산으로 그 이행책임을 진다.

용어 알아두기

MMF	집합투자재산의 전부를 단기금융상품에 투자하는 집합투자기구이다.

TIP 투자신탁의 집합투자업자는 신탁업자에 대하여 투자대상자산의 취득·처분 등에 관하여 필요한 지시를 하며, 신탁업자는 집합투자업자의 지시에 따라 투자대상자산의 취득·처분 등을 하여야 한다. 그러나 투자신탁재산의 효율적 운용을 위하여 불가피한 경우 집합투자업자 자신의 명의로 직접 투자대상자산을 취득·처분할 수 있는 경우도 있다.

핵심포인트 해설 **투자신탁재산의 취득 및 처분**

(1) 투자신탁재산의 취득 및 처분 방법(원칙)
① 집합투자업자 : 신탁업자에 대하여 투자대상자산의 취득·처분 등을 지시함
② 신탁업자 : 집합투자업자의 지시에 따라 투자대상자산의 취득·처분 등을 하여야 함

(2) 예외(집합투자업자가 투자대상자산을 직접 취득·처분할 수 있는 경우)
① 국내외 상장주식, 주식관련 DR, 수익증권, 파생결합증권의 매매
② 국내외 국채, 지방채, 특수채, 둘 이상의 신용평가 받은 사채권, 기업어음증권, 전자단기사채의 매매
③ 장내파생상품의 매매
④ 단기대출
⑤ 보험업법에 의한 보험가입자에 대한 대출
⑥ 금융기관이 발행·할인·매매·중개·인수·보증하는 어음의 매매
⑦ 양도성예금증서의 매매
⑧ 외국환거래법에 의한 대외지급수단의 매매거래
⑨ 장외파생상품의 매매(위험회피목적), 거래상대방과 기본계약을 체결하고 그에 따라 계속적으로 체결하는 금리스왑거래
⑩ 환매조건부 매매

정답 | ②

집합투자증권의 공모발행에 대한 설명 중 잘못된 것은?

① 증권신고서를 금융위원회에 제출하여 수리되기 전에는 집합투자증권을 모집 또는 매출할 수 없다.

② 집합투자증권의 청약권유는 법령에서 정한 투자설명서에 의해서만 가능하다.

③ 집합투자증권을 공모발행한 후에는 발행실적보고서를 제출해야 한다.

④ 증권신고서의 효력발생기간은 원칙적으로 신고서 수리 후 7일 경과이다.

TIP 증권신고서의 효력발생기간은 원칙적으로 신고서 수리 후 15일 경과이고, 정정신고서의 효력발생기간은 원칙적으로 신고서 수리 후 3일 경과이다.

핵심포인트 해설　　**증권신고서**

의 의	• 공모발행 시 증권신고서를 금융위에 제출하여 수리되기 전에는 집합투자증권의 모집·매출 불가 • 공모발행 후 발행실적보고서를 제출해야 함
제출의무자	• 당해 증권의 발행인 • 법인형 집합투자기구 : 당해 집합투자기구 • 비법인형 집합투자기구 : 당해 집합투자업자
효력발생기간	• 증권신고서 : 15일 경과 • 정정신고서 : 3일 경과
개방형 집합투자기구에 대한 특례	• 일괄신고서 제출 가능 • 일괄신고서 제출 후 증권 발행 시 추가서류 제출의무 면제 • 정정신고서 제출특례 인정 : 발행예정증권 총수 범위 내에서 자유로이 발행 가능

정답 | ④

10

투자설명서에 대한 설명 중 잘못된 것은?

① 자본시장법은 투자자보호를 위하여 설명의무를 강화하고, 손해배상의무를 추가하였다.

② 증권신고서가 수리된 후 효력이 발생하기 전에는 예비투자설명서를 사용하여 청약을 권유한다.

③ 증권신고서가 수리된 후 효력이 발생하기 전후에 광고, 홍보전단 등에 의하여 청약권유를 하는 경우 간이투자설명서를 사용한다.

④ 간이투자설명서는 증권신고서의 효력발생 전에는 사용할 수 없다.

TIP 간이투자설명서는 투자설명서 내용 중 일부를 생략하거나 중요사항만 발췌하여 기재한 투자설명서(광고, 홍보전단 등)로 증권신고서 수리 후 증권신고서 효력발생 전후에 사용할 수 있다.

핵심포인트 해설　　**투자설명서**

의 의	• 법정 투자권유문서 • 증권공모 시 청약권유할 때는 반드시 투자설명서에 의해야 함 • 신탁업자는 투자설명서가 법령, 규약, 증권신고서의 내용과 부합하는지 확인해야 함
종 류	• (정식)투자설명서 : 증권신고서 효력발생 후에만 사용 가능 • 예비투자설명서 : 증권신고서 수리 후 효력발생 전 사용 가능 • 간이투자설명서 : 증권신고서 수리 후 효력발생 전후 사용 가능
교부의무 면제대상	• 전문투자자 • 모집매출 기준인 50인 산정대상에서 제외되는 자 • 해당 발행증권의 연고자 • 투자설명서 받기를 거부하는 의사를 서면 등의 방법으로 표시한 자 • 이미 취득한 것과 같은 집합투자증권을 계속 추가로 취득하는 자(해당 집합투자증권의 투자설명서 내용이 직전에 교부한 투자설명서 내용과 같은 경우만 해당)
갱 신	• 대상 : 개방형펀드 • 방 법　　폐쇄형펀드 (X) 　· 정기갱신(매년 1회) 　· 변경등록 시 5일 이내에 변경내용을 반영하여 투자설명서를 갱신해야 함

정답 | ④

투자권유대행인에 대한 설명 중 잘못된 것은?

① 금융투자회사가 투자권유대행인으로 하여금 투자권유를 하게 하려면 금융투자협회에 해당 투자권유대행인을 등록해야 한다.

② 투자권유대행인도 투자자보호의무 위반으로 인한 손해배상책임이 있다.

③ 투자자로부터 금융투자상품에 대한 매매권한을 위탁받는 행위를 성실하게 수행해야 한다.

④ 투자권유대행인은 파생상품, 파생결합증권에 대한 투자권유를 할 수 없다.

용어 알아두기

파생상품	주식, 채권, 통화 등 기초자산으로부터 파생된 원본초과손실 가능성이 있는 금융투자상품으로 선물, 선도, 옵션, 스왑 등이 있다.

TIP 투자자로부터 금융투자상품에 대한 매매권한을 위탁받는 행위는 투자권유대행인의 금지행위 중 하나이다.

핵심포인트 해설 — 투자권유대행인의 금지행위 및 알려야 할 사항

투자권유대행인의 금지행위	• 위탁한 금융투자업자를 대리하여 계약을 체결하는 행위 • 투자자로부터 금전·증권, 그 밖의 재산을 수취하는 행위 • 투자권유대행업무를 제3자에게 재위탁하는 행위 • 투자자를 대리하여 계약을 체결하는 행위 • 투자자로부터 금융투자상품에 대한 매매권한을 위탁받는 행위 • 제3자가 투자자에게 금전을 대여하도록 중개·주선 또는 대리하는 행위 • 투자일임재산이나 신탁재산을 각각의 투자자별 또는 신탁재산별로 운용하지 아니하고 집합하여 운용하는 것처럼 그 투자일임계약이나 신탁계약의 체결에 대한 투자권유를 하거나 투자광고를 하는 행위 • 둘 이상의 금융투자업자와 투자권유 위탁계약을 체결하는 행위 • 보험설계사가 소속 보험회사가 아닌 보험회사와 투자권유 위탁계약을 체결하는 행위 등
투자권유대행인이 투자자에게 미리 알려야 할 사항	• 투자권유를 위탁한 금융투자업자의 명칭 • 투자권유를 위탁한 금융투자업자를 대리하여 계약을 체결할 권한이 없다는 사실 • 투자권유대행인은 투자자로부터 금전·증권, 그 밖의 재산을 수취하지 못하며, 금융투자업자가 이를 직접 수취한다는 사실 • 투자자를 대리하여 계약을 체결할 수 없다는 사실 • 투자자로부터 금융투자상품에 대한 매매권한을 위탁받을 수 없다는 사실 → 있다 (×)

정답 | ③

12

다음 중 집합투자기구 자산총액의 30%까지 투자할 수 있는 것과 가장 거리가 먼 것은?

① 지방채
② 전환사채
③ 파생결합증권
④ 중국정부 발행 채권

TIP 지방채, 특수채, 파생결합증권, OECD회원국&중국 정부 발행채권은 집합투자기구의 자산총액의 30%까지 투자할 수 있다.

핵심포인트 해설 **집합투자업자의 자산운용 제한**

(1) 증권 운용제한
① 원칙 : 집합투자기구는 동일종목에 자산총액의 10%를 초과하여 투자할 수 없음
② 예 외
  ㉠ 국채, 통안증권, 국가나 지자체가 원리금 보증한 채권은 100%까지 투자 가능
  ㉡ 지방채, 특수채, 파생결합증권, OECD회원국&중국 정부 발행채권은 30%까지 투자 가능
  ㉢ 동일법인이 발행한 지분증권의 시가총액비중이 10% 넘는 경우에는 그 시가총액 비중까지 투자 가능

(2) 파생상품 운용제한
① 적격요건을 갖추지 못한 자와 장외파생상품 거래를 할 수 없음
② 파생상품 매매에 따른 위험평가액이 (자산총액 – 부채총액)의 100%를 초과하여 투자하는 행위는 금지됨
③ 기초자산 중 동일법인이 발행한 증권의 가격변동으로 인한 위험평가액이 자산총액의 10%를 초과하여 투자하는 행위는 금지됨
④ 동일거래상대방과의 장외파생상품 매매에 따른 거래상대방 위험평가액이 자산총액의 10%를 초과하여 투자하는 행위는 금지됨

(3) 부동산 운용제한
① 원칙 : 집합투자기구가 부동산을 취득한 경우 일정기간 내에 처분할 수 없음
  ㉠ 국내에 있는 부동산 : 1년 동안 처분 금지
  ㉡ 국외에 있는 부동산 : 집합투자규약으로 정하는 기간 동안 처분 금지
② 예외 : 부동산개발사업에 따라 조성하거나 설치한 토지·건축물 등을 분양하는 경우에는 예외적으로 처분 가능

정답 | ②

다음 중 집합투자업자의 불건전 영업행위와 거리가 먼 것은?

① 자기 또는 관계인수인이 인수한 증권을 집합투자재산으로 매수하는 행위
② 자기 또는 관계인수인이 인수업무를 담당한 법인의 특정 증권에 대해 인위적 시세를 형성하기 위해 그 특정 증권을 매매하는 행위
③ 특정 집합투자기구의 이익을 해하면서 자기 또는 제3자의 이익을 도모하는 행위
④ 집합투자업자와 이해관계인이 되기 6개월 이전에 체결한 계약에 따른 거래

TIP 집합투자업자와 이해관계인이 되기 6개월 이전에 체결한 계약에 따른 거래는 이해상충 우려가 없는 거래로서 불건전 영업행위에 해당하지 않는다.

핵심포인트 해설　　집합투자업자의 불건전 영업행위

(1) 불건전 영업행위 금지
자본시장법은 펀드운용과 관련하여 집합투자업자의 불건전 영업행위를 금지하고 있음

(2) 집합투자업자의 불건전 영업행위
① 금융투자상품 가격에 중대한 영향을 줄 수 있는 매매의사를 결정 후 이를 실행하기 전에 그것을 집합투자업자 자기계산으로 매매하거나 제3자에게 매매를 권유하는 행위
② 자기 또는 관계인수인이 인수한 증권을 집합투자재산으로 매수하는 행위
③ 자기 또는 관계인수인이 인수업무를 담당한 법인의 특정 증권에 대해 인위적 시세를 형성하기 위해 집합투자재산으로 그 특정 증권을 매매하는 행위
④ 특정 집합투자기구의 이익을 해하면서 자기 또는 제3자의 이익을 도모하는 행위
⑤ 특정 집합투자재산을 집합투자업자의 고유재산 또는 그 집합투자업자가 운용하는 다른 집합투자재산·투자일임재산·신탁재산과 거래하는 행위
⑥ 제3자와의 계약·담합에 의해 집합투자재산으로 특정 자산에 교차 투자하는 행위
⑦ 투자운용인력이 아닌 자에게 집합투자재산을 운용하게 하는 행위
⑧ 기타 대통령령으로 정하는 행위

정답 | ④

14

다음 중 집합투자업자의 의결권 제한 규정과 거리가 먼 것은?

① 집합투자업자는 집합투자기구에서 취득한 주식에 대하여 의결권을 행사할 수 있다.

② 집합투자업자는 의결권공시대상법인에 대한 의결권 행사 여부 및 그 내용을 영업보고서에 기재하는 방식으로 기록·유지해야 한다.

③ 집합투자업자가 상장주식에 대해 의결권을 행사한 경우 그 내용을 공시해야 한다.

④ 의결권공시대상법인에 대하여 의결권을 행사하는 경우 공시의무가 면제된다.

TIP 의결권공시대상법인에 대하여 의결권을 행사하는 경우 주총 의안이 무엇인지에 관계없이 그 구체적인 행사내용 및 그 사유를 공시해야 한다.

핵심포인트 해설   **집합투자업자의 의결권 제한**

	→ 선량한 관리자로서의 주의의무
의 의	• 집합투자업자는 집합투자기구에서 취득한 주식에 대한 의결권 행사 가능 • 의결권 행사 시 선관주의의무와 충실의무를 지켜야 함
의결권 행사내용 기록유지 의무	• 의결권공시대상법인에 대한 의결권 행사 여부 및 그 내용을 영업보고서에 기재하여 기록·유지해야 함 • 의결권공시대상법인 : 집합투자기구 소유 주식이 집합투자기구 자산총액의 5% 이상이거나 100억원 이상인 경우 그 주식발행법인

의결권
행사내용
공시의무
	• 원칙 : 집합투자업자가 상장주식에 대해 의결권을 행사한 경우 그 내용을 공시해야 함
	• 의결권공시대상법인에 대하여 의결권을 행사하는 경우 : 주총 의안과 관계없이 그 구체적인 행사내용 및 그 사유
	  (행사하지 않은 경우에는 그 구체적인 사유)를 공시해야 함
	• 의결권공시대상이 아닌 법인에 대하여 의결권을 행사하는 경우 : 경영권 변경과 관련된 주총 의안(합병, 영
	  업양수도, 임원임면, 정관변경 등)에 대하여 의결권을 행사한 때에 한하여 그 구체적인 행사 내용 및 그 사
	  유를 공시해야 함
	• 공시방법 : 직전연도 4월 1일부터 1년간 의결권 행사 내용을 4월 30일까지 증권시장을 통해 공시해야 함

정답 | ④

15

부동산 집합투자기구의 주요 투자대상과 거리가 먼 것은?

① 부동산
② 공시방법을 갖추고 있는 동산
③ 부동산을 담보로 한 금전채권
④ 부동산을 기초로 한 파생상품

TIP 공시방법을 갖추고 있는 동산(자동차, 선박, 항공기, 건설기계 등)은 특별자산집합투자기구의 주요 투자대상이다.

핵심포인트 해설 　　부동산 집합투자기구

(1) 부동산 집합투자기구의 의의 및 유형
　① 의의 : 집합투자재산의 50%를 초과하여 부동산에 투자하는 집합투자기구
　② 유형 : 대출형, 실물형, 권리형, 증권형, 파생상품형

(2) 부동산 집합투자기구의 주요 투자대상
　① 부동산
　② 부동산관련 증권
　　　㉠ 부동산투자회사 발행 주식
　　　㉡ 부동산개발회사 발행증권
　　　㉢ 부동산투자목적회사 발행 지분증권
　　　㉣ 유동화자산가액이 70% 이상인 유동화증권
　　　㉤ 주택저당담보부채권　→　50% (X)
　　　㉥ 주택저당증권(금융기관보증)
　③ 부동산을 기초자산으로 한 파생상품
　④ 부동산 관련 권리(지상권 등)
　⑤ 부동산 개발, 관리, 개량, 임대의 방법으로 운용하는 것
　⑥ 부동산 개발과 관련된 법인에 대한 대출
　⑦ 부동산을 담보로 한 금전채권

정답 | ②

16

자본시장법상 집합투자기구의 종류에 대한 설명 중 잘못된 것은?

① 와인이나 그림에 투자하는 집합투자기구는 특별자산 집합투자기구이다.

② 특별자산은 증권 및 부동산을 제외한 투자대상자산이다.

③ 투자대상자산의 제한을 받지 않는 집합투자기구는 특별자산 집합투자기구이다.

④ 혼합자산 집합투자기구는 환매금지형 집합투자기구로 설정되어야 한다.

TIP 투자대상자산의 제한을 받지 않는 집합투자기구는 혼합자산 집합투자기구이다.

핵심포인트 해설   **특별자산 집합투자기구와 혼합자산 집합투자기구**

(1) 특별자산 집합투자기구

  ① 의의 : 집합투자재산의 50%를 초과하여 특별자산(증권 및 부동산을 제외한 투자대상자산)에 투자하는 집합투자기구

  ② 50%를 초과하여 투자해야 하는 특별자산

    ㉠ 일반상품

    ㉡ 공시방법을 갖춘 동산(자동차, 항공기 등)

    ㉢ 특별자산에 해당하는 증권

    ㉣ 미술품 등 문화콘텐츠상품

    ㉤ 어업권, 광업권 등

    ㉥ 기타 증권·부동산을 제외한 자산으로 경제적 가치가 있는 모든 자산(포괄주의)

(2) 혼합자산 집합투자기구

  ① 의의 : 집합투자재산을 운용함에 있어 투자대상자산의 제한을 받지 않는 집합투자기구

  ② 장점 : 투자대상, 투자비율, 투자한도 등의 제한이 없음

정답 | ③

단기금융집합투자기구(MMF)**에 대한 설명으로 가장 거리가 먼 것은?**

① 집합투자기구 전부를 단기금융상품에 투자하는 집합투자기구다.

② 집합투자재산의 가격변동이 크지 않는 경우로서 금융위원회가 정하여 고시하는 MMF 에 한하여 장부가로 평가할 수 있다.

③ 투자자가 개인으로만 이루어진 MMF의 경우 집합투자재산의 남은 만기의 가중평균 기간은 60일 이내여야 한다.

④ 투자하는 채무증권의 신용평가등급이 상위 2개 등급 이내이어야 한다.

TIP 투자자가 개인으로만 이루어진 MMF의 경우 집합투자재산의 남은 만기의 가중평균기간은 75일 이내여야 한다.

핵심포인트 해설   **단기금융집합투자기구의 의의 및 운용규제**

의 의	• 집합투자기구 전부를 '단기'금융상품에 투자하는 집합투자기구(= MMF) • 단기금융상품 : 잔존만기가 단기인 금융투자상품
특 징	• 기설정된 MMF 재산이 일정규모(개인전용 : 3천억원, 기관전용 : 5천억원) 이하인 경우에는 추가로 MMF 설정할 수 없음 • 위험관리를 위해 위험관리기준을 제정하고 내부통제제도를 갖추어야 함 • 집합투자재산의 가격변동이 크지 않는 경우로서 금융위원회가 정하여 고시하는 MMF에 한하여 '장부가'로 평가할 수 있음
운용규제	• 투자대상은 단기금융상품으로 제한됨 • 증권을 대여하거나 차입하는 방법으로 운용할 수 없음 • 남은 만기가 1년 이상인 국채증권의 경우 집합투자재산의 5% 이내로 운용해야 함 • 환매조건부매도는 집합투자기구가 보유하고 있는 증권총액의 5% 이내로 운용해야 함 • 투자자가 개인으로만 이루어진 MMF의 경우 집합투자재산의 남은 만기의 가중평균기간은 75일 이내여야 함 (투자자가 법인으로만 이루어지고 금융위원회가 고시한 MMF의 경우 60일 이내) • 투자하는 채무증권의 신용평가등급이 상위 2개 등급 이내이어야 함
외화MMF	• 외화단기금융집합투자기구(외화MMF) 허용(시행령 제80조① 2022. 8. 30. 개정) · 표시화폐 : OECD 가입국 및 중국통화(각 MMF별로 단일통화이어야 함) · 운용규제 : 원화MMF의 규제(운용자산, 신용등급, 분산투자, 유동성요건 등)와 동일하게 규제하는 것을 원칙으로 함 · 신규외화MMF설정요건은 원화MMF보다 완화함

정답 | ③

환매금지형(폐쇄형)펀드에 대한 기술 중 적절하지 않은 것은?

① 존속기한을 정한 집합투자기구만 환매금지형펀드로 설정할 수 있다.
② 환매금지형펀드는 발행일로부터 90일 이내에 상장해야 한다.
③ 신탁업자의 확인을 받으면 추가발행이 가능하다.
④ 특별자산펀드는 반드시 개방형으로 설립해야 한다.

TIP 특별자산펀드는 일정한 경우를 제외하고 폐쇄형펀드로 설립해야 한다.

핵심포인트 해설 | **환매금지형 집합투자기구(폐쇄형펀드)**

(1) 환매금지형 집합투자기구의 의의 및 특징
　① 의의 : 집합투자증권을 환매할 수 없는 집합투자기구
　② 특 징
　　㉠ 환매자금 마련을 위한 자산처분을 안해도 되므로 펀드자산을 안정적으로 운용 가능
　　㉡ 존속기간을 정한 집합투자기구만 환매금지형으로 설정 가능
　　㉢ 기준가격 산정 및 공고에 관한 규정이 적용되지 않음

(2) 환매금지형 집합투자기구의 주요 내용
　① 환매금지형 설정 대상 : 부동산펀드, 특별자산펀드, 혼합자산펀드, 펀드자산총액의 20%를 초과하여 시장성 없는 자산에 투자
　　　　　　　　　　　　 하는 펀드, 일반투자자 대상 펀드로서 50%를 초과하여 금융위원회가 고시하는 자산에 투자하는 펀드
　② 상장의무 : 환매금지형펀드는 집합투자증권의 최초발행일로부터 [90일] 이내에 상장해야 함
　　　　　　　　　　　　　　　　　　　　　　　　　　 → 60일 (X)
　③ 집합투자증권의 추가발행 사유
　　㉠ 신탁업자의 확인을 받은 경우
　　㉡ 이익분배금 범위 내에서 추가로 발행하는 경우
　　㉢ 기존투자자 전원의 동의를 받은 경우
　　㉣ 기존투자자에게 집합투자증권의 보유비율에 따라 추가로 발행되는 집합투자증권의 우선매수기회를 부여하는 경우

정답 | ④

종류형 집합투자기구에 대한 설명 중 적절하지 않은 것은?

① 집합투자기구에 부과되는 운용보수의 차이로 인해 발행되는 펀드이다.

② 종류형 집합투자기구 내의 집합투자증권 간 전환 시에는 환매수수료가 없다.

③ 특정종류의 집합투자증권의 투자자에 대하여만 이해관계가 있는 경우에는 그 종류의 투자자만으로 총회를 개최한다.

④ 판매보수, 판매수수료를 제외한 비용은 각 집합투자증권별로 같아야 한다.

TIP 종류형 집합투자기구는 집합투자기구에 부과되는 판매보수나 판매수수료의 차이로 인하여 기준가격이 다른 수종의 집합투자증권을 발행하는 집합투자기구이다.

핵심포인트 해설 **종류형 집합투자기구(Multi-Class Fund)**

(1) 종류형 집합투자기구의 의의 및 특징   ↳ 주요 투자대상 (×)
① 의의 : 집합투자기구에 부과되는 판매보수나 판매수수료의 차이로 인하여 기준가격이 다른 수종의 집합투자증권을 발행하는 집합투자기구
② 특징 : 종류형 집합투자기구 내의 집합투자증권 간 전환 시에는 환매수수료 없음   ↳ 있음 (×)

(2) 종류형 집합투자기구의 주요 내용
① 투자자총회 : 특정 종류의 집합투자증권의 투자자에 대하여만 이해관계가 있는 경우에는 그 종류의 투자자만으로 총회를 개최함
② 투자설명서 기재사항 : 집합투자증권의 종류, 각 종류의 집합투자증권별 판매보수·판매수수료·환매수수료 및 부과방법과 기준, 전환 시 전환절차·전환조건·전환방법 등
③ 비용부담 : 판매보수·판매수수료를 제외한 비용은 각 집합투자증권별로 같아야 함
④ 설명의무 : 판매보수·판매수수료가 다른 여러 종류의 집합투자증권이 있다는 사실과 각 종류별 집합투자증권 간의 차이를 설명해주어야 함

(3) 종류형 집합투자기구에 대한 추가 설명사항(설명의무를 강화한 것)
① 판매수수료나 판매보수가 다른 여러 종류의 집합투자증권이 있다는 사실을 설명할 것
② 각 종류별 집합투자증권의 차이를 설명할 것(예상 투자기간을 고려하여 예상판매수수료와 보수, 보수와 수수료, 보수별 차이점 등을 포함하여 설명할 것)

정답 | ①

20

전환형 집합투자기구에 대한 설명 중 잘못된 것은?

① 투자자에게 다른 펀드로 전환할 수 있는 권리가 부여된 집합투자기구이다.

② 다른 집합투자기구로 전환하는 경우 포트폴리오의 변화가 있다.

③ 다른 집합투자기구로 전환 시 환매수수료를 징구한다.

④ 복수의 집합투자기구 간에 공통으로 적용되는 집합투자규약이 있어야 한다.

TIP 다른 집합투자기구로 전환 시 환매수수료를 징구하지 않는다.

핵심포인트 해설　　　**전환형 집합투자기구(Umbrella Fund)**

(1) 전환형 집합투자기구의 의의 및 특징

① 의의 : 다른 집합투자기구의 집합투자증권으로 전환할 수 있는 권리를 투자자에게 부여하는 집합투자기구

② 특 징

　㉠ 다른 펀드로 전환하는 경우 포트폴리오의 변화가 <u>있음</u>　（없음(×)）

　㉡ 전환 시 환매수수료 적용을 유보함(유보한다는 것은 전환 시 환매수수료를 적용하지 아니하나, 사전에 정한 기간에 미치
　　지 못하는 기간만 투자하고 환매한 경우 환매수수료를 재징수하게 된다는 의미)

(2) 전환형 집합투자기구의 요건

① 복수의 집합투자기구 간에 공통으로 적용되는 집합투자규약이 있을 것

② 집합투자규약에 법적유형이 다른 집합투자기구 간의 전환이 금지되어 있을 것

(3) 유사펀드와 비교

목표달성형펀드	전환형 집합투자기구
펀드에서 일정 수익이 달성되면 펀드 해지 또는 안정적인 자산으로 투자대상을 변경함	수익달성 여부와 관계없이 투자자에게 다른 펀드로 전환할 수 있는 권리가 부여됨

정답 | ③

모자형 집합투자기구에 대한 기술이 잘못된 것은?

① 집합투자업자의 운용 효율성을 위하여 도입되었다.
② 자집합투자기구는 모집합투자기구에 50%를 초과하여 투자하고, 나머지는 다른 집합
투자증권에 투자한다.
③ 자집합투자기구와 모집합투자기구의 집합투자업자가 동일하다.
④ 자집합투자기구 이외의 자가 모집합투자기구의 집합투자증권을 취득할 수 없다.

TIP 자집합투자기구는 모집합투자기구 이외의 다른 집합투자증권을 취득할 수 없다.

핵심포인트 해설 **모자형 집합투자기구(Master-Feeder Fund)**

(1) 모자형 집합투자기구의 의의 및 특징
  ① 의의 : 모집합투자기구가 발행하는 집합투자증권을 자집합투자기구가 취득하는 구조의 집합투자기구
  ② 특 징
    ㉠ 집합투자업자의 운용 효율성을 위하여 도입됨(규모의 경제효과)
    ㉡ 투자매매·중개업자는 모집합투자기구의 집합투자증권을 투자자에게 판매할 수 없음
    ㉢ 모집합투자기구와 자집합투자기구의 집합투자업자가 동일함
      → 다름 (X)
(2) 모자형 집합투자기구의 주요 내용
  ① 자집합투자기구는 집합투자증권을 투자자에게 판매하고, 그 판매자금을 모집합투자기구에 대부분 투자하는 구조
  ② 자집합투자기구는 모집합투자기구 이외의 다른 집합투자증권을 취득할 수 없음
  ③ 자집합투자기구 이외의 자가 모집합투자기구의 집합투자증권을 취득할 수 없음
      → 있음 (X)

정답 | ②

22

상장지수집합투자기구(ETF)에 대한 설명 중 잘못된 것은?

① ETF는 지수의 변화에 연동하여 운용되는 것을 목표로 하는 집합투자기구이다.

② ETF는 증권지수의 추적을 목표로 하는 액티브펀드의 일종이다.

③ ETF는 상장되어 주식처럼 거래되므로 인덱스펀드의 단점을 보완하였다.

④ ETF 투자자는 투자매매·중개업자 또는 지정참가회사에 집합투자증권의 환매를 청구할 수 있다.

용어 알아두기

액티브펀드	주식시장의 수익률을 초과하는 수익을 목표로 하는 펀드이다.

TIP ETF는 증권지수의 추적을 목표로 하는 인덱스펀드의 일종이다.

핵심포인트 해설 **상장지수집합투자기구(ETF : Exchange Traded Fund)**

(1) ETF의 의의 및 특징
　① 의의 : 지수의 변화에 연동하여 운용되는 것을 목표로 하는 집합투자기구
　② 특 징
　　㉠ 실체는 펀드(인덱스펀드의 일종)인데 주식처럼 거래됨
　　㉡ ETF는 상장하여 일반투자자가 증권시장에서 직접 매매하도록 함
(2) ETF의 운용 특례
　① 동일종목 증권에 자산총액의 30%까지 운용할 수 있음 → 10% (x)
　② 동일법인 등이 발행한 지분증권 총수의 20%까지 투자할 수 있음
　③ 이해관계인과의 거래가 가능함 → 불가능함 (x)

정답 | ②

집합투자재산의 평가 및 회계에 대한 기술 중 잘못된 것은?

① 집합투자업자는 집합투자재산 평가위원회를 구성하고 집합투자재산 평가기준을 마련해야 한다.

② 신탁업자는 집합투자업자의 재산평가가 법령 및 기준에 맞는지 확인하여야 한다.

③ 집합투자재산은 원칙적으로 공정가액으로 평가한다.

④ 기준가격은 집합투자증권의 판매 또는 환매 시 거래가격이 된다.

용어 알아두기

공정가액	집합투자재산 평가위원회가 투자대상자산의 취득가격, 거래가격, 기준가격 등을 고려하여 집합투자재산에 속한 자산의 종류별로 평가한 가격이다.

TIP 집합투자재산은 원칙적으로 시가로 평가하고 시가를 구할 수 없는 경우에 공정가액으로 평가한다.

핵심포인트 해설　　집합투자재산의 평가 및 회계

(1) 집합투자재산의 평가
① 집합투자업자 : 집합투자재산 평가위원회 구성 및 운영, 집합투자재산 평가기준 마련, 집합투자재산 평가명세 통보
② 신탁업자 : 집합투자업자의 재산평가가 법령 및 기준에 맞는지 확인
③ 평가방법 : 원칙적으로 시가평가하나, 시가를 구할 수 없는 경우에는 공정가액으로 평가하고, 가격변동이 크지 않은 경우로서 금융위원회가 정하여 고시하는 MMF는 예외적으로 장부가로 평가함

(2) 기준가격(펀드의 가격)
① 집합투자기구의 순자산가치, 집합투자증권의 판매·환매 시 거래가격이 됨(매일 공고·게시)
② 공고·게시한 기준가격이 잘못 계산된 경우에는 지체 없이 기준가격을 변경하여 재공고·게시(다만, 가격차이가 미미한 경우(MMF 0.05%, 국내상장지분증권 0.2%, 해외상장지분증권 0.3%, 기타 집합투자기구 0.1%)에는 재공고·게시하지 않아도 됨)

(3) 집합투자재산의 회계
① 회계처리 : 일반기업과 다른 회계처리기준 적용
② 집합투자업자 또는 투자회사는 회계기간 말일 등으로부터 2월 이내에 회계감사(외부감사)를 받아야 함(단, 자산총액이 300억원 이하인 펀드, 자산총액 300억원 초과 500억원 이하인 펀드로서 기준일 이전 6개월간 집합투자증권의 추가발행이 없는 경우 외부감사를 받지 않아도 됨)
③ 회계감사인 : 회계감사보고서에 중요사항 미기재 또는 허위기재로 투자자에게 손해를 발생시킨 경우 투자자에 대한 손해배상 책임을 부담함
④ 이익금분배 : 이익금분배 유보 가능, 이익금초과분배도 가능, 이익금의 분배방법 및 시기는 집합투자규약으로 정함

정답 | ③

24

다음 중 투자신탁의 법정해지 사유로 올바른 것은?

① 수익자 전원이 동의한 경우
② 수익자 총수가 1인이 되는 경우
③ 공모·개방형펀드로 설정 후 1년 되는 날 원본액이 50억원 미달 시
④ 당해 투자신탁 수익증권 전부에 대하여 환매청구를 받아 신탁계약을 해지하는 경우

TIP ①③④는 임의해지 사유에 해당한다.

핵심포인트 해설　　　**투자신탁의 해지**

임의해지	• 집합투자업자는 사전에 금융위의 승인을 얻어 투자신탁을 임의로 해지 가능 • 집합투자업자가 금융위 승인 없이 해지할 수 있는 경우 　· 수익자 전원이 동의한 경우 　· 공모·개방형펀드로 설정 후 1년 되는 날 원본액이 50억원 미달 시 　· 공모·개방형펀드로 설정 후 1년 지난 후 1개월간 계속 원본액이 50억원 미달 시 　· 당해 투자신탁 수익증권 전부에 대하여 환매청구를 받아 신탁계약을 해지하는 경우
법정해지 ⎣→ =당연해지	• 집합투자업자는 법정해지 사유가 발생하면 지체 없이 투자신탁을 해지해야 함 • 법정해지 사유(= 당연해지 사유) 　· 신탁계약 기간 종료 　· 투자신탁 해지 결의 　· 투자신탁 피흡수합병 　· 투자신탁 등록취소 　· 수익자 총수가 1인이 된 경우 　· 일반 사모집합투자기구가 그 요건을 갖추지 못하여 해지명령을 받은 경우
해지효과	• 신탁관계 종료 : 수익자에게 상환금과 이익분배금 지급 • 미수금·미지급금의 처리 : 집합투자업자가 신탁해지일에 공정가액으로 양수해야 함(자전거래를 통해 다른 집합투자기구가 양수하는 것도 가능)

정답 | ②

일반 사모집합투자기구에 대한 설명으로 가장 먼 것은?

① 적격투자자만 투자할 수 있다.

② 공모와 달리 사모형태이므로 핵심상품설명서의 작성 및 교부가 면제된다.

③ 일반 사모집합투자기구를 설정한 경우 그 날로부터 2주일 이내에 금융위원회에 보고해야 한다.

④ 투자광고를 하는 경우 전문투자자 또는 금융투자상품 잔고 1억원 이상으로서 시행령으로 정하는 금액 이상인 일반투자자만을 대상으로 해야 한다.

TIP   판매사는 핵심상품설명서를 작성·교부하고, 이를 사용하여 투자권유 하여야 한다.

핵심포인트 해설   **일반 사모집합투자기구**

의 의	• 적격투자자(전문투자자 + 3억원 이상 투자하는 일반투자자)가 투자할 수 있는 사모펀드
등록요건	• 자기자본 10억원 이상, 투자운용인력 3인 이상, 이해상충방지체계 구비 등

투자자	• 다음과 같은 적격투자자만 가능
	· 전문투자자 : 국가, 한국은행, 금융기관, 주권상장법인 등
	· 적격투자자에 해당하는 개인 또는 법인
	  – 차입금이 순자산의 200%를 초과하지 않는 일반사모펀드에 투자하는 경우 : 3억원 이상 투자한 개인 또는 법인
	  – 그 외의 일반사모펀드에 투자하는 경우 : 5억원 이상 투자한 개인 또는 법인

투자권유	• 투자자가 적격투자자인지 확인 • 핵심상품설명서를 작성·교부하고, 이를 사용하여 투자권유 하여야 함
투자광고	㉠ 전문투자자 또는 금융투자상품 잔고 1억원 이상으로서 시행령으로 정하는 금액 이상인 일반투자자만을 대상으로 해야 함 ㉡ 서면, 문자메시지 등 금융감독원장이 정하는 광고매체를 통하여 ㉠투자자에게만 개별적으로 알려야 함

정답 | ②

26

기관전용 사모집합투자기구에 대한 설명으로 가장 먼 것은?

① 사원은 1인 이상의 무한책임사원과 1인 이상의 유한책임사원으로 하되, 사원의 총수는 100인 이하로 한다.

② 사원의 출자방법은 금전에 한정되나, 다른 모든 사원의 동의가 있는 경우 증권으로 출자할 수 있다.

③ 정관으로 무한책임사원 중 1인 이상을 업무집행사원으로 정해야 한다.

④ 업무집행사원으로서 운용업무를 하려는 자는 5천만원 이상의 자기자본, 임원요건, 1인 이상의 운용인력 등을 금융위원회에 등록해야 한다.

TIP 업무집행사원으로서 운용업무를 하려는 자는 1억원 이상의 자기자본, 임원요건, 2인 이상의 운용인력 등을 금융위에 등록해야 한다.

핵심포인트 해설 **기관전용 사모집합투자기구**

의 의	• 전문성·위험관리능력을 고려하여 자본시장법령에서 정한 투자자만 투자할 수 있도록 투자자가 제한된 사모펀드
설립 및 보고	• 정관에 목적, 상호, 소재지, 출자목적과 가격, 평가기준 등을 기재하고 총사원이 기명날인 또는 서명해야 함 • 설립등기일로부터 2주일 이내에 금융위원회에 보고해야 함
사 원	• 구성 : 1인 이상의 무한책임사원 + 1인 이상의 유한책임사원 • 사원총수 : 100인 이하일 것
투자목적회사 (SPC) 요건	• 주식회사 또는 유한회사일 것 • 특정 법인 또는 특정자산 등에 효율적 투자를 목적으로 할 것 • 주주 또는 사원이 특수목적회사에 대하여 신용공여를 한 금융기관으로서 출자전환 등을 한 자일 것 • 사원 수가 100명 이하일 것 • 상근임원을 두거나 직원을 고용하지 아니하고, 본점 외의 영업소를 설치하지 아니할 것
업무집행사원	• 무한책임사원 중 1인 이상을 업무집행사원으로 정해야 함 • 운용업무 하려는 자는 1억원 이상의 자기자본, 임원요건, 2인 이상의 운용인력 등을 금융위에 등록해야 함 • 6개월마다 1회 이상 사모펀드가 출자한 SPC의 재무제표 등을 사원에게 제공·설명·기록·유지해야 함
지분양도	• 무한책임사원 : 지분양도할 수 없으나 정관으로 정한 경우에는 사원 전원의 동의를 받아 가능 • 유한책임사원 : 무한책임사원 전원의 동의를 받아 가능

정답 | ④

금융소비자보호법의 규제체계에 대한 설명으로 가장 먼 것은?

① 동일기능-동일규제의 원칙이 적용될 수 있도록 금융상품 및 판매업의 유형을 재분류하였다.

② 금융상품은 예금성 상품, 투자성 상품, 보장성 상품, 대출성 상품으로 분류하였다.

③ 금융상품판매업을 영위하더라도 금융관계법상 금융상품판매업 관련 인허가 또는 등록하지 않은 경우에는 금융상품판매업자에 해당되지 않는다.

④ 일반 사모집합투자업자도 금융상품 직접판매업자에 해당된다.

TIP 금융관계법상 금융상품판매업 관련 인허가 또는 등록하지 않은 경우라도 금융상품판매업을 영위하도록 규정한 경우에는 금융상품판매업자에 해당된다. 원칙적으로 모든 집합투자업자가 금융상품판매업자에 해당된다.

핵심포인트 해설 — 금융소비자보호법상 기능별 규제체계

(1) 금융상품 분류

예금성 상품	은행법상 예금, 적금, 부금 등
투자성 상품	자본시장법상 금융투자상품, 투자일임계약, 신탁계약(관리형신탁 및 투자성 없는 신탁은 제외) 등
보장성 상품	보험업법상 보험상품 및 이와 유사한 것(생명보험, 손해보험 등)
대출성 상품	신용거래융자, 신용대주, 증권담보대출, 청약자금대출 등

(2) 금융상품판매업자 분류

직접판매업자	자신이 직접 계약의 상대방으로서 금융상품에 관한 계약체결을 영업으로 하는 자(예 은행, 보험사, 저축은행 등)
판매 대리·중개업자	금융회사와 금융소비자의 중간에서 금융상품 판매를 중개하거나 금융회사의 위탁을 받아 판매를 대리하는 자(예 투자권유대행인, 보험설계·중개사, 보험대리점, 카드·대출모집인 등)
자문업자	금융소비자가 본인에게 적합한 상품을 구매할 수 있도록 자문을 제공하는 자(예 투자자문업자)

정답 | ③

금융소비자보호법상 6대 판매원칙에 대한 설명으로 가장 먼 것은?

① 적합성 원칙에 의하여 재산상황, 금융상품 취득·처분 경험 등에 비추어 적합하지 아니하다고 인정되는 금융상품 계약체결의 권유를 금지한다.

② 적정성의 원칙은 파생상품, 파생결합증권, 파생상품펀드 등에만 적용된다.

③ 금융상품 계약 체결을 권유하거나 소비자가 설명을 요청하는 경우 상품의 중요사항을 소비자가 이해할 수 있도록 설명해야 한다.

④ 금융상품 계약 체결 권유 시 소비자가 오인할 우려가 있는 허위 사실 등을 알리는 행위를 금지한다.

TIP 금융소비자보호법상 적정성 원칙은 파생상품 관련 상품뿐만 아니라 대출성·보장성 상품에도 확대 적용된다.

핵심포인트 해설　　　**금융소비자보호법상 6대 판매원칙**

적합성 원칙	• 투자성 상품에만 도입되었던 적합성 원칙을 대출성·보장성 상품까지 확대 • 금융소비자의 재산상황, 금융상품취득·처분경험 및 목적 등에 비추어 투자성향에 부적합한 상품의 계약체결의 권유를 금지함
적정성 원칙	• 파생상품 등에만 도입되었던 적정성 원칙을 일부 대출성·보장성 상품에도 확대적용 • 위험도가 높은 투자성·대출성 상품은 투자권유가 없는 경우에도 소비자의 투자성향을 파악하고, 해당 투자의 적정성 여부를 해당 소비자에게 알려야 함
설명의무	• 은행법·자본시장법 등에 각각 규정된 설명의무를 금융소비자보호법으로 통합·이관함 • 금융상품 계약체결을 권유하거나 소비자가 설명을 요청하는 경우 상품의 중요사항을 소비자가 이해할 수 있도록 설명해야 함
불공정영업행위 금지	• 판매업자가 금융상품 판매 시 우월적 지위를 이용하여 소비자의 권익을 침해하는 행위 금지함 • 제3자 연대보증 요구·업무 관련 편익 요구·연계·제휴서비스를 부당하게 축소/변경하는 행위·대출실행 후 3년 경과 시 중도상환수수료 부과 등이 금지됨
부당권유행위 금지	• 금융상품 계약체결 권유 시 소비자가 오인할 우려가 있는 허위 사실 등을 알리는 행위를 금지함 • 불확실한 사항에 대한 단정적 판단을 제공하는 행위·내부통제기준에 따른 교육을 받지 않은 자로 하여금 계약체결 권유와 관련된 업무를 하게 하는 행위 등 금지
광고 규제	• 금융상품 또는 판매업자 등의 업무에 관한 광고 시 필수 포함사항 및 금지행위 등을 규정함 • 필수 포함사항 : 설명서·약관을 읽어볼 것을 권유하는 내용, 판매업자 명칭, 금융상품 내용, 운용실적이 미래수익률을 보장하지 않는다는 사실, 보험료인상 및 보장내용 변경 가능 여부

정답 | ②

금융소비자보호법상 6대 판매원칙 위반에 대한 제재와 가장 거리가 먼 것은?

① 금융소비자는 위법계약해지권을 행사할 수 있다.

② 금융위원회는 판매제한명령을 할 수 있다.

③ 금융상품판매업자에 대하여 수입의 50%까지 과징금을 부과할 수 있다.

④ 금융소비자는 설명의무위반에 따른 손해배상청구 소송 시 판매업자의 고의·과실에 대한 입증책임이 있다.

TIP 설명의무 위반에 따른 손해배상청구 소송 시 고의·과실 입증책임을 금융소비자에서 금융회사로 전환하여 금융소비자의 입증부담을 완화하였다.

핵심포인트 해설   **판매원칙 위반에 대한 제재**

금융소비자의 위법계약해지권	• 위법한 계약체결에 대하여 소비자의 해지 요구 시 금융회사가 정당한 사유를 제시하지 못하는 경우에 소비자가 일방적으로 계약해지 할 수 있음 • 위법계약해지권 행사기간 : 계약체결 후 5년 이내의 범위에서 위법사실을 안 날로부터 1년 이내에 행사해야 함
금융위원회의 판매제한 명령	• 시정·중지 명령 : 금융소비자의 권익 보호 및 건전한 거래질서를 위하여 필요하다고 인정하는 경우에 명령 가능 • 판매제한 명령 : 금융상품으로 인하여 금융소비자의 재산상 현저한 피해가 발생할 우려가 있다고 명백히 인정되는 경우에 명령 가능
징벌적 과징금	• 주요 판매원칙(설명의무, 불공정영업행위·부당권유행위 금지, 광고규제) 위반 시 징벌적 과징금 부과 • 판매업자가 주요 판매원칙 등을 위반한 경우, 그로 인해 얻은 수익의 50%까지 과징금 부과 가능
과태료	• 1억원 이하의 과태료를 부과하는 경우 : 설명의무, 불공정영업행위 금지, 부당권유행위 금지, 광고규제 위반 등 • 3천만원 이하의 과태료를 부과하는 경우 : 적합성·적정성 원칙 미준수 등

정답 | ④

금융소비자의 권익보호제도에 대한 설명으로 가장 먼 것은?

① 청약철회권은 보장성 상품과 대출성 상품에만 가능하다.

② 금융분쟁조정이 신청된 사건에 대하여 소송이 진행 중일 경우 법원은 그 소송을 중지할 수 있다.

③ 소비자가 신청한 소액분쟁이 있는 경우 분쟁조정 완료 시까지 금융회사의 제소가 금지된다.

④ 금융소비자가 분쟁조정·소송 등 대응 목적으로 금융회사 등이 유지·관리하는 자료의 열람 요구 시, 금융회사는 수용할 의무가 있다.

TIP 청약철회권은 보장성·대출성·투자성 상품 및 자문 등까지 확대되어 적용된다.

핵심포인트 해설　　**금융소비자 권익강화를 위한 제도**

(1) 청약철회권

① 의의 : 일정기간 내 금융소비자가 금융상품 계약을 철회하는 경우 판매자는 이미 받은 금전·재화 등을 반환해야 함(보장성·대출성·투자성 상품 및 자문에 확대적용)

② 청약철회 가능 기간

투자성 상품	계약서류 제공일 또는 계약체결일로부터 7일 이내
대출성 상품	계약서류 제공일 또는 계약체결일로부터 14일 이내

(2) 계약서류 제공의무 및 기록 유지·관리의무

계약서류 제공의무	• 금융상품판매업자는 소비자와 계약체결 시 계약서, 약관, 설명서 등 계약서류를 지체 없이 교부해야 함
자료기록·유지·관리의무	• 금융상품판매업자는 업무 관련 자료를 기록하고 유지관리해야 함 • 유지관리기간 : 원칙 10년

(3) 사후구제 제도

금융분쟁조정제도	소비자는 금융분쟁 발생 시 금융감독원에 분쟁조정 신청할 수 있으며, 분쟁의 당사자가 조정안을 수락한 경우 재판상 화해와 같은 효력이 있음
소송중지제도	분쟁조정이 신청된 사건에 대하여 소송이 진행 중일 경우 법원이 그 소송을 중지할 수 있도록 한 제도
조정이탈금지제도	소비자가 신청한 소액분쟁(2천만원 이하의 분쟁)이 있는 경우 분쟁조정 완료 시까지 금융회사의 제소를 금지하는 제도
자료열람요구권	금융소비자가 분쟁조정·소송 등 대응 목적으로 금융회사 등이 유지·관리하는 자료의 열람 요구 시, 금융회사는 수용할 의무가 있음
손해배상책임	금융상품판매업자가 설명의무 위반하여 소비자에게 손해를 입힌 경우, 자신의 고의 또는 과실을 입증하지 못하면 손해배상책임을 면할 수 없음(입증책임을 금융소비자에서 금융상품판매업자로 전환시킴)

정답 | ①

금융소비자보호법상 금융소비자의 위법계약해지권에 대한 설명이 가장 적절한 것은?

① 금융상품판매업자가 광고규제를 위반한 경우에도 적용된다.
② 위법계약해지권이 적용되는 상품에 금융상품자문계약은 포함되지 않는다.
③ 계약체결일로부터 5년 이내의 범위에서 위법사실을 안 날로부터 1년 이내에 해지요구가 가능하다.
④ 위법계약의 해지는 소급적 효력이 있기 때문에 금융상품판매업자는 원상회복의무가 있다.

TIP ① 위법계약해지권은 5대 판매규제(적합성 원칙, 적정성 원칙, 설명의무, 불공정영업행위금지, 부당권유행위금지) 위반 시 적용된다.
② 위법계약해지권이 적용되는 상품에는 투자일임계약, 금전신탁계약, 금융상품자문계약 등이 있고, 적용되지 않는 상품에는 P2P업자와 체결하는 계약, 양도성예금증서, 표지어음 등이 있다.
④ 위법계약해지의 효력은 장래에 대하여만 효력이 있으므로 금융상품판매업자의 원상회복의무는 없다.

핵심포인트 해설   **금융소비자의 위법계약해지권**

행사요건	• 5대 판매규제 위반(적합성 원칙, 적정성 원칙, 설명의무, 불공정영업행위 금지, 부당권유행위 금지) • 적용상품 : 투자일임계약, 금전신탁계약, 금융상품자문계약 • 적용제외상품 : P2P업자와 체결하는 계약, 양도성예금증서, 표지어음
해지요구기간	• 계약체결일로부터 5년 이내의 범위에서 위법사실을 안 날로부터 1년 이내
수락통지	• 금융상품판매업자는 10일 이내에 소비자의 해지요구에 대한 수락여부를 통지해야 함 • 해지요구를 거절할 경우 거절사유를 함께 통지해야 함
위법계약해지의 효력	• 장래효(비소급효) : 금융상품판매업자의 원상회복의무는 없음 • 금융소비자에 대한 해지 관련 비용 요구 불가

정답 | ③

fn.Hackers.com

출제예상문제

다시 봐야 할 문제(틀린 문제, 풀지 못한 문제, 헷갈리는 문제 등)는 문제 번호 하단의 네모박스에 체크하여 반복학습하시기 바랍니다.

01 중요도 ★★
다음 중 집합투자업자의 파생상품 운용 규제와 가장 거리가 먼 것은?

① 적격요건을 갖추지 못한 자와 장외파생상품 거래를 할 수 없다.
② 파생상품 매매에 따른 위험평가액이 (자산총액 − 부채총액)의 10%를 초과하여 투자하는 행위는 금지된다.
③ 기초자산 중 동일법인이 발행한 증권의 가격변동으로 인한 위험평가액이 자산총액의 10%를 초과하여 투자하는 행위는 금지된다.
④ 동일거래상대방과의 장외파생상품 매매에 따른 거래상대방 위험평가액이 자산총액의 10%를 초과하여 투자하는 행위는 금지된다.

02 중요도 ★★★
투자신탁의 수익자총회에 대한 설명 중 잘못된 것은?

① 총회소집은 집합투자업자, 신탁업자뿐만 아니라 발행된 수익증권 총좌수의 5% 이상 보유한 수익자도 요구할 수 있다.
② 수익자총회는 자본시장법에서 정한 사항만 의결할 수 있다.
③ 자본시장법에서 정한 사항의 의결방법은 출석자 과반수 & 총좌수 1/4 찬성으로 한다.
④ 신탁계약으로 정한 사항의 의결방법은 출석자 과반수 & 총좌수 1/5 찬성으로 한다.

03 중요도 ★★★
투자신탁의 의결기관인 수익자총회는 일정 사유가 있을 때 수익자의 결의를 통하여 결정하게 된다. 집합투자업자가 사전에 수익자총회의 결의를 거쳐야 하는 신탁계약 변경사항과 거리가 먼 것은?

① 집합투자업자, 신탁업자 등이 받는 보수의 인하
② 신탁계약 기간의 변경
③ 주된 투자대상자산의 변경
④ 환매대금 지급일의 연장

04 중요도 ★★

투자회사의 기관에 대한 기술 중 잘못된 것은?

① 투자회사의 기관에는 이사, 이사회, 주주총회가 있다.

② 이사는 법인이사 2인과 감독이사 1인 이상으로 구성된다.

③ 법인이사는 투자회사를 대표하고 투자회사의 업무를 집행하는 이사이며, 해당 투자회사의 집합투자업자가 법인이사가 된다.

④ 감독이사는 집합투자업자의 업무집행을 감독하고 투자회사의 업무 및 재산상황을 감독하는 이사이다.

정답 및 해설

01 ② 파생상품 매매에 따른 위험평가액이 (자산총액 − 부채총액)의 100%를 초과하여 투자하는 행위는 금지된다.

02 ② 수익자총회는 자본시장법에서 정한 사항과 신탁계약에서 정한 사항을 의결할 수 있다.

03 ① 신탁보수 인상은 투자자에게 불리하므로 수익자총회 결의사항이지만, 보수 인하는 투자자에게 유리하므로 수익자총회 결의사항이 아니다.

참고 수익자총회의 결의사항

- 보수 및 수수료의 인상
- 환매금지형 투자신탁이 아닌 투자신탁의 환매금지형 투자신탁으로의 변경
- 환매대금 지급일의 연장
- 투자신탁의 종류 변경
- 주된 투자대상자산의 변경
- 투자대상자산에 대한 투자한도의 변경(동일종목 한도를 변경하는 경우만 해당)
- 집합투자업자의 변경
- 신탁업자의 변경
- 신탁계약 기간의 변경 등

04 ② 이사는 법인이사 1인(집합투자업자)과 감독이사 2인 이상으로 구성된다.

05 중요도 ★

집합투자증권 및 집합투자기구 등록에 대한 설명 중 잘못된 것은?

① 투자신탁의 수익증권은 집합투자업자의 확인을 받아 신탁업자가 발행한다.
② 공모집합투자기구가 등록신청서와 증권신고서를 동시에 제출하는 경우 증권신고서가 수리된 때에 등록된 것으로 본다.
③ 투자신탁의 수익증권 및 투자회사의 주식은 무액면식, 기명식으로 발행된다.
④ 투자회사는 상환주식, 전환주식을 발행할 수 없으며, 보통주만 발행하여야 한다.

06 중요도 ★★★

투자설명서는 법정 투자권유문서로 투자를 권유하는 경우 반드시 투자설명서에 의해야 한다. 이에 대한 설명 중 잘못된 것은?

① 투자설명서의 내용은 증권신고서의 기재내용과 원칙적으로 동일해야 한다.
② 예비투자설명서는 신고의 효력이 발생하지 않았다는 사실을 덧붙인 투자설명서로 증권신고서 수리 후 효력발생 전에 사용할 수 있다.
③ 간이투자설명서는 효력발생 후에만 사용할 수 있다.
④ 개방형펀드는 최초 투자설명서 제출 후 매년 1회 이상 정기적으로 투자설명서를 갱신해야 한다.

07 중요도 ★★

다음 중 집합투자증권의 판매가격에 대한 설명이 적절하지 않은 것은?

① 판매가격은 원칙적으로 금전을 납입한 후 최초로 산정되는 기준가격으로 한다.
② 투자자가 기준시점을 지나 금전을 납입한 경우에 납입일로부터 기산하여 제3영업일에 공고되는 기준가격을 판매가격으로 한다.
③ 모든 단기금융집합투자기구(MMF)의 판매가격은 금전의 납입일에 공고되는 기준가격을 판매가격으로 한다.
④ 투자자의 이익을 침해할 우려가 있다고 인정되는 경우 판매가격은 납입일로부터 기산하여 제3영업일 또는 그 이후에 공고되는 기준가격으로 할 수 있다.

08 중요도 ★★★

자본시장법상 투자권유대행인에 대한 설명으로 가장 거리가 먼 것은?

① 투자권유대행인이란 금융투자회사로부터 위탁을 받아 금융투자상품의 투자권유를 수행하는 자를 말한다.

② 위험회피 목적의 파생상품에 대한 투자권유를 할 수 있다.

③ 투자권유대행인의 등록은 기등록되어 있지 않아야 가능하며 등록이 취소된 경우 등록취소일로부터 3년이 경과해야 가능하다.

④ 금융투자업자는 투자권유대행인이 집합투자증권의 투자권유를 대행함에 있어 설명의무 위반으로 투자자에게 끼친 손해를 배상할 책임이 있다.

09 중요도 ★★

자본시장법상 집합투자증권의 판매수수료 및 판매보수에 대한 설명으로 가장 거리가 먼 것은?

① 투자신탁의 경우 신탁업자(수탁자)가 투자신탁재산의 법적 소유인으로 보관한다.

② 판매수수료는 환매 시에 투자자로부터 일시에 받을 수도 있다.

③ 판매보수의 한도는 원칙적으로 집합투자재산 연평균가액의 100분의 2이다.

④ 사모집합투자기구의 경우 판매수수료 한도가 적용되지 아니한다.

정답 및 해설

05 ① 투자신탁의 수익증권은 신탁업자의 확인을 받아 집합투자업자가 발행한다.

06 ③ 간이투자설명서는 효력발생 후는 물론 효력발생 전에도 사용할 수 있다.

07 ③ 단기금융집합투자기구(MMF)의 판매가격은 원칙적으로 금전을 납입한 후 최초로 산정되는 기준가격으로 한다. 다만, 예외적으로 미리 MMF를 매수하기로 투자매매(중개)업자와 미리 약정한 경우 또는 국가재정법에 따라 여유자금을 통합하여 운용하는 MMF의 경우에는 금전의 납입일에 공고되는 기준가격을 판매가격으로 한다.

08 ② 투자권유대행인의 경우 파생상품에 대해서는 투자권유를 할 수 없다.

09 ③ 판매보수는 1/100을 초과할 수 없다.

10 중요도 ★★★

자본시장법상 증권운용의 제한에 대한 기술 중 잘못된 것은?

① 각각의 집합투자기구는 동일종목에 자산총액의 10%를 초과하여 투자할 수 없다.

② 국공채, 통안증권, 정부원리금보증채권은 100%까지 투자할 수 있다.

③ 시가총액비중이 10%를 넘는 지분증권은 그 시가총액비중까지 투자할 수 있다.

④ 지방채, 특수채, 파생결합증권, OECD 가맹국 정부발행채권은 50%까지 투자할 수 있다.

11 중요도 ★★

자본시장법상 자산운용보고서에 대한 설명 중 잘못된 것은?

① 집합투자업자는 자산운용보고서를 작성하여 신탁업자의 확인을 받아 3개월마다 1회 이상 투자자에게 교부해야 한다.

② 자산운용보고서의 교부 시 전자우편의 방법은 허용된다.

③ 자산운용보고서의 작성 및 교부비용은 집합투자업자가 부담한다.

④ 외국집합투자업자의 경우 반기 1회 이상 자산운용보고서를 투자자에게 제공하여야 한다.

12 중요도 ★★★

집합투자증권의 판매보수 및 판매수수료에 대한 설명 중 잘못된 것은?

① 판매보수는 용역의 대가로 투자자로부터 받는다.

② 판매보수의 한도는 집합투자재산 연평균가액의 1%까지이다.

③ 판매수수료의 한도는 납입금액 또는 환매금액의 2%까지이다.

④ 판매수수료는 집합투자규약이 정하는 바에 따라 판매방법, 투자매매·중개업자, 판매금액, 투자기간 등을 기준으로 차등하여 받을 수 있다.

13 중요도 ★★★

□ 증권을 발행하면 증권신고서를 금융위원회에 제출해야 되는 경우가 있다. 다음 중 증권 신고서에 대한 설명으로 잘못된 것은?

① 증권신고서를 금융위원회에 제출하여 수리되기 전에는 집합투자증권을 모집하거나 매출할 수 없다.

② 공모펀드는 증권신고서 제출대상에 포함되나, 사모펀드는 포함되지 않는다.

③ 일괄신고서를 제출할 수 있는 집합투자기구는 폐쇄형 집합투자기구이다.

④ 증권신고서의 효력발생 기간은 개방형, 폐쇄형 모두 원칙적으로 15일이고, 정정신고서의 효력발생 기간은 원칙적으로 3일이다.

14 중요도 ★★

□ 집합투자증권의 환매에 대한 기술 중 잘못된 것은?

① 환매대금은 금전으로 지급하는 것이 원칙이나 투자자 전원의 동의를 얻은 경우 집합투자 재산으로 지급할 수 있다.

② 환매기간은 15일을 넘지 않는 범위에서 집합투자규약에서 정할 수 있다.

③ 펀드자산총액의 10%를 초과하여 외화자산에 투자하는 경우에는 환매기간을 15일을 초과하여 정할 수 있다.

④ 환매연기기간 중에는 환매연기대상 집합투자증권의 발행 및 판매 행위도 금지된다.

정답 및 해설

10 ④ 원칙적으로 동일종목에 자산총액의 10%를 초과하여 투자할 수 없으나 예외적으로 국공채·통안증권·정부원리금보증채권은 100%, 지방채·특수채·파생결합증권·OECD 가맹국 정부발행채권은 30%, 시가총액비중이 10%를 넘는 지분증권은 그 시가 총액비중까지 투자할 수 있다.

11 ④ 외국집합투자업자의 경우 3개월마다 1회 이상 자산운용보고서를 투자자에게 제공하여야 한다.

12 ① 판매보수는 용역의 대가로 집합투자기구로부터 받는다.

13 ③ 일괄신고서를 제출할 수 있는 집합투자기구는 개방형 집합투자기구이다.

14 ③ 환매기간은 15일을 넘지 않는 것이 원칙이지만, 예외적으로 펀드자산총액의 10%를 초과하여 시장성 없는 자산에 투자하는 경우, 펀드자산총액의 50%를 초과하여 외화자산에 투자하는 경우, 사모투자재간접집합투자기구의 경우, 부동산·특별자산투자 재간접집합투자기구의 경우에는 15일을 초과하여 정할 수 있다.

15 중요도 ★★

다음 중 집합투자업자에 대한 금전차입 제한의 내용으로 적절하지 않은 것은?

① 집합투자업자는 원칙적으로 집합투자재산의 운용을 위하여 금전을 차입할 수 없다.
② 집합투자업자는 대량 환매청구가 있는 경우 예외적으로 금전을 차입할 수 있다.
③ 집합투자업자가 거래상대방의 결제지연을 이유로 금전을 차입하는 것은 금지된다.
④ 집합투자업자가 예외적으로 금전을 차입하는 경우라도 차입금 총액은 원칙적으로 순자산 총액의 10%를 초과할 수 없다.

16 중요도 ★

집합투자업자의 불건전영업행위와 거리가 먼 것은?

① 투자대상자산 가격에 중대한 영향을 줄 수 있는 매매의사를 결정하고 이를 실행한 후, 집합투자업자가 자기계산으로 매매하거나 제3자에게 매매를 권유하는 행위
② 자기 또는 관계인수인이 인수한 증권을 집합투자재산으로 매수하는 행위
③ 특정집합투자재산을 집합투자업자의 고유재산 또는 그 집합투자업자가 운용하는 다른 집합투자재산, 투자일임재산, 신탁재산과 거래하는 행위
④ 투자운용인력이 아닌 자에게 집합투자재산을 운용하게 하는 행위

17 중요도 ★★★

투자권유대행인이 투자권유 시 투자자에게 알려야 할 사항과 거리가 먼 것은?

① 투자권유를 위탁한 금융투자업자를 대리하여 계약을 체결할 권한이 없다는 사실
② 투자권유대행인은 투자자로부터 금전과 증권, 그 밖의 재산을 수취할 수 있다는 사실
③ 투자자를 대리하여 계약을 체결할 수 없다는 사실
④ 투자자로부터 금융투자상품에 대한 매매권한을 위탁받을 수 없다는 사실

18 중요도 ★★

펀드의 환매에 대한 설명 중 잘못된 것은?

① 환매수수료는 환매금액 또는 이익금을 기준으로 부과하며, 징수한 환매수수료는 당해 집합투자재산에 귀속된다.

② 환매대금은 반드시 금전으로만 지급해야 한다.

③ 투자매매업자·투자중개업자는 환매대상 펀드를 자기의 계산으로 취득하거나 타인에게 취득하게 할 수 없다.

④ 투자자는 언제든지 환매청구가 가능하다.

19 중요도 ★★

투자신탁의 경우 투자신탁재산의 효율적 운용을 위하여 불가피하게 집합투자업자가 직접 투자대상자산을 취득·처분할 수 있다. 이에 해당하는 것과 거리가 먼 것은?

① 부동산의 매매

② 장내파생상품의 매매

③ 단기대출(Call Loan)

④ 투자위험을 회피하기 위한 장외파생상품의 매매

정답 및 해설

15 ③ 집합투자업자는 금전차입 금지가 원칙이나 예외적으로 ㉠ 환매청구가 대량 발생한 경우 ㉡ 총회 안건에 반대하는 투자자의 매수청구가 대량 발생한 경우 ㉢ 시장의 폐쇄·휴장·거래정지 등으로 집합투자재산을 처분할 수 없는 경우 ㉣ 거래상대방의 결제지연이 발생한 경우 ㉤ 환율의 급격한 변동이 발생한 경우 등에는 금전차입이 허용된다.

16 ① 투자대상자산 가격에 중대한 영향을 줄 수 있는 매매의사를 결정한 후 이를 실행하기 '전'에 집합투자업자가 자기계산으로 매매하거나 제3자에게 매매를 권유하는 행위

17 ② 투자권유대행인은 투자자로부터 금전과 증권, 그 밖의 재산을 수취하지 못하며, 금융투자업자가 이를 직접 수취한다는 사실을 알려야 한다.

18 ② 환매대금은 금전으로 지급하는 것이 원칙이나, 집합투자자 전원의 동의를 얻은 경우 집합투자재산으로 지급할 수 있다.

19 ① 투자신탁재산의 효율적 운용을 위하여 불가피한 경우 집합투자업자가 직접 투자대상자산을 취득·처분할 수 있는데 이에 해당하는 것은 국내외 상장주식, 주식 관련 DR, 수익증권, 파생결합증권의 매매, 장내파생상품의 매매, 단기대출(Call Loan), 금융기관이 발행·할인·매매·중개·인수 또는 보증하는 어음의 매매, 양도성예금증서의 매매, 외국환거래법에 따른 대외지급수단의 매매거래, 투자위험을 회피하기 위한 장외파생상품의 매매, 환매조건부채권(RP) 매매 등이다.

20 중요도 ★★

MMF에 대한 법적 제한 내용을 모두 고른 것은?

☐

> ㉠ MMF 편입자산의 잔존기한을 제한하고 있다.
> ㉡ MMF 편입자산의 신용등급을 제한하고 있다.
> ㉢ MMF 편입자산의 분산투자를 강화하고 있다.
> ㉣ 다른 MMF 투자를 금지하고 있다.

① ㉠   ② ㉠, ㉡   ③ ㉠, ㉡, ㉢   ④ ㉠, ㉡, ㉢, ㉣

21 중요도 ★★

집합투자기구의 환매 및 거래가격에 대한 기술 중 잘못된 것은?

☐

① 집합투자증권의 환매가격은 환매청구일 후에 산정되는 기준가격으로 해야 한다.
② 중도 환매 시 환매수수료는 투자자가 부담하고, 징수한 환매수수료는 펀드 판매회사에 귀속된다.
③ 집합투자증권의 판매가격은 투자자의 금전 납입 후 최초로 산정되는 기준가격으로 판매해야 한다.
④ 판매가격 또는 환매가격은 기준가격으로 해야 하며 할증하거나 할인할 수 없다.

22 중요도 ★★

공모집합투자기구에서 예외적으로 성과보수를 받을 수 있는 요건과 거리가 먼 것은?

☐

① 운용성과가 기준지표성과보다 낮은 경우 성과보수를 적용하지 않은 경우보다 적은 운용보수를 받게 되는 보수체계를 갖출 것
② 집합투자업자가 임의로 변경할 수 없는 객관적지표(기준지표)를 기준으로 성과보수를 산정할 것
③ 환매금지형 집합투자기구의 경우 최소 존속기한이 2년 이상일 것
④ 성과보수 상한을 정할 것

23

중요도 ★

집합투자업자의 자산운용에 대한 공시를 설명한 내용 중 잘못된 것은?

① 집합투자업자는 자산운용보고서를 작성하여 신탁업자의 확인을 받아 3개월마다 1회 이상 직접 또는 전자우편의 방법으로 투자자에게 교부해야 한다.

② 수시공시는 판매회사 및 금융투자협회의 인터넷 홈페이지에 공시, 판매회사가 전자우편을 통해 투자자에게 통지, 판매회사의 본지점 및 영업소에 게시하는 방법으로 하며 세 가지 방법 중 하나로 이행하면 된다.

③ 자산운용보고서의 작성·교부비용은 집합투자업자가 부담한다.

④ 금융투자협회는 각 집합투자재산의 순자산가치의 변동명세가 포함된 운용실적을 비교하여 그 결과를 인터넷 홈페이지 등에 공시해야 한다.

정답 및 해설

20 ③ 다른 MMF 투자는 가능하다.

21 ② 중도 환매 시 환매수수료는 투자자가 부담하고, 징수한 환매수수료는 당해 집합투자재산에 귀속된다.

22 ③ 환매금지형 집합투자기구의 경우 최소 존속기한이 1년 이상이어야 하며, 이에 해당하지 아니하는 집합투자기구의 경우에는 존속기한이 없어야 한다.

23 ② 세 가지 방법 모두 이행해야 된다.

24 중요도 ★★★

집합투자업자의 파생상품 및 부동산 운용특례에 대한 설명 중 잘못된 것은?

① 파생상품 매매에 따른 위험평가액이 집합투자기구 자산총액의 10%를 초과하여 파생상품에 운용하는 경우 집합투자업자는 계약금액, 위험지표를 인터넷 홈페이지 등에 공시해야 한다.

② 장외파생상품 매매에 따른 위험평가액이 집합투자기구 자산총액의 10%를 초과하여 장외 파생상품에 운용하는 경우 집합투자업자는 위험관리방법을 작성하여 신탁업자의 확인을 받아 금융위원회에 신고해야 한다.

③ 부동산집합투자기구의 경우 (자산총액 – 부채총액)의 100%까지 자금 차입이 가능하다.

④ 부동산개발사업을 시행할 목적으로 건축물, 기타 공작물이 없는 토지를 매입한 후 개발사 업 시행 전에 처분하는 것은 제한된다.

25 중요도 ★★

다음 중 원화MMF와 외화MMF를 비교한 내용이 적절하지 않은 것은?

① 원화MMF의 표시통화는 원화이나 외화MMF의 표시통화는 OECD가입국 통화 또는 중국 통화이다.

② 원화MMF는 원화로만 투자해야 하고, 외화MMF도 각 MMF별 단일통화로 투자해야 한다.

③ 외화MMF의 편입자산, 신용등급, 분산투자, 유동성요건 등 운용규제는 원화MMF와 동일 수준의 규제를 원칙으로 한다.

④ 외화MMF는 원화MMF에 비하여 신규설정요건이 강화되어 있다.

26 중요도 ★

다음 중 신탁업자의 집합투자재산 보관 및 관리에 대한 설명 중 잘못된 것은?

① 투자신탁의 경우 신탁업자(수탁자)는 투자신탁재산의 법적 소유인으로서 보관할 수 없다.

② 투자회사의 경우 신탁업자는 민법상 위임법리에 따라 수임인(보관대리인)으로서 보관한다.

③ 신탁업자는 집합투자재산 중 증권, 원화표시 CD, 어음(기업어음 제외), 기타 예탁결제원 이 지정하는 것은 자신의 고유재산과 구분하여 집합투자기구별로 예탁결제원에 예탁해 야 한다.

④ 신탁업자는 집합투자재산을 자신의 고유재산, 다른 집합투자재산, 제3자로부터 보관·위 탁받은 재산과 구분하여 관리해야 한다.

27 중요도 ★★

자본시장법상 집합투자재산을 보관·관리하는 신탁업자가 집합투자재산과 관련하여 확인하여야 할 사항으로 가장 거리가 먼 것은?

① 투자설명서가 법령 및 집합투자규약에 부합하는지 여부
② 위탁매매수수료 지급이 적정한지 여부
③ 집합투자재산의 평가가 공정한지 여부
④ 장외파생상품 운용에 따른 위험관리방법의 작성이 적정한지 여부

28 중요도 ★

신탁업자의 집합투자재산 확인 및 자산보관·관리보고서에 대한 설명 중 잘못된 것은?

① 신탁업자는 집합투자재산의 평가가 공정한지 여부를 확인해야 한다.
② 신탁업자는 기준가격 산정이 적정한지 여부를 확인해야 한다.
③ 신탁업자는 회계기간 종료일로부터 2개월 이내에 자산보관·관리보고서를 작성하여 투자자에게 제공해야 한다.
④ 50만원 미만의 투자자로서 집합투자규약에서 미교부를 정하고 있는 경우 자산보관·관리보고서를 제공하지 않아도 된다.

정답 및 해설

24 ③ 부동산집합투자기구의 경우 (자산총액 − 부채총액)의 200%까지 자금 차입이 가능하다. 차입금은 부동산에 운용하는 방법 외의 방법으로 운용하여서는 아니 되며, 집합투자자 총회에서 달리 의결한 경우에는 그 의결에 따라 차입할 수 있다.

25 ④ 외화MMF는 원화MMF에 비하여 신규설정요건이 완화되어 있다.

26 ① 투자신탁의 경우 신탁업자(수탁자)가 투자신탁재산의 법적 소유인으로서 보관한다.

27 ② 위탁수수료 지급의 적정성은 신탁업자의 확인사항이 아니다.

28 ④ 신탁업자는 투자자에게 자산보관·관리보고서를 제공하는 것이 원칙이다. 다만, 투자자가 수령거부의사를 서면으로 표시한 경우, MMF, 폐쇄형펀드, ETF의 자산보관·관리보고서를 인터넷 홈페이지 등을 통해 공시하는 경우, 10만원 이하 투자자로서 집합투자규약에서 미교부를 정하고 있는 경우에는 자산보관·관리보고서를 제공하지 않아도 된다.

29 중요도 ★

투자신탁의 해지에 대한 설명 중 잘못된 것은?

① 투자신탁의 전부해지는 해지권자(집합투자업자)의 일방적 의사표시로 투자신탁계약의 효력을 장래에 향하여 소멸시키는 행위이다.

② 집합투자업자가 투자신탁을 임의해지하는 경우 원칙적으로 금융위원회의 사전 승인이 필요 없다.

③ 법정해지 사유에는 신탁계약 기간 종료, 총회의 투자신탁해지 결의, 투자신탁의 피흡수합병, 투자신탁의 등록취소 등이 있으며 이 경우 집합투자업자는 지체 없이 투자신탁을 해지하고 금융위원회에 보고해야 한다.

④ 집합투자업자는 투자신탁해지 시점에 미수금 또는 미지급금이 있는 경우 해지일에 공정가액으로 양수해야 한다. (자전거래를 통해 다른 집합투자기구에서 양수하는 것도 가능)

30 중요도 ★

집합투자기구의 합병에 대한 기술 중 잘못된 것은?

① 투자신탁과 투자회사 간 합병할 수 있다.

② 두 집합투자기구가 합병하는 경우 수익자총회 또는 주주총회의 승인을 얻어야 한다.

③ 합병한 경우 그 사실을 금융위에 보고하고, 합병대상 집합투자기구가 상장되어 있는 경우 지체 없이 거래소에 보고해야 한다.

④ 존속하는 집합투자기구의 집합투자업자가 금융위원회에 합병보고를 한 때 합병의 효력이 발생하며, 합병으로 소멸하는 집합투자기구는 합병과 동시에 해지(해산)된 것으로 간주한다.

31 중요도 ★★

공모집합투자기구뿐만 아니라 사모집합투자기구에도 적용되는 규제에 해당하는 것은?

① 수시공시의무 규제

② 결산서류 등 비치열람의무 규제

③ 회계감사인의 손해배상책임

④ 의결권의 행사 규제

32

중요도 ★★★

사모집합투자기구의 특례에 대한 설명 중 옳은 것은?

① 성과보수를 받을 수 없다.

② 납입수단은 금전뿐만 아니라 증권, 부동산, 실물자산, 노무, 신용 등으로도 가능하다.

③ 설립 후 4주일 이내에 금융위에 등록하면 된다.

④ 투자자보호 필요성이 적은 공시, 회계, 신탁업자의 감시의무 등의 규정도 적용된다.

33

중요도 ★★

자본시장법상 집합투자업자의 행위준칙에 대한 기술 중 잘못된 것은?

① 집합투자업자 및 신탁업자는 투자신탁재산으로 투자대상 자산을 취득·처분한 경우 그 투자신탁재산으로 이행책임을 진다.

② 시가총액비중이 10%를 넘는 지분증권에 대하여는 그 시가총액비중까지 투자할 수 있다.

③ 동일증권을 기초자산으로 한 파생상품투자에 따른 위험평가액이 각 집합투자기구 자산총액의 10%를 초과하여 투자하는 행위는 금지된다.

④ 집합투자업자는 어떤 경우에도 집합투자기구의 계산으로 금전을 차입하거나 대여할 수 없다.

정답 및 해설

29 ② 집합투자업자가 투자신탁을 임의해지하는 경우 원칙적으로 금융위의 사전 승인이 필요하다.

30 ① 투자신탁과 투자신탁 간, 투자회사와 투자회사 간 합병만 허용된다.

31 ④ 집합투자기구에 편입된 주식의 의결권 행사 규제는 사모펀드에도 적용된다.

32 ② ① 성과보수를 받을 수 있고, 그 산정방식은 투자설명서 및 집합투자규약에 기재해야 한다.
③ 공모집합투자기구는 설립 전에 금융위에 등록해야 하나 사모집합투자기구는 설립 후 2주일 이내에 금융위에 등록하면 된다.
④ 투자자보호 필요성이 적은 공시, 회계, 신탁업자의 감시의무 등의 규정은 적용되지 않는다.

33 ④ 집합투자업자는 원칙적으로 금전차입이 금지되나 예외적으로 일시적인 자금부족에 대응하기 위한 차입(차입 당시 집합투자기구 순자산총액의 10% 범위 내)은 가능하다. 또한 원칙적으로 금전대여가 금지되나 예외적으로 Call Loan(30일 이내의 단기대출)은 가능하다.

34 중요도 ★
집합투자재산을 보관할 때의 규제에 대한 설명 중 옳은 것은?

① 신탁업자는 집합투자재산을 자신의 고유재산과 구분하여 관리하고, 다른 집합투자재산과
　　는 통합하여 관리해야 한다.
② 투자신탁의 재산은 집합투자업자의 명의로 신탁업자가 보관한다.
③ 신탁업자는 집합투자재산 중 증권, 원화표시 CD, 어음(기업어음 제외) 등을 자신의 고유
　　재산과 구분하여 집합투자기구별로 예탁결제원에 예탁해야 한다.
④ 대부분의 유가증권은 최종적으로 신탁업자가 보관한다.

35 중요도 ★
집합투자재산의 평가에 대한 기술 중 잘못된 것은?

① 평가업무를 위하여 집합투자재산 평가위원회를 구성해야 한다.
② 평가위원회에는 평가담당임원, 운용담당임원, 준법감시인이 반드시 포함되어야 한다.
③ 신탁업자의 확인을 받아 집합투자재산 평가기준을 마련해야 한다.
④ 평가위원회가 집합투자재산을 평가한 경우 그 평가명세를 금융위원회에게 통보해야 한다.

36 중요도 ★
신탁업자의 업무제한에 대한 기술 중 잘못된 것은?

① 신탁업자는 당해 집합투자재산을 운용하는 집합투자업자와 계열회사 관계에 있지 않아
　　야 한다.
② 신탁업자는 당해 집합투자기구와 계열회사 관계에 있지 않아야 한다.
③ 신탁업자는 자신이 보관하는 집합투자재산을 자신의 고유재산, 다른 집합투자재산 또는
　　제3자로부터 위탁받은 재산과 거래하면 안 된다.
④ 신탁업자는 보관을 위탁받은 집합투자재산에 대한 효율적 관리를 위하여 각각의 집합투자
　　기구를 통합하여 관리해야 한다.

37 집합투자기구의 의결권 행사에 대한 기술 중 잘못된 것은?

① 주식발행인이 집합투자업자의 계열사인 경우에는 중립투표를 해야 한다.

② 동일종목 투자한도를 초과하여 투자한 경우에는 초과분에 대한 의결권이 제한된다.

③ 의결권행사의 대상인 주식발행인이 의결권공시대상법인인 경우에는 주총 의안이 무엇인지에 관계없이 의결권의 구체적인 행사내용 및 그 사유를 공시해야 한다.

④ 의결권행사의 대상인 주식발행인이 의결권공시대상법인이 아닌 경우에는 경영권 변경과 관련된 주총 의안이 아닌 경우에만 공시의무가 있다.

정답 및 해설

34 ③ ① 신탁업자는 집합투자재산을 자신의 고유재산, 다른 집합투자재산, 제3자로부터 보관을 위탁받은 재산과 구분하여 관리해야 한다.

　② 투자신탁의 재산은 신탁업자의 명의로 신탁업자가 보관한다.

　④ 대부분의 유가증권은 최종적으로 예탁결제원이 보관한다.

35 ④ 평가위원회가 집합투자재산을 평가한 경우 그 평가명세를 신탁업자에게 통보해야 한다.

36 ④ 신탁업자는 보관을 위탁받은 집합투자재산에 대하여 집합투자재산이라는 사실과 위탁자를 명기하여 각각의 집합투자기구별로 관리해야 한다.

37 ④ 의결권행사 대상인 주식발행인이 의결권공시대상법인이 아닌 경우에는 경영권 변경과 관련된 주총 의안(합병, 영업양수도, 임원임면, 정관변경 등)에 대해 의결권을 행사한 때에 한하여 그 구체적인 행사내용 및 그 사유를 공시해야 한다.

38

중요도 ★★

집합투자업자의 자산운용보고서 교부의무가 면제되는 경우와 거리가 먼 것은?

① 투자자의 평가금액이 100만원 이하인 경우로서 규약에서 자산운용보고서를 교부하지 않는다고 정한 경우

② MMF에 대하여 매월 1회 이상 집합투자업자, 판매회사 및 금융투자협회의 인터넷홈페이지를 이용하여 자산운용보고서를 공시하는 경우

③ 환매금지형펀드에 대하여 3개월마다 관계사 인터넷홈페이지를 이용하여 자산운용보고서를 공시하는 경우

④ 투자자가 자산운용보고서 수령을 거부한다는 의사표시를 한 경우

39

중요도 ★★★

자본시장법상 폐쇄형펀드로 설정·설립되는 경우를 모두 고른 것은?

> ㉠ 부동산펀드를 설정·설립하는 경우
> ㉡ 특별자산펀드를 설정·설립하는 경우
> ㉢ 펀드자산총액의 20%를 초과하여 부동산 등 시장성 없는 자산에 투자할 수 있는 펀드를 설정·설립하는 경우
> ㉣ 펀드자산총액의 20%를 초과하여 파생결합증권·국채 등에 혼합투자할 수 있는 펀드를 설정·설립하는 경우

① ㉠   ② ㉠, ㉡   ③ ㉠, ㉡, ㉢   ④ ㉠, ㉡, ㉢, ㉣

40

중요도 ★★

상장지수집합투자기구(ETF)의 요건과 거리가 먼 것은?

① 동일종목에 대한 운용제한이 없을 것

② 지수의 변화에 연동하여 운용하는 것을 목표로 할 것

③ 당해 ETF의 환매가 허용될 것

④ 설정일로부터 30일 이내에 상장될 것

41 중요도 ★★

증권신고의 효력이 발생한 집합투자증권을 취득하고자 하는 자에게는 반드시 투자설명서를 교부해야 한다. 그러나 일부는 투자설명서 교부의무가 면제된다. 다음 중 투자설명서 교부가 면제되는 자와 거리가 먼 것은?

① 전문투자자

② 투자설명서 수령 거부의사를 서면으로 표시한 자

③ 전자문서로 수령하기를 원하는 자

④ 연고자

42 중요도 ★★

집합투자업자는 집합투자재산을 운용함에 있어서 원칙적으로 이해관계인과 거래할 수 없다. 다음 중 이해관계인에 해당되지 않는 것은?

① 집합투자업자의 임직원 및 그 배우자

② 집합투자업자의 대주주 및 그 배우자

③ 집합투자업자의 계열회사의 임직원 및 그 배우자

④ 집합투자업자가 운용하는 전체 집합투자기구의 집합투자증권을 10% 판매한 투자중개업자

정답 및 해설

38 ① 투자자의 평가금액이 10만원 이하라고 해야 맞다.

39 ③ 환매금지형(폐쇄형)펀드로 설정·설립되는 경우는 ㉠㉡㉢이다.

40 ① ETF는 동일종목에 대한 운용제한이 있다.

41 ③ 전자문서로 수령하기를 원하는 자라고 하여 투자설명서 교부의무가 면제되는 것은 아니다.

42 ④ 이해관계인의 범위에는 ①②③뿐만 아니라 집합투자업자가 운용하는 전체 집합투자기구의 집합투자증권을 30% 이상 판매한 투자중개업자 및 투자매매업자, 투자회사의 감독이사 등이 포함된다.

43 중요도 ★★
자본시장법상 일반투자자뿐만 아니라 전문투자자에게도 적용되는 것은?

① 설명의무
② 적합성 원칙
③ 적정성 원칙
④ 부당권유금지의무

44 중요도 ★★
전문투자자에 대한 기술 중 잘못된 것은?

① 금융상품에 대한 전문성을 구비하고 소유자산의 규모 등에 비추어 투자위험을 감수할 능력이 있는 투자자를 말한다.
② 주권상장법인이 금융투자업자와 장내파생상품을 거래하는 경우 전문투자자와 같은 대우를 받겠다는 의사를 금융투자업자에게 서면으로 통지해야 전문투자자의 대우를 받는다.
③ 전문투자자가 금융투자업자에게 일반투자자와 동일한 대우를 받겠다는 의사를 서면으로 통지하면 정당한 사유가 없는 한 금융투자업자는 이에 동의해야 한다.
④ 집합투자증권을 판매하는 투자매매업자 또는 투자중개업자는 투자자가 일반투자자인지 전문투자자인지 여부를 먼저 확인해야 한다.

45 중요도 ★★
집합투자업자의 성과연동형 운용보수 방식에 대한 설명으로 잘못된 것은?

① 성과보수의 상한은 기본운용보수의 50% 이하에서 정할 것
② 성과운용보수는 펀드의 운용성과가 기준지표의 성과를 하회하는 경우와 상회하는 경우를 대칭적인 구조로 산정할 것
③ 3개월 또는 6개월 주기로 성과를 측정하여 다음 주기의 성과운용보수를 산출할 것
④ 성과운용보수를 계산한 값이 기본운용보수의 ±20% 밖의 범위에 분포하는 등 적정한 값으로 결정되도록 정할 것

46 중요도 ★

집합투자업자의 집합투자재산 운용 시 제한에 대한 설명으로 잘못된 것은?

① 집합투자업자는 투자재산 운용 시 집합투자업자의 임직원 및 그 배우자와 거래할 수 없다.
② 집합투자업자는 투자재산 운용 시 집합투자업자의 대주주 및 그 배우자와 거래할 수 없다.
③ 집합투자업자는 투자재산 운용 시 집합투자업자 운용펀드를 10% 이상 판매한 투자매매업자와 거래할 수 없다.
④ 집합투자업자는 투자재산 운용 시 집합투자업자 운용펀드의 투자재산을 30% 이상 보관·관리하는 신탁업자와 거래할 수 없다.

47 중요도 ★★

집합투자업자는 원칙적으로 이해관계인과 거래할 수 없으나 이해상충이 없으면 예외적으로 거래가 허용된다. 다음 중 이해관계인과의 거래가 허용되는 예외사항에 해당하지 않는 것은?

① 이해관계인이 되기 6개월 이전에 체결한 계약에 따른 거래
② 증권시장 등 불특정 다수인이 참여하는 공개시장을 통한 거래
③ 집합투자기구에 유리한 거래
④ 투자회사 감독이사와의 거래

정답 및 해설

43 ④ 부당권유금지의무는 전문투자자에게도 적용된다.
44 ② 주권상장법인이 금융투자업자와 장외파생상품을 거래하는 경우 전문투자자와 같은 대우를 받겠다는 의사를 금융투자업자에게 서면으로 통지해야 전문투자자의 대우를 받는다.
45 ① 성과보수의 상한은 기본운용보수의 50% 이상 100% 이하에서 정해야 한다.
46 ③ 집합투자업자는 투자재산 운용 시 집합투자업자 운용펀드를 30% 이상 판매·위탁판매한 투자매매·중개업자와 거래를 할 수 없다.
47 ④ 투자회사 감독이사와의 거래는 허용되지 않는다.

48 중요도 ★

집합투자업자는 집합투자재산을 운용함에 있어서 이해관계인과 거래할 수 없다. 다음 중 이에 해당하는 거래가 아닌 것은?

① 집합투자업자의 계열회사, 계열회사의 임직원 및 그 배우자, 대주주 및 그 배우자와의 거래

② 집합투자업자가 운용하는 전체 집합투자기구의 집합투자증권을 30% 이상 판매한 판매사와의 거래

③ 집합투자업자가 운용하는 전체 집합투자기구의 집합투자재산을 30% 이상 보관·관리하고 있는 신탁업자와의 거래

④ 집합투자기구와의 이해상충 우려가 없는 거래로서 이해관계인이 되기 6개월 이전에 체결한 계약에 따른 거래

49 중요도 ★★

금융소비자보호법상 금융투자업자의 상품판매와 관련한 투자성 상품에 해당하지 않는 것은?

① 금융투자상품

② 투자일임계약

③ 신탁계약(관리형신탁 및 투자성 없는 신탁은 제외)

④ 연계투자(P2P투자)

50 중요도 ★★★

금융소비자보호법상 적합성 원칙에 대한 설명으로 가장 먼 것은?

① 투자성 상품에 대한 적합성 판단기준은 손실에 대한 감수능력이 적정수준인지 여부에 달려있다.

② 대출성 상품에 대한 적합성 판단기준은 상환능력이 적정수준인지 여부에 달려있다.

③ 일반사모펀드를 판매하는 경우에도 원칙적으로 적합성 원칙이 적용된다.

④ 금융상품판매업자는 투자권유 또는 자문업무를 하는 경우 금융소비자가 일반금융소비자인지 전문금융소비자인지 확인해야 한다.

51

중요도 ★★★

금융소비자보호법상 적정성 원칙에 대한 설명으로 가장 먼 것은?

☐

① 일반사모펀드는 원칙적으로 적정성 원칙의 적용이 면제되지만 적격투자자 중 일반금융소비자가 요청할 경우에는 적정성 원칙이 적용된다.

② 적정성의 원칙은 금융상품판매업자의 계약체결의 권유가 있는 경우에만 적용된다.

③ 사채 중 주식으로 전환되거나 원리금을 상환해야 할 의무가 감면될 수 있는 사채도 적정성 원칙의 대상이 된다.

④ 적정성 원칙은 위험도가 높은 투자성 상품 또는 대출성 상품에 적용된다.

52

중요도 ★★★

금융소비자보호법상 설명의무에 대한 설명으로 가장 먼 것은?

☐

① 전문금융소비자에게는 금융상품판매업자의 설명의무가 면제된다.

② 본인이 아닌 대리인에게 설명하는 경우, 전문금융소비자 여부는 본인 기준으로 판단한다.

③ 본인이 아닌 대리인에게 설명하는 경우, 설명의무 이행여부는 본인 기준으로 판단한다.

④ 기존계약과 동일한 내용으로 계약을 갱신하거나 기본계약을 체결하고 계속적·반복적으로 경우에는 설명서를 교부하지 않아도 된다.

정답 및 해설

48 ④ 집합투자업자는 이해관계인과 거래할 수 없는 것이 원칙이다. 다만 집합투자기구와의 이해상충 우려가 없는 거래로서 이해관계인이 되기 6개월 이전에 체결한 계약에 따른 거래, 증권시장 등 불특정 다수인이 참여하는 공개시장을 통한 거래, 일반적인 거래조건에 비추어 집합투자기구에 유리한 거래 등은 가능하다.

49 ④ 연계투자(P2P투자)는 「온라인투자연계금융업 및 이용자보호에 관한 법률」에 따른 것으로 온라인플랫폼을 통하여 투자자의 자금을 투자자가 지정한 해당 차입자에게 대출 등의 방법으로 자금을 공급하고 그에 따른 원리금수취권을 투자자에게 제공하는 것이다.

50 ③ 일반사모펀드 판매 시에는 원칙적으로 적합성 원칙의 적용이 면제된다. 다만, 예외적으로 적격투자자 중 일반금융소비자가 요청할 경우에는 적합성 원칙이 적용된다.

51 ② 위험도가 높은 투자성 상품 또는 대출성 상품은 '계약체결의 권유가 없는 경우'에도 적정성 여부를 금융소비자에게 알려야 한다. 적합성 원칙은 금융상품판매업자의 계약체결의 권유가 있는 경우에만 적용되지만, 적정성 원칙은 소비자가 자발적으로 계약체결의사를 밝힌 경우에도 적용된다.

52 ③ 본인이 아닌 대리인에게 설명하는 경우, 설명의무 이행여부는 대리인 기준으로 판단한다.

53

중요도 ★★★

금융소비자보호법상 금융상품판매업자의 불공정영업행위 금지의무에 대한 설명으로 가장 먼 것은?

① 금융상품판매업자의 불공정영업행위 금지의무는 일반금융소비자에게만 적용된다.

② 개인의 대출과 관련하여 제3자의 연대보증을 요구하는 것도 불공정영업행위에 해당한다.

③ 대출성 계약을 체결하고 최초로 이행된 전·후 1개월 이내에 대출액의 1%를 초과하는 투자성 상품의 계약체결을 하는 행위는 금지된다.

④ 금융소비자가 같은 금융상품판매업자에 같은 유형의 금융상품에 관한 계약에 대하여 1개월 이내에 2번 이상 청약철회 의사를 표시하는 경우에는 금융상품판매업자가 그에게 불이익을 부과하더라도 불공정영업행위라고 볼 수 없다.

54

중요도 ★★

금융소비자보호법상 광고규제에 대한 설명으로 가장 먼 것은?

① 광고의 대상은 금융상품뿐만 아니라 금융상품판매업자가 제공하는 각종 서비스도 될 수 있다.

② 투자성 상품의 경우 금융상품판매·대리업자는 금융상품뿐만 아니라 금융상품판매업자의 업무에 관한 광고도 수행할 수 있다.

③ 광고 주체가 금융상품 등의 광고를 하는 경우에는 준법감시인(준법감시인이 없는 경우에는 감사)의 심의를 받아야 한다.

④ 금융투자협회는 금융상품판매업자의 광고규제 준수 여부를 확인하고, 그 결과에 대한 의견을 해당 금융상품판매업자에게 통보할 수 있다.

55 중요도 ★★
금융상품판매대리·중개업자에 대한 금지행위에 해당하는 것은?

⊙ 금융소비자로부터 투자금, 보험료 등 계약의 이행으로서 급부를 받는 행위

ⓒ 금융상품판매대리·중개업자가 대리·중개하는 업무를 제3자에게 하게 하거나 그러한 행위에 관하여 수수료·보수나 그 밖의 대가를 지급하는 행위

ⓒ 금융상품직접판매업자로부터 정해진 수수료 외의 금품, 그 밖의 재산상 이익을 요구하거나 받는 행위

ⓔ 금융상품직접판매업자를 대신하여 계약을 체결하는 행위

ⓜ 투자일임재산이나 신탁재산을 모아서 운용하는 것처럼 투자일임계약이나 신탁계약의 계약체결 등을 대리·중개하거나 광고하는 행위

ⓗ 금융소비자로부터 금융투자상품을 매매할 수 있는 권한을 위임받는 행위

ⓢ 투자성 상품에 관한 계약체결과 관련하여 제3자가 금융소비자에 금전을 대여하도록 대리·중개하는 행위

① ⓒ, ⓒ, ⓜ

② ⊙, ⓒ, ⓒ, ⓜ, ⓢ

③ ⓒ, ⓒ, ⓔ, ⓜ, ⓗ, ⓢ

④ ⊙, ⓒ, ⓒ, ⓔ, ⓜ, ⓗ, ⓢ

정답 및 해설

53 ① 금융상품판매업자의 불공정영업행위 금지의무는 일반금융소비자뿐만 아니라 전문금융소비자에게도 적용된다.

54 ② 투자성 상품의 경우 금융상품판매·대리업자는 금융상품뿐만 아니라 금융상품판매업자의 업무에 관한 광고도 수행할 수 없다.

55 ④ ⊙, ⓒ, ⓒ, ⓔ, ⓜ, ⓗ, ⓢ 모두 금융상품판매대리·중개업자에 대한 금지행위에 해당한다.

56 중요도 ★★

투자성 상품과 관련하여 금융상품판매대리·중개업자가 금융소비자에게 알려야 하는 고지의무의 내용으로 가장 거리가 먼 것은?

① 하나의 금융상품직접판매업자만을 대리하거나 중개하는 금융상품판매·중개업자인지 여부
② 금융상품판매·중개업자 자신에게 금융상품계약을 체결할 권한이 없다는 사실
③ 금융소비자의 금융상품 매매를 대신할 수 있다는 사실
④ 금융소비자보호법상 손해배상책임에 관한 사항

57 중요도 ★★★

금융소비자보호법상 금융소비자의 투자성 상품 청약철회권에 대한 설명으로 가장 거리가 먼 것은?

① 금융소비자는 투자성 상품에 대하여 7일 이내에 청약을 철회할 수 있다.
② 투자성 상품 계약의 경우 일반금융소비자가 예탁한 금전 등을 지체 없이 운용하는 데 동의한 경우에는 청약철회권을 행사하지 못한다.
③ 금융상품판매업자는 청약철회를 접수한 날로부터 3영업일 이내에 이미 받은 금전 등과 상품과 관련하여 수취한 보수·수수료 등을 반환해야 한다.
④ 비금전신탁은 청약철회가 가능한 상품이 아니다.

58 중요도 ★★

금융소비자보호법상 금융소비자의 대출성 상품 청약철회권에 대한 설명으로 가장 거리가 먼 것은?

① 금융투자회사와 관련하여 청약철회의 대상은 자본시장법 제72조 1항에 따른 신용공여가 대표적이다.
② 대출성 상품에 대하여 일반금융소비자는 계약서류제공일 또는 계약체결일로부터 7일 이내에만 청약을 철회할 수 있다.
③ 담보로 제공된 증권이 자본시장법에 따라 처분된 경우에는 청약철회권을 행사할 수 없다.
④ 청약철회는 일반금융소비자가 금융상품판매업자에게 청약철회의 의사를 서면 등으로 발송하고, 금융상품판매업자에게 이미 공급받은 금전 등을 회사에 반환한 때 효력이 발생한다.

59

중요도 ★★

금융소비자보호법상 금융분쟁 조정에 대한 설명으로 가장 거리가 먼 것은?

① 금융감독원장에게 분쟁조정을 신청할 수 있으며, 분쟁의 당사자가 조정안을 수락할 경우 재판상 화해와 동일한 효과가 있다.

② 분쟁조정의 신청은 시효중단의 효과가 있다.

③ 분쟁조정 신청 전후에 소송이 제기된 경우, 법원은 조정이 있을 때까지 소송절차를 중지할 수 있고, 법원이 소송절차를 중지하지 않으면 조정위원회가 중지해야 한다.

④ 금융회사는 일반금융소비자가 신청한 소액(2천만원 이하)분쟁사건에 대하여 언제라도 소를 제기할 수 있다.

60

중요도 ★★★

금융소비자보호법상 금융상품판매업자의 손해배상책임에 대한 설명으로 가장 거리가 먼 것은?

① 설명의무를 위반하여 금융소비자에게 손해를 끼친 경우에 금융상품판매업자는 손해배상책임이 부과된다.

② 금융소비자가 손해배상을 받기 위해서는 금융상품판매업자의 고의 또는 과실을 입증해야 한다.

③ 금융상품판매대리·중개업자가 판매과정에서 소비자에게 손해를 발생시킨 경우, 금융상품판매업자에게도 손해배상책임이 부과된다.

④ 금융상품직접판매업자가 금융상품판매대리·중개업자에 대한 선임과 감독에 대하여 적절한 주의를 하고 손해방지를 위해 노력한 사실을 입증하면 손해배상책임을 면할 수 있다.

정답 및 해설

56 ③ 금융상품판매·중개업자는 금융소비자의 금융상품 매매를 대신할 수 없다.

57 ④ 청약철회가 가능한 투자성 상품에는 ⊙ 고난도 금융투자상품 ⓒ 고난도 투자일임계약 ⓒ 고난도 금전신탁계약 ⓔ 비금전신탁 등이 있다.

58 ② 대출성 상품에 대하여 일반소비자는 계약서류제공일 또는 계약체결일로부터 14일 이내에 청약을 철회할 수 있다.

59 ④ 금융회사는 일반금융소비자가 신청한 소액(2천만원 이하)분쟁사건에 대하여 금융분쟁조정위원회의 조정안 제시 전까지는 법원 소송을 제기할 수 없다.

60 ② 금융소비자는 금융상품판매업자의 설명의무 위반사실, 손해발생 등의 요건만 입증하면 된다. 반면 금융상품판매업자는 자신에게 고의 또는 과실이 없었음을 입증하지 못하면 손해배상책임을 져야 한다. (입증책임의 전환)

61 중요도 ★★

금융소비자보호법상 금융위원회의 판매제한명령에 대한 설명으로 가장 거리가 먼 것은?

① 금융위원회가 판매제한명령권을 행사하려면 명령대상자에게 명령의 필요성 및 판단근거, 절차 및 예상시기, 의견제출방법 등을 사전에 고지해야 한다.

② 금융위원회는 명령 발동 전에 명령대상자에게 의견을 제출할 수 있는 충분한 기간을 보장해야 한다.

③ 금융위원회는 명령 발동 후 지체 없이 그 내용을 홈페이지에 게시해야 한다.

④ 판매제한명령을 하면 신규판매행위를 중단하더라도 판매제한명령권 행사를 중단할 수 없다.

62 중요도 ★★★

금융소비자보호법상 금융상품판매업자에 대한 징벌적 과징금 제도에 대한 설명으로 가장 거리가 먼 것은?

① 6대 판매원칙 중 4개만 적용되고, 적합성 원칙·적정성 원칙 위반은 징벌적 과징금 대상이 아니다.

② 부과대상은 금융상품직접판매업자, 금융상품판매대리·중개업자, 금융상품자문업자 등이다.

③ 투자성 상품은 투자액, 대출성 상품은 대출액 등을 기준으로 하여 거래규모가 클수록 과징금 제재강도가 높아진다.

④ 수입의 50%까지 과징금을 부과할 수 있으나 수입금액이 없거나 산정이 곤란한 경우에는 10억원 이내의 범위에서 과징금을 부과할 수 있다.

63

중요도 ★★

금융소비자보호법상 금융상품판매업자에 대한 과징금과 과태료 제도에 대한 설명으로 가장 거리가 먼 것은?

① 과징금이 부당이득환수를 목적으로 부과하는 반면, 과태료는 의무위반에 대하여 부과하는 것이다.

② 과징금은 금융상품판매대리·중개업자에게 부과할 수 없으나, 과태료는 관리책임이 있는 금융상품판매대리·중개업자에게 부과할 수 있다.

③ 적합성 원칙·적정성 원칙은 과징금 부과대상에 해당되나 과태료 부과대상에는 해당되지 않는다.

④ 과징금의 법정한도액은 업무정지기간(6개월 내) 동안 얻을 이익인 반면, 과태료의 법정한도액은 사유에 따라 1천만원, 3천만원, 1억원으로 구분되어 있다.

64

중요도 ★★

금융상품판매업자의 방문(전화판매) 규제에 대한 설명으로 적절하지 않은 것은?

① 원칙적으로 고객의 요청을 받지 않고 방문(전화판매)하는 것은 부당권유행위에 해당한다.

② 금융상품판매업자가 투자권유 전에 개인정보 취득경로·금융상품 등을 사전안내하고, 고객이 투자권유 받을 의사를 표시한 경우에는 초청받은 권유로 본다.

③ 장외파생상품을 방문판매 하기 위해 전문금융소비자에게 사전안내할 수 있다.

④ 방문(전화판매) 규제 위반 시 벌금 또는 과태료에 처할 수 있다.

정답 및 해설

61 ④ 금융위원회는 ㉠ 이미 금융소비자의 재산상 피해 발생 우려가 제거된 경우 ㉡ 신규판매행위를 중단한 경우 등의 사유가 발생한 경우 판매제한명령권의 행사를 중단할 수 있다.

62 ② 부과대상은 금융상품직접판매업자와 금융상품자문업자이다. 금융상품판매대리·중개업자의 위반행위는 판매를 대리·중개하게 한 금융상품직접판매업자에게 과징금을 부과한다.

63 ③ 적합성 원칙·적정성 원칙은 과징금 부과대상에 해당되지 않으나 3천만원 이하의 과태료가 부과될 수 있다.

64 ③

구 분	사전안내가 불가능한 투자성상품
일반금융소비자	고난도상품, 사모펀드, 장내파생상품, 장외파생상품
전문금융소비자	장외파생상품

제2장
영업실무

학습전략

영업실무는 제2과목 전체 45문제 중 **총 10문제**가 출제된다.

영업실무는 수익증권저축제도와 펀드 세제를 중심으로 구성되어 실제 투자권유대행인으로서 활동하면서 알아야 할 수익증권의 운영과 고객 상담 시 세금문제에 적절히 대응할 수 있도록 공부해야 한다. 투자권유대행인이라면 전체적으로 모두 알아야 할 내용이지만, 특히 수익증권의 매매방법과 집합투자기구의 세제가 자주 출제되는 경향이 있다.

출제예상 비중

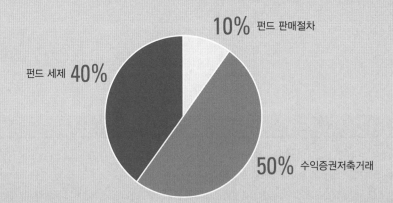

펀드 세제 **40%**

10% 펀드 판매절차

50% 수익증권저축거래

핵심포인트

구 분	핵심포인트	중요도	페이지
펀드 판매절차 (10%)	01 펀드 판매절차	★★★	p. 264
수익증권저축거래 (50%)	02 수익증권저축의 의의	★	p. 265
	03 수익증권저축의 종류	★★	p. 266
	04 수익증권저축의 주요 내용	★★★	p. 267
	05 저축자에 대한 우대조치	★★★	p. 271
	06 수익증권 매매 시의 입·출금 처리	★★★	p. 272
펀드 세제 (40%)	07 소득세법의 일반적 내용	★★	p. 275
	08 집합투자기구 세제	★★★	p. 280
	09 투자자단계에서의 과세	★★	p. 287

펀드 판매절차 6단계가 가장 적절하게 연결된 것은?

> ㉠ 투자자정보 파악
> ㉡ 투자자유형 분류
> ㉢ 적합한 펀드 선정
> ㉣ 펀드에 대한 설명
> ㉤ 투자자 의사 확인
> ㉥ 사후관리

① ㉠ ⇨ ㉡ ⇨ ㉢ ⇨ ㉣ ⇨ ㉤ ⇨ ㉥
② ㉠ ⇨ ㉢ ⇨ ㉡ ⇨ ㉣ ⇨ ㉤ ⇨ ㉥
③ ㉢ ⇨ ㉠ ⇨ ㉡ ⇨ ㉣ ⇨ ㉤ ⇨ ㉥
④ ㉢ ⇨ ㉡ ⇨ ㉠ ⇨ ㉣ ⇨ ㉤ ⇨ ㉥

TIP 펀드 판매절차는 '투자자정보 파악 ⇨ 투자자유형 분류 ⇨ 적합한 펀드 선정 ⇨ 펀드에 대한 설명 ⇨ 투자자 의사 확인 ⇨ 사후관리' 순으로 진행된다.

핵심포인트 해설 **펀드 판매절차 6단계(표준투자권유준칙)**

1. 투자자정보 파악	• 투자자 확인 및 구분 : 전문투자자, 일반투자자　→ 투자자 정보 • 일반투자자에 대하여 투자목적, 재산상황, 투자경험 등 파악 • 투자자정보 파악 절차 거부 시 투자자의 서명을 받고 투자자가 요구하는 펀드 판매
2. 투자자유형 분류	• 투자자정보 확인서를 통하여 투자자성향 분류 • 투자자에게 본인의 투자자성향을 알려주고 그 과정과 의미 설명
3. 적합한 펀드 선정	• 투자자성향 등급에 맞는 펀드 선정 및 투자권유 • 투자자가 권유 펀드 거부 시 부적합 금융투자상품 거래 확인서를 받고 판매하거나 거래 중단
4. 펀드에 대한 설명	• 투자설명서를 이용하여 펀드 주요 내용 설명
5. 투자자 의사 확인	• 투자자가 펀드 매수 원하면 설명 확인서 징구하고 판매 진행 • 투자자가 펀드 매수 원치 않으면 해당 펀드 투자권유 중지 • 적합성보고서를 교부해야 하는 경우 　· 대상투자자 : 신규투자자, 고령투자자, 초고령투자자 　· 대상상품 : ELS, ELF, ELT, DLS, DLF, DLT
6. 사후관리	• 펀드절차 적정성 점검 • 펀드잔고 통보, 자산운용보고서 발송 등

정답 | ①

02

수익증권저축제도에 대한 기술 중 잘못된 것은?

① 판매회사가 저축자로부터 저축금을 받아 그 자금으로 수익증권을 매입하고 보관·관리하는 제도이다.

② 수익증권을 현물로 거래하므로 안정성이 강하다는 장점이 있다.

③ 타 금융기관의 저축제도에 대응하여 투자신탁의 대중화에 기여하였다.

④ 현재 수익증권저축약관이 제정되어 시행되고 있다.

TIP 수익증권저축거래는 현물거래를 하지 않으므로 현물거래의 불편을 해소할 수 있는 장점이 있다.

핵심포인트 해설 　　**수익증권저축제도 개요**

의의 및 목적	• 의의 : 수익증권저축은 판매회사가 저축자로부터 저축금을 받아 그 자금으로 수익증권을 매입하고 보관·관리하는 제도 ＜ 펀드투자와 비슷한 개념 • 목적 : 저축자의 편익을 도모함을 목적으로 함
유용성	• 수익증권 현물거래의 불편(보관, 관리, 분실, 훼손, 재발급 등) 해소 • 타 금융기관의 저축제도에 대응하여 투자신탁의 대중화 촉진 • 수익증권저축약관(보통거래약관의 성질)의 제정 및 시행
성립요건	• 판매회사가 저축자로부터 저축가입 신청과 저축금을 받음으로써 성립 • 투자신탁가입계약과 혼장임치계약의 혼합계약

정답 | ②

수익증권저축의 저축방식에 대한 기술 중 잘못된 것은?

① 임의식은 저축기간, 저축금액, 인출요건을 정하지 않고 임의로 저축하는 방식이다.

② 거치식은 추가납입은 가능하나 일부인출이 불가능하다.

③ 정액적립식은 일부인출이 가능하나 6개월 이상 미납 시 판매회사가 해지할 수 있다.

④ 목표식은 적립식과 임의식의 장점을 혼합한 방식이다.

TIP 거치식은 일부인출은 가능하나 추가납입이 불가능하다.

핵심포인트 해설	수익증권저축의 저축방식

임의식		• 저축기간, 저축금액, 인출요건을 정하지 않고 임의로 저축하는 방식 • 추가납입 가능, 일부인출 가능, 수익금 범위 내에서의 인출 불가
목적식	거치식	• 수익금 인출식 : 추가납입 불가, 일부인출 가능 → 가능 (x) • 일정 금액 인출식 : 저축재산의 매월 인출이 가능
	적립식	• 정액적립식 : 일부인출 가능(환매수수료 징구), 6개월 이상 미납 시 판매회사가 해지 가능 • 자유적립식 : 저축기간 동안 금액 제한 없이 수시로 저축하는 방식
	목표식	• 목표금액을 정해 일정 기간 이상 수시로 저축하는 방식(적립식과 임의식의 장점을 혼합) • 목표금액 달성 시 추가입금 불가

정답 | ②

수익증권저축의 운영과 관련된 내용 중 잘못된 것은?

① 임의식은 저축기간을 약정할 필요는 없으나 목적식은 저축기간을 약정해야 한다.

② 저축기간의 연장과 단축은 예외적인 경우에만 인정한다.

③ 저축기간을 월, 연 단위로 정한 경우 만기지급일은 저축기간이 만료되는 월의 최초 납입상당일이다.

④ 환매 시 출금금액은 환매 시 평가금액에서 '환매수수료 + 세액'을 공제한 금액이다.

TIP   저축기간의 연장은 일반적으로 인정하나, 단축은 예외적인 경우만 인정한다.

핵심포인트 해설	수익증권저축의 운영

저축금액	• 원칙적으로 한도 제한 없음(단, 신탁계약이나 관련 법령에서 규정하는 경우, 목적식저축의 경우 저축한도 제한)
저축기간의 약정	• 임의식 : 불필요, 목적식 : 필요 • 저축기간의 변경 가능(연장은 일반적으로 인정하나, 단축은 예외적인 경우에만 인정함)
납입방법	• 현금 또는 즉시 받을 수 있는 증권(수표, 어음 등)
매매방법	• 1좌 단위로 매매
만기지급일	• 기간을 월, 연 단위로 정한 때 : 저축기간 만료되는 월의 최초 납입상당일 • 기간을 일 단위로 정한 때 : 최초 매수일로부터 계산하여 저축기간이 만료되는 날의 다음 영업일 → 영업일 (x) • 투자신탁계약 해지한 때 : 해지결산 후 첫 영업일

정답 | ②

수익증권 매매거래의 통지에 대한 기술 중 잘못된 것은?

① 판매사는 저축자가 거래를 시작하기 전에 저축자가 원하는 매매성립내용 통지방법을 확인하고 이를 기록·유지해야 한다.
② 판매사는 수익증권의 매매가 체결된 후 지체 없이 저축자에게 통지해야 한다.
③ 예탁결제원의 전산망을 통하여 매매확인서를 교부하는 방법으로도 통지할 수 있다.
④ 상장지수집합투자기구도 매월 우편 또는 이메일 등의 방법으로 통지하여야 한다.

TIP 상장지수집합투자기구(ETF), 단기금융집합투자기구(MMF), 사모집합투자기구의 경우에는 영업점에 고객이 확인할 수 있도록 마련해 두거나 인터넷에 접속하여 수시로 확인이 가능하게 함으로써 통지를 대신할 수 있다.

핵심포인트 해설   수익증권 매매거래의 통지

의 의	• 판매사는 저축자가 거래를 시작하기 전에 저축자가 원하는 매매성립내용 통지방법을 확인하고 이를 기록·유지해야 함 • 수익증권 매매체결 된 경우 그 명세를 저축자에게 통지해야 함
매매체결 직후 통지내용	• 통지시점 : 매매가 체결된 후 지체 없이 통지할 것 • 통지내용 : 매매유형, 종목, 품목, 수량, 가격, 수수료, 기타 비용 등
집합투자증권의 매매체결 매월 통지	• 통지내용 : 모든 비용을 반영한 실질 투자수익률, 투자원금, 환매예상금액, 총보수와 판매수수료 각각의 요율 등 • 통지기한 : 매월 마지막 날까지
통지방법	• 서면 교부 • 전화, 전신 또는 모사전송 • 전자우편, 전자통신 • 예탁결제원의 전산망을 통하여 매매확인서를 교부하는 방법 • 인터넷 또는 모바일시스템을 통해 확인할 수 있게 하는 방법 • 회사가 모바일시스템을 통해 문자메시지 또는 이와 비슷한 방법으로 통지하는 방법
통지를 대신할 수 있는 경우	아래의 경우에는 영업점에 고객이 확인할 수 있도록 마련해 두거나 인터넷에 접속하여 수시로 확인이 가능하게 함으로써 통지를 대신할 수 있음 • 상장지수집합투자기구(ETF), 단기금융집합투자기구(MMF), 사모집합투자기구의 경우 • 평가기준일의 평가금액이 10만원 이하인 경우(펀드 매매체결된 경우에 한함) • 고객이 통지 받기를 원하지 않는 경우

정답 | ④

수익증권저축의 인출에 대한 기술 중 잘못된 것은?

① 저축자는 언제든지 저축재산의 전부 또는 일부인출을 청구할 수 있다.

② 일부인출 시 판매사는 선입선출법에 의하여 지급한다.

③ 저축계약의 해지에도 불구하고 저축자가 저축재산의 인출을 청구하지 않으면 저축기간이 종료된 것으로 본다.

④ 저축자가 수익증권현물을 요구하는 경우 판매사는 특별한 사유가 없는 한 수익증권현물로 지급해야 한다. 다만, 수익증권 발행의 최소단위 미만의 저축재산은 환매하여 현금으로 지급한다.

용어 알아두기

선입선출법	재고자산 단가결정방법으로 먼저 들어온 저축재산을 먼저 지급하는 방법이다.

TIP 저축기간 종료 또는 저축계약의 해지에도 불구하고 저축자가 저축재산의 인출을 청구하지 않으면 인출 청구 시까지 저축기간이 계속된 것으로 본다.

핵심포인트 해설   **저축재산의 인출 및 해지**

인 출	• 청구시기 : 언제든지 전부 또는 일부인출 청구 가능(환매제한된 경우 제외) • 일부인출 시 지급순서 : 선입선출법 • 현물요구 : 인출 시 수익증권현물 요구도 가능 • 저축기간 종료 또는 저축계약 해지 후 인출하지 않으면 인출 청구 시까지 저축기간이 계속된 것으로 봄
판매사의 해지사유	• 정액적립식저축자가 6월 이상 저축금 납입하지 않는 경우 • 판매사가 해당 규약에 의하여 신탁계약을 해지하는 경우

정답 | ③

수익증권 사고 및 변경사항의 신고에 대한 기술 중 잘못된 것은?

① 저축자는 통장·인감의 분실, 멸실, 도난, 훼손 시 지체 없이 판매회사에 사고신고를 해야 한다.
② 신고의 효력은 판매사가 저축자로부터 신고 통지를 받은 때부터 발생한다.
③ 판매사는 저축자에게 신고사항 처리결과를 서면·전화·사전 합의방법 등으로 통지한다.
④ 투자자보호를 위해 저축금 및 수익증권을 양도하거나 질권을 설정할 수 없다.

용어 알아두기

질 권	채권자는 채무자가 돈을 갚을 때까지 담보물을 보유할 수 있으며, 채무자가 돈을 갚지 않을 때에 그 담보물에 대하여 우선변제받을 수 있는 권리를 질권이라 한다.

TIP 판매사의 동의를 얻어 저축금 및 수익증권을 양도하거나 질권을 설정할 수 있다.

핵심포인트 해설 　　**수익증권 사고 및 변경사항의 신고**

(1) 신고의 유형
　① 사고신고 : 통장·인감의 분실, 멸실, 도난, 훼손 시 지체 없이 판매회사에 신고
　② 변경신고 : 성명, 주소, 전화번호, 인감, 비밀번호 등의 변경 시 지체 없이 판매회사에 신고

(2) 신고의 효력
　① 효력발생시점 : 판매사가 저축자로부터 신고 통지를 받은 때부터 효력 발생
　② 판매회사는 저축자의 책임 있는 사유로 신고지연하여 발생한 손해에 판매사의 귀책사유가 없는 한 책임지지 않음

(3) 신고에 대한 처리결과 통보
　① 판매사는 저축자에게 신고사항 처리결과를 서면·전화·사전 합의방법 등으로 통지함
　② 저축자에 대한 통지의 효력은 도달한 때로부터 발생함

(4) 양도 및 질권설정
　① 양도 및 질권설정 요건 : 판매사의 동의가 있을 것
　② 저축금 및 수익증권을 양도하거나 질권설정할 수 있음

정답 | ④

08

수익증권 저축자가 우대조치(환매수수료 면제)를 받는 경우와 거리가 먼 것은?

① 목적식 저축의 저축기간 종료 시
② 거치식 저축의 수익금상당액 환매 또한 일정 금액 인출 시
③ 이익분배금 재투자 시
④ 적립식펀드 6개월 이상 유지 후 해지 시

TIP 수익증권 저축자의 환매수수료 면제(우대조치)는 목적식 저축(1년 이상)의 저축기간이 종료되어야 가능하다.

핵심포인트 해설	수익증권 저축자에 대한 우대조치(환매수수료 면제)

6개월 (X)

목적식 저축기간 종료	• 저축기간을 1년 이상으로 하는 목적식 저축의 저축기간 종료 이후 환매하는 경우 환매수수료 면제함 • 저축자가 저축기간을 연장하는 경우라도 기존 저축기간 종료 이후 환매하는 경우에는 환매수수료를 면제함
수익금 상당액 인출	• 거치식 저축의 저축기간 중 수익금 상당액 또는 사전에 정한 일정 금액을 환매하는 경우 환매수수료를 면제함 • 환매수수료를 받는 기간 중에 전부 또는 일부환매 시에는 환매수수료를 징구함
재투자	• 저축재산에서 발생한 이익분배금을 재투자하는 경우 환매수수료를 면제함
소규모펀드 해지	• 소규모펀드 해지 시 저축자가 그 상환금으로 판매사로부터 안내받은 수익증권을 매수하는 경우 선취판매수수료 면제 *잔고 50억원 미만인 펀드* • 그 수익증권을 환매하는 경우에는 후취판매수수료 및 환매수수료를 면제함
수익증권 양도 시	• 수익증권 양도 시 저축자 간 과세금액을 확정하기 위해 저축자가 수익증권 전부를 환매하고 즉시 그 환매자금으로 해당 수익증권을 재매수하는 경우 환매수수료를 면제함 • 이 경우 재매수한 수익증권의 환매수수료 계산시작일은 당초의 수익증권 매수일로 함
소득정산	• 저축자가 세금정산을 목적으로 수익증권 전부를 환매하고 즉시 그 환매자금으로 해당 수익증권을 재매수하는 경우 환매수수료 및 판매수수료를 연 2회에 한하여 면제함 • 이 경우 재매수한 수익증권의 환매수수료 계산시작일은 당초의 수익증권 매수일로 함

정답 | ④

수익증권 매매 시 입금에 대한 기술 중 잘못된 것은?

① 입금거래에는 금액입금, 단체입금, 현물입금이 있다.
② 금액입금은 현금, 수표, 어음 등 추심할 수 있는 증권으로 납입하는 경우를 말한다.
③ 금액을 좌수로 환산하는 경우 좌 미만 단수는 수납 시에는 절사하고 지급 시에는 절상한다.
④ 펀드 매수 시 매수좌수 산식은 $\dfrac{\text{저축금액}}{(\text{매수 기준가격}/1{,}000)}$ 이다.

용어 알아두기

추 심	수표, 어음 등의 소지인으로부터 수표, 어음 등의 금액회수를 위임받은 은행이 수표, 어음 등의 발행점 앞으로 대금지급을 요청하는 것이다.

TIP 금액을 좌수로 환산하는 경우 좌 미만 단수는 수납 시에는 절상하고 지급 시에는 절사한다.

핵심포인트 해설 **수익증권 매매 시 입금거래 유형 및 환산방법**

(1) 입금거래의 유형 및 환산방법

입금거래의 유형	금액입금	현금, 수표, 어음 등 추심할 수 있는 증권으로 납입하는 경우
	단체입금	특정 단체의 소속 계좌 전체를 동시에 입금처리하는 경우
	현물입금	현물매수, 현물예탁, 현물수납의 경우
환산방법	좌수환산	금액을 좌수로 환산하는 경우 좌 미만 단수는 수납 시에는 절상하고 지급 시에는 절사함
	금액환산	좌수를 금액으로 환산하는 경우 원 미만 단수는 수납 시에는 절사하고 지급 시에는 절상함

(2) 펀드 매수·환매 시 산식

구 분	매수 시(= 수납 시)	환매 시(= 지급 시)
좌수환산	• 매수좌수 = $\dfrac{\text{저축금액}}{(\text{매수 기준가격}/1{,}000)}$ • 좌 미만 절상	• 환매좌수 = $\dfrac{\text{저축금액}}{(\text{환매 기준가격}/1{,}000)}$ • 좌 미만 절사
금액환산	• 저축금액 = 매수좌수 $\times \dfrac{\text{매수 기준가격}}{1{,}000}$ • 원 미만 절사	• 지급금액 = 환매좌수 $\times \dfrac{\text{환매 기준가격}}{1{,}000}$ • 원 미만 절상

정답 | ③

다음 중 수익증권의 출금거래 유형을 모두 고른 것은?

> ㉠ 금액출금
> ㉡ 좌수출금
> ㉢ 이익금출금
> ㉣ 이익분배금출금
> ㉤ 상환금출금
> ㉥ 현물출금

① ㉠, ㉡, ㉢, ㉤
② ㉠, ㉡, ㉤, ㉥
③ ㉠, ㉡, ㉢, ㉣, ㉤
④ ㉠, ㉡, ㉢, ㉣, ㉤, ㉥

TIP 수익증권의 출금거래 유형에는 ㉠ 금액출금, ㉡ 좌수출금, ㉢ 이익금출금, ㉣ 이익분배금출금, ㉤ 상환금출금, ㉥ 현물출금 등이 있다.

핵심포인트 해설　　**수익증권의 출금거래 유형**

금액출금	가장 일반적인 출금형태로 일정 금액을 출금하는 형태
좌수출금	금액이 아닌 좌수를 기준으로 출금하는 형태
이익금출금	거치식 저축의 수익금을 환매수수료를 부담하지 않고 출금하는 형태로 이익금전액출금과 이익금일부출금으로 구분됨
이익분배금출금	투자신탁의 결산 후 재투자하지 않고 현금분배하는 경우에 이익분배금을 당일 출금 처리하는 형태
상환금출금	신탁계약기간 종료로 인한 상환금을 당일 출금 처리하는 형태
현물출금	현물환매, 현물지급, 현물보유수익자의 이익분배금 및 상환금을 지급하는 형태

정답 | ④

수익증권의 출금처리 시 산식으로 잘못된 것은?

① 환매 시 평가금액 = 환매좌수 × $\dfrac{\text{환매 시 기준가격}}{1,000}$

② 환매수수료 = 환매좌수 × $\dfrac{(\text{환매 시 기준가격} - \text{매수 시 기준가격})}{1,000}$ × 환매수수료율

③ 환매 시 과세표준 = 환매좌수 × $\dfrac{(\text{환매 시 기준가격} - \text{매수 시 기준가격})}{1,000}$ - 환매수수료

④ 환매 시 출금금액 = 환매 시 평가금액 - 환매수수료 - 세액

TIP 환매 시 과세표준 = 환매좌수 × $\dfrac{(\text{환매 시 과표기준가격} - \text{매수 시 과표기준가격})}{1,000}$ - 환매수수료

핵심포인트 해설 　환매 시 출금산식

환매 시 평가금액	환매좌수 × $\dfrac{\text{환매 시 기준가격}}{1,000}$
환매수수료	환매좌수 × $\dfrac{(\text{환매 시 기준가격} - \text{매수 시 기준가격})}{1,000}$ × 환매수수료율
과세표준(과세소득)	환매좌수 × $\dfrac{(\text{환매 시 과표기준가격} - \text{매수 시 과표기준가격})}{1,000}$ - 환매수수료
세 액	과세표준(과세소득) × 적용세율
출금금액	환매 시 평가금액 - 환매수수료 - 세액

↳ 보통 이익금의 30 ~ 70% 내외

정답 | ③

소득세법상 소득에 관한 설명 중 잘못된 것은?

① 통상적으로 금융소득은 이자소득과 배당소득을 의미한다.
② 거주자별 연간 금융소득이 2천만원을 초과하면 종합과세한다.
③ 금융상품 양도에 따른 소득은 현행 소득세법상 금융소득으로 과세한다.
④ 이자소득은 금전의 사용대가인 반면 배당소득은 지분투자에 대한 이익의 분배금을 의미한다.

TIP 금융상품 양도에 따른 소득은 광의의 금융소득이라고 할 수 있으나 현행 소득세법은 이를 별도로 분류하여 양도소득으로 과세한다.

핵심포인트 해설   금융투자상품에서 발생하는 소득의 과세

(1) 금융소득과 금융소득종합과세제도
　① 금융소득
　　㉠ 이자소득 : 금전사용에 대한 대가
　　㉡ 배당소득 : 지분투자에 대한 이익의 분배금
　② 금융소득종합과세제도　← 4천만원 (X)
　　㉠ 연간 금융소득 합계액이 2천만원 이하 : 원천징수로 납세의무 종결
　　㉡ 연간 금융소득 합계액이 2천만원 초과 : 그 초과분은 다른 소득과 합산하여 누진세율로 과세

(2) 양도소득
　① 토지, 건물 등 부동산과 그 권리의 양도로 발생한 소득
　② 주식 등 일정한 지분증권의 양도로 발생한 소득
　③ 파생상품에서 발생한 소득(2019. 4. 1. 소득세법 159의 2)
　　㉠ 모든 주가지수 관련 파생상품(코스피200선물, 코스피200옵션 등)
　　㉡ 주식워런트증권(ELW)
　　㉢ 해외 파생상품시장에서 거래되는 파생상품(해외선물, 옵션, FX마진)
　　㉣ 위의 ㉠, ㉡과 유사한 것으로 기획재정부령으로 정한 것

정답 | ③

다음 중 이자소득에 해당되는 것으로 짝지어진 것은?

① 채권·증권의 환매조건부 매매차익, 저축성보험 보험차익
② 인정배당, 건설이자배당
③ 이익배당, 집합투자기구로부터의 이익
④ 법인으로부터 받은 분배금, 의제배당

TIP   ②③④는 배당소득이다.

핵심포인트 해설   **이자소득**

채권·증권 외국예금 포함 (O), 외국예금 불포함 (X)	• 국공채, 회사채의 이자 및 할인액 • 당해 채권 등을 중도매매한 경우 보유기간의 이자상당액 • 채권 또는 증권의 환매조건부 매매차익
국내외 예·적금	• 국내외 예금·적금(예탁금·부금·우편대체 포함)의 이자 • 주가지수연동대출 관련 옵션결과에 따라 지급하는 보너스는 이자소득으로 보지 않고 당해 차입금에 대한 지급이자의 감액으로 처리
신용부금	• 상호저축은행의 신용계 또는 신용부금으로 인한 이익
저축성보험	• 저축성보험의 보험차익(참고 10년 이상 되면 비과세)
초과반환금	• 직장공제회의 초과반환금
비영업대금	• 비영업대금의 이익(대금업에 해당되지 않는 금전대여로 인하여 받은 이자)
유사 이자소득 = 사채이자	• 위의 이자소득과 유사한 소득으로 금전사용 대가 성격이 있는 것(유형별 포괄과세주의) • 파생상품이 결합된 경우 해당 파생상품거래로부터의 이익(예 외화예금과 선도계약이 결합된 금융상품에서 발생한 이익)

정답 | ①

일반적으로 저축성보험의 보험차익은 이자소득으로 과세한다. 하지만 종신형 연금보험 계약의 경우 일정 요건을 갖추면 보험차익에서 제외되는데 그 요건과 거리가 먼 것은?

① 계약기간 만료 후 60세 이후부터 사망 시까지 보험금을 연금으로 지급받는 계약일 것
② 연금 외의 형태로 보험금·수익 등을 지급하지 아니하는 계약일 것
③ 사망 시 보험계약 및 연금재원이 소멸할 것
④ 계약자와 피보험자 및 수익자가 동일한 계약으로서 최초 연금지급개시 이후 사망일 전에 계약을 중도해지할 수 없을 것

TIP 계약자가 보험료 납입 계약기간 만료 후 55세 이후부터 사망 시까지 보험금·수익 등을 연금으로 지급받는 계약이어야 한다.

핵심포인트 해설　　　보험차익 제외대상(소득세법시행령 제25조 1항)

구 분	보험차익 제외대상 요건
1억원 이하 저축성보험	• 계약자 1명당 납입보험료 합계액이 1억원 이하일 것 • 최초납입일부터 만기일 또는 중도해지일까지의 기간이 10년 이상일 것
월적립식 저축성보험계약	• 최초납입일부터 만기일 또는 중도해지일까지의 기간이 10년 이상일 것 • 납입기간이 5년 이상인 월적립식 계약일 것 • 최초납입일부터 매월 납입하는 기본보험가 균등하고, 기본보험료의 선납기간이 6개월 이내일 것
종신형 연금보험계약	• 계약기간 만료 후 55세 이후부터 사망 시까지 보험금·수익 등을 연금으로 지급받는 계약일 것 • 연금 외의 형태로 보험금·수익 등을 지급하지 아니하는 계약일 것 • 사망 시 보험계약 및 연금재원이 소멸할 것 • 계약자와 피보험자 및 수익자가 동일한 계약으로서 최초 연금지급개시 이후 사망일 전에 계약을 중도해지할 수 없을 것
피보험자 사망 등	• 피보험자의 사망·질병·부상 그 밖의 신체상의 상해로 인하여 받는 보험금 • 자산의 멸실 또는 손괴로 인하여 받는 보험금

정답 | ①

소득세법상 배당소득에 해당하는 것으로만 모두 묶인 것은?

> ㉠ 외국법인으로부터 받는 배당
> ㉡ 주가연계증권(ELS)으로부터 발생한 수익의 분배금
> ㉢ 상장지수채권(ETN)으로부터 발생한 수익의 분배금

① ㉠

② ㉠, ㉡

③ ㉡, ㉢

④ ㉠, ㉡, ㉢

TIP ㉠㉡㉢ 모두 배당소득에 해당한다.

핵심포인트 해설 　　배당소득

이익배당	• 내국법인으로 받는 이익이나 잉여금의 배당 및 분배금
법인의 배당	• 법인으로 보는 단체로부터 받는 배당 또는 분배금
의제배당	• 형식상 배당은 아니지만 사실상 회사의 이익이 주주 등에게 귀속되는 경우 배당으로 간주
인정배당	• 법인세법에 의하여 배당으로 처분된 금액
집합투자기구 이익	• 국내 또는 국외에서 받은 집합투자기구로부터의 이익
외국법인의 배당	• 외국법인으로부터 받는 이익이나 잉여금의 배당 또는 분배금
유보소득	• 국제조세조정에 관한 법률의 조세피난방지세제 규정에 따라 특정외국법인의 배당 가능한 유보소득 중 내국인이 배당받는 것으로 간주되는 금액
유사배당소득	• 기타 수익분배의 성격이 있는 소득(유형별 포괄과세주의) • ~~ELS, DLS, ETN~~으로부터 받은 수익분배금 등 　↳ ELW는 해당하지 않음

정답 | ④

다음 중 유사배당소득에 포함되지 않는 것은?

① ELS에서 발생한 수익
② DLS에서 발생한 수익
③ ETN에서 발생한 수익
④ ELW에서 발생한 수익

TIP ELW에서 발생한 수익은 양도소득으로 과세한다.

핵심포인트 해설   유사배당소득

(1) 개 요
   ① 의의 : 배당소득과 유사한 소득으로서 단체구성원에 대한 수익분배 성격이 있는 것
   ② 소득세법시행령 제26조의 3(유형별 포괄과세주의) : 과세대상으로 열거한 것을 과세하는 것은 물론 유사한 것이면 구체적으
                           로 열거되지 않은 것에도 과세하는 방식

(2) 유사배당소득 → 주가연계증권
   ① ELS에서 발생한 수익 → 주가연계증권
   ② DLS에서 발생한 수익 → 상장지수채권
   ③ ETN에서 발생한 수익
   예외 ELW에서 발생한 수익은 양도소득으로 과세함

정답 | ④

17

금융상품별 과세방법 중 잘못된 것은?

① 집합투자기구로부터의 이익은 배당소득으로 과세한다.
② 10년 미만 변액보험의 보험차익은 이자소득으로 과세한다.
③ 채무증권에서 발생한 소득은 이자소득으로 과세한다.
④ 파생결합증권의 양도차익은 양도소득으로 과세한다.

용어 알아두기

변액보험	보험계약자가 납입한 보험료의 일부를 주식, 채권 등 투자성이 있는 금융상품에 투자하여 이로 인한 투자성과를 보험계약자에게 배분하는 보험상품이다.
채무증권	국채증권, 지방채증권, 특수채증권, 사채권, 기업어음증권, 그 밖에 이와 유사한 것으로서 지급청구권이 표시된 증권이다.

TIP 파생결합증권의 양도차익은 비열거소득에 해당하므로 과세하지 않는다.

핵심포인트 해설　　상품별 소득구분 및 과세방법

집합투자기구의 이익	• 배당소득으로 과세
집합투자기구 외의 신탁의 이익	• 소득의 내용별로 구분하여 과세
은행수신상품 (예금·적금) 발생소득	• 이자소득으로 과세
보험상품 발생소득	• 보장성보험의 보험차익 : 비열거소득(비과세) • 저축성보험 및 변액보험의 보험차익 　· 10년 미만 : 이자소득 과세 　· 10년 이상 : 비과세
금융투자상품 발생소득	• 채무증권으로부터의 수익 : 이자소득으로 과세 • 지분증권·수익증권으로부터의 수익 : 배당소득으로 과세 • 지분증권 중 양도소득으로 과세하는 경우 　· 비상장지분증권의 매매차익 　· 상장지분증권으로서 장외거래 시 매매차익 　· 상장지분증권으로서 대주주가 거래한 매매차익 • 부동산 및 그 권리의 양도, 지분증권의 양도, 파생상품에서 발생한 소득 : 양도소득으로 과세 　예외 지분증권 외 채무증권, 파생결합증권 등의 양도차익은 과세 제외

정답 | ④

18

세법상 집합투자기구의 요건과 거리가 먼 것은?

① 자본시장법에 의한 집합투자기구일 것
② 매년 1회 이상 결산할 것
③ 금전으로 위탁받아 금전으로 환급할 것
④ 사모집합투자기구가 아닐 것

TIP 자본시장법상 사모집합투자기구로서 투자자가 거주자 1인이거나 거주자 1인 및 그 특수관계인으로만 이루어진 경우 또는 투자자가 사실상 자산운용에 관한 의사결정을 하고 있는 경우에 해당하지 않으면 사모집합투자기구도 세법상 집합투자기구에 포함된다.

핵심포인트 해설 **세법상 집합투자기구의 요건**

(1) 세법상 집합투자기구 충족요건
① 자본시장법에 의한 집합투자기구일 것
② 설정일로부터 매년 1회 이상 결산·분배할 것
③ 금전으로 위탁받아 금전으로 환급할 것
④ 사모집합투자기구인 경우 ㉠, ㉡에 해당되지 않을 것
  ㉠ 투자자가 거주자 1인이거나 거주자 1인 및 그 특수관계인으로만 이루어진 경우
  ㉡ 투자자가 사실상 자산운용에 관한 의사결정을 하고 있는 경우

(2) 효 과

요건 충족 시 효과	요건 미충족 시 효과
• 소득세법상 적격 집합투자기구가 됨 *(→ 세제혜택이 있는 펀드를 의미함)* • 환매 / 결산분배를 통한 이익 수령 시 과세 • 이익 중 일부손익은 과세제외 • 보수, 수수료 등은 과세소득계산 시 차감	• 투자신탁 등은 집합투자기구 이외의 신탁의 이익으로 보아 과세 • 투자회사 등은 배당 및 분배금으로 보아 과세 · 일부손익 과세제외 규정 적용 없음 · 위 (1)의 ② 또는 ④요건 미충족 시 법인세 부담

정답 | ④

다음 중 일부손익 과세제외 대상에 해당하는 것은?

① 외국 법령에 의한 외국집합투자기구의 주식
② 증권시장에 상장된 채권
③ 증권을 대상으로 하는 장내파생상품
④ 지수를 대상으로 하는 장내파생상품

TIP ①②④는 과세된다.

핵심포인트 해설   과세소득의 계산

(1) 일부손익 과세제외 대상 → 비과세와 비슷한 개념
 ① 상장 유가증권(단, 채권, 외국 법령에 의한 외국집합투자기구의 주식·수익증권 제외)
 ② 증권을 대상으로 하는 장내파생상품
 ③ 벤처기업의 주식 또는 출자지분(벤처기업육성에 관한 특별조치법)

(2) 일부손익 과세제외 규정의 적용범위
 ① 집합투자기구가 유가증권을 직접 취득한 경우에 과세제외함
 ② 집합투자기구가 다른 집합투자기구가 발행한 집합투자증권에 투자한 경우 유가증권을 직접 취득한 것으로 보아 과세제외함
 ③ 일부손익 과세제외 규정은 이익뿐 아니라 손실도 과세제외함
 ④ 사모투자전문회사(PEF)가 증권시장의 주식 또는 출자증권을 그 주식 또는 출자증권을 발행한 법인의 발행주식 총수 또는 출자총액의 25% 이상 소유한 경우, 이러한 주식 또는 출자증권의 거래로 발생한 소득은 과세제외하지 않음

(3) 보수 및 수수료의 공제
 ① 집합투자기구의 이익 : 각종 보수, 수수료 등이 공제됨
 ② 투자신탁 외의 신탁 : 수수료가 금융소득에서 공제되지 않음

정답 | ③

20

다음 중 집합투자기구의 수입시기가 잘못된 것은?

① 환매청구로 이익을 수령한 날
② 결산분배금을 받은 날
③ 재투자특약에 의하여 원본에 전입한다는 특약이 있는 경우, 원본에 전입되는 날
④ 소득이 신탁재산에 귀속되는 날

TIP 집합투자기구 외의 신탁에 적용되는 수입시기이다.

핵심포인트 해설 **집합투자기구의 수입시기**

(1) 수입시기의 의의
① 수입시기는 과세시기를 의미함
② 집합투자기구 외의 신탁 : 소득이 신탁재산에 귀속되는 때가 수입시기임 → 귀속되는 때 (X)
③ 집합투자기구 : 소득이 투자자에게 분배되는 때가 수입시기임
④ 과세손실이 과세소득을 초과하는 경우에도 과세되는 경우가 있음

(2) 집합투자기구의 수입시기
① 집합투자기구로부터 이익을 지급받은 날
ㄱ 환매청구로 이익을 수령한 날
ㄴ 결산분배금을 받은 날
ㄷ 수익증권 양도로 이익을 수령한 날
② 결산분배금을 재투자특약에 의하여 원본에 전입하는 날

(3) 과세시기
투자자산의 매매차익을 결산 시 과세하지 않고 전체 손익을 통산하여 환매 시 과세함

정답 | ④

다음 중 집합투자증권을 환매 또는 양도하는 경우 소득구분이 옳은 것은?

① 투자신탁의 집합투자증권을 환매한 경우 양도소득으로 과세한다.
② 투자회사의 집합투자증권을 환매한 경우 비과세한다.
③ 투자유한회사의 집합투자증권을 양도한 경우 배당소득으로 과세한다.
④ 투자익명조합의 집합투자증권을 결산분배 시 이자소득으로 과세한다.

TIP 집합투자증권을 환매, 결산분배 또는 양도하는 경우 모두 배당소득으로 과세한다.

핵심포인트 해설   집합투자증권 환매 또는 양도 시 소득구분

구 분	종 류	환매 시	결산분배 시	양도 시
신탁형	투자신탁	배당소득	배당소득	배당소득
회사형	투자회사	배당소득	배당소득	배당소득 → 양도소득 (X)
	투자유한회사			
	투자유한책임회사			
	투자합자회사			
조합형	투자합자조합	배당소득	배당소득	배당소득
	투자익명조합			

정답 | ③

22

파생상품 등에 대한 과세방법 중 잘못된 것은?

① ELD에서 발생한 소득은 이자소득으로 과세한다.
② ELS에서 발생한 소득은 배당소득으로 과세한다.
③ ELW에서 발생한 소득은 양도소득으로 과세한다.
④ 코스피200선물 매매차익은 비과세한다.

TIP 코스피200선물 매매차익은 양도소득으로 과세한다.

핵심포인트 해설 | **파생상품 등에 대한 과세방법**

과세제외 (X)

구 분	대 상		과세방법
파생상품	• 코스피200선물·옵션 등 • 주식워런트증권(ELW) • 해외시장거래 장내파생상품		• 양도소득으로 과세
파생결합증권	보유에 따른 과세	• ELD	• 이자소득으로 과세
		• ELS·DLS	• 배당소득으로 과세

정답 | ④

자본시장법상 집합투자기구의 종류가 다른 하나는?

① 투자회사
② 투자합자회사
③ 투자합자조합
④ 투자유한회사

TIP ①②④는 회사형 집합투자기구, ③은 조합형 집합투자기구에 해당한다.

핵심포인트 해설　　**자본시장법상 집합투자기구의 종류**

(1) 일반적인 집합투자기구
　① 운용자 : 집합투자업자가 운용
　② 집합투자기구 유형별 종류
　　㉠ 신탁형 집합투자기구 : 투자신탁
　　㉡ 회사형 집합투자기구 : 투자회사, 투자유한회사, 투자유한책임회사, 투자합자회사
　　㉢ 조합형 집합투자기구 : 투자합자조합, 투자익명조합
(2) 사모집합투자기구
　① 운용자 : 누구든지 운용 가능
　② 종류
　　㉠ 일반 사모집합투자기구
　　㉡ 기관전용 사모집합투자기구

정답 | ③

금융소득 종합과세 방법에 대한 기술 중 잘못된 것은?

① 금융소득을 지급할 때 14%로 원천징수한다.

② 금융소득이 1천만원을 초과하면 다른 종합소득과 합산하여 종합소득 합산과세한다.

③ 종합소득 합산과세하는 경우 원천징수된 세액은 기납부세액으로 공제된다.

④ 원천징수되지 않은 예외적인 금융소득에 대하여 무조건 종합과세한다.

용어 알아두기

원천징수	기업이(소득을 지급하는 자) 직원(소득을 지급받는 자)에게 급여 등을 지급할 때, 직원이 내야 할 세금 등을 국가를 대신하여 미리 징수하여 추후 국가에 납부하는 제도이다.

TIP 금융소득을 지급할 때 14% 원천징수 후, 다른 금융소득과 합산하여 그 금액이 2천만원을 초과하는 경우 다른 종합소득과 합산하여 종합소득 합산과세한다.

핵심포인트 해설 **금융소득 종합과세방법**

1차 : 원천징수		• 금융소득 지급 시 14% 원천징수
2차 : 종합과세 여부 판단에 따른 과세	무조건 분리과세	• 원천징수로 납세의무 종결
	조건부 종합과세	• 금융소득 지급 시 14% 원천징수 후, 다른 금융소득과 합산하여 그 금액이 2천만원을 초과하는 경우 다른 종합소득과 합산하여 종합소득 합산과세 • 종합소득 합산과세 시 원천징수된 세액은 기납부세액으로 공제됨
	무조건 종합과세	• 2천만원 이하라도 원천징수되지 않은 이자·배당소득에 대하여 무조건 종합과세함

정답 | ②

투자자가 법인인 경우에 대한 설명 중 잘못된 것은?

① 원칙적으로 내국법인에 귀속되는 소득 중 이자소득에 대하여만 원천징수하고 배당소득 등 그 외의 소득에 대하여는 원천징수하지 않는다.

② 내국법인의 경우 예외적으로 배당소득으로 구분되는 투자신탁의 이익은 원천징수 대상이 된다.

③ 투자회사의 이익도 원천징수 대상이 된다.

④ 금융법인에게 귀속되는 이자소득이나 투자신탁의 이익은 원천징수하지 않는다.

TIP   투자회사의 이익은 원천징수하지 않는다.

핵심포인트 해설 　　**집합투자기구의 투자자가 내국법인인 경우 원천징수 여부**

(1) 일반원칙

원칙적으로 내국법인에 귀속되는 소득 중 이자소득에 대하여만 원천징수하고 배당소득 등 그 외의 소득에 대하여는 원천징수하지 않음

(2) 집합투자기구의 투자자별 원천징수 여부

구 분	투자신탁의 이익	투자회사의 이익
거주자	O	O
내국법인	O	X
금융법인	X	X

정답 | ③

fn.Hackers.com

출제예상문제

다시 봐야 할 문제(틀린 문제, 풀지 못한 문제, 헷갈리는 문제 등)는 문제 번호 하단의 네모박스에 체크하여 반복학습하시기 바랍니다.

01 중요도 ★
목적식 수익증권저축의 납입방식과 가장 거리가 먼 것은?

① 거치식   ② 적립식
③ 목표식   ④ 임의식

02 중요도 ★★
수익증권저축에 대한 기술 중 잘못된 것은?

① 판매회사가 저축자로부터 저축금을 받아 그 자금으로 수익증권을 매입하고 보관·관리한다.
② 임의식은 저축기간, 저축금액, 인출요건을 정하지 않고 임의로 저축하는 방식이다.
③ 거치식은 추가납입은 가능하나 일부인출은 불가능하다.
④ 목표식은 목표금액을 달성하면 추가납입이 불가능하다.

03 중요도 ★★
수익증권저축의 종류에 대한 설명 중 옳은 것은?

① 적립식은 저축금 인출요건, 저축기간, 저축금액, 목표금액을 정하지 않고 임의로 저축하는 방식이다.
② 목적식에는 거치식, 적립식, 목표식이 있다.
③ 거치식은 수익금의 인출만 가능한 방식이다.
④ 목표식은 목표저축금액 달성 후에도 추가입금을 할 수 있다.

04 중요도 ★★
적립식 수익증권저축에 대한 기술 중 잘못된 것은?

① 정액적립식은 일부인출이 가능하나 환매수수료를 부담해야 한다.
② 정액적립식은 6개월 이상 저축금 미납 시 판매회사가 해지할 수 있다.
③ 자유적립식은 저축기간 동안 금액 제한 없이 수시로 저축하는 방식이다.
④ 자유적립식은 일부인출이 가능하며 환매수수료를 부담하지 않아도 된다.

05
중요도 ★★

수익증권저축의 운영에 대한 설명 중 잘못된 것은?

☐

① 거치식은 동일계좌에 추가납입이 가능하다.

② 적립식은 저축기간 중 일부인출이 가능하다.

③ 목표식은 목표저축금액의 증액 또는 감액이 가능하다.

④ 저축자의 요청에 따라 기존에 정한 저축기간의 종료 이후에도 저축기간을 연장할 수 있다.

06
중요도 ★

수익증권저축의 내용에 대한 설명 중 잘못된 것은?

☐

① 저축금액의 최저·최고한도를 정하지 않음이 원칙이나 목적식 저축은 정해야 한다.

② 저축금은 현금 또는 즉시 받을 수 있는 수표, 어음 등으로 납입할 수 있다.

③ 저축기간의 연장은 가능하지만 단축은 특정 조건하에 예외적으로만 인정된다.

④ 10좌 단위로 매각 또는 환매할 수 있으며 10매의 수익증권을 별도로 분할하지 않고 2 이상의 저축자에게 수익증권의 단위 범위 이내에서 매각할 수 있다.

정답 및 해설

01 ④ 목적식 수익증권저축의 납입방식에는 거치식, 적립식, 목표식이 있다.

02 ③ 거치식은 추가납입은 불가능하나 일부인출은 가능하다.

03 ② ① 임의식은 저축금 인출요건, 저축기간, 저축금액, 목표금액을 정하지 않고 임의로 저축하는 방식이다.
③ 거치식은 수익금 인출식과 일정금액 인출식이 있다.
④ 목표식은 목표저축금액 달성 후에는 추가입금을 할 수 없다.

04 ④ 자유적립식은 일부인출이 가능하나 환매수수료를 부담해야 한다. 다만 저축기간이 종료된 이후에는 일부인출을 하더라도 환매수수료가 없다.

05 ① 거치식은 동일계좌에 추가로 납입할 수 없다.

06 ④ 1좌 단위로 매각 또는 환매할 수 있으며 1매의 수익증권을 별도로 분할하지 않고 2 이상의 저축자에게 수익증권의 단위 범위 이내에서 매각할 수 있다.

07

중요도 ★★

수익증권저축재산의 인출과 관련된 내용 중 잘못된 것은?

① 저축자는 언제든지 저축재산의 전부 또는 일부에 대하여 환매수수료 없이 인출을 청구할 수 있다.

② 판매회사는 저축자의 청구에 따라 저축재산의 일부지급 시 선입선출법을 적용한다.

③ 저축기간 종료 후에도 인출을 청구하지 않는 경우 인출청구 시까지 저축기간이 계속된 것으로 본다.

④ 저축자가 저축재산의 인출 시 수익증권현물을 요구하는 경우 판매회사는 특별한 사유가 없는 한 수익증권현물로 지급하여야 한다.

08

중요도 ★★

다음 중 수익증권저축에 대한 정기잔고통지를 한 것으로 보는 경우를 모두 고른 것은?

> ㉠ 통지한 월간 매매내역이 3회 이상 반송된 경우
> ㉡ 반기 동안 거래가 없는 계좌의 예탁재산 평가액이 반기 말 현재 금융감독원장이 정하는 금액을 초과하지 않는 경우
> ㉢ 매매내역을 저축자가 수시로 확인할 수 있도록 통장 등으로 거래하는 경우
> ㉣ 금융투자회사 직원으로부터 매매내역을 전화로 통보한 경우

① ㉠

② ㉠, ㉡

③ ㉠, ㉡, ㉢

④ ㉠, ㉡, ㉢, ㉣

09

중요도 ★★

판매회사가 저축계약을 해지할 수 있는 경우에 해당하는 것으로 가장 옳은 것은?

① 정액적립식 저축자가 계속하여 1개월 이상 소정의 저축금을 납입하지 않는 경우

② 정액적립식 저축자가 계속하여 2개월 이상 소정의 저축금을 납입하지 않는 경우

③ 정액적립식 저축자가 계속하여 3개월 이상 소정의 저축금을 납입하지 않는 경우

④ 정액적립식 저축자가 계속하여 6개월 이상 소정의 저축금을 납입하지 않는 경우

10

수익증권의 입금처리와 관련된 내용 중 잘못된 것은?

① 입금거래의 유형에는 금액입금, 단체입금, 현물입금이 있다.

② 금액을 좌수로 환산하는 경우 좌 미만 단수는 수납 시 절상하고 지급 시 절사한다.

③ 좌수를 금액으로 환산하는 경우 원 미만 단수는 수납 시 절상하고 지급 시 절사한다.

④ 총잔고의 평가금액은 잔고좌수 $\times \dfrac{평가일\ 기준가격}{1,000}$ 으로 계산한다.

11

이미영씨는 2019년 10월 5일 저축기간 1년의 수익증권저축에 가입한 후 매월 50만원씩 정액적립식으로 저축하기로 하였다. 다음 설명 중 잘못된 것은? (단, 환매수수료 징구기간은 90일 미만)

① 저축기간 종료시점(만기)은 2020년 10월 5일이다.

② 1년 후인 2020년 10월 5일 이후에 환매하면 환매수수료가 일부 면제된다.

③ 1년 후인 2020년 10월 5일 이후에 환매하면 환매수수료가 전액 면제된다.

④ 1년 후인 2020년 10월 5일에 저축기간을 1년 연장하고 2020년 12월 5일에 환매한 경우에도 환매수수료가 전액 면제된다.

정답 및 해설

07 ① 저축자는 언제든지 저축재산의 전부 또는 일부에 대하여 인출을 청구할 수 있다. 단, 저축기간 종료 이전에는 환매수수료를 부담하여야 한다.

08 ③ 금융투자회사 직원이 매매내역을 전화로 통보했다고 하여 정기잔고통지를 했다고 보는 것은 아니다.

09 ④ 판매회사가 저축계약을 해지할 수 있는 경우에는 정액적립식 저축자가 6개월 이상 저축금을 납입하지 않는 경우, 판매사가 해당 규약에 의하여 신탁계약을 해지하는 경우가 있다.

10 ③ 좌수를 금액으로 환산하는 경우 원 미만 단수는 수납 시 절사하고 지급 시 절상한다.

11 ② 1년 후인 2020년 10월 5일 이후에 환매하면 환매수수료가 전액 면제된다. 저축기간을 1년 이상으로 하는 목적식 저축의 경우 저축기간 종료 이후 수익증권을 환매하는 때에는 그 수익증권의 환매수수료를 면제한다. 단, 저축자가 저축기간을 연장하는 경우에는 기존에 정한 저축기간의 종료 이후 수익증권을 환매하는 때에 그 수익증권의 환매수수료를 면제한다.

12 펀드 판매절차 1단계인 투자자정보 파악 단계에 대한 설명으로 잘못된 것은?

① 투자자가 일반투자자인지 전문투자자인지 확인해야 한다.

② 투자자정보를 대리인에 의하여 확인하는 것은 개인정보보호법상 금지된다.

③ 일반투자자가 장외파생상품거래를 하고자 할 때에는 투자권유 여부와 상관없이 투자자정보를 파악해야 한다.

④ MMF에 투자하는 투자자에 대하여는 투자자정보를 간략하게 파악할 수 있다.

13 수익증권저축의 만기지급일에 대한 기술 중 잘못된 것은?

① 저축기간을 월, 연 단위로 정한 경우 만기지급일은 저축기간이 만료되는 월의 최초 납입 상당일이다.

② 저축기간을 월 단위로 정한 경우 저축기간이 만료되는 월에 그 해당일이 없으면 그 월의 말일이 만기지급일이 된다.

③ 저축기간을 일 단위로 정한 경우 만기지급일은 수익증권 최초 매수일로부터 계산하여 저축기간이 만료되는 날의 다음 영업일이다.

④ 투자신탁계약을 해지한 경우 만기지급일은 신탁계약 해지일이다.

14 2019. 8. 31.에 수익증권을 매수하였다고 할 경우 만기지급일이 잘못된 것은?

① 저축기간을 1년으로 정한 경우 만기지급일은 2020. 8. 31.이다.

② 저축기간을 6개월로 정한 경우 만기지급일은 2020. 3. 1.이다.

③ 저축기간을 10일로 정한 경우 만기지급일은 2019. 9. 10.이다.

④ 저축기간을 20일로 정한 경우 만기지급일은 2019. 9. 20.이다.

15

중요도 ★

수익증권 매수 시 기준가격이 1,005.00원인 경우 1억원으로 수익증권을 몇 좌 매수할 수 있는가?

① 99,302,488좌

② 99,402,488좌

③ 99,502,488좌

④ 99,602,488좌

16

중요도 ★

현재 평가액 2억원 상당의 수익증권을 보유하고 있는 A씨가 1억원을 환매하고자 할 때 환매좌수는? (단, 환매 시 기준가격은 1,009.00원이라고 가정함)

① 99,108,027좌

② 99,208,027좌

③ 99,308,027좌

④ 99,408,027좌

정답 및 해설

12 ② 투자자정보는 대리인이 자신과 투자자의 실명확인증표 및 위임장 등 대리권 증빙서류를 갖춘 경우 대리인으로부터 투자자 본인의 정보를 파악할 수 있다.

13 ④ 투자신탁계약을 해지한 경우 만기지급일은 해지결산 후 첫 영업일이다.

14 ② 저축기간을 6개월로 정한 경우 만기지급일은 2020. 2. 28.이다.

15 ③ 매수좌수 $= \dfrac{\text{저축금액}}{(\text{매수 기준가격}/1,000\text{원})} = \dfrac{100,000,000\text{원}}{(1,005\text{원}/1,000\text{원})} = 99,502,487.56\text{좌}$

16 ① 환매좌수 $= \dfrac{\text{저축금액}}{(\text{환매 기준가격}/1,000\text{원})} = \dfrac{100,000,000\text{원}}{(1,009\text{원}/1,000\text{원})} = 99,108,027.75\text{좌}$

17 중요도 ★★

김사장은 1억원을 국내 주식형펀드에 투자한 후 전액출금하였다. 김사장의 매매내역이 다음과 같은 경우, 출금금액은? (환매수수료율 : 90일 미만 시 이익금의 70%, 원천징수율 : 15.4%)

거래일자	거래구분	기준가격(원)	과표기준가격(원)
2019. 2. 6.	입 금	1,000	1,000
2020. 1. 23.	전액출금	1,500	1,200

① 1억 2천 692만원　　　　　　② 1억 3천 692만원
③ 1억 4천 692만원　　　　　　④ 1억 5천 692만원

18 중요도 ★★★

김철수씨가 1억원으로 K펀드에 가입하여 아래와 같이 거래한 경우 기술이 잘못된 것은?

(환매수수료율 : 90일 미만 시 이익금의 70%, 소득세율 14%, 지방소득세율 10%)

거래일자	거래구분	매매 기준가격(원)	과표기준가격(원)
2019. 5. 10.	입 금	1,050	1,046
2019. 7. 10.	전액출금	1,070	1,064

① 매수좌수는 95,238,096좌이다.
② 환매 시 평가금액은 101,904,763원이다.
③ 환매수수료는 1,333,333원이다.
④ 전액 환매 시 출금금액은 101,112,770원이다.

19 중요도 ★

수익증권 저축자에 대한 환매수수료 처리의 내용이 잘못된 것은?

① 저축기간을 1년 이상으로 하는 목적식 저축의 경우 저축기간의 종료 이후 수익증권을 환매하면 환매수수료를 면제한다.

② 목적식 저축의 저축자가 저축기간을 연장한 경우 기존에 정한 저축기간 종료 이후 수익증권을 환매하면 환매수수료를 면제한다.

③ 소규모투자신탁을 해지할 때 저축자가 그 상환금으로 판매사로부터 안내받은 수익증권을 매수하는 경우 환매수수료를 부담해야 한다.

④ 수익증권 양도 시 수익증권을 전부 환매 후 재매수하는 경우 재매수한 수익증권의 환매수수료 계산시작일은 당초 수익증권 매수일로 한다.

정답 및 해설

17 ③ • 환매 시 평가금액 = 환매좌수 × 환매 시 기준가격/1,000원

                 = 1억좌 × 1,500원/1,000원 = 1억 5천만원

  • 과세소득 = 환매좌수 × (환매 시 과표기준가격 − 매수 시 과표기준가격)/1,000원 − 환매수수료

           = 1억좌 × (1,200원 − 1,000원)/1,000원 = 2천만원(90일이 지났으므로 환매수수료는 없음)

  • 세액 = 과세소득 × 적용세율 = 2천만원 × 15.4% = 308만원

  ∴ 출금금액 = 1억 5천만원 − 308만원 = 1억 4천 692만원

18 ④ 전액 환매 시 출금금액은 100,512,770원이다.

> • 매수좌수 = 저축금액 ÷ (매수 시 기준가격/1,000) = 95,238,096좌
> • 환매 시 평가금액 = 환매좌수 × (환매 시 기준가격/1,000) = 101,904,763원
> • 환매수수료 = {환매좌수 × (환매 시 기준가격 − 매수 시 기준가격)/1,000} × 환매수수료율 = 1,333,333원
> • 과세소득 = {환매좌수 × (환매 시 과표기준가격 − 매수 시 과표기준가격)/1,000} − 환매수수료
>   = {95,238,096 × (1,064 − 1,046) / 1,000} − 1,333,333 = 380,952원
> • 세액 = 소득세 + 지방소득세 = (380,952 × 14%) + (380,952 × 14%) × 10% = 58,660원
> • 출금금액 = 환매 시 평가금액 − 환매수수료 − 세액 = 100,512,770원

19 ③ 소규모투자신탁을 해지할 때 저축자가 그 상환금으로 판매사로부터 안내받은 수익증권을 매수하는 경우 선취판매수수료를 면제하고, 그 수익증권을 환매하는 경우에는 후취판매수수료 및 환매수수료를 면제한다.

20 중요도 ★★★

집합투자기구 이익에 대한 과세제외 대상 증권이 아닌 것은?

① 유가증권시장 또는 코스닥시장에 상장된 유가증권
② 채 권
③ 주식선물
④ 벤처기업의 주식

21 중요도 ★★

집합투자기구 이익을 계산할 때 공제하는 것이 아닌 것은?

① 채권매매차익
② 집합투자회사·수탁회사·판매회사가 받는 모든 보수
③ 환매수수료
④ 판매수수료

22 중요도 ★★

집합투자기구의 수입시기(과세시기)와 가장 거리가 먼 것은?

① 집합투자기구로부터 이익을 지급받은 날
② 매년 12월 31일
③ 원본 전입 특약에 의하여 분배금이 원본에 전입되는 날
④ 수익증권 양도로 이익을 수령한 날

23 중요도 ★★
소득세법상 집합투자기구 이익의 과세에 대한 설명으로 가장 올바른 것은?

① 채권형펀드의 이익은 이자소득으로 과세된다.
② 주식형펀드의 이익은 배당소득으로 과세된다.
③ 부동산펀드의 이익은 부동산소득으로 과세된다.
④ 파생상품펀드의 이익은 비과세된다.

24 중요도 ★
주가지수연동대출 관련 옵션결과에 따라 지급하는 보너스의 소득을 처리하는 방법으로 올바른 것은?

① 이자소득으로 처리한다.
② 배당소득으로 처리한다.
③ 양도소득으로 처리한다.
④ 차입금에 대한 지급이자의 감액으로 처리한다.

정답 및 해설

20 ② 소득세법 46조 1항에 따른 채권, 외국 법령에 의한 외국 집합투자기구의 주식 또는 수익증권의 거래나 평가로 인해 발생한 손익은 과세제외 대상이 아니다.

21 ① 자본시장법상 집합투자기구 이익은 각종 보수·수수료 등을 차감한 금액으로 한다.

22 ② 집합투자기구의 수입시기는 소득이 신탁재산에 귀속된 때가 아니라 투자자에게 소득이 분배되는 때이다. 즉, 집합투자기구로부터 이익을 지급받은 날(환매청구로 원리금을 수령하는 날, 결산분배금을 받는 날, 수익증권 양도로 이익을 받는 날), 결산분배일에 결산분배금을 재투자특약에 의해 원본에 전입하는 날이 수입시기가 된다.

23 ② 자본시장법상 집합투자기구이익은 모두 배당소득으로 과세된다.

24 ④ 옵션결과에 따라 대출만기 시 또는 중도상환 시 지급받는 보너스 상당액과 옵션매수금액과의 차액은 이자소득으로 보지 않고 당해 차입금에 대한 지급이자의 감액으로 처리한다.

25 중요도 ★

외화예금 거래와 선물환 거래가 하나의 통합된 거래로 운영되어 금융기관에게는 금전사용의 기회가 제공되고 고객에게는 이에 대한 대가가 지급되는 경우, 당해 외화예금 및 선물환거래에서 발생하는 전체이익에 대한 과세는?

① 이자소득으로 처리한다.
② 배당소득으로 처리한다.
③ 양도소득으로 처리한다.
④ 기타소득으로 처리한다.

26 중요도 ★★★

소득세법상 집합투자기구의 과세소득 계산에 대한 올바른 설명으로 모두 고른 것은?

> ㉠ 상장주식의 매매평가손익은 과세소득에서 제외한다.
> ㉡ 상장채권의 매매평가손익은 과세소득에 포함한다.
> ㉢ 각종 보수·수수료는 과세소득에서 차감한다.

① ㉠
② ㉠, ㉡
③ ㉡, ㉢
④ ㉠, ㉡, ㉢

27 중요도 ★★★

집합투자기구가 부담하는 것으로만 모두 고른 것은?

> ㉠ 판매수수료　　　　　　　　㉡ 환매수수료
> ㉢ 집합투자업자보수　　　　　㉣ 판매보수

① ㉠, ㉡
② ㉢, ㉣
③ ㉠, ㉣
④ ㉡, ㉢

28

중요도 ★

파생상품과 파생결합증권에 직접투자하는 경우, 과세에 대한 설명 중 잘못된 것은?

① 증권을 기초자산으로 하는 장내파생상품에 직접투자하는 경우 그 소득은 비열거소득에 해당하여 과세제외된다.

② 파생결합증권의 매매에 따른 이익은 비열거소득에 해당하여 과세제외된다.

③ ELD, ELS, DLS 등을 보유하여 발생한 소득은 이자소득으로 과세한다.

④ ELW는 현행세법상 양도소득으로 과세한다.

29

중요도 ★

파생상품과 파생결합증권에 투자되어 있는 펀드의 경우, 매매평가 손익의 과세에 대한 설명 중 잘못된 것은?

① 상장되지 않은 ELS의 매매평가손익은 투자신탁이익에 포함된다.

② 장외파생상품의 매매평가손익은 투자신탁이익에 포함하여 배당소득으로 과세한다.

③ 상장되어 거래되는 파생결합증권의 매매평가손익은 투자신탁이익 계산 시 과세된다.

④ 코스피200선물에서 발생한 매매평가손익은 양도소득으로 과세된다.

정답 및 해설

25 ① 소득세법상 이자소득으로 처리한다.

26 ④ ㉠ ㉡ ㉢ 모두 맞는 설명이다.

27 ② 판매수수료와 환매수수료는 투자자가 부담한다.

28 ③ ELD(주가연계예금)는 이자소득으로 과세하고, ELS(주가연계증권)·DLS(파생결합증권)는 배당소득으로 과세한다.

29 ③ 상장되어 거래되는 파생결합증권의 매매평가손익은 투자신탁이익 계산 시 과세제외된다.

30 중요도 ★★★

소득세법상 집합투자기구의 세제에 대한 기술 중 잘못된 것은?

① 상장주식의 매매차익은 과세제외된다.
② 상장채권의 매매차익은 과세제외된다.
③ 주식의 배당소득은 과세된다.
④ 채권의 이자소득은 과세된다.

31 중요도 ★

현행세법상 펀드(간접투자)의 투자대상에 따른 과세여부가 올바른 것은?

① 펀드가 투자하는 상장채권의 평가차익은 비과세한다.
② 펀드가 투자하는 상장주식의 매매차익은 비과세한다.
③ 펀드가 투자하는 상장주식의 배당수익은 비과세한다.
④ 펀드가 투자하는 파생상품의 매매차익은 비과세한다.

32 중요도 ★★★

투자신탁이 투자한 유가증권에 대한 세제 중 과세제외되는 것은?

① 외국 집합투자기구의 주식   ② 국내 상장주식
③ 수익증권   ④ 국내 상장채권

33 중요도 ★

다음 펀드세제에 대한 설명 중 잘못된 것은?

① 내국법인에 귀속되는 소득 중 이자소득에 대해서만 원천징수하고 그 외 소득은 원칙적으로 원천징수를 하지 않는다. 다만, 배당소득으로 구분되는 투자신탁의 이익은 예외적으로 원천징수 대상이 된다.

② 집합투자증권의 양도로 인하여 발생한 소득은 배당소득으로 과세한다.

③ 집합투자의 경우 수입시기는 소득이 신탁재산에 귀속되는 때가 아니라 투자자에게 소득이 분배되는 때이다.

④ 과세손실이 과세소득을 초과하는 경우에는 언제나 과세제외된다.

정답 및 해설

30 ② 상장채권의 매매차익은 과세된다.

31 ② ① 펀드가 투자하는 상장채권의 평가차익은 과세한다.
　　 ③ 펀드가 투자하는 상장주식의 배당수익은 과세한다.
　　 ④ 펀드가 투자하는 코스피200선물에서 발생한 소득, 코스피200옵션에서 발생한 소득, ELW에서 발생한 소득, 기타 이와 유사한 것으로 기획재정부령으로 정하는 것 등은 양도소득으로 과세한다.

32 ② 집합투자기구가 직접 취득한 유가증권으로 상장 유가증권은 과세제외된다.

33 ④ 과세손실이 과세소득을 초과하는 경우 펀드투자는 원금손실이라도 과세될 수 있다. 다만, 집합투자재산의 결산분배를 유보하여 환매 시점에 과세되도록 할 수 있다.

제3장
직무윤리

학습전략

직무윤리는 제2과목 전체 45문제 중 **총 10문제**가 출제된다.

금융투자회사의 임직원에게는 다른 어느 회사보다도 직무윤리가 강조된다. 이들의 직무윤리가 무너지면 금융사기와 분쟁이 계속될 수 밖에 없고, 결국 고객은 금융투자회사를 떠나갈 것이기 때문이다. 이 과목은 직무윤리 관련 원칙, 본인·회사·사회에 대한 윤리, 내부통제 등이 자주 출제되는 경향이 있다.

출제예상 비중

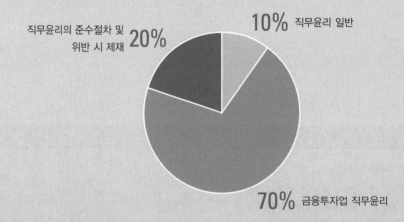

직무윤리의 준수절차 및 위반 시 제재 20%

10% 직무윤리 일반

70% 금융투자업 직무윤리

핵심포인트

구 분	핵심포인트	중요도	페이지
직무윤리 일반 (10%)	01 직무윤리에 대한 이해	★★★	p. 306
	02 직무윤리의 기초사상 및 국내외 동향	★	p. 307
	03 직무윤리의 적용대상	★	p. 308
금융투자업 직무윤리 (70%)	04 고객 우선의 원칙	★★	p. 309
	05 신의성실의 원칙	★★	p. 310
	06 본인에 대한 윤리	★★★	p. 320
	07 회사에 대한 윤리	★★★	p. 321
	08 사회 등에 대한 윤리	★★	p. 326
직무윤리의 준수절차 및 위반 시 제재 (20%)	09 직무윤리의 준수절차	★★★	p. 327
	10 직무윤리 위반행위에 대한 제재	★★	p. 331

최근 금융투자업 종사자의 직무윤리의 중요성이 강조되고 있다. 그 이유에 대한 설명으로 잘못된 것은?

① 직무윤리 준수는 상대방의 신뢰획득 및 인적 연결강화를 통해 경쟁력 확보에 도움이 된다.
② 기업의 사회적 책임의 이행에 대한 관심이 고조됨에 따라 사회책임투자가 하나의 경향이 되고 있다.
③ 대면거래에 의한 거래방식의 특성으로 다른 산업에 비해 상대적으로 규제의 필요성이 적다.
④ 투자성을 내포한 금융투자상품의 특성상 고객과의 분쟁가능성이 상존한다.

TIP 비대면거래에 의한 거래방식의 특성으로 다른 산업에 비해 상대적으로 규제의 필요성이 크다.

핵심포인트 해설   **직무윤리가 강조되는 이유**

윤리경쟁력	• 환경변화 : 미래세계는 매우 복잡한 시스템에 의하여 운영되는 사회 • 위험과 거래비용 : 직무윤리 위반으로 인한 위험비용을 고려해야 함 • 생산성 제고를 통한 장기적 생존 목적 • 신종자본 : 직무윤리가 공공재 내지 무형의 자본(신용) 역할을 함 • 윤리 인프라 구축 : 기업 생존조건, 성장원동력, 공정한 경쟁의 조건 • 생존의 조건(윤리경영의 목적) : 가치 있는 장기생존(전문가의 2대 핵심요소 : 윤리, 능력) • 비윤리적 행동은 더 큰 사회적 비용을 초래함
금융투자산업	• 금융산업 속성 : 이익상충 가능성과 정보비대칭 문제를 해결해야 함 • 금융투자상품의 특성 : 투자성(원본손실 위험)을 내포하고 있음 • 금융소비자 성격의 질적 변화 : 적극적인 소비자보호가 중요해짐 • 안전장치(금융투자종사자) : 대리인 문제, 도덕적 해이 문제 해결
자본시장법	• 투자자보호를 위하여 일부 직무윤리를 법적 의무로 제도화함 • 금융투자상품의 포괄주의 도입으로 직무윤리가 중요해짐 • 일반투자자 보호 강화(전문투자자에 대한 윤리적 책임까지 면제한 것은 아님) • 취급상품 및 업무영역 규제완화로 금융소비자에 대한 신뢰가 중요해짐
지배구조법	• 윤리경영의 영역에 있던 지배구조부분을 법제화하여 강제성 추가 • 내부통제제도를 강화하여 금융투자회사가 윤리경영하도록 강제성 부여

정답 | ③

직무윤리에 대한 대내외적 환경에 대한 설명 중 잘못된 것은?

① 영국의 BITC와 사회적 책임을 평가하는 CR Index가 윤리경영 평가지수로 사용된다.

② 2000년 OECD가 제정 발표한 국제 공통 기업윤리강령은 강제규정이 되었다.

③ 우리나라는 국제투명성기구(TI)에서 발표하는 부패인식지수(CPI)가 경제규모에 비하여 낮게 평가되고 있다.

④ 정부는 부패방지법, 공직자윤리강령을 제정하였고, 기업도 기업윤리강령을 제정하였다.

TIP 2000년 OECD가 발표한 국제 공통 기업윤리강령은 강제규정은 아니나 위반 시 기업에 대한 불이익이 있다.

핵심포인트 해설 　**직무윤리의 배경 및 환경**

사상적 배경		• 마르크스 : 유물사관 • 칼뱅 : 금욕적 생활윤리(근검, 정직, 절제 강조) • 베버 : 프로테스탄티즘의 윤리와 자본주의 정신(금욕, 직업윤리 강조)
환 경	대외적 환경	• New Round를 통한 국제무역 규제 • 2000년 OECD는 국제 공통 기업윤리강령 발표(강제규정은 아니나 위반 시 기업에 대한 불이익 있음) • 기업윤리의 수준과 내용은 국제적으로 통용될 수 있는 것이어야 함 • 영국의 BITC와 사회적 책임을 평가하는 CR Index가 윤리경영 평가지수로 사용됨
	대내적 환경	• 국제투명성기구(TI)에서 발표하는 부패인식지수(CPI)가 경제규모에 비하여 낮게 평가됨 • 부패방지법, 공직자윤리강령 제정 • 개별기업도 기업윤리강령 제정 • 청탁금지법(일명 김영란법) 제정
윤리경영 평가척도		• 산업정책연구원의 KoBEX • 전경련의 윤리경영자율진단지표(FKI-BEX) • 서강대의 윤리경영지표(Sobex)

정답 | ②

직무윤리의 적용대상에 대한 설명 중 잘못된 것은?

① 투자권유대행인도 직무윤리의 대상이 된다.

② 투자 관련 직무에 종사하는 자이면 회사와의 위임계약관계 유무와는 관계없이 직무윤리를 준수해야 한다.

③ 투자 관련 직무에 종사하는 자이면 무보수로 일하는 자도 직무윤리를 지켜야 한다.

④ 아무 계약관계가 없는 잠재적 고객에게까지 직무윤리를 준수해야 하는 것은 아니다.

용어 알아두기

위임계약	당사자 일방이 상대방에게 사무의 처리를 위탁하고 그 상대방이 이를 승낙함으로써 효력이 발생하는 계약이다.

TIP 아무 계약관계가 없는 잠재적 고객에 대해서도 직무윤리를 준수해야 한다.

핵심포인트 해설 **직무윤리의 적용 및 성격**

(1) 직무윤리의 적용

적용대상	• 금융투자회사 임직원(계약직원·임시직원 포함) • 금융투자전문인력(투자권유자문인력, 투자권유대행인, 투자자산운용사, 금융투자분석사 등의 자격보유자) • 자격보유 이전에 관련 업무에 실질적으로 종사하는 자 • 직접 또는 간접적으로 이와 관련이 있는 자 • 투자 관련 직무에 종사하는 일체의 자
적용범위	• 위임·고용·보수 유무와 관계없이 적용 • 잠재적 고객에 대하여도 직무윤리을 준수해야 함

(2) 직무윤리의 성격

① 성 격

  ㉠ 자율규제 원칙(실효성을 위하여 일부 타율규제도 있음)

  ㉡ 자기단속체계(내부통제기준 제정 시행)

② 핵 심

  ㉠ 직무윤리의 핵심은 자신과 상대방이 이익충돌 상황에서 상대방 이익의 입장에서 자신에 대한 상대방의 신뢰를 저버리지 않는 행동을 선택하는 것

  ㉡ 핵심원칙 : 고객우선의 원칙, 신의성실의 원칙

정답 | ④

04

금융투자업 직무윤리 중 이해상충방지의무와 가장 거리가 먼 것은?

① 금융투자업자는 정당한 사유 없이 투자자의 이익을 해하면서 자기가 이익을 얻거나 제3자가 이익을 얻도록 해서는 안 된다.

② 과당매매는 대표적인 이해상충 사례 중 하나로 볼 수 있다.

③ 금융투자업자는 이해상충 발생 가능성을 감소시키기 위해 정보교류를 허용해야 한다.

④ 금융투자업자 자신이 발행하거나 관련되어 있는 대상에 대한 조사분석자료의 공표와 제공을 원천적으로 금지하고 있다.

용어 알아두기

과당매매	일반투자자의 투자목적, 재산상황, 투자경험 등을 고려하지 아니하고 지나치게 자주 투자 권유를 하는 행위를 말한다.

TIP 금융투자업자는 정보교류 차단(Chinese Wall)의무가 있다. 그 내용은 정보차단(정보제공행위 금지), 직무차단 (겸직행위 금지), 공간차단(사무공간 공동이용 금지), 전산차단(전산설비 공동이용 금지) 등이다.

핵심포인트 해설　　　**이해상충방지의무**

신의성실의 원칙	• 투자자의 이익을 최우선으로 하여 업무 수행 • 자본시장법에서 구체화시킴으로써 강제성 부여
최선의 이익	• 소극적 이익뿐 아니라 적극적 이익도 포함 • 최선집행의무 : 최대수익률의 실현이 아니라 실현 가능한 최대한의 이익 추구를 의미
이해상충 발생원인	• 금융투자업자 내부문제 : 공적업무와 사적업무의 정보를 이용하는 경우 • 금융투자업자와 금융소비자 간 문제 : 정보비대칭 존재 • 법률적 문제 : 복수 금융투자업 간 겸영업무 허용으로 인한 이해상충
이해상충 방지시스템 구축의무	• 금융투자업자는 인가·등록 시부터 이해상충방지체계 구축을 의무화함 • 이해상충 발생 가능성 파악 등 관리의무 • 이해상충 발생 가능성 고지 및 저감 후 거래의무 • 이해상충 발생 가능성 회피의무 • 정보교류 차단(Chinese Wall)의무 • 금융투자업자 자신이 발행했거나 관련된 대상에 대한 조사분석자료의 공표·제공 금지 • 자기거래 금지

정답 | ③

직무윤리의 기본원칙에 대한 설명으로 가장 거리가 먼 것은?

① 투자 직무수행에 있어서 가장 기본적인 덕목이다.

② 신의성실의 원칙은 윤리적 의무이자 법적의무이다.

③ 금융소비자보호법은 금융소비자보호 대상이 되는 상품을 금융투자상품으로 정의하였다.

④ 금융투자업종사자는 금융회사나 주주의 이익보다 금융소비자의 이익을 우선적으로 보호해야 한다.

TIP 금융소비자보호법은 금융소비자보호 대상이 되는 상품을 '금융상품'으로 정의하여, 자본시장법상 투자성 있는 금융투자상품(투자성 상품)뿐만 아니라 예금성 상품, 대출성 상품, 보장성 상품까지 확대 적용하였다.

핵심포인트 해설 **직무윤리의 기본원칙**

(1) 고객우선의 원칙
① 회사와 임직원은 항상 고객의 입장에서 생각하고 보다 나은 서비스를 제공하기 위해 노력해야 함
② 금융투자업종사자는 신임의무에 근거하여 자신(금융회사, 주주)의 이익보다 금융소비자의 이익을 우선적으로 보호해야 함
③ 금융소비자보호법은 금융소비자보호 대상이 되는 상품을 '금융상품'으로 정의하여, 자본시장법상 투자성 있는 금융투자상품(투자성 상품)뿐만 아니라 예금성 상품, 대출성 상품, 보장성 상품까지 확대 적용함

(2) 신의성실의 원칙(표준윤리준칙4조)
① 금융투자업자는 신의성실원칙에 따라 공정하게 금융투자업을 영위해야 함
② 계약체결 이전 단계에서 발생하는 소비자보호의무와 계약체결 이후에 발생하는 선관주의의무에 적용되는 일반적이고 보충적인 해석원칙
③ 윤리적 의무이자 법적 의무

정답 | ③

상품판매단계의 금융소비자보호 내용과 가장 거리가 먼 것은?

① 해피콜서비스
② 적합성 원칙
③ 불공정영업행위 금지
④ 계약서류 제공의무

TIP 해피콜서비스는 상품판매 이후 단계의 금융소비자보호 내용에 해당한다.

핵심포인트 해설 **단계별 금융소비자보호의 내용**

상품개발 단계	• 사전협의, 사전협의절차 이행모니터링 • 금융상품 개발 관련 점검, 외부의견청취
상품판매 이전 단계	• 교육체계 마련 • 판매자격의 관리
상품판매 단계	• 6대 판매원칙(적합성 원칙, 적정성 원칙, 설명의무(청약철회권 포함), 불공정영업행위 금지, 부당권유행위 금지, 광고규제 준수) • 계약서류 제공의무
상품판매 이후 단계	• 처리결과 보고의무, 기록 및 유지·관리의무 • 정보누설 및 부당이용 금지 • 해피콜서비스, 미스터리쇼핑 • 자료열람요구권, 고객의 소리제도, 위법계약해지권 • 소송중지제도, 분쟁조정 이탈금지제도, 손해배상책임

정답 | ①

금융투자업자의 정보교류차단(Chinese Wall) **의무에 대한 설명으로 가장 거리가 먼 것은?**

① 금융투자업자가 금융투자업, 겸영업무, 부수업무 등을 영위하는 경우 미공개 중요정보 등에 대한 회사 내부의 정보교류차단 장치를 구축해야 한다.

② 금융투자업자는 계열회사를 포함한 제3자에게 정보를 제공하는 경우에도 내부통제기준을 마련하여 이해상충이 발생할 수 있는 정보를 차단해야 한다.

③ 표준내부통제기준에 의하면 상시 정보교류를 허용하는 임원을 지정하여서는 아니 된다.

④ 표준내부통제기준은 정보교류차단을 위하여 물리적 분리뿐만 아니라 비밀정보에 대한 접근권한을 통제하는 등의 방법을 규정하고 있다.

TIP 표준내부통제기준에 의하면 상시 정보교류를 허용하는 임원을 지정할 수 있다.

핵심포인트 해설　　　**금융투자업자의 정보교류차단(Chinese Wall) 의무**

정보교류차단벽 설치 의무	• 금융투자회사는 업무종사자가 업무수행에 필요한 최소한의 정보에만 접근할 수 있도록 영위하는 업무의 특성 및 규모, 이해상충 정도 등을 고려하여 정보교류를 차단할 수 있는 장치를 마련해야 함
정보교류차단의 대상	• 미공개 중요정보 • 투자자의 금융투자상품 매매 또는 소유현황에 관한 정보로서 불특정 다수인이 알 수 있도록 공개되기 전의 정보 • 집합투자재산·투자일임재산·신탁재산의 구성내역과 운용에 관한 정보로서 불특정 다수인이 알 수 있도록 공개되기 전의 정보 • 회사 내부의 정보교류차단뿐만 아니라 계열회사를 포함한 제3자에게 정보를 제공하는 경우에도 이해상충가능성이 있는 정보는 차단해야 함 • 회사가 이해상충 우려가 없다고 판단되는 경우 스스로 차단대상 정보에서 제외 가능(예외정보를 내부통제기준에 미리 반영하여 공시해야 함)
정보교류차단의 주요 내용	• 회사는 정보교류차단 대상 부문별로 책임자를 지정해야 함 • 회사는 정보교류의 차단 및 예외적 교류의 적정성을 감독하고, 정보교류통제 담당 조직을 설치해야 함 • 회사는 상시 정보교류가 허용되는 임원을 지정할 수 있음 • 회사는 상시적 정보교류 차단벽을 설치 운영해야 함 • 회사는 요건을 모두 갖춘 경우 예외적 정보의 교류를 허용할 수 있음 • 이해상충 방지를 위해 필요하다고 인정하는 경우, 해당 법인과 관련한 금융투자상품을 거래주의 또는 거래제한 상품 목록으로 지정할 수 있음 • 회사가 고객으로부터 개인신용정보 제공의 동의를 받거나, 개인신용정보의 전송요구를 받은 경우에는 해당 정보를 계열회사 등 제3자에게 제공할 수 있음

정답 | ③

다음 중 자본시장법상 이해상충방지체계에 대한 설명으로 옳은 것은?

① 금융투자업자는 이해상충방지체계를 자율적으로 마련하여야 한다.
② 금융투자업자는 이해상충 발생 가능성을 파악·평가하고 표준투자권유준칙에 따라 관리해야 한다.
③ 이해상충 발생 가능성이 있다고 인정되는 경우에 그 사실을 투자자에게 알리고, 문제가 없는 수준으로 낮춘 후 거래를 해야 한다.
④ 이해상충 발생 가능성을 낮추기 곤란한 경우 투자자의 승낙을 얻고 거래해야 한다.

TIP ① 자본시장법은 금융투자업 인가·등록 시부터 이해상충방지체계를 갖추도록 의무화하였다.
② 금융투자업자는 이해상충 발생 가능성을 파악·평가하고 내부통제기준에 따라 관리해야 한다.
④ 이해상충 발생 가능성을 낮추기 곤란한 경우에는 그 거래를 해서는 안 된다.

핵심포인트 해설　　**자본시장법상 이해상충방지체계**

(1) 이해상충방지 관련 규정
　① 법37조 : 신의성실원칙과 자기계약·쌍방대리금지의 원칙
　② 법44조 : 개별적 이행상충행위 유형화, 이해상충방지시스템 구축의무, 공시·거래단념의무
　③ 법45조 : 정보교류 차단의무
　④ 법46조 : 위반 시 손해배상책임

(2) 금융투자업자의 이해상충방지체계 → chinese wall
　① 금융투자업 인가·등록 시 이해상충방지체계 구축을 의무화함
　② 이해상충 발생 가능성을 파악·평가하고 내부통제기준에 따라 관리해야 함
　③ 공시의 원칙 : 이해상충 발생 가능성이 있다고 인정되는 경우에는 그 사실을 투자자에게 알리고, 투자자보호에 문제가 없는 수준으로 낮춘 후 거래해야 함
　④ 회피의 원칙 : 이해상충 발생 가능성을 낮추는 것이 곤란하다고 판단되는 경우에는 매매, 그 밖의 거래를 하여서는 안 됨

정답 | ③

적합성 원칙에 대한 설명으로 가장 거리가 먼 것은?

① 금융소비자에게 투자권유 하는 경우 투자목적, 투자경험, 자금력, 위험에 대한 태도 등에 비추어 가장 적합한 투자를 권유해야 한다는 원칙이다.

② 일반금융소비자에게 투자성 상품을 권유하는 경우에는 취득·처분목적, 취득·처분경험, 재산상황 등을 파악해야 한다.

③ 일반금융소비자에게 대출성 상품을 권유하는 경우에는 재산상황, 신용 및 변제계획 등을 파악해야 한다.

④ 일반 사모집합투자기구의 경우에도 원칙적으로 적합성 원칙이 적용된다.

TIP 일반 사모집합투자기구의 집합투자증권의 경우에는 원칙적으로 적합성 원칙이 적용되지 않는다.

핵심포인트 해설 | **적합성 원칙과 적정성 원칙**

(1) 적합성 원칙

KYC(고객상황파악) 순서	• 투자권유 희망여부 확인 • 일반금융소비자인지 전문금융소비자인지 확인 • 일반금융소비자인 경우 면담, 질문 등을 통해 금융소비자의 정보파악 • 금융소비자의 투자성향 분석 결과 설명 및 확인서 제공 • 투자자금의 성향 파악
파악해야 하는 금융소비자의 정보	• 투자성 상품 및 수익률변동 가능한 예금성 상품 : 일반금융소비자의 해당 금융상품 취득 또는 처분 　　　　　　　　　　　　　　　　　　　　　의 목적·경험, 재산상황 등을 파악 • 대출성 상품 : 일반금융소비자의 재산상황, 신용 및 변제계획 등을 파악
적합성 원칙의 적용 예외	• 일반사모펀드의 경우에는 원칙적으로 적합성 원칙이 적용되지 않음 • 다만, 적격투자자 중 일반금융소비자가 대통령령이 정하는 바에 따라 요청하는 경우에는 적합성 　원칙이 적용됨

(2) 적정성 원칙

투자자정보 파악의무	• 금융상품판매업자는 대통령령으로 정하는 투자성 상품, 대출성 상품, 보장성 상품에 대하여 일반 　금융소비자에게 계약체결을 권유하지 않고 판매계약을 체결하는 경우에는 미리 상품별 투자자 정 　보를 파악하여야 함
고지 및 확인의무	• 금융상품판매업자는 해당 금융상품이 일반금융소비자에게 적정하지 않다고 판단되는 경우에는 그 　일반금융소비자에게 그 사실을 알리고, 서명 등의 방법으로 확인받아야 함
적합성 원칙과의 차이	• 적합성 원칙은 일반금융소비자에게 계약체결을 권유할 때 적용되는 원칙인 반면 적정성 원칙은 일 　반금융소비자에게 계약체결을 권유하지 않고 투자성 상품 등에 대하여 계약체결을 원하는 경우 　에 적용됨

정답 | ④

10

금융상품판매업자의 설명의무에 대한 설명으로 가장 거리가 먼 것은?

① 금융상품판매업자의 설명의무 적용대상은 원금손실이 가능한 투자성 상품에 한한다.

② 금융소비자에게 설명을 할 때에는 사용하는 정보, 상품안내장, 약관, 광고, 홈페이지 등도 그 적정성을 갖추고 있는지 고려해야 한다.

③ 설명의무를 위반하는 경우 해당 금융상품계약으로부터 얻은 수입의 50%까지 과징금을 부과할 수 있다.

④ 설명의무를 위반하는 경우 과징금과는 별도로 1억원 이내의 과태료를 부과할 수 있다.

TIP 금융상품판매업자의 설명의무 적용대상은 투자성 상품뿐만 아니라 예금성 상품, 대출성 상품, 보장성 상품까지 확대되었다.

핵심포인트 해설　　**설명의무**

설명의무의 의의	• 설명의무 : 금융상품판매업자는 일반금융소비자에게 계약체결을 권유하는 경우 및 일반금융소비자가 설명을 요청하는 경우에 금융상품에 관한 중요한 사항을 일반금융소비자가 이해할 수 있도록 설명해야 함 • 적용범위 : 투자성 상품, 대출성 상품, 예금성 상품, 보장성 상품
설명서 제공 및 확인의무	• 설명서 제공의무 : 계약체결 권유하는 경우 반드시 사전에 서면 등의 방법으로 금융소비자에게 해당 금융상품의 설명서를 제공해야 함 • 확인의무 : 설명의무 이행한 경우 일반금융소비자가 이해하였음을 서명 등의 방법으로 확인받고, 해당 기록을 유지·보관할 의무가 있음
위반 시 제재	• 과징금 : ㉠ 중요사항을 설명하지 않은 경우 ㉡ 설명서를 사전에 제공하지 않은 경우 ㉢ 설명하였음을 금융소비자로부터 확인받지 않은 경우 금융회사는 해당 계약으로부터 얻은 수입의 50%까지 과징금 부과 가능 • 과태료 : 설명의무 위반 시 1억원까지 부과 가능

정답 | ①

다음 중 금융투자회사의 표준윤리준칙에 의한 표시의무에 대한 기술이 잘못된 것은?

① 금융투자업자의 투자권유 시 중요한 사실에 대하여 정확하게 표시하여야 한다.

② 중요한 사실은 투자판단에 중요한 영향을 끼친다고 생각되는 사실로 투자대상에 관한 중요 정보뿐 아니라 투자수익에 영향을 주는 정보도 포함된다.

③ 정확한 표시란 중요사항이 빠짐없이 표시되고 그 내용이 충분, 명료한 것을 의미한다.

④ 회사의 위법행위 여부가 불분명한 경우 사적화해수단으로 손실을 보상하는 행위는 금지된다.

TIP 회사의 위법행위 여부가 불분명한 경우 사적화해수단으로 손실을 보상하는 행위는 허용된다.

핵심포인트 해설   **적정한 표시의무**

(1) 합리적 근거의 제공

금융투자업자의 투자권유 시 정밀한 조사·분석에 기초한 자료에 의하여야 하고, 합리적이고 충분한 근거를 가져야 함

(2) 중요한 사실에 대한 정확한 표시의무

① 중요한 사실은 투자판단에 중요한 영향을 미친다고 생각되는 사실로 투자대상에 관한 중요 정보뿐 아니라 투자수익에 영향을 주는 정보도 포함됨

② 정확한 표시란 중요사항이 빠짐없이 표시되고 그 내용이 충분, 명료한 것을 의미

③ 표시방법은 제한 없음(구두, 문서, 이메일 등 가능)

(3) 투자성과보장 등의 표현 금지 → 서면으로만 가능 (X)

① 원칙 : 사전·사후 불문하고 투자자의 손실 전부(또는 일부) 보전 및 투자자에 대한 이익 보장약속 금지(법55조), 그 권유에 의한 위탁이 없어도 금지규정 위반으로 간주함

② 예외 : 손실보상(또는 손해배상)이 가능한 경우

㉠ 회사의 위법행위 여부가 불분명한 경우 사적화해수단으로 손실을 보상하는 행위

㉡ 회사의 위법행위로 회사가 손해를 배상하는 행위

㉢ 분쟁조정 또는 화해절차에 따라 손실 보상 또는 손해를 배상하는 행위

정답 | ④

상품판매 이후 단계의 금융소비자보호에 대한 설명으로 가장 거리가 먼 것은?

① 금융회사는 금융소비자로부터 자료열람을 요구받은 날로부터 10일 이내에 해당 자료를 열람할 수 있게 해야 한다.

② 금융상품판매업자는 금융소비자의 위법계약 해지요구일로부터 10일 이내에 수락여부를 결정하여 금융소비자에게 통지해야 한다.

③ 조정신청사건에 대하여 소송 진행 중일 때 법원은 소송절차를 중지할 수 있다.

④ 2천만원 이하의 소액분쟁사건에 대하여 조정절차가 개시된 경우 조사대상기관은 조정안 제시 전까지 소송을 제기할 수 없다.

TIP 금융회사는 금융소비자로부터 자료열람을 요구받은 날로부터 6영업일 이내에 해당 자료를 열람할 수 있게 해야 한다.

핵심포인트 해설	상품판매 이후 단계의 금융소비자 보호

처리결과 보고의무	• 매매명세 통지 : 투자매매·중개업자는 금융투자상품의 매매가 체결된 경우 지체 없이 투자자에게 통지해야 함 • 매매체결 후 다음 달 20일까지 통지 사항 : 월간 매매·손익내역, 월말잔액, 미결제약정현황 등
자료열람요구권	• 금융소비자는 분쟁조정 또는 소송수행 등 권리구제를 목적으로 금융회사가 유지 관리하는 자료의 열람을 요구할 수 있음 • 금융회사는 금융소비자로부터 자료열람을 요구받은 날로부터 6영업일 이내에 해당 자료를 열람할 수 있게 해야 함(금융소비자에게 비용청구 가능)
위법계약해지권	• 금융상품판매업자가 5대 판매원칙 위반 시 금융소비자는 일정기간 내에 계약해지 요구할 수 있음 • 금융상품판매업자는 금융소비자의 해지요구일로부터 10일 이내에 수락여부를 결정하여 금융소비자에게 통지해야 함
사후구제제도	• 법원의 소송중지제도 : 조정신청사건에 대하여 소송 진행 중일 때 법원은 소송절차 중지 가능 • 분쟁조정 이탈금지 제도 : 2천만원 이하의 소액분쟁사건에 대하여 조정절차가 개시된 경우 조사대상기관은 조정안 제시 전까지 소송제기 불가 • 손해배상의 입증책임전환 : 금융소비자 ⇨ 금융회사
기 타	• 정보누설 및 부당이용 금지 • 해피콜서비스 : 판매 후 7영업일 이내 모니터링 • 고객의 소리 : 금융소비자의 의견 청취 제도 • 미스터리쇼핑 : 외주전문업체를 통한 불완전판매행위 발생여부 확인 제도

정답 | ①

청약철회권을 행사할 수 있는 상품과 가장 거리가 먼 것은?

① 투자성 상품
② 예금성 상품
③ 보장성 상품
④ 금융상품자문에 관한 계약

TIP 금융상품판매업자과 투자성 상품, 대출성 상품, 보장성 상품, 금융상품자문에 관한 계약의 청약을 한 일반금융소
비자는 일정기한 내에 청약을 철회할 수 있다.

핵심포인트 해설　　**청약철회권**

청약철회권의 의의	• 금융판매업자 등과 투자성·대출성·보장성 상품, 금융상품자문계약 등을 체결한 일반금융소비자는 일정 　기간 내에 청약을 철회할 수 있음 • 청약철회권은 금융회사의 고의 또는 과실 등 귀책사유가 없더라도 일반금융소비자가 행사할 수 있는 　법적 권리
금융소비자의 철회기간	• 투자성 상품 : 계약서류수령일 또는 계약체결일로부터 7일 이내 • 대출성 상품 : 계약서류수령일 또는 계약체결일로부터 14일 이내
철회 시 금융회사 조치	• 투자성 상품 : 철회접수일로부터 3영업일 이내에 금전 등을 반환 • 대출성 상품 : 소비자로부터 금전(대출금) 등을 반환받은 날로부터 3영업일 이내에 대출 관련하여 소비 　자로부터 받은 수수료 등을 반환
철약철회권의 대상	• 투자성 상품 : 고난도금융투자상품, 고난도투자일임계약, 고난도금전신탁계약, 신탁계약(자본시장법상 　금전신탁은 제외) • 대출성 상품 : 자본시장법(제72조①)상 신용공여 및 금융위원회가 고시하는 대출성상품(예: 주식담보대 　출)을 제외한 금융상품

정답 | ②

14

투자권유에 대한 설명 중 잘못된 것은?

① 금융투자업종사자는 고객의 승낙 또는 부득이한 사유 없이 자신의 업무를 제3자에게 처리하게 할 수 없다.

② 투자권유대행인은 투자권유대행업무를 제3자에게 재위탁할 수 없다.

③ 금융투자업자가 투자자로부터 투자권유의 요청을 받지 아니하고 전화를 통하여 투자권유하는 행위는 원칙적으로 허용된다.

④ 투자권유를 받은 투자자가 이를 거부하는 취지의 의사를 표시하였음에도 불구하고 투자권유를 계속하는 행위는 금지된다.

TIP 불초청 투자권유 행위는 원칙적으로 금지된다.

핵심포인트 해설　　재위임 및 투자권유 금지

(1) 재위임 금지
　① 금융투자업종사자는 고객의 승낙 또는 부득이한 사유 없이 자신의 업무를 제3자에게 처리하게 하면 안 됨
　② 투자권유대행인은 투자권유대행업무를 제3자에게 재위탁하는 행위 금지

(2) 요청하지 않은 투자권유(불초청) 금지
　① 원칙 : 금융투자업자가 투자자로부터 투자권유의 요청을 받지 아니하고 방문·전화 등 실시간 대화의 방법을 이용하는 행위는 부당권유행위에 해당되어 금지됨
　② 다만, 투자권유 전에 개인정보 취득경로·금융상품 등을 사전안내하고, 고객이 투자권유 받을 의사를 표시한 경우에는 투자권유 할 수 있음
　③ 사전안내가 불가능한 투자성상품

일반금융소비자	고난도상품, 사모펀드, 장내파생상품, 장외파생상품
전문금융소비자	장외파생상품

(3) 재권유 금지
　① 원칙 : 투자권유를 받은 투자자가 이를 거부하는 취지의 의사를 표시하였음에도 불구하고 투자권유를 계속하는 행위는 금지됨
　② 예 외
　　㉠ 투자자의 거부의사표시 후 1개월이 지난 후에 다시 투자권유를 하는 행위
　　㉡ 다른 종류의 금융투자상품에 대하여 투자권유를 하는 행위

정답 | ③

본인에 대한 직무윤리의 내용과 가장 거리가 먼 것은?

① 회사와 임직원은 업무를 수행함에 있어서 관련 법령 및 제규정을 이해하고 준수해야
한다.
② 회사와 임직원은 경영환경변화에 유연하게 적응하기 위해 창의적 사고를 바탕으로
끊임없이 자기혁신에 힘써야 한다.
③ 임직원은 회사의 품위나 사회적 신뢰를 훼손할 수 있는 일체의 행위를 해서는 안 된다.
④ 회사와 임직원은 공정하고 자유로운 시장경제질서를 존중하고 이를 유지하기 위하여
노력해야 한다.

TIP ④는 사회에 대한 직무윤리에 해당한다.

핵심포인트 해설　　　**본인에 대한 윤리**

법규준수	• 의의 : 회사와 임직원은 업무 수행 시 관련 법령 및 제규정을 이해하고 준수해야 함 • 법에 대한 무지는 변명되지 않음(몰라도 당사자 구속력 있음) • 적용범위 : 윤리기준, 법률과 그 하부규정, 자율단체 각종 규정, 사규, 해외에서 직무수행 시 해외 관할 　구역법
자기혁신	• 의의 : 회사와 임직원은 경영환경변화에 유연하게 대응하기 위해 창의적 사고를 바탕으로 끊임없이 　자기혁신을 해야 함 • 자기혁신 방법 　· 전문지식 배양의무 : 담당업무 이론과 실무숙지 및 전문능력 배양(세미나 및 교육프로그램 참여) 　· 윤리경영 실천에 대한 의지를 스스로 제고하기 위해 노력
품위유지	• 임직원은 회사의 품위나 사회적 신뢰를 훼손할 수 있는 일체의 행위를 금지함 • 품위유지는 신의성실의 원칙과도 연결된 직무윤리
공정성과 독립성 유지	• 직무 수행 시 공정한 입장에서 독립적이고 객관적으로 판단해야 함(특히 조사분석업무) • 상급자는 하급자에게 부당한 명령이나 지시를 하지 않아야 되며 부당한 명령이나 지시를 받은 직원은 　이를 거절해야 함
사적이익추구 금지	• 부당한 금품 수수 및 제공금지 : 부정청탁 및 금품수수금지법 • 직무 관련 정보를 이용한 사적거래의 제한 : 미공개중요정보 이용금지, 시장질서 교란행위 금지 및 처벌 • 직위의 사적 이용 금지

정답 | ④

16

금융투자업종사자의 회사에 대한 윤리에 대한 설명이 잘못된 것은?

① 회사재산은 오로지 회사 이익을 위해서만 사용되어야 하고, 회사의 이익이 아닌 사적 용도로 이용하는 일체의 행위가 금지된다.

② 소속업무담당자가 타인에게 손해를 끼친 경우 경영진은 윤리적 책임은 있으나 법적 책임은 없다.

③ 임직원의 대외활동을 사전승인 받았더라도 그 활동으로 인하여 고객, 주주 및 회사 등과 이해상충이 확대되는 경우 그 대외활동의 중단을 요구할 수 있다.

④ 특정한 정보가 비밀정보인지 불명확한 경우 그 정보를 이용하기 전에 준법감시인의 사전확인을 받아야 한다.

TIP 소속업무담당자가 타인에게 손해를 끼친 경우 관리·감독에 상당한 주의를 하지 않은 경영진은 법적 책임도 부담해야 한다.

핵심포인트 해설　　**회사에 대한 윤리**

상호존중	• 개인 간 관계 : 동료직원 간 및 상사와 부하 간 원활한 의사소통 및 상호 존중문화로 사내업무 효율성 제고 • 조직 – 개인관계 : 회사는 임직원 개인의 자율과 창의 존중 • 성희롱방지 : 상호존중 및 품위유지의무에 해당
공용재산의 사적사용·수익금지	• 금융투자업종사자는 회사재산을 부당하게 사용하거나 정당한 사유 없이 사적용도로 사용하면 안 됨 • 회사재산은 오로지 회사 이익을 위해서만 사용되어야 하고, 회사의 이익이 아닌 사적용도로 이용하는 일체의 행위가 금지됨
경영진의 책임	• 경영진은 직원 대상 윤리교육을 실시하는 등 올바른 윤리문화 정착을 위해 노력해야 함 • 경영진 본인의 법규 준수는 물론 소속업무종사자가 법규 위반되지 않도록 필요한 지도·지원해야 함 • 소속업무담당자가 타인에게 손해를 끼친 경우 법적 책임 : 민법상 사용자책임, 자본시장법상 관리·감독 책임
정보보호	• 회사 업무정보와 고객정보를 안전하게 보호하고 관리해야 함 • 관리원칙 : 정보교류차단 원칙, 필요성에 의한 제공 원칙
위반행위 보고	• 임직원은 법규 등 위반사실을 발견하거나 그 가능성을 인지한 경우에 회사가 정하는 절차에 따라 즉시 보고해야 함 • 관련제도 : 내부제보제도
대외활동	• 회사의 공식의견이 아닌 경우 사견임을 명백히 표현할 것 • 대외활동으로 인하여 주된 업무수행에 지장을 주어서는 안 됨 • 대외활동으로 금전보상을 받는 경우 회사에 신고해야 함 • 공정질서를 유지하고 건전한 투자문화 조성에 노력해야 함 • 불확실한 사항의 단정적 표현, 다른 금융투자회사 비방 등 금지
고용계약 종료 후의 의무	• 회사 비밀정보 출간, 공개, 제3자가 이용하게 하는 행위 금지 • 고용기간 종료와 동시에 기밀정보를 포함한 모든 자료는 회사에 반납 • 고용기간 동안 본인이 생산한 지적재산물은 회사에 반환

정답 | ②

17

금융투자업종사자의 대외활동 시 준수사항과 가장 거리가 먼 것은?

① 회사 등과 이해상충이 발생할 수 있는 대외활동 시 소속 부점장, 준법감시인 또는 대표이사의 사전승인을 받아야 한다.
② 익명성이 보장되는 경우에도 비공개를 요하는 정보를 게시해서는 안 된다.
③ 정기적 정보제공이나 경미한 것은 준법감시인에게 사전보고하지 않아도 된다.
④ 사외대화방 참여는 Privacy 문제이므로 규제하지 않는다.

TIP   사외대화방 참여 시 공중포럼으로 간주하여 언론기관 접촉 시와 같이 규제한다.

핵심포인트 해설　　**금융투자업종사자의 대외활동 시 준수사항**

(1) 대외활동 시 준수사항
　① 회사의 공식의견이 아닌 경우 사견임을 명백히 표현할 것
　② 회사의 주된 업무 수행에 지장을 주지 말 것
　③ 금전적 보상을 받게 되는 경우 회사에 신고할 것 등

(2) 강연, 연설 시 준수사항
　① 사전에 강연 내용 및 원고를 회사에 보고하고 확인받을 것
　② 원고 등 자료가 준수 및 금지기준에 저촉하는지 충분히 검토할 것

(3) 대외활동 시 금지사항
　① 불확실한 사항을 단정적으로 표현하는 행위
　② 회사가 승인하지 않은 중요자료나 홍보물 등을 배포하거나 사용하는 행위 등

(4) 전자통신활동
　① 임직원 – 고객 간 이메일 : 사용 장소에 관계없이 표준내부통제기준 및 관계법령 적용됨
　② 사외대화방 참여 : 공중포럼 간주(언론기관 접촉 시와 같이 규제)
　③ 인터넷 게시판에 특정 상품 분석·게시 : 사전에 준법감시인이 정하는 절차와 방법에 따름(단, 출처명시하고 인용하거나 기술적 분석에 따른 투자권유는 제외)

정답 | ④

18

금융투자업종사자의 대외활동에 대한 사전승인 시 고려해야 할 사항과 거리가 먼 것은?

① 회사, 주주 및 고객 등과의 이해상충 정도

② 대외활동의 대가로 지급받는 보수 또는 보상의 적절성

③ 대외활동을 하고자 하는 회사의 공신력, 사업내용, 사회적 평판

④ 대외활동 시 활동장소 및 대상인원 등

TIP 금융투자회사의 표준윤리준칙 31조 2항에 의하면 대외활동 시 활동장소 및 대상인원 등은 사전승인 시 고려해 야 할 사항에 포함되지 않는다.

핵심포인트 해설 **금융투자업종사자의 대외활동 시 준법절차**

(1) 대외활동의 범위

　① 외부 강연, 연설, 교육, 기고 등의 활동

　② 신문, 방송 등 언론매체 접촉활동

　③ 회사가 운영하지 않는 온라인 커뮤니티, 소셜 네트워크 서비스, 웹사이트 등을 이용한 대외접촉 활동(회사 내규상 활동금지 되는 경우는 제외)

(2) 대외활동 시 허가절차

　① 이해상충 정도에 따라 소속 부점장, 준법감시인 또는 대표이사의 사전승인을 받아야 함 　← 사후보고 (x)

　② 사전승인할 때 고려해야 할 사항

　　㉠ 표준내부통제기준 및 관계법령 위반 여부

　　㉡ 회사에 미치는 영향

　　㉢ 회사, 주주 및 고객 등과의 이해상충 정도

　　㉣ 대외활동의 대가로 지급받는 보수 또는 보상의 적절성

　　㉤ 대외활동을 하고자 하는 회사의 공신력, 사업내용, 사회적 평판 등

　③ 임직원이 대외활동을 성실하게 이행하지 못하거나 이해상충이 확대되는 경우 회사는 임직원의 대외활동 중단을 요구할 수 있 으며, 이때 임직원은 즉시 요구에 따라야 함

정답 | ④

금융투자업종사자의 비밀정보 보안처리의무에 대한 설명 중 잘못된 것은?

① 일체의 비밀정보는 보안장치를 구축하여 관리해야 한다.

② 회사의 경영전략이나 새로운 상품 및 비즈니스 관련 정보도 비밀정보에 포함된다.

③ 비밀정보를 제공할 때는 리스크관리팀장의 사전승인을 받아야 한다.

④ 비밀정보제공자는 성실한 주의의무를 다해야 하고, 비밀정보를 제공받는 자는 비밀유지의무를 준수해야 한다.

TIP 비밀정보를 제공할 때는 준법감시인의 사전승인을 받아야 한다.

핵심포인트 해설 **금융투자업종사자의 비밀정보 보안처리의무**

(1) 비밀정보의 범위

① 회사의 재무건전성이나 경영 등에 중대한 영향을 미칠 수 있는 정보

② 고객 또는 거래상대방에 대한 신상정보, 계좌정보, 비밀번호 등

③ 회사의 경영전략이나 새로운 상품 및 비즈니스 관련 정보

④ 기타 이에 준하는 미공개 정보

(2) 비밀정보관리의 원칙

① 정보차단의 원칙 : 일체의 비밀정보는 보안장치를 구축하여 관리해야 한다는 원칙

② 필요성에 의한 제공원칙 : 비밀정보 제공 시 준법감시인의 사전 승인을 받고, 필요한 최소한의 범위 내에서만 제공해야 한다는 원칙

(3) 비밀정보의 제공절차

① 필요성이 인정되는 경우에 한하여 회사가 정하는 사전 승인 절차에 따를 것

② 사전 승인 요청 시 포함될 사항

　㉠ 비밀정보제공 승인을 요청한 자·비밀정보를 제공 받을 자의 소속 및 성명

　㉡ 비밀정보제공의 필요성 및 사유

　㉢ 비밀정보제공 방법 및 절차, 제공 일시 등

③ 비밀정보제공자는 성실한 주의의무, 비밀정보를 제공받는 자는 비밀유지의무를 준수할 것

정답 | ③

20

금융투자업종사자의 고용계약 종료 후 의무에 대한 설명 중 잘못된 것은?

① 금융투자업종사자가 퇴직하는 경우라도 일정 기간 회사의 이익을 해치는 행위를 해서는 안 된다.

② 회사 비밀정보의 출간·공개·제3자 이용 등이 금지된다.

③ 고용기간이 종료되면 회사에 대한 선관주의의무도 즉시 종료된다.

④ 고용기간이 종료되더라도 본인이 생산한 지적재산물의 이용 및 처분 권한은 회사가 가지는 것이 원칙이다.

TIP 고용기간 종료 후에도 회사에 대한 선관주의의무가 상당 기간 지속된다.

핵심포인트 해설 **금융투자업종사자의 고용계약 종료 후 의무**

(1) 의 의

금융투자업종사자가 퇴직하는 경우에는 그에 따른 적절한 조치를 취해야 하고, 퇴직 이후 상당 기간 동안 회사의 이익을 해치는 행위를 해서는 안 됨

(2) 퇴직 시 적절한 조치

① 회사 비밀정보의 출간·공개·제3자 이용 금지

② 기밀정보를 포함한 모든 자료 회사에 반납

③ 회사명, 상표, 로고 등의 사용 금지

④ 고용기간 동안 본인이 생산한 지적재산물은 회사의 재산으로 반환해야 하고, 고용기간 종료 후라도 지적재산물의 이용 및 처분 권한은 회사가 가지는 것이 원칙임

(3) 회사에 대한 선관주의의무

① 고용기간 종료 후에도 회사에 대한 선관주의의무가 상당 기간 지속됨

② 기간이 너무 장기간이면 합리적인 기간으로 제한됨

정답 | ③

금융투자업종사자의 사회에 대한 직무윤리에 대한 기술 중 잘못된 것은?

① 시장질서 교란행위의 규제대상자는 내부자, 준내부자, 1차 수령자뿐만 아니라 이를 전달한 자 모두를 제재의 대상으로 확대 적용하고 있다.

② 지수·주가에 영향을 줄 수 있는 정보의 유통행위에 신중을 기해야 한다.

③ 시장질서 교란행위에 해당하는 주문의 수탁을 거부해야 한다.

④ ETF 유동성지원업무와 같이 본인의 업무수행으로 인한 매매의 경우 목적성이 없으면 시세에 부당한 영향을 주는지 사전에 확인할 필요가 없다.

용어 알아두기

준내부자	회사 내부정보로의 접근이 용이하거나 합법적 접근이 가능한 사실상의 내부자로서 해당 법인에 대해 법령에 따른 권한을 가지는 자로서 그 권한을 행사하는 과정에서 미공개중요정보를 알게 된 자, 해당 법인과 계약을 체결 또는 체결을 교섭하고 있는 자로서 그 계약을 체결·교섭·이행하는 과정에서 미공개중요정보를 알게 된 자 등을 말한다.

TIP ETF 유동성지원업무, 파생상품헤지업무 등 본인의 업무수행으로 인한 매매의 경우 목적성이 없더라도 시세에 부당한 영향을 주는지 사전에 확인해야 한다.

핵심포인트 해설　　　사회 등에 대한 윤리

시장질서 존중	• 의의 : 회사와 임직원은 공정하고 자유로운 시장경제질서를 존중하고, 이를 유지하기 위하여 노력해야 함 • 대상자 범위 확대 : 내부자, 준내부자, 1차 수령자뿐만 아니라 이를 전달한 자 모두에게 적용됨 • 대상정보 : 중대한 영향을 줄 가능성이 있고, 불특정다수인에게 공개되기 전의 정보 • 준수사항 　· 지수·주가에 영향을 줄 수 있는 정보의 유통행위에 신중할 것 　· 시장질서 교란행위에 해당하는 주문의 수탁을 거부해야 함 　· ETF 유동성지원업무, 파생상품헤지업무 등 본인의 업무수행으로 인한 매매의 경우 목적성이 없더라도 시세에 부당한 영향을 주는지 사전에 확인해야 함
주주가치 극대화	• 주주이익 보호를 위해 탁월한 성과창출로 회사가치를 높일 것 • 투명하고 합리적인 의사결정 과정과 절차를 마련하고 준수할 것 • 주주와 금융소비자에게 필요한 정보를 적시에 공정하게 제공할 것 • 효과적인 리스크 관리체계 및 내부통제시스템을 운영할 것
사회적 책임	• 회사의 임직원은 모두 시민사회의 일원임을 인식하고 사회적 책임과 역할을 다해야 함 • 합리적이고 책임경영을 통해 국가와 사회의 발전 및 시민의 삶의 질이 향상되도록 노력해야 함

정답 | ④

다음 중 빈칸 안에 들어갈 단어로 알맞은 것은?

금융투자업자는 법령을 준수하고, 자산을 건전하게 운용하며, 이해상충방지 등 투자자를 보호하기 위하여 그 금융투자업자의 임직원이 직무를 수행함에 있어서 준수하여야 할 적절한 기준 및 절차인 (   )을 정하여야 한다.

① 내부통제기준
② 투자권유준칙
③ 펀드판매매뉴얼
④ 영업행위규칙

TIP 내부통제기준에 대한 설명이다. 내부통제기준을 통하여 임직원의 선관의무, 고객우선의 원칙, 법규준수여부 등을 사전적·상시적으로 감독하며, 이를 제정·개정 시 이사회 결의를 요한다.

핵심포인트 해설   **내부통제기준과 준법감시인제도**

(1) 내부통제기준
　① 금융투자업자의 임직원이 직무를 수행함에 있어서 준수해야 할 적절한 기준 및 절차
　② 내부통제의 하나인 준법감시제도는 임직원의 선관의무, 고객우선의 원칙, 법규준수여부 등을 사전적·상시적으로 감독함
　③ 제정·개정 시 이사회 결의를 요함

(2) 내부통제기준의 제정 및 개정
　① 내부통제기준의 제정 및 변경은 이사회 결의를 거쳐야 함
　　　　　　　　　　　　　　　└→ 주주총회 (x)
　② 대표이사의 의무
　　㉠ 내부통제기준 구축, 유지, 운영, 감독
　　㉡ 내부통제기준 구축, 유지, 운영을 위한 인적·물적 자원 지원
　　㉢ 내부통제기준이 준수되도록 조직 단위별 적절한 임무와 책임 부여
　③ 준법감시인의 의무
　　㉠ 내부통제기준 준수 여부 등에 대한 정기 또는 수시 점검
　　㉡ 업무전반에 대한 접근 및 임직원에 대한 각종 자료나 정보의 제출 요구권
　　㉢ 임직원의 위법·부당행위 등과 관련하여 이사회, 대표이사, 감사에 대한 보고 및 시정 요구
　　㉣ 이사회, 감사위원회, 기타 주요 회의에 대한 참석 및 의견진술

정답 | ①

금융투자업자의 영업점별 내부통제에 대한 기술 중 잘못된 것은?

① 준법감시인은 독립성이 있기 때문에 준법감시업무의 일부를 임직원에게 위임할 수 없다.
② 회사는 영업관리자에게 업무수행결과에 따라 적절한 보상을 지급할 수 있다.
③ 고객전용공간은 직원과 분리되어 위치해야 한다.
④ 영업점장은 준법감시인이 위임하는 영업관리자가 될 수 없다.

TIP 준법감시인은 준법감시업무의 일부를 임직원에게 위임할 수 있다.

핵심포인트 해설   **영업점에 대한 내부통제**

(1) 준법감시업무의 위임
 ① 준법감시인은 준법감시업무의 일부를 임직원에게 위임 가능(범위, 책임의 한계 구분)
 ② 부점별 또는 수개의 부점을 1단위로 하여 법령준수 감독자를 지명할 수 있음

(2) 영업점별 영업관리자
 ① 준법감시인은 영업점에 준법감시업무를 위한 영업관리자를 둘 수 있음
  ㉠ 영업관리자 요건 : 영업점에 1년 이상 근무, 영업점장이 아닌 책임자급일 것 등
  ㉡ 영업관리자 임기 : 1년 이상으로 해야 함
 ② 준법감시인은 영업관리자에 대하여 연 1회 이상 법규·윤리 관련 교육을 실시해야 함
 ③ 회사는 영업관리자에게 업무수행 결과에 따라 적절한 보상을 지급할 수 있음

(3) 고객전용공간 제공 시 준수사항
 ① 당해 공간은 직원과 분리되어야 하고, 영업점장 및 영업관리자의 통제가 용이한 장소에 위치할 것
 ② 사이버룸의 경우 사이버룸임을 명기하고 개방형 형태로 설치할 것
 ③ 사이버룸 사용 고객에게 명패, 명칭, 개별 직통전화 등을 제공하지 말 것
 ④ 사이버룸 등 고객전용공간에서 이뤄지는 매매의 적정성을 모니터링하고, 이상매매 발견 시 지체 없이 준법감시인에게 보고할 것

정답 | ①

다음 중 내부통제 위반자에 해당되지 않는 자는?

① 내부통제기준 위반을 지시한 자
② 다른 사람의 위반사실을 과실로 보고하지 않은 자
③ 내부통제기준 위반을 묵인한 자
④ 내부통제기준의 운영을 저해한 자

TIP   다른 사람의 위반사실을 고의로 보고하지 않은 자이어야 내부통제 위반자에 해당된다.

핵심포인트 해설   내부통제기준 위반 시 회사의 조치 및 제재

(1) 내부통제 위반자의 범위
　① 내부통제기준을 직접 위반한 자
　② 내부통제기준 위반을 지시·묵인·은폐 등에 관여한 자
　③ 다른 사람의 위반사실을 고의로 보고하지 않은 자
　④ 기타 내부통제기준의 운영을 저해한 자

(2) 개인에 대한 조치
　① 관계법령 등의 준수여부에 대한 점검 결과 임직원의 위법·부당행위를 발견한 경우 유사행위가 재발하지 않도록 필요한 조치를 신속히 취하여야 함
　② 위반자에 대한 제재는 관계법령 등 규정된 사항을 먼저 적용하며 사규 등에서 정한 사항을 위반한 경우 회사별로 마련된 징계규정 적용
　③ 회사조치에 대하여 임직원은 그 사유와 증빙자료를 첨부하여 이의신청 가능

(3) 회사에 대한 조치
　① 1억원 이하의 과태료 부과
　　㉠ 내부통제기준을 마련하지 아니한 경우
　　㉡ 준법감시인을 두지 아니한 경우
　　㉢ 사내이사 또는 업무집행책임자 중에서 준법감시인을 선임하지 않은 경우
　　㉣ 이사회 결의를 거치지 아니하고 준법감시인을 임면한 경우
　　㉤ 금융위원회가 위법·부당한 행위를 한 회사 또는 임직원에게 내리는 제재조치를 이행하지 않은 경우
　② 3천만원 이하의 과태료 부과
　　㉠ 준법감시인에 대한 별도의 보수지급 및 평가기준을 마련·운영하지 않은 경우
　　㉡ 준법감시인이 자산 운용에 관한 업무, 해당 금융회사의 본질적·경영 업무, 자회사 업무 등을 겸직하거나 이를 겸직하게 한 경우
　③ 2천만원 이하의 과태료 부과
　　준법감시인의 임면 사실을 금융위원회에 보고하지 않은 경우

정답 | ②

다음 중 준법감시인이 준법감시 프로그램을 운영하고 이에 따른 점검결과 및 개선계획 등을 주요 내용으로 대표이사에게 정기적으로 보고하는 것은?

① 내부통제보고서
② 발행실적보고서
③ 사업보고서
④ 증권신고서

TIP 준법감시인은 준법감시 프로그램의 점검결과 및 개선계획 등을 주요 내용으로 하는 내부통제보고서를 대표이사에게 정기적으로 보고해야 한다.

핵심포인트 해설   **준법감시체계**

(1) 준법감시체계의 의의 및 수행업무
   ① 의의 : 금융투자회사는 임직원의 위법·부당한 행위의 사전 예방을 위하여 준법감시체계를 구축하고 운영하여야 함
   ② 수행업무
      ㉠ 관계법령 준수 프로그램의 입안 및 관리
      ㉡ 임직원의 법령 준수 실태 모니터링 및 시정조치
      ㉢ 각종 위원회 부의사항에 대한 관계법령 준수 여부 사전 검토 및 정정 요구
      ㉣ 새로운 업무 개발 시 관계법령 준수 여부 및 정정 요구
      ㉤ 임직원에 대한 준법 관련 교육 및 자문
      ㉥ 금융위원회, 협회, 거래소, 이사회, 경영진 및 유관부서 등에 대한 지원
(2) 준법감시체계 운영
   ① 준법감시인은 임직원의 법령준수 여부 점검을 위해 준법감시 프로그램을 구축·운영해야 함
   ② 준법감시인은 준법감시 프로그램에 따라 임직원의 법령준수 여부를 점검하고 그 결과를 기록·유지해야 함
   ③ 준법감시인은 점검결과 및 개선계획 등을 주요 내용으로 하는 내부통제보고서를 대표이사에게 정기적으로 보고해야 함
                           ↳ 감사 (X)

정답 | ①

직무윤리 위반 시 제재에 대한 설명 중 잘못된 것은?

① 금융투자협회는 영업질서 유지 및 투자자보호를 위한 자율규제를 할 수 있다.

② 회원인 금융투자업자 규제뿐 아니라 그 소속 임직원 규제도 가능하다.

③ 금융투자업자에 대한 기관경고뿐 아니라 등록취소도 가능하다.

④ 형사적 제재 시 행위자에게는 벌칙이 병과되어 부과될 수 있으나 행위자 외의 법인에게는 벌칙이 병과되지 않는다.

용어 알아두기

병 과	두 가지 이상의 형벌에 동시에 처하는 일을 말한다.

TIP 행위자 외 법인에게 벌칙이 병과하여 부과될 수도 있다.

핵심포인트 해설 **직무윤리 위반행위에 대한 제재**

제재의 형태	제재 기관	제재 내용
자율적 제재	금융투자협회	• 건전한 영업질서 유지 및 투자자보호를 위한 자율규제 담당 • 주요 직무 종사자의 등록·관리권, 회원 제명·제재권 발동 가능
행정적 제재	금융위원회 등 금융감독기구	• 금융투자업자 제재 : 감독권, 조치명령권, 승인권 등 • 임원 제재 : 주의적 경고·경고·직무정지(6월 이내)·해임요구 등 • 직원 제재 : 주의·경고·정직(6월 이내)·면직 등
민사적 제재	법 원	• 당해 행위의 효력상실 : 무효, 취소, 계약해제(해지) • 손해배상책임 : 채무불이행·불법행위에 의한 배상책임
형사적 제재	법 원	• 죄형법정주의 : 형사처벌은 법에서 명시적으로 규정하는 것에 한함 • 행위자와 법인 모두를 처벌하는 양벌규정의 경우가 많음
시장 제재	시 장	• 위반행위에 대한 법적 제재가 없을 수도 있음 • 법적 제재가 없어도 고객과 시장으로부터의 신뢰상실 및 명예실추

정답 | ④

출제예상문제

다시 봐야 할 문제(틀린 문제, 풀지 못한 문제, 헷갈리는 문제 등)는 문제 번호 하단의 네모박스에 체크하여 반복학습하시기 바랍니다.

01
중요도 ★★

직무윤리와 윤리경영에 대한 기술 중 적절하지 못한 것은?

① 기업윤리는 경영환경에서 발생할 수 있는 모든 윤리적 문제들에 대한 거시적인 개념의 판단 기준이다.

② 직무윤리는 조직 구성원 개개인이 자신이 맡은 업무를 수행하면서 지켜야 하는 윤리적 행동과 태도를 구체화한 것으로 미시적 개념의 판단 기준이다.

③ 통상적으로 기업윤리는 임직원 행동강령 형태이며, 직무윤리는 윤리강령 형태이다.

④ 윤리경영의 문제는 기업의 사회적 책임과 고객과의 신임관계로부터 파생되는 문제까지 모두 포괄하는 것이다.

02
중요도 ★★

금융투자산업에서의 직무윤리가 다른 분야에 비하여 더욱 강조되는 이유와 거리가 먼 것은?

① 이익상충 가능성

② 정보비대칭문제

③ 금융투자상품의 투자성

④ 금융투자업종사자의 기강 확립

03
중요도 ★

자본시장법상 설명의무가 있는 사항과 거리가 먼 것은?

① 확정수익률

② 계약의 해제 및 해지

③ 조기상환조건

④ 투자자문 수수료 등 비용규모 및 산정방식

04 중요도 ★

금융소비자보호 조직에 대한 기술 중 잘못된 것은?

① CCO는 대표이사 직속으로 독립적 지위를 가지며 금융소비자보호에 필요한 절차와 기준을 수립한다.

② 금융회사는 CCO 직속으로 금융소비자 업무를 전담하는 조직을 설치해야 한다.

③ 금융회사는 준법감시인 산하에 금융소비자보호협의회를 설치하여 정기적으로 운영해야 하며, 준법감시인은 금융소비자보호협의회 의장이 될 수 있다.

④ 금융소비자보호 평가를 위하여 미스터리 쇼핑, 해피콜 서비스 등을 사용한다.

05 중요도 ★★★

금융투자회사(및 임직원)의 부당한 재산상 이익제공 및 수령 금지의무에 대한 기술 중 잘못된 것은?

① 금융투자협회는 재산상 이익제공 및 수령에 관한 한도규제를 시행하고 있다.

② 금융투자회사의 재산상 이익제공 및 수령 금액이 10억원을 초과하는 즉시 인터넷 홈페이지를 통해 공시하도록 의무화하였다.

③ 금융투자회사는 재산상 이익제공 시 금액초과 여부와 상관없이 전체 건수에 대한 적정성을 평가하고 점검해야 한다.

④ 금융투자회사는 재산상 이익제공 및 수령을 하는 경우 해당 사항을 기록하고 5년 이상의 기간 동안 관리하고 유지할 의무가 있다.

정답 및 해설

01 ③ 통상적으로 기업윤리는 '윤리강령'의 형태를 띠고, 직무윤리는 '임직원 행동강령'의 형태를 띤다.

02 ④ 금융투자산업에서의 직무윤리가 다른 분야에 비하여 더욱 강조되는 이유는 이익상충 가능성, 정보비대칭문제, 금융투자상품의 투자성(원본손실위험), 금융투자상품의 전문화·다양화·복잡화, 금융투자업종사자의 안전장치 역할 등 때문이다.

03 ① 자본시장법상 설명의무가 있는 사항은 금융투자상품의 투자성에 관한 구조와 성격, 수수료, 조기상환조건, 계약의 해제 및 해지, 투자자문업자 요건 충족여부, 비용규모 및 산정방식, 기타 금융위원회가 고시하는 사항 등이다.

04 ③ 금융회사는 CCO 산하에 금융소비자보호협의회를 설치하여 정기적으로 운영해야 하며, CCO는 금융소비자보호협의회 의장이 될 수 있다.

05 ① 재산상 이익제공 및 수령에 관한 한도규제를 폐지하고 내부통제절차를 강화하였다.

06 금융투자회사(및 임직원)의 직무윤리에 대한 설명 중 잘못된 것은?

중요도 ★★

① 이메일, 대화방 등 정보통신수단을 사용하는 경우에도 직무윤리를 준수하도록 강제하고 있다.
② 시장질서 교란행위 규제는 기존의 불공정행위 규제보다 대상자의 범위가 확대되었고, 목적성이 없어도 규제한다.
③ 금융투자업종사자가 시장질서 교란행위를 하면 10억원 이하의 과징금을 부과할 수 있다.
④ 금융투자업종사자는 주주와 기타 이해관계자의 가치를 극대화하기 위해 최선을 다해야 한다.

07 준법감시인에 대한 설명 중 잘못된 것은?

중요도 ★★

① 이사회 및 대표이사의 지휘를 받아 금융투자회사 전반의 내부통제업무를 수행한다.
② 임면은 이사회의 의결을 거쳐야 하고, 임면사실을 금융감독원장에게 보고해야 한다.
③ 해임은 이사총수 2/3 이상의 찬성으로 의결해야 한다.
④ 사외이사 또는 감사 중에서 준법감시인을 선임해야 하고, 임기는 1년 이상이어야 한다.

08 금융투자회사의 내부통제에 대한 설명 중 잘못된 것은?

중요도 ★★

① 준법감시인을 위원장으로 하는 내부통제위원회를 두고 연 1회 이상 회의를 개최해야 한다.
② 준법감시부서는 자산운용업무, 회사의 본질적 업무 및 부수업무, 겸영업무, 위험관리업무 등의 업무를 수행하여서는 안 된다.
③ 임직원의 위법·부당한 행위를 사전에 방지하기 위하여 명령휴가제도를 운영해야 한다.
④ 내부통제기준을 위반하는 경우 개인과 회사에 대하여 강제적인 조치가 취해질 수 있다.

09 중요도 ★★
금융소비자에게 제공하는 정보에 대한 설명 중 잘못된 것은?

① 그림이나 기호 등은 활용을 자제해야 한다.
② 가급적 글자크기는 크게 써야 한다.
③ 이해를 돕기 위해 전문용어보다는 일상적인 언어를 사용한다.
④ 향후 예상투자성과보다는 객관적인 사실에 근거해야 한다.

10 중요도 ★★★
이해상충금지 관련 규정과 거리가 먼 것은?

① 정보비대칭으로 인한 투자자보호를 위한 규제이다.
② 자본시장법은 이해상충방지시스템 구비를 의무화하였다.
③ Chinese Wall 구축은 금지된다.
④ 자신이 발행하였거나 관련 있는 대상에 대한 조사분석자료의 공표와 제공이 금지된다.

정답 및 해설

06 ③ 금융투자업종사자가 시장질서 교란행위를 하면 5억원 이하의 과징금을 부과할 수 있다. 다만, 그 위반행위로 인한 이익(또는 손실회피액)이나 회피한 손실액의 1.5배에 해당하는 금액이 5억원을 초과하는 경우 이익(또는 손실회피액)을 한도로 한다.

07 ④ 사내이사 또는 업무집행책임자 중에서 준법감시인을 선임해야 하고, 임기는 2년 이상이어야 한다.

08 ① 대표이사를 위원장으로 하는 내부통제위원회를 두고, 매 반기별 1회 이상 회의를 개최해야 한다.

09 ① 금융소비자가 쉽게 이해할 수 있도록 가급적 그림, 기호 등의 시각적 요소를 적극 활용하는 것이 바람직하다.

10 ③ 금융투자업자는 Chinese Wall 구축의무가 있다. 이에 따라 이해상충 가능성이 많은 정보제공행위, 겸직행위, 공간 및 설비의 공동이용행위 등이 금지된다. (정보교류 차단의무)

11

중요도 ★★★

자본시장법상 이해상충방지에 대한 규제내용과 거리가 먼 것은?

① 금융투자업자는 이해상충 발생 가능성을 파악·평가하고 내부통제기준에 따라 이를 관리해야 한다.

② 금융투자업자는 이해상충이 발생할 가능성을 파악·평가한 결과 이해상충이 발생할 가능성이 있다고 인정되는 경우 그 사실을 미리 해당투자자에게 알리고 투자자보호에 문제가 없는 수준으로 낮추어 거래해야 한다.

③ 브로커리지(Brokerage)의 경우 매매회전율이 높을수록 금융투자회사의 수수료 수입이 증가하지만 고객의 수수료 부담도 증가하게 되어 이해상충관계에 있다.

④ 투자상담업무종사자는 본인이 직접 당사자가 되는 것은 안 되지만 이해관계자의 대리인이 되는 것은 가능하다.

12

중요도 ★★

금융투자업종사자인 김차장은 고객에게 유리한 상품 A를 추천하지 않고, 본인의 실적을 위해 상품 B를 추천하였다. 김차장이 위반한 직무윤리는 무엇인가?

① KYC

② Chinese Wall

③ 설명의무

④ 부당권유 금지

13

중요도 ★★★

Know-Your-Customer-Rule에 대한 설명 중 옳은 것은?

① 공시의 원칙과 관련된 의무이다.

② 투자권유를 한 후에는 반드시 투자자가 일반투자자인지 전문투자자인지의 여부를 확인해야 한다.

③ 투자권유를 하기 전에 면담·질문 등을 통하여 일반투자자의 투자목적·재산상황 및 투자경험 등의 정보를 파악해야 한다.

④ 전문투자자도 서명, 기명날인, 녹취, 전자통신, 우편, 전화자동응답시스템 등으로 확인을 받아 이를 유지·관리해야 한다.

14 중요도 ★★★

자본시장법은 불공정거래행위에 대한 규제에 더하여 시장질서 교란행위에 대한 규제를 추가하였다. 다음 중 시장질서 교란행위에 대한 설명 중 잘못된 것은?

① 적용대상자가 정보의 1차 수령자뿐만 아니라 모든 수령자까지 확대되었다.

② 목적성 없이 단순 프로그램오류 등으로 시세에 영향을 주는 행위도 위반행위로 규정한다.

③ 해킹, 기망, 협박 등을 통해 취득한 정보를 전달하는 경우도 위반행위에 해당한다.

④ 타인을 거래에 끌어들이거나 부당한 이득을 얻을 목적이 있는 경우에 한하여 시장질서 교란행위로 제재할 수 있다.

15 중요도 ★

금융투자업종사자가 증권가에 떠도는 소문을 믿고 고객에게 A기업의 장밋빛 전망을 기초로 투자를 권유했다면 어떤 의무를 가장 위반한 것인가?

① 이익상충금지의무

② 합리적 근거 제시의무

③ 모든 고객에 대한 평등취급의무

④ 적합성의 원칙

정답 및 해설

11 ④ 투자상담무종사자는 본인이 직접 당사자가 되는 것도 안 되지만 이해관계자의 대리인이 되는 경우도 금지된다. 자본시장법에서는 '투자매매업자 또는 투자중개업자는 금융투자상품에 관한 같은 매매에 있어 자신이 본인이 됨과 동시에 상대방의 투자중개업자가 되어서는 아니 된다'고 하여 자기계약을 금지하는 규정을 명시적으로 두고 있다.

12 ④ 권한남용 금지에 해당되므로 부당권유 금지 위반에 해당한다. 부당권유 금지에는 합리적 근거 제공 의무, 적정한 표시 의무, 요청하지 않은 투자권유 금지, 손실보전 등의 금지, 권한남용 금지 등이 포함된다.

13 ③ ① 적합성의 원칙과 관련된 의무이다.
② 투자권유를 하기 전에 투자자가 일반투자자인지 전문투자자인지의 여부를 확인해야 한다.
④ 일반투자자로부터 서명, 기명날인, 녹취, 전자통신, 우편, 전화자동응답시스템 등으로 확인을 받아 이를 유지·관리해야 한다.

14 ④ 타인을 거래에 끌어들일 목적, 시세를 고정할 목적, 부당한 이득을 얻을 목적 등이 없어도 시세에 부당한 영향을 주는 행위가 있으면 시장질서 교란행위로 제재할 수 있다.

15 ② 금융투자업종사자는 합리적 근거 제시의무에 따라 고객에게 객관적 근거에 기초하여 적정하게 표시하여야 한다.

16 중요도 ★

금융투자업종사자 K는 업무상 비행기 출장(비용은 회사부담)이 잦아 그로 인하여 5만 마일리지가 적립되었다. 그는 연말 성탄절에 적립된 마일리지로 가족과 함께 제주도 여행을 다녀왔다. 이런 경우에 무엇이 가장 문제되는가?

① 회사재산 부당 사용   ② 신의성실의무 위반
③ 직무전념의무 위반   ④ 주의의무 위반

17 중요도 ★★

파생상품과 같은 위험이 큰 상품에 대하여 적용되는 원칙과 가장 거리가 먼 것은?

① 적합성의 원칙   ② 적정성의 원칙
③ Know-Your-Customer-Rule   ④ 자기매매금지의 원칙

18 중요도 ★★★

다음 중 설명의무에 대한 기술 중 잘못된 것은?

① 일반투자자를 상대로 투자권유를 하는 경우에는 투자설명서 교부뿐만 아니라 일반투자자가 이해할 수 있도록 설명해야 한다.
② 일반투자자가 이해하였음을 서명, 기명날인, 녹취 등의 방법으로 확인해야 한다.
③ 중요사항을 거짓 또는 왜곡하여 설명하거나 누락하여서는 안 된다.
④ 중요사항에 대해 설명의무를 위반하더라도 손해배상책임까지 부담하는 것은 아니다.

19 중요도 ★★★
표준투자권유준칙상 설명의무에 대한 기술 중 잘못된 것은?

① 임직원 등은 설명의무를 이행하는 경우 투자자의 이해수준을 고려하여 설명정도를 달리할 수 있다.

② 설명했음에도 불구하고 투자자가 주요 손익 및 위험을 이해하지 못하면 투자권유를 중지해야 한다.

③ 해외자산에 투자하는 집합투자증권의 투자권유 시에도 국내자산에 투자하는 집합투자증권의 투자권유와 동일한 사항을 설명하면 족하다.

④ 임직원 등은 자신이 성명, 직책, 연락처, 콜센터, 상담센터 이용방법을 알려야 한다.

20 중요도 ★★
투자성과보장 등에 관한 표현의 금지에 대한 사항 중 옳은 것은?

① 사후 투자자의 손실 일부를 보전하는 약정은 허용된다.

② 사전 투자자의 손실 일부를 보전하는 약정은 금지된다.

③ 사전 또는 사후 투자자의 손실보전 또는 이익보장하는 약정은 허용된다.

④ 회사가 자신의 위법행위 여부가 불분명한 경우 사적 화해의 수단으로 손실을 보상한 경우는 금지된다.

정답 및 해설

16 ① 회사비용으로 적립된 마일리지는 회사의 재산이므로 이를 사적 용도로 사용하는 것은 회사재산을 부당하게 이용한 행위가 되어 직무윤리를 위반한 것이 된다.

17 ④ 파생상품은 위험이 크므로 적정성의 원칙, 적합성의 원칙, 설명의무, Know-Your-Customer-Rule 등이 다른 금융투자상품에 비하여 더 중요하다.

18 ④ 중요사항에 대한 설명의무 위반 시 손해배상책임을 부과한다.

19 ③ 해외자산에 투자하는 집합투자증권 투자권유 시에는 투자대상 국가(지역)·자산별 투자비율·경제 및 시장상황, 환헤지 여부 및 목표환위험 헤지비율, 헤지비율 미조정 시 손실발생 가능성, 자펀드 간 판매비율조절을 통하여 헤지비율을 달리 할 수 있다는 사실 등을 추가로 설명해야 한다.

20 ② ① 사후 투자자의 손실 일부를 보전하는 약정은 금지된다.
③ 사전 또는 사후 투자자의 손실보전 또는 이익보장하는 약정은 금지된다.
④ 회사가 자신의 위법행위 여부가 불분명한 경우 사적 화해의 수단으로 손실을 보상한 경우는 허용된다.

21 중요도 ★★
직무윤리의 구체적 내용에 대한 설명 중 잘못된 것은?

① 투자자가 입은 손실의 전부 또는 일부를 사전에 보전하여 주는 행위뿐 아니라 사후에 보전하여 주는 행위도 금지된다.

② 자본시장법 시행으로 운용방법에 따라 투자성과를 보장하는 상품이 가능해졌다.

③ 중요한 사실에 대해서는 모두 정확하게 표시하여야 한다.

④ 투자정보를 제시할 때에는 사실과 의견을 명확히 구별하여야 한다.

22 중요도 ★★
임의매매와 일임매매에 대한 설명 중 잘못된 것은?

① 임의매매는 금융소비자의 위임이 없었음에도 금융투자업종사자가 자의적으로 매매한 것으로 엄격히 금지하고 있다.

② 일임매매는 금융소비자의 위임이 있었더라도 금융소비자 분쟁이 많아 자본시장법은 소비자보호차원에서 엄격히 금지하고 있다.

③ 임의매매와 일임매매는 손해배상책임에 있어서 차이가 있다.

④ 임의매매를 한 금융투자업종사자는 5년 이하의 징역 또는 2억원 이하의 벌금에 처할 수 있다.

23 중요도 ★
다음 중 과당매매 시 문제가 되는 것과 가장 관계가 깊은 것은 어느 것인가?

① 신의성실의 의무

② 이해상충 금지의무

③ 자기거래 금지의무

④ 주의의무

24 중요도 ★★
다음 중 과당매매 판단 시 고려사항과 거리가 먼 것은?

☐

① 수수료 총액
② 실제 투자손실 여부
③ 일반투자자의 재산상태 및 투자목적
④ 일반투자자의 투자지식·경험에 비추어 당해 거래의 위험에 대한 이해 여부

25 중요도 ★★
금융투자회사(및 임직원)**의 부당한 재산상 이익의 제공과 가장 거리가 먼 것은?**

☐

① 고객 업체의 고유재산관리를 담당하는 직원에게 문화상품권을 제공하는 경우
② 고객만 참석한 여가 및 오락 활동에 수반되는 비용을 제공하는 경우
③ 펀드운용사 직원이 펀드판매사 직원에게 백화점상품권을 제공하는 경우
④ 증권사 직원이 타사고객을 자사고객으로 변경하면서 현금을 제공하는 경우

정답 및 해설

21 ② 고객에 대하여 투자권유와 투자관리 등의 서비스를 제공함에 있어서 이익을 확실하게 보장하는 듯한 표현을 사용하여서는 아니 된다.

22 ② 일임매매는 전부 또는 일부에 대한 금융소비자의 위임이 있는 상태에서 매매한 것으로 자본시장법은 일정한 조건하에서 제한적으로 허용하고 있다.

23 ② 과당매매는 고객과 투자상담자와의 이해상충문제가 발생할 수 있다.

24 ② 과당거래인지 여부는 수수료 총액, 일반투자자의 재산상태 및 투자목적에 적합한지 여부, 일반투자자의 투자지식·경험에 비추어 당해 거래의 위험에 대한 이해 여부, 개별 매매거래 시 권유내용의 타당성 여부 등을 감안하여 판단한다.

25 ① 사용범위가 공연, 운동경기 관람, 도서·음반구입 등 문화 활동으로 한정된 상품권을 제공하는 경우 부당한 재산상 이익의 제공으로 판단하지 않는다.

26

중요도 ★

다음 중 내부통제위원회를 설치하지 않아도 되는 금융투자회사에 해당하는 것은?

① 최근 사업연도 말 현재 자산총액이 7천억원 미만의 상호저축은행
② 최근 사업연도 말 현재 자산총액이 6조원 미만인 종합금융회사
③ 최근 사업연도 말 현재 자산총액이 7조원 미만인 보험회사
④ 최근 사업연도 말 현재 자산총액이 8조원 미만인 여신전문회사

27

중요도 ★

금융소비자보호법상 내부통제체계에 대한 설명으로 가장 거리가 먼 것은?

① 금융회사의 금융소비자보호 내부통제체계의 구축을 의무화하였다.
② 금융소비자보호에 관한 내부통제조직은 이사회, 대표이사, 준법감시인, 영업관리자 등으로 구성된다.
③ 이사회는 금융소비자보호에 관한 최고 의사결정기구로 금융소비자보호에 관한 기본방침과 내부통제 관련 주요사항을 심의·의결한다.
④ 대표이사로부터 금융소비자보호 업무를 위임받은 총괄책임자는 매년 1회 이상 위임이행사항을 내부통제위원회에 보고해야 한다.

28

중요도 ★★

보기와 같은 권한과 의무가 있는 금융소비자보호에 관한 내부통제조직은?

> ㉠ 금융소비자보호 내부통제기준 위반 방지를 위한 예방대책 마련
> ㉡ 금융소비자보호 내부통제기준 준수여부에 대한 점검
> ㉢ 금융소비자보호 내부통제기준 위반 내용에 상응하는 조치방안 및 기준 마련
> ㉣ ㉠, ㉡을 위해 필요한 물적자원의 지원
> ㉤ 준법감시인과 금융소비자보호 총괄책임자의 업무분장 및 조정

① 이사회
② 대표이사
③ 금융소비자보호 내부통제위원회
④ 금융소비자보호 총괄기관

29

상품개발단계의 금융소비자보호의 내용과 가장 거리가 먼 것은?

① 금융상품 개발부서, 마케팅 수립부서, 금융소비자보호 총괄기관 간에 사전협의가 있어야 한다.

② 사전협의 대상에는 고객 관련 판매촉진(이벤트, 프로모션 등)전략의 적정성도 검토되어야 한다.

③ 이사회는 사전협의절차를 충실히 이행하고 있는지 정기적으로 점검하여야 한다.

④ 상품개발단계에서부터 외부의견(외부전문가나 금융소비자)을 청취하여 회사경영에 반영할 수 있는 고객참여제도 등의 채널을 마련해야 한다.

정답 및 해설

26 ① 금융투자회사는 원칙적으로 내부통제위원회를 두어야 하나, 예외적으로 최근 사업연도 말 현재 자산총액이 7천억원 미만인 상호저축은행, 5조원 미만인 금융투자업자 또는 종합금융회사, 5조원 미만인 보험회사·여신전문금융회사, 그 밖에 금융위원회가 정하여 고시하는 자 등은 내부통제위원회를 두지 않을 수 있다.

27 ② 금융소비자보호에 관한 내부통제조직은 이사회, 대표이사, 금융소비자보호 내부통제위원회, 금융소비자보호 총괄기관 등으로 구성된다.

28 ② 금융소비자보호를 위한 대표이사의 권한과 의무에 대한 내용이다.

29 ③ '금융소비자보호 총괄기관'은 사전협의절차를 충실히 이행하고 있는지 정기적으로 점검하여야 하고, 금융소비자에게 불리한 점은 없는지 진단하기 위한 점검항목을 마련하여 상품개발부서에 제공하여야 한다.

30

중요도 ★

상품판매 이전 단계의 금융소비자보호의 내용과 가장 거리가 먼 것은?

① 금융투자회사는 교육체계를 마련하여 임직원 대상 금융상품에 관한 집합교육 또는 온라인 교육을 실시해야 한다.

② 금융투자회사는 임직원이 금융투자상품을 판매할 수 있는 자격증을 보유하고 있는지 관리해야 한다.

③ 금융투자회사는 임직원이 자격유지를 위한 보수교육을 이수하고 있는지 관리해야 한다.

④ 주식, ELB, DLB를 판매하기 위해서는 파생상품투자권유자문인력 자격을 보유해야 한다.

31

중요도 ★★

통상 금융소비자에 대한 투자권유 전 실행해야 하는 절차가 바르게 된 것은?

> ㉠ 투자권유 하기 전에 해당 금융소비자가 투자권유를 원하는지 원치 않는지를 확인한다.
> ㉡ 해당 금융소비자가 일반금융소비자인지 전문금융소비자인지 확인한다.
> ㉢ 일반금융소비자인 경우 면담·질문 등을 통하여 해당 금융소비자의 정보를 파악한다.
> ㉣ 파악된 소비자의 정보를 확인한 후 투자성향 분석결과를 설명하고 확인서를 제공한다.
> ㉤ 투자자금의 성향을 파악하며 원금보존 추구하는 경우 상품가입에 제한이 있음을 안내한다.

① ㉠ → ㉡ → ㉢ → ㉣ → ㉤   ② ㉠ → ㉢ → ㉣ → ㉤ → ㉡

③ ㉡ → ㉠ → ㉢ → ㉣ → ㉤   ④ ㉡ → ㉢ → ㉣ → ㉤ → ㉠

32

중요도 ★★

적정성 원칙에 대한 설명으로 가장 거리가 먼 것은?

① 금융상품판매업자는 해당 금융상품이 일반금융소비자에게 적정하지 않다고 판단되는 경우에 그 사실을 알리고, 서명 등의 방법으로 확인을 받아야 한다.

② 일반금융소비자가 투자성 상품을 체결하는 경우에 한하여 적용된다.

③ 일반 사모집합투자기구를 판매하는 경우에는 적용되지 않는 것이 원칙이나, 적격투자자 중 일반금융소비자가 요청하는 경우에는 적용된다.

④ 금융투자업종사자가 일반금융소비자에게 금융상품의 계약체결을 권유하지 않고, 해당 일반금융소비자가 해당 상품의 계약체결을 원하는 경우에 적용된다.

33 중요도 ★★★

금융소비자의 청약철회권의 행사에 대한 설명으로 가장 적절한 것은?

① 대출성 상품의 경우에는 일반금융소비자가 청약의 철회의사를 표시하기 위해 서면 등을 발송한 때 철회의 효력이 발생한다.

② 청약이 철회된 경우 금융상품판매업자는 일반금융소비자에 대하여 청약철회에 따른 손해배상을 청구할 수는 없으나 위약금을 청구할 수는 있다.

③ 금융소비자보호법상의 청약철회권 규정에 반하는 특약으로 일반금융소비자에게 불리한 것은 취소할 수 있다.

④ 금융소비자보호법상 청약철회권은 금융회사의 고의 또는 과실여부 등 귀책사유가 없더라도 일반금융소비자가 행사할 수 있다.

정답 및 해설

30 ④ 주식, ELB, DLB를 판매하기 위해서는 증권투자권유자문인력 자격을 보유해야 한다.

판매자격증	판매 가능상품
펀드투자권유자문인력	집합투자증권(주식형펀드, 채권형펀드, 혼합형펀드 등)
증권투자권유자문인력	주식, 채권, ELB, DLB, CP, RP, CMA 등
파생상품투자권유자문인력	선물, 옵션, ELW, ELS, DLS 등

31 ① KYC는 ㉠ → ㉡ → ㉢ → ㉣ → ㉤ 순으로 진행된다.

32 ② 적정성 원칙은 위험성이 높은 투자성 상품뿐만 아니라 대출성 상품, 보장성 상품에도 적용된다.

33 ④ ① 보장성 상품, 투자성 상품, 금융상품자문의 경우에는 일반금융소비자가 청약의 철회의사를 표시하기 위해 서면 등을 발송한 때 철회의 효력이 발생한다. 반면, 대출성 상품의 경우에는 일반금융소비자가 청약의 철회의사를 표시하기 위해 서면 등을 발송하고, 이미 공급받은 금전·재화 등을 반환한 때 철회의 효력이 발생한다.
② 청약이 철회된 경우 금융상품판매업자는 일반금융소비자에 대하여 청약철회에 따른 손해배상 또는 위약금 등 금전의 지급을 청구할 수 없다.
③ 금융소비자보호법상의 청약철회권 규정에 반하는 특약으로 일반금융소비자에게 불리한 것은 무효로 한다.

34

중요도 ★★

청약철회권 대상이 되는 상품과 가장 거리가 먼 것은?

① 자본시장법시행령에 따른 고난도금융투자상품
② 자본시장법시행령에 따른 고난도투자일임계약
③ 자본시장법에 따른 금전신탁
④ 자본시장법시행령에 따른 고난도금전신탁계약

35

중요도 ★★★

금융상품판매업자의 부당권유 금지의무와 가장 거리가 먼 것은?

① 금융상품 내용의 일부에 대하여 비교대상 및 기준을 밝히지 않거나 객관적인 근거 없이 다른 금융상품과 비교하여 해당 금융상품이 우수하거나 유리하다고 알리는 행위
② 내부통제기준에 따른 직무수행교육을 받지 않은 자로 하여금 계약체결권유 관련 업무를 하게 하는 행위
③ 일반금융소비자의 정보를 조작하여 권유하는 행위
④ 전문금융소비자에게 투자성 상품에 관한 계약체결을 권유하면서 대출성 상품을 안내하는 행위

36

중요도 ★★

금융상품판매업자에게 금융상품계약으로부터 얻은 수입의 최대 50% 이내에서 과징금을 부과하고, 별도로 최대 1억원까지 과태료를 부과할 수 있는 경우에 해당하는 것은?

㉠ 설명의무 위반	㉡ 불공정영업행위
㉢ 부당권유행위	㉣ 적합성 원칙 위반

① ㉠, ㉡
② ㉠, ㉡, ㉢
③ ㉠, ㉡, ㉣
④ ㉠, ㉡, ㉢, ㉣

37

중요도 ★★

6대 판매원칙 중 하나인 광고 관련 준수사항에 대한 설명으로 가장 잘못된 것은?

① 원칙적으로 금융상품판매업자 등만이 금융상품 또는 업무에 대한 광고가 가능하다.

② 예외적으로 업권별로 법에서 정하고 있는 협회도 금융상품 및 업무에 대한 광고가 가능하다.

③ 예외적으로 증권시장에 상장된 모든 지주회사는 금융상품 및 업무에 대한 광고가 가능하다.

④ 광고에는 계약체결 전 설명서 및 약관을 읽어볼 것을 권유하는 내용, 금융회사의 명칭과 금융상품의 내용, 상품의 위험 및 조건 등 법에서 정하고 있는 사항을 포함해야 한다.

38

중요도 ★★

금융소비자의 자료열람요구권에 대한 설명으로 가장 거리가 먼 것은?

① 분쟁조정 또는 소송수행 등 권리구제를 목적으로 부여된 권리로 금융회사가 기록 및 유지·관리하는 자료에 대하여 금융소비자가 해당 자료의 열람, 제공, 청취(녹취인 경우)를 요구할 수 있는 권리이다.

② 금융회사는 금융소비자로부터 자료열람 등을 요구받은 날로부터 6영업일 이내에 해당 자료를 열람할 수 있게 하여야 한다.

③ 금융소비자의 자료열람요구에 대하여 금융회사가 무조건 승인해야 하는 것은 아니다.

④ 금융소비자가 자료열람을 요청하더라도 금융회사는 우송료 등을 금융소비자에게 비용을 청구할 수 없다.

정답 및 해설

34 ③ 청약철회권의 대상이 되는 상품에 신탁계약이 포함되나, 자본시장법상의 금전신탁은 청약철회권 대상에서 제외된다.

35 ④ 일반금융소비자에게 투자성 상품에 관한 계약체결을 권유하면서 대출성 상품을 안내하거나 관련 정보를 제공하는 행위는 금지되나, 전문금융소비자에게는 가능하다.

36 ② 적합성 원칙은 과징금 부과대상에 해당되지 않으나 과태료 부과대상에는 해당된다.

37 ③ 예외적으로 금융회사를 자회사 또는 손자회사로 둔 지주회사만 금융상품 및 업무에 대한 광고가 가능하다.

38 ④ 금융소비자가 자료열람을 요청한 경우 금융회사는 우송료 등을 금융소비자에게 청구할 수 있다. 또한 열람 승인을 한 자료의 생성 등에 추가비용이 발생한 경우에는 해당 수수료도 금융소비자에게 청구할 수 있다.

39 중요도 ★★★

금융소비자의 위법계약해지권에 대한 설명으로 가장 적절한 것은?

① 위법계약해지권은 금융회사의 귀책사유가 없어도 행사할 수 있다.

② 위법계약해지권은 금융회사가 광고규제를 위반한 경우에도 행사할 수 있다.

③ 금융회사는 위법계약해지권 행사로 계약이 해지되는 경우 별도의 수수료, 위약금 등 해지에 따라 발생하는 비용을 금융소비자에게 부과할 수 있다.

④ 금융회사는 금융소비자의 위법계약 해지요구일로부터 10일 이내에 계약해지의 수락여부를 결정하여 금융소비자에게 통지해야 한다.

40 중요도 ★

금융소비자의 위법계약해지 요구에 대하여 금융회사는 '정당한 사유'가 있으면 금융소비자의 해지요구를 거절할 수 있다. 금융회사가 금융소비자의 위법계약해지 요구를 거절할 수 있는 '정당한 사유'를 모두 고르면?

⊙ 위반사실에 대한 근거를 제시하지 않거나 거짓으로 제시한 경우
ⓒ 계약체결 당시에는 위반사항이 없었으나 금융소비자가 계약체결 이후의 사정변경에 따라 위반사항을 주장하는 경우
ⓒ 금융소비자의 동의를 받아 위반사항을 시정한 경우
ⓔ 금융상품판매업자가 계약해지요구를 받은 날로부터 10일 이내에 법 위반사실이 없음을 확인하는 데 필요한 객관적·합리적 근거자료를 금융소비자에게 제시한 경우
ⓜ 법 위반사실 관련 자료 확인을 이유로 금융소비자의 동의를 받아 통지기한을 연장한 경우
ⓗ 금융소비자가 금융상품판매업자의 행위에 법 위반사실이 있다는 것을 계약체결 전에 알았다고 볼 수 있는 명백한 사유가 있는 경우

① ⊙, ⓒ, ⓜ
② ⊙, ⓒ, ⓔ, ⓗ
③ ⊙, ⓒ, ⓒ, ⓔ, ⓗ
④ ⊙, ⓒ, ⓒ, ⓔ, ⓜ, ⓗ

41
금융소비자의 사후 구제를 위한 법적제도와 가장 거리가 먼 것은?

① 법원의 소송중지제도
② 적합성 원칙
③ 소액분쟁사건의 분쟁조정이탈금지제도
④ 손해배상책임 및 입증책임전환

정답 및 해설

39 ④ ① 위법계약해지권은 금융회사의 귀책사유가 있고 계약이 최종적으로 체결된 이후에만 행사할 수 있다.
　② 금융회사의 광고규제 위반은 위법계약해지권의 적용 범위에 포함되지 않는다.
　③ 별도의 수수료, 위약금 등 해지에 따라 발생하는 비용을 금융소비자에게 부과할 수 없다.

40 ④ ㉠, ㉡, ㉢, ㉣, ㉤, ㉥ 모두 금융회사가 금융소비자의 해지요구를 거절할 수 있는 '정당한 사유'에 해당한다.

41 ② 금융소비자의 사후 구제를 위한 법적제도에는 법원의 소송중지제도, 분쟁조정이탈금지제도, 손해배상책임 및 입증책임전환
　등이 있다.

제4장
투자권유와 투자자분쟁예방

학습전략

투자권유와 투자자분쟁예방은 제2과목 전체 45문제 중 총 10문제가 출제된다.
자본시장법은 일반투자자 보호를 강화하고 이를 위하여 투자권유와 관련된 각종 원칙과 의무의 준수를 요구하고 있으며, 집합투자업자와 투자자 간 분쟁발생 시 이를 해결하기 위한 절차 및 제재조치를 규정하고 있다. 따라서 금융분쟁예방시스템과 조정절차·제재 등을 익히고 분쟁사례의 쟁점과 결과를 살펴보아야 한다.

출제예상 비중

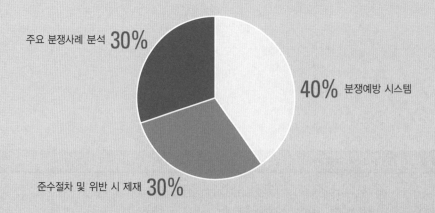

주요 분쟁사례 분석 **30%**

40% 분쟁예방 시스템

준수절차 및 위반 시 제재 **30%**

핵심포인트

구 분	핵심포인트	중요도	페이지
분쟁예방 시스템 (40%)	01 분쟁을 예방하는 방법 02 개인정보보호법	★★★ ★★	p. 352 p. 357
준수절차 및 위반 시 제재 (30%)	03 분쟁조정제도 04 위반에 대한 제재	★★ ★★★	p. 362 p. 364
주요 분쟁사례 분석 (30%)	05 금융투자상품 관련 분쟁 06 펀드상품 주요 분쟁사례	★★ ★★	p. 365 p. 366

다음 중 6대 판매원칙의 기준으로 볼 때 부당권유행위와 가장 관계가 적은 것은?

① 단정적 판단을 제공하는 행위
② 투자판단에 중대한 영향을 미치는 사항을 알리지 않는 행위
③ 적합성원칙을 회피할 목적으로 투자권유불원 확인서를 작성케 하는 행위
④ 우월적 지위를 이용하여 금융소비자의 권익을 침해하는 행위

TIP 우월적 지위를 이용하여 금융소비자의 권익을 침해하는 행위는 부당권유행위라기보다는 불공정영업행위에 해당된다. 부당권유행위에는 단정적 판단의 제공, 사실과 다르게 알리는 행위, 투자판단에 중대한 영향을 미치는 사항을 알리지 않는 행위, 객관적 근거 없이 상품의 우수성을 알리는 행위, 고객 요청 없이 실시간 대화의 방법으로 투자권유 하는 행위(불초청 투자권유), 고객거절에도 지속적인 체결권유(재권유), 적합성원칙을 회피할 목적으로 투자권유불원 확인서 작성케 하는 행위 등이다.

핵심포인트 해설 | **6대 판매원칙**

적합성원칙	'일반' 금융소비자의 투자자정보를 파악하고 적합하지 않은 상품을 투자권유 할 수 없다는 원칙
적정성원칙	'일반' 금융소비자가 계약체결의 권유를 받지 않고 자발적으로 상품계약체결을 하려는 경우, 해당 상품이 적정한지 여부를 파악하고, 부적정한 경우 금융소비자에게 알리고 이를 확인받아야 한다는 원칙
설명의무	'일반' 금융소비자에게 계약체결을 권유하는 경우 또는 일반금융소비자가 설명을 요청하는 경우, 중요 사항을 금융소비자가 이해할 수 있도록 설명하고 이를 확인받아야 한다는 원칙
불공정영업행위 금지	'모든' 금융소비자에게 우월적 지위를 이용하여 금융소비자의 권익을 침해하는 행위는 금지한다는 원칙
부당권유행위 금지	'모든' 금융소비자에 대한 부당한 계약체결을 금지한다는 원칙
허위/부당광고 금지	업무 또는 금융상품에 관한 광고 시 금융소비자를 오인하게 할 수 행위를 금지한다는 원칙

정답 | ④

다음 중 6대 판매원칙 위반 시 과징금 부과대상이 아닌 것은?

① 적합성원칙 위반
② 설명의무 위반
③ 부당권유행위 금지의무 위반
④ 허위·부당광고 금지의무 위반

TIP 과징금은 설명의무 위반, 불공정영업행위 금지 위반, 부당권유행위 금지의무 위반, 허위·부당광고 금지의무 위반의 경우에 부과한다.

핵심포인트 해설 6대 판매원칙 위반 시 책임

6대 판매원칙	위반 시 책임				
	위법계약해지	과태료	과징금	손해배상	기관/임직원 제재
적합성원칙	O	O	×	O	O
적정성원칙	O	O	×	O	O
설명의무	O	O	O	O	O
불공정영업행위 금지	O	O	O	O	O
부당권유행위 금지	O	O	O	O	O
허위/부당광고 금지	×	O	O	O	O

정답 | ①

다음 중 자본시장법 제55조(손실보전 등의 금지)에 근거하여 금지되는 행위와 가장 관계가 적은 것은?

① 투자자가 입을 손실의 전부를 보전하여 줄 것을 사전에 약속하는 행위
② 투자자가 입은 손실의 일부를 사후에 보전하여 주는 행위
③ 투자자에게 일정한 이익을 사후에 제공하는 행위
④ 회사의 위법행위 여부가 불분명한 경우 투자자에게 사적화해의 수단으로 손실을 보상하는 행위

TIP ④는 손실보전 등의 금지 원칙의 예외로서 허용된다.

핵심포인트 해설		분쟁예방요령 및 손실보전 등의 금지

분쟁예방요령		• 임직원 개인계좌로 고객자산을 입금받지 말 것 • 일정범위 내에서 허용되는 일임매매의 경우 그 범위 및 취지에 맞게 업무수행 할 것 • 임직원은 금융상품거래의 조력자임을 잊지 말 것(고객과 의견이 다를 때 고객의 의사를 확인하고 업무처리) • 어떤 형태로든 손실보전 약정은 하지 말 것 • 지나치게 단정적 판단을 제공하지 말 것 • 업무 수행 중 알게 된 정보의 취급에 신중을 기할 것
손실보전 등의 금지	원칙	• 금융투자업자(또는 임직원)는 금융투자상품의 거래와 관련하여 손실보전 또는 이익보장, 그밖에 다음 중 어느 하나에 해당하는 행위를 금지함 · 투자자가 입을 손실의 전부 또는 일부를 보전하여 줄 것을 사전에 약속하는 행위 · 투자자가 입은 손실의 전부 또는 일부를 사후에 보전하여 주는 행위 · 투자자에게 일정한 이익을 보장할 것을 사전에 약속하는 행위 · 투자자에게 일정한 이익을 사후에 제공하는 행위
	예외	• 사전에 준법감시인에게 보고한 경우 예외적으로 아래의 행위가 허용됨 · 회사의 위법행위로 인하여 손해배상 하는 행위 · 회사의 위법행위 여부가 불분명한 경우 사적화해의 수단으로 손실을 보상하는 행위 · 분쟁조정 또는 재판상 화해절차에 따라 손실보상이나 손해배상을 하는 경우

정답 | ④

04

투자매매(중개)업자는 원칙적으로 일임매매가 금지되나, 예외적으로 허용하는 경우가 있다. 다음 중 예외적으로 허용하는 경우를 보기에서 모두 고르면?

> A. 투자자가 매매거래일(하루에 한정)·총매매수량·총매매금액을 지정하여 일임 받은 경우
> B. 투자자가 여행 등으로 일시적 부재 시 금융투자상품의 매도권한을 일임 받은 경우
> C. 투자자가 결제·증거금추가예탁·의무불이행 시 매도권한을 일임 받은 경우
> D. MMF를 매수 또는 매도하기로 미리 약정을 체결한 경우 그 약정에 따라 매매권한을 일임 받은 경우

① A, B
② A, B, C
③ B, C, D
④ A, B, C, D

TIP 일임매매가 예외적으로 허용되는 경우는 투자일임업자와 일임계약을 체결하고 진행하는 경우와 A, B, C, D와 같은 경우이다.

핵심포인트 해설 **금융분쟁의 유형별 쟁점**

부당권유 등 불완전 판매 관련 분쟁	• 불완전판매 행위 · 거래의 위험성에 대한 올바른 인식형성을 방해하는 행위 · 고객투자성향에 비추어 과도하게 위험한 거래를 적극적으로 권유하는 행위 • 불완전판매 행위는 고객우선원칙·신의성실원칙·금융소비자보호의무 등을 위반한 위법행위임
주문 관련 분쟁	• 판매자는 정당한 권한을 가진 소비자로부터 주문을 받아 최선을 다해 집행하고 기록을 보관 및 유지해야 함(최선집행의무) • 정당한 권한을 가진 소비자 : 투자자 본인, 정당한 위임을 받은 임의대리인, 법정대리인
일임매매 관련 분쟁	• 일임매매는 원칙적으로 금지하나 예외적으로 일부 허용함 • 예외적으로 일임매매를 허용하는 경우 · 투자일임업자가 일임계약을 체결하고 진행하는 경우 · 투자중개업자가 매매주문을 처리하는 과정에서 투자판단 일임을 받을 필요가 있는 경우
임의매매 관련 분쟁	• 임의매매(정당한 권한을 가진 소비자의 주문 없이 금융직원이 매매하는 행위)는 금지 • 일임매매와 임의매매의 차이점 : 일임매매는 일부 허용되지만 임의매매는 법적으로 허용되지 않음

정답 | ④

투자권유대행인의 금지행위와 거리가 먼 것은?

① 자기매매를 위한 권유
② 파생상품투자 고객을 증권사 직원에게 소개하는 행위
③ 예상수익률보장 행위
④ 판매보수가 높다는 이유로 특정 펀드의 판매에 차별적인 판매촉진노력을 하는 행위

TIP 고객을 증권사 직원에게 소개하는 행위는 금지행위와 관계가 없다.

핵심포인트 해설   **투자권유대행인의 금지행위**

손실보전 등의 행위	• 투자자의 손실 전부 또는 일부를 보전해줄 것을 사전에 약속하는 행위 • 투자자의 손실 전부 또는 일부를 사후에 보전해주는 행위 • 투자자에게 일정한 이익보장을 사전에 약속하는 행위 • 투자자에게 일정한 이익을 사후에 제공하는 행위
투자매매(중개) 업자의 금지행위	• 투자목적·재산상황·투자경험에 비추어 과당매매의 권유 • 자기매매를 위한 권유 • 회사가 발행한 주식매매의 권유 • 합리적 근거가 없는 특정 금융상품의 매매거래나 특정한 매매전략·기법 또는 특정한 재산운용배분전략· 기법을 채택하도록 투자자에게 권유하는 행위 • 판매보수(수수료)가 높다는 이유로 특정 펀드의 판매에 차별적인 판매촉진노력을 하는 행위 • 예상수익률보장, 예상수익률의 확정적인 단언 또는 이를 암시하는 표현, 실적배당상품의 본질에 반하는 주장이나 설명 • 경험부족 등으로 투자권유대행인에게 의존하는 투자자에게 신용거래를 통한 매매거래, 투기적거래, 선물· 옵션 등 위험성이 높은 금융투자상품의 매매거래를 권유하는 행위

정답 | ②

금융투자회사 임직원이 직무수행 과정에서 알게 된 정보에 대한 설명 중 잘못된 것은?

① 고객에 대한 어떤 사항이 비밀정보인지 여부가 불명확한 경우에는 일단 비밀이 요구되는 정보로 취급해야 한다.

② 고객의 금융거래정보는 자기 또는 제3자의 이익을 위한 이용금지가 원칙이나 정적인 금융거래정보 이외의 동적인 정보는 예외적으로 이용할 수 있다.

③ 회사의 정보는 회사의 재산에 속하는 것이므로 오로지 회사의 이익을 위해서만 이용되어야 한다.

④ 고객 또는 회사의 정보를 법령에 따라 제공하는 경우라도 준법감시인의 사전승인을 받아 직무수행에 필요한 최소한의 범위에서 제공해야 한다.

TIP 금융투자회사 임직원은 고객의 금융거래정보를 타인에게 제공하거나 누설하지 않아야 한다. 법은 직무상 알게 된 정보로서 외부에 공개되지 않은 정보를 정당한 사유 없이 자기 또는 제3자의 이익을 위하여 이용하는 것은 금지한다고 규정함으로써 고객의 정적인 금융거래정보뿐만 아니라 고객의 매매주문 동향 등 직무와 관련하여 알게 된 정보와 같은 동적인 정보도 자기 또는 제3자를 위해 이용하는 것이 금지된다.

핵심포인트 해설　　　**고객 및 회사정보 이용의 제한**

(1) 고객정보의 이용 제한
① 원칙 : 비밀유지의무(금융실명법 4조)
　ㄱ 고객의 금융거래정보 누설 금지
　ㄴ 비밀정보인지 여부가 불명확한 경우에는 일단 비밀정보로 취급해야 함
　ㄷ 예외 : 법에 의하여 정보제공이 허용된 경우
② 자기 또는 제3자의 이익을 위한 이용 금지(자본시장법 54조)
　ㄱ 정적인 금융정보 이용금지
　ㄴ 동적인 금융정보(직무를 수행하면서 알게 된 고객과 관련된 정보)도 이용금지

(2) 회사정보의 이용제한
① 회사정보 누설·부당한 이용행위 금지(회사정보는 회사이익을 위해서만 사용 가능)
② 비밀정보를 법령에 의하여 예외적으로 제공하는 경우의 준수사항
　ㄱ 준법감시인의 사전승인을 받을 것
　ㄴ 직무수행에 필요한 최소한의 범위 내에서 제공할 것

정답 | ②

07

개인정보보호법 ★★

개인정보처리자의 개인정보보호 원칙과 거리가 먼 것은?

① 개인정보처리자는 그 목적에 필요한 범위 내에서 최소한의 개인정보만 적법하고 정당하게 수집하여야 한다.

② 개인정보처리 방침 등 개인정보처리에 관한 사항을 공개하고, 열람청구권 등 정보주체의 권리를 보장하여야 한다.

③ 개인정보처리 목적 범위 내에서 개인정보의 정확성, 완전성, 최신성이 보장되도록 하여야 한다.

④ 개인정보의 익명처리가 가능한 경우에도 실명으로 처리하여야 한다.

TIP 개인정보의 익명처리가 가능한 경우에는 익명으로 처리하여야 한다.

핵심포인트 해설   **개인정보처리자의 준수사항**

(1) 개인정보 관련 주요 개념
  ① 개인정보 : 성명, 주민등록번호 및 영상 등을 통하여 개인을 알아볼 수 있는 정보
  ② 정보주체 : 처리되는 정보에 의하여 알아볼 수 있는 사람으로서 그 정보의 주체가 되는 사람
  ③ 개인정보처리자 : 업무를 목적으로 개인정보파일을 운용하기 위하여 스스로 또는 다른 사람을 통하여 개인정보를 처리하는
                 공공기관, 법인, 단체 및 개인

(2) 개인정보처리자의 개인정보보호 원칙
  ① 수집 : 목적에 필요한 범위에서 최소한의 개인정보만을 적법하게 수집해야 함
  ② 처리 및 활용 : 그 목적 외의 용도로 활용하는 것은 금지됨
  ③ 보장 : 개인정보의 정확성, 완전성 및 최신성이 보장되도록 해야 함
  ④ 관리 : 정보주체의 권리가 침해될 가능성을 고려하여 안전하게 관리해야 함
  ⑤ 공개 : 개인정보처리 방침 등 개인정보의 처리에 관한 사항을 공개하여야 하며, 열람청구권 등 정보주체의 권리를 보장해야 함
  ⑥ 사생활 침해 : 정보주체의 사생활 침해를 최소화하는 방법으로 처리해야 함
  ⑦ 익명처리 : 개인정보의 익명처리가 가능한 경우에는 익명으로 처리함

정답 | ④

08

개인정보처리자의 개인정보수집 및 이용 범위와 거리가 먼 것은?

① 직속상관의 허락을 받은 경우
② 정보주체의 동의를 받은 경우
③ 생명, 신체, 재산의 이익을 위하여 필요하다고 인정되는 경우
④ 명백하게 정보주체의 권리보다 우선하는 경우

TIP 직속상관의 허락을 받았다고 하여 개인정보수집 및 이용이 무조건 가능하다고 볼 수는 없다.

핵심포인트 해설   **정보주체의 권리와 개인정보처리자의 개인정보 수집 및 이용범위**

(1) 정보주체의 권리
   ① 개인정보의 처리에 관한 정보를 제공받을 권리
   ② 개인정보의 처리에 관한 동의 여부, 동의 범위 등을 선택하고 결정할 권리
   ③ 개인정보의 처리 여부를 확인하고 개인정보에 대한 열람(사본 포함)을 요구할 권리
   ④ 개인정보의 처리 정지, 정정·삭제 및 파기를 요구할 권리
   ⑤ 개인정보의 처리로 인하여 발생한 피해를 구제받을 권리
   ⑥ 완전히 자동화된 개인정보 처리에 따른 결정을 거부하거나 그에 대한 설명 등을 요구할 권리

(2) 개인정보처리자의 개인정보 수집 및 이용범위
   ① 정보주체의 동의를 받은 경우
   ② 법률에 특별한 규정이 있거나 법령상 의무를 준수하기 위하여 불가피한 경우
   ③ 공공기관이 법령 등에서 정하는 소관 업무의 수행을 위하여 불가피한 경우
   ④ 정보주체와의 계약의 체결 및 이행을 위하여 불가피하게 필요한 경우
   ⑤ 명백히 정보주체 또는 제3자의 급박한 생명, 신체, 재산의 이익을 위하여 필요하다고 인정되는 경우
   ⑥ 명백하게 정보주체의 권리보다 우선하는 경우
   ⑦ 공중위생 등 공공의 안전과 안녕을 위하여 긴급히 필요한 경우

정답 | ①

개인정보의 처리 및 관리에 대한 기술 중 올바른 것은?

① 개인정보에는 고유식별정보, 금융정보뿐만 아니라 민감정보도 포함된다.
② 최소한의 개인정보수집이라는 입증책임은 정보주체가 부담한다.
③ 민감정보 및 고유식별정보는 정보주체의 동의를 얻은 경우에만 처리를 허용한다.
④ 주민등록번호는 외부망의 경우에 한하여 암호화한 후 안전하게 보호하여야 한다.

TIP ② 최소한의 개인정보수집이라는 입증책임은 개인정보처리자가 부담한다.
③ 민감정보 및 고유식별정보는 정보주체의 동의를 얻거나 법령에서 구체적으로 허용된 경우에 한하여 예외적으로 처리를 허용한다.
④ 주민등록번호는 내외부망의 구분 없이 암호화하여 안전하게 보호하여야 한다.

핵심포인트 해설 **개인정보의 수집·처리 제한 및 처벌**

(1) 개인정보보호에 관한 법률
 ① 개인정보보호에 관한 일반법 : 개인정보보호법(개인의 존엄과 가치 구현 목적)
 ② 개인정보보호에 관한 특별법 : 신용정보법, 금융실명법, 전자금융거래법 등

(2) 개인정보처리자의 개인정보 수집 제한
 ① 최소한의 개인정보 수집이라는 입증책임은 개인정보처리자가 부담함
 ② 개인정보처리자는 정보주체의 동의를 받아 개인정보를 수집하는 경우 필요한 최소한의 정보 외의 개인정보 수집에는 동의하지 아니할 수 있다는 사실을 구체적으로 알리고 개인정보를 수집하여야 함
 ③ 개인정보처리자는 정보주체가 필요한 최소한의 정보 외의 개인정보 수집에 동의하지 아니한다는 이유로 정보주체에게 재화 또는 서비스의 제공을 거부하면 안 됨

(3) 개인정보의 처리 제한 및 처벌

제공행위	• 원칙 : 목적 외 용도로 이용하거나 제3자에게 제공하는 행위 금지
	• 예외 : 정보주체가 동의·법률규정에 의하는 경우에만 허용
고유식별번호	• 주민번호는 내외부망 구분 없이 암호화하여 안전하게 보관해야 함
처 벌	• 징벌적 손해배상제도 : 피해액의 5배까지 손해배상액 증과 가능

주민등록번호 또는 여권번호

정답 | ①

개인정보처리자의 개인정보 제공 및 관리에 대한 설명으로 적절하지 않은 것은?

① 정보주체의 동의를 받아 개인정보를 제3자에게 제공할 수 있다.

② 법률에 규정이 있는 경우 개인정보를 제3자에게 제공할 수 있다.

③ 개인정보를 제3자에게 제공하는 경우에 정보주체에게 개인정보 이용기간까지 알려야 하는 것은 아니다.

④ 개인정보 보유기간이 경과하거나 처리목적이 달성되면 지체 없이 개인정보를 파기해야 한다.

TIP   개인정보를 제3자에게 제공하는 경우에 정보주체에게 개인정보 보유 및 이용기간까지 알려야 한다.

핵심포인트 해설   **개인정보 제공에 관한 규제**

(1) 개인정보처리자가 제3자에게 개인정보의 제공하는 경우
   ① 정보주체의 동의 또는 법률 규정이 있어야 가능
   ② 정보주체(금융소비자)에게 알려야 할 사항
      ㉠ 개인정보를 제공받는 자
      ㉡ 개인정보를 제공받는 자의 개인정보 이용 목적
      ㉢ 제공하는 개인정보의 항목
      ㉣ 개인정보를 제공받는 자의 개인정보 보유 및 이용 기간
      ㉤ 동의를 거부할 권리가 있다는 사실 및 동의 거부에 따른 불이익이 있는 경우 그 불이익의 내용

(2) 정보주체의 민감정보 및 고유식별정보 관리
   ① 민감정보와 고유식별정보 : 정보주체에게 법에서 정한 사항을 안내하고 별도의 동의를 구하거나 법령에서 구체적으로 허용된 경우에 한하여 예외적으로 처리할 수 있음
   ② 고유식별번호(주민등록번호)를 예외적으로 처리할 수 있는 경우
      ㉠ 법률·대통령령·규칙 등에서 구체적으로 주민등록번호의 처리를 요구하거나 허용한 경우
      ㉡ 정보주체 또는 제3자의 급박한 생명·신체·재산의 이익을 위하여 명백히 필요하다고 인정되는 경우
      ㉢ 주민등록번호 처리가 불가피한 경우로서 개인정보보호위원회가 고시로 정하는 경우

정답 | ③

다음 중 금융감독원의 금융분쟁조정제도에 대한 설명 중 잘못된 것은?

① 금융감독원 금융분쟁조정위원회에서 조정한다.
② 분쟁조정 신청일로부터 30일 이내 합의 불성립 시 조정위원회에 회부된다.
③ 조정위원회는 조정회부 받은 때로부터 30일 이내에 조정안을 작성해야 한다.
④ 당사자가 조정위원회의 조정을 수락하면 재판상 화해와 동일한 효력이 있다.

TIP 조정위원회는 조정회부 받은 때로부터 60일 이내에 조정안을 작성해야 한다. 조정 진행 중에 일방이 소송을 제기한 경우 조정처리는 중지되고, 조정위원회는 그 사항을 쌍방에게 통보하여야 한다.

핵심포인트 해설　　**금융감독원의 분쟁조정제도**

(1) 금융분쟁조정위원회 설치

설치근거	• 금융관련 분쟁의 조정을 심의·의결하기 위해 금융감독원에 금융분쟁조정위원회를 둠(금융소비자보호법 제33조)
위원의 구성	• 위원장 1명 포함하여 총 35명 이하의 위원으로 구성됨(위원장은 금융감독원장이 소속 부원장 중에서 지명함)
위원의 자격	• 감독원장이 지명하는 부원장보 • 다음 자격을 갖춘 자 중에서 감독원장이 위촉함 · 판·검사 또는 변호사 · 소비자단체에서 임원 또는 15년 이상 근무경력이 있는 자 · 조정대상기관 또는 금융관계기관에서 15년 이상 근무경력이 있는 자 · 금융 또는 소비자 분야에 관한 학식과 경험이 있는 자 · 전문의 자격이 있는 의사 등
위원 임기	• 임기는 2년, 공무원이 아닌 위원은 임기 동안 공무원으로 봄

(2) 금융감독원(금융분쟁조정위원회)에 의한 금융분쟁조정

조정절차	• 분쟁조정신청접수, 통지 및 합의권고 • 조정위원회 회부 : 신청일로부터 30일 이내 합의 불성립 시 • 조정안 작성 : 조정회부받은 때로부터 60일 이내 • 조정안 제시 및 수락권고 • 조정의 효력 : 재판상 화해와 동일한 효력
소송제기	• 조정 진행 중에 일방이 소송을 제기한 경우 조정처리는 중지되고, 그 사항을 쌍방에게 통보함

정답 | ③

12

금융투자협회의 분쟁조정제도에 대한 기술 중 잘못된 것은?

① 분쟁 당사자는 금융투자상품에 대한 전문적 지식과 경험을 갖춘 분쟁조정위원회를 이용하여 신속하고 공정한 분쟁의 해결을 기대할 수 있다.

② 분쟁조정위원회의 분쟁조정안을 수락한 경우 재판상 화해계약의 효력을 갖는다.

③ 분쟁신청 후 당사자 간 합의가 성립하지 않는 경우 협회는 조정신청서 접수일로부터 30일 이내에 분쟁조정위원회에 사건을 회부한다.

④ 분쟁조정신청의 당사자는 조정결과에 중대한 영향을 미치는 새로운 사실이 나타난 경우 조정결정 또는 각하결정을 통지받은 날로부터 30일 이내에 재조정신청이 가능하다.

용어 알아두기

각하결정	이의신청이 법령상의 형식이나 요건에 어긋난 경우 내리는 결정을 말한다.

TIP 분쟁조정위원회의 분쟁조정안을 수락한 경우 민법상 화해계약의 효력을 갖는다.

핵심포인트 해설 | **금융투자협회 분쟁조정절차**

분쟁신청접수	본인 신청이 원칙이나 대리인이 신청하는 것도 가능(방문·우편신청)
사실조사	제출자료 검토 및 양당사자 간 대면질의 등을 통한 사실관계 확인
합의 권고	원만한 분쟁해결을 위해 합의 권고
위원회 회부 전 처리	분쟁조정신청 취하, 수사기관의 수사진행, 법원 제소, 신청내용이 허위사실인 경우 등에 해당하면 위원회 회부하지 않고 종결처리
위원회 회부	당사자 간 합의 불성립 시 조정신청서 접수일로부터 30일 이내에 조정위원회로 사건 회부함
조정의 성립	당사자가 조정결정수락서에 기명날인한 후 조정 결정 통지를 받은 날로부터 20일 이내에 협회에 제출함으로써 조정이 성립(조정의 효력 : 민법상 화해계약)
재조정 신청	당사자는 조정결과에 중대한 영향을 미치는 새로운 사실이 나타난 경우 조정결정 또는 각하결정일로부터 30일 이내에 재조정 신청 가능

정답 | ②

다음 중 내부통제기준 위반 시 제재에 대한 기술이 적절하지 않은 것은?

① 벌칙으로 벌금, 과징금, 과태료 등이 부과될 수 있다.
② 업무 정지기간에 업무를 한 경우 금융위원회는 그 등록을 취소할 수 있다.
③ 금융투자협회는 판매업자의 임원에 대하여 6월 이내의 업무집행정지를 요구할 수 있다.
④ 금융상품직접판매업자는 투자권유대행인이 금융소비자에게 손해를 발생시킨 경우에는 그 손해를 배상할 책임이 없다.

TIP 금융상품직접판매업자가 그 손해를 배상할 책임이 있다. 단, 선임 및 감독을 소홀하지 않은 경우 투자권유대행인에게 구상권을 청구할 수 있다.

핵심포인트 해설	금융소비자보호법 위반 시 제재

(1) 벌칙

벌금	5년 이하의 징역 또는 2억원 이하의 벌금 부과할 수 있음(금융상품판매업 미등록, 허위/부정 등록, 금융상품판매대리·중개업자가 아닌 자에게 계약체결을 대리 한 경우)
과징금	위반행위로 얻은 수입의 50%까지 과징금 부과할 수 있음
과태료	1억원 이하/3천만원 이하/1천만원 이하 과태료 부과할 수 있음

(2) 금융위원회에 의한 행정제재

판매업자	• 등록취소 : 거짓/부정등록, 등록요건 미유지, 업무정지기간 중 업무 한 경우 • 처분조치 : 6월 이내 업무정지, 명령, 기관경고, 기관주의 등
임직원	• 임원 : 해임요구, 6월 이내 직무정지, 문책경고, 주의적 경고, 주의 • 직원 : 면직, 6월 이내 직무정지, 감봉, 견책, 주의 • 관리감독책임 : 관리감독 책임이 있는 임직원에 대한 조치를 함께 요구할 수 있음

(3) 금융투자협회에 의한 자율제재

회원 조치	• 회원제명 요구, 회원자격 정지, 협회가 회원에게 제공하는 업무의 일부/전부 정지, 제재금 부과, 경고, 주의
임직원 조치	• 임원 : 해임, 6월 이내 업무집행정지, 경고, 주의 • 직원 : 징계면직, 정직, 감동, 견책, 주의

(4) 법원에 의한 민사적 제재(손해배상책임)

금융상품 판매업자	금융상품판매업자는 고의 또는 과실로 법을 위반하여 금융소비자에게 손해를 발생시킨 경우에는 그 손해를 배상할 책임 있음
금융상품 직접판매업자	금융상품직접판매업자는 금융상품계약체결등의 업무를 대리·중개한 금융상품판매대리·중개업자가 금융소비자에게 손해를 발생시킨 경우에는 그 손해를 배상할 책임 있음. 단, 선임 및 감독을 소홀하지 않은 경우 금융상품판매대리·중개업자에게 구상권 청구 가능

정답 | ④

금융투자상품 관련 분쟁예방 요령이 잘못된 것은?

① 금융투자상품 주문거래 시에는 녹취와 서류 등의 증빙을 갖추어야 한다.
② 금융실명법 등 법규를 준수하여 고객과의 분쟁에서 불리한 상황을 미리 방지해야 한다.
③ 고객의 부당한 이익제공 요구에 대하여 명백한 거절의사를 표명해야 한다.
④ 과다 일임매매로 인한 분쟁소지를 제거하기 위하여 고객으로부터 포괄적 일임매매를 약정하는 것이 최선이다.

TIP 과다 일임매매와 관련하여 고객으로부터 포괄적 일임매매를 받지 않는 것이 최선이다. 일임의 경우에 일임매매 관련 규정을 준수하여 분쟁소지를 제거하는 것이 바람직하며, 고객을 상대로 빈번하거나 과도한 거래권유를 자제해야 한다.

핵심포인트 해설　　　**금융투자상품 분쟁의 유형 및 예방 요령**

부당권유 분쟁	• 직원 스스로 부당권유행위에 대한 자제가 필요함 • 고객 투자성향에 비추어 고위험을 수반하는 거래의 적극적 권유 자제 필요 • 고객의 부당한 이익제공 요구에 대하여 명백한 거절의사 표명할 것
임의매매 분쟁	• 고객의 위임이 없는 거래는 금지할 것 • 위반 시 엄격한 제재를 할 것(손해배상 및 직원처벌)
일임매매 분쟁	• 과다 일임매매와 관련하여 포괄적 일임매매를 받지 않을 것 • 일임의 경우에는 일임매매관련 규정을 준수할 것 • 고객을 상대로 빈번하거나 과도한 거래권유를 자제할 것
불완전판매 분쟁	• 적합성의 원칙, 적정성의 원칙, 설명의무, 손실보전약정 금지 등 준수 • 위반 시 손해배상책임 부과
주문 관련 분쟁	• 착오주문, 주문권한 없는 자의 주문 등이 없도록 해야 함 • 위반 시 손해배상책임 부과

정답 | ④

펀드상품 관련 분쟁에 대한 기술 중 잘못된 것은?

① 선물환 거래 경험이 없는 고객에게 역외펀드를 판매하였다면 부당권유행위가 될 수 있다.

② 선물환 거래 경험이 없는 고객에게 환헤지에 대한 개략적인 설명을 하였다면 고객보호 의무를 위반했다고 하기 어렵다.

③ 직원이 수익보장을 하면서 전환형펀드를 매수하게 한 후 고객의 동의 없이 채권형에서 주식형으로 전환하여 손실이 발생하였다면 부당권유에 해당한다.

④ ③의 경우 수익보장약정의 효력은 없다.

TIP 선물환 거래 경험이 없는 고객이라면 환헤지에 대한 개략적인 설명만 하는 것으로 부족하고, 역외펀드의 특성 및 구체적인 위험에 대하여 고객이 이해할 수 있도록 충분히 설명해야 한다.

핵심포인트 해설 　　**부당권유 사례 및 법원 판단 내용**

사 례	법원 판단 내용
역외펀드 부당권유 자산 운용하는 곳이 국외 (외국자산운용사)	• 선물환 거래 경험이 없는 고객에게 환헤지에 대한 개략적 설명만 하고 가입시킨 것은 부당권유행위에 해당 • 개략적 설명으로 부족하고 선물환 계약의 특성 및 구체적 위험에 대하여 이해할 수 있도록 충분히 설명해야 함 • 충분한 설명을 하지 않음으로써 고객보호의무를 위반함
엄브렐러펀드 부당권유 전환형펀드를 의미함	• 수익보장하면서 전환형펀드 가입시킨 것은 고객의 올바른 인식형성을 방해한 것으로 부당권유행위에 해당함 • 수익보장약정은 효력이 없음 • 고객의 동의 없이 채권형에서 주식형으로 전환시켜 손해가 발생한 경우 부당권유행위에 해당되고 손해배상책임이 인정됨

정답 | ②

16

금융투자상품의 불완전판매에 대한 설명 중 잘못된 것은? (법원 판례 기준)

① 원금보장을 중시하는 고객에게 고위험 주가지수연계펀드를 판매하는 것은 불완전판매에 해당한다.

② 고령자에게 고위험펀드를 판매하면 모두 불완전판매에 해당한다.

③ 투자설명서를 교부받고 자필서명한 경우 직원이 설명의무를 이행한 것으로 본다.

④ 펀드손해 상태이나 환매하지 않은 경우에는 손해를 입었다거나 손해가 확정되었다고 볼 수 없다.

TIP 고령자라도 고위험상품에 대한 투자지식과 경험이 있다면 모두 불완전판매라고 할 수는 없다.

핵심포인트 해설 **불완전판매 사례와 법원 판단 내용**

사 례	법원 판단 내용
안정추구형 투자자에게 고위험 ELF 투자권유한 경우	고객의 투자성향보다 과도한 위험거래 권유한 것으로 고객보호의무 위반
충분한 설명 없이 고위험펀드 판매한 경우	고위험펀드 투자경험이 없는데도 충분하고 적합한 설명이 없었다면 불완전판매에 해당
투자설명서를 교부받고 고객이 자필서명한 경우	직원이 설명·교부의무를 이행한 것으로 봄
투자경험이 있는 고령투자자의 경우	고령이라도 투자경험이 많이 있으면 설명의무 및 고객보호의무를 위반했다고 볼 수 없음
펀드손해상태이나 환매하지 않은 경우	손해를 입었다거나 손해가 확정되었다고 볼 수 없음

정답 | ②

다시 봐야 할 문제(틀린 문제, 풀지 못한 문제, 헷갈리는 문제 등)는 문제 번호 하단의 네모박스에 체크하여 반복학습하시기 바랍니다.

01
중요도 ★★
금융회사 종사자의 직무윤리에 대한 기술로 적절하지 않은 것은?

① 금융회사 종사자의 기본적인 직무윤리는 고객우선의 원칙과 신의성실의 원칙이다.

② 고객의 이익은 회사와 회사의 주주 및 임직원의 이익에 우선한다.

③ 임직원의 이익은 회사의 이익에 우선한다.

④ 모든 고객의 이익은 상호 동등하게 취급된다.

02
중요도 ★★★
다음 보기에서 일반금융소비자에게만 적용되는 판매원칙이 바르게 묶인 것은?

A. 적합성원칙	B. 적정성원칙
C. 설명의무	D. 불공정영업행위 금지
E. 부당권유행위 금지	F. 허위/부당광고 금지

① A, B, C

② A, B, C, D

③ A, B, C, D, E

④ A, B, C, D, E, F

03
중요도 ★★
다음 중 금융상품 판매 시 준수해야 할 적합성원칙을 위반한 경우 그 책임과 가장 거리가 먼 것은?

① 금융소비자가 위법계약해지권을 행사하면 이에 응해야 한다.

② 과태료가 부과될 수 있다.

③ 과징금이 부과될 수 있다.

④ 손해배상책임을 질 수 있다.

04 중요도 ★★

금융투자회사 임직원이 직무수행 과정에서 알게 된 정보에 대한 설명 중 잘못된 것은?

□

① 고객에 대한 어떤 사항이 비밀정보인지 여부가 불명확한 경우에는 일단 비밀이 요구되는 정보로 취급해야 한다.

② 고객의 금융거래정보는 자기 또는 제3자의 이익을 위한 이용금지가 원칙이나 정적인 금융거래정보 이외의 동적인 정보는 예외적으로 이용할 수 있다.

③ 회사의 정보는 회사의 재산에 속하는 것이므로 오로지 회사의 이익을 위해서만 이용되어야 한다.

④ 고객 또는 회사의 정보를 법령에 따라 제공하는 경우라도 준법감시인의 사전승인을 받아 직무수행에 필요한 최소한의 범위에서 제공해야 한다.

05 중요도 ★★

개인정보처리자의 준수사항에 대한 기술 중 잘못된 것은?

□

① 정보주체의 사생활 침해를 최소화하는 방법으로 개인정보를 처리해야 한다.

② 정보주체는 개인정보의 처리정지, 정정, 삭제 및 파기를 요구할 수 있다.

③ 개인정보의 처리 방법 및 종류 등에 따라 정보주체의 권리가 침해받을 가능성과 그 위험 정도를 고려하여 개인정보를 안전하게 관리해야 한다.

④ 개인정보 처리방침 등 개인정보의 처리에 관한 사항을 비밀로 해야 한다.

정답 및 해설

01 ③ 회사의 이익은 임직원의 이익에 우선한다.

02 ① 6대 판매원칙 중 일반금융소비자에게만 적용되는 판매원칙은 적합성원칙, 적정성원칙, 설명의무 3가지이다.

03 ③ 적합성원칙, 적정성원칙 위반 시 과태료를 부과할 수는 있으나 과징금을 부과하지는 않는다.

04 ② 금융투자회사 임직원은 고객의 금융거래정보를 타인에게 제공하거나 누설하지 않아야 한다. 법은 직무상 알게 된 정보로서 외부에 공개되지 않은 정보를 정당한 사유 없이 자기 또는 제3자의 이익을 위하여 이용하는 것은 금지한다고 규정함으로써 고객의 정적인 금융거래정보뿐만 아니라 고객의 매매주문 동향 등 직무와 관련하여 알게 된 정보와 같은 동적인 정보도 자기 또는 제3자를 위해 이용하는 것이 금지된다.

05 ④ 개인정보 처리방침 등 개인정보의 처리에 관한 사항을 공개하여야 하며, 열람청구권 등 정보주체의 권리를 보장해야 한다.

06

중요도 ★

개인정보보호법에 대한 설명 중 옳은 것은?

① 개인정보보호법은 개인정보에 대한 특별법이다.

② 개인정보보호법은 구체적 피해액을 입증하지 못해도 일정 금액을 보상받는 법정 손해배상제도를 도입하였다.

③ 개인정보보호법은 피해액의 3배까지 배상액을 중과할 수 있는 징벌적 배상제도는 아직 도입하고 있지 않다.

④ 개인정보보호법은 금융투자법인에 대한 처벌규정만 있고 개인에 대한 처벌규정은 없다.

07

중요도 ★★★

개인정보처리자의 개인정보보호 원칙과 거리가 먼 것은?

① 개인정보처리자는 그 목적에 필요한 범위 내에서 최소한의 개인정보만 적법하고 정당하게 수집하여야 한다.

② 개인정보 처리방침 등 개인정보처리에 관한 사항을 공개하고, 열람청구권 등 정보주체의 권리를 보장하여야 한다.

③ 개인정보 처리 목적 범위 내에서 개인정보의 정확성, 완전성, 최신성이 보장되도록 하여야 한다.

④ 개인정보의 익명처리가 가능한 경우라도 실명으로 처리하여야 한다.

08

중요도 ★★

정보주체의 개인정보에 대한 권리와 거리가 먼 것은?

① 개인정보처리자의 개인정보의 수집 및 이용을 원천봉쇄할 수 있는 권리

② 개인정보의 처리에 관한 동의 여부, 동의 범위 등을 선택하고 결정할 권리

③ 개인정보의 처리 여부를 확인하고 개인정보에 대하여 열람(사본발급 포함)을 요구할 권리

④ 개인정보의 처리 정지, 정정, 삭제, 파기를 요구할 수 있는 권리

09 중요도 ★★★

개인정보 제공 시 정보주체에게 알려야 할 사항과 거리가 먼 것은?

① 개인정보처리를 담당하는 임원 및 실무자

② 제공하는 개인정보의 항목

③ 개인정보를 제공받는 자의 개인정보의 보유 및 이용 기간

④ 동의를 거부할 권리가 있다는 사실 및 동의 거부에 따른 불이익이 있는 경우에는 그 불이익의 내용

10 중요도 ★★

개인정보의 처리 및 관리에 대한 기술 중 옳은 것은?

① 개인정보에는 고유식별정보, 금융정보뿐만 아니라 민감정보도 포함된다.

② 최소한의 개인정보수집이라는 입증책임은 정보주체가 부담한다.

③ 민감정보 및 고유식별정보는 정보주체의 동의를 얻은 경우에만 처리를 허용한다.

④ 주민등록번호는 외부망의 경우에 한하여 암호화한 후 안전하게 보호하여야 한다.

정답 및 해설

06 ② ① 개인정보보호법은 특별법(신용정보법·금융실명법·전자금융거래법 등)에 정함이 없는 경우에 적용되는 일반법이다.

③ 개인정보보호법은 피해액의 5배까지 배상액을 중과할 수 있는 징벌적 배상제도를 도입하였다.

④ 개인정보보호법은 개인에 대하여도 부정한 방법으로 개인정보를 취득하여 타인에게 제공하는 자에게 징역 5년 이하 또는 5천만원 이하의 벌금에 처하도록 하고 있다.

07 ④ 개인정보의 익명처리가 가능한 경우에는 익명으로 처리하여야 한다.

08 ① 정보주체라 하여도 법령에 근거한 개인정보처리자의 개인정보의 수집 및 이용은 원천봉쇄할 수 없다.

참고 개인정보처리자의 개인정보 수집 및 이용 허용 범위(개인정보보호법 15조 ①)

- 정보주체의 동의를 받은 경우
- 법률에 특별한 규정이 있거나 법령상 의무를 준수하기 위하여 불가피한 경우
- 공공기관이 법령 등에서 정하는 소관 업무의 수행을 위하여 불가피한 경우
- 정보주체와의 계약의 체결 및 이행을 위하여 불가피하게 필요한 경우
- 명백히 정보주체 또는 제3자의 급박한 생명, 신체, 재산의 이익을 위하여 필요하다고 인정되는 경우
- 명백하게 정보주체의 권리보다 우선하는 경우

09 ① 개인정보 제공 시 정보주체에게 동의를 구하고 알려야 할 사항은 개인정보를 제공받는 자, 개인정보를 제공받는 자의 개인정보의 수집·이용 목적, 제공하는 개인정보의 항목, 개인정보를 제공받는 자의 개인정보의 보유 및 이용 기간, 동의를 거부할 권리가 있다는 사실 및 동의 거부에 따른 불이익이 있는 경우에는 그 불이익의 내용 등이다. (개인정보보호법 17조)

10 ① ② 최소한의 개인정보수집이라는 입증책임은 개인정보처리자가 부담한다.

③ 민감정보 및 고유식별정보는 정보주체의 동의를 얻거나 법령에서 구체적으로 허용된 경우에 한하여 예외적으로 처리를 허용한다.

④ 주민등록번호는 내외부망의 구분 없이 암호화하여 안전하게 보호하여야 한다.

11 중요도 ★

투자자분쟁예방을 위한 자본시장법상 의무와 가장 거리가 먼 것은?

① 신의성실의무 　　　　　　　② 선관의무
③ 이해상충방지의무 　　　　　④ 겸업금지의무

12 중요도 ★

다음은 무엇에 대한 설명인가?

> 금융투자업자는 법령을 준수하고, 자산을 건전하게 운용하며, 이해상충방지 등 투자자를 보호하기 위하여 그 금융투자업자의 임직원이 직무를 수행함에 있어서 준수해야 할 적절한 기준 및 절차를 정하여야 한다.

① 내부통제기준 　　　　　　　② 직무윤리
③ 자산운용지침 　　　　　　　④ 윤리강령행동지침

13 중요도 ★

분쟁조정제도에 대한 설명 중 잘못된 것은?

① 금융 관련 분쟁조정에 관한 사항을 심의·의결하기 위해 금융감독원에 금융분쟁조정위원회를 두고 있다.
② 금융감독원 금융분쟁조정위원회의 조정안을 양당사자가 수락하면 민법상 화해계약과 동일한 효력이 있다.
③ 분쟁조정제도는 소송수행으로 인한 추가비용 없이 최소의 시간으로 합리적인 분쟁해결이 가능하다.
④ 협회의 분쟁조정 신청은 대리인이 하는 것도 가능하고, 우편신청도 가능하다.

14
중요도 ★
금융감독원의 금융분쟁조정절차에 대한 기술 중 잘못된 것은?

① 분쟁조정 신청일로부터 60일 이내에 합의가 성립하지 않으면 조정위원회에 회부한다.

② 조정위원회는 조정회부를 받은 때로부터 60일 이내에 조정안을 작성한다.

③ 조정안을 제시하여 양당사자가 수락하면 재판상 화해와 같은 효력이 있다.

④ 조정 진행 중에 일방이 소송을 제기한 경우 조정처리는 중지되고, 그 사항을 쌍방에게 통보해야 한다.

15
중요도 ★
금융투자상품 관련 분쟁에 대한 기술 중 잘못된 것은?

① 증권거래는 투자위험이 높기 때문에 전문성이 필요하다.

② 고객의 금융투자회사 직원에 대한 의존성이 높다.

③ 분쟁발생 시 당사자 간 분쟁해결이 쉽지 않다.

④ 금융투자상품 투자결과에 대한 책임은 금융투자회사에 있다.

정답 및 해설

11 ④ 투자자분쟁예방을 위한 자본시장법상 의무에는 신의성실의무, 선량한 관리자로서의 주의의무, 충실의무, 이해상충방지의무, 정확하고 충분한 정보제공의무 등이 있다.

12 ① 자본시장법 제28조의 내부통제기준에 대한 설명이다.

13 ② 금감원 금융분쟁조정위원회의 조정안을 양당사자가 수락하면 재판상 화해와 동일한 효력이 있다. 그러나 그 밖의 기관 (거래소 분쟁조정위원회, 협회 분쟁조정위원회)에 의한 조정안을 수락한 경우에는 민법상 화해계약으로서의 효력만 있다.

14 ① 분쟁조정 신청일로부터 30일 이내에 합의가 성립하지 않으면 조정위원회에 회부한다.

15 ④ 금융투자상품 투자결과에 대한 책임은 투자자 본인에게 있다.

> 참고 금융투자상품의 내재적 특성
> - 이익을 얻거나 손실을 회피할 목적
> - 현재 또는 장래 특정 시점에 금전 또는 재산적 가치가 있는 것을 지급하기로 약정
> - 투자성(원금손실가능성) 존재

16

중요도 ★

부당권유로 인한 분쟁에 대한 기술 중 잘못된 것은?

① 증권사 직원이 선물환 거래 경험이 없는 고객에게 역외펀드의 특성 및 구체적인 위험에 대하여 충분하게 설명하지 않았다면 고객보호의무 위반에 해당된다.

② 증권사 직원이 전환형펀드의 매입을 권유하고 이후 고객의 동의 없이 채권형을 주식형으로 전환하여 손실이 발생했다면 부당권유가 인정된다.

③ 고객이 증권사 직원과 수익보장약정을 했다면 손해가 발생한 경우 그 약정의 효력을 주장할 수 있다.

④ 해외펀드 투자권유 시 해당 국가의 시장상황, 환율 및 환헤지 등의 사항을 구체적으로 설명하지 않고 판매한 경우 설명의무를 다했다고 할 수 없다.

17

중요도 ★

불완전판매로 인한 분쟁에 대한 기술 중 잘못된 것은?

① 투자설명서 교부 및 주요내용 설명확인서에 고객의 인장이 날인되었다면 고객이 날인한 것으로 추정한다.

② 고객이 날인된 인장에 대하여 임의로 날인된 것임을 주장하는 경우 그 입증책임은 금융투자업자에게 있다.

③ 투자설명서를 교부받고, 설명을 들었음을 확인하는 서류에 고객이 자필로 서명했다면 직원이 설명 및 교부의무를 이행한 것으로 보아야 한다.

④ 펀드매수자가 고령일지라도 투자경험이 있고, 기초자산 구성을 제안했고 손해발생 여부를 문의한 사실이 있다면 증권회사가 고객 보호의무를 위반했다고 인정하기 어렵다.

18

중요도 ★

금융분쟁에 대한 기술 중 잘못된 것은?

① 장외파생펀드의 원금손실가능성이 국채의 부도확률과 유사한 수준이라며 고수익의 안정성만 강조한 경우 고객 보호의무를 다했다고 할 수 없다.

② 펀드가 현재 손실 중이라도 그 펀드를 환매하지 않았고, 그 만기가 도래하지 않았다면 손해를 입었다고 단정하거나 그 손해가 확정되었다고 볼 수 없다.

③ 펀드 투자권유 시 고객에게 원금손실가능성을 충분히 설명하지 않고 투자설명서도 교부하지 않았다면 고객 보호의무를 위반한 불법행위에 해당한다.

④ 금융투자업자가 금융투자상품을 판매할 때 설명의무를 다했는지는 투자자의 지식수준이나 투자경험에 상관없이 평등하게 이행되어야 한다.

19

중요도 ★

금융투자 관련 분쟁에 대한 기술 중 잘못된 것은?

① 금융분쟁은 금융수요자가 금융업무 등과 관련하여 이해관계가 발생한 경우 금융기관을 상대로 제기하는 분쟁이다.

② 금융분쟁은 주로 법이 금융수요자에게 부여하는 의무이행 여부가 쟁점이 된다.

③ 금융투자업 영위과정에서 거래관계가 수반되는 권리와 의무에 대한 상반된 주장이 분쟁이라는 형태로 도출된다.

④ 금융기관이 금융업무와 관련하여 금융기관을 상대로 제기하는 분쟁도 금융분쟁에 해당된다.

20

중요도 ★

개인정보처리자는 개인정보를 수집하는 경우에 그 목적에 필요한 최소한의 개인정보만 수집해야 한다. 이 경우 최소한의 개인정보 수집이라는 입증책임은 누구에게 있는가?

① 정보주체   ② 개인정보처리자

③ 금융감독당국   ④ 금융정보분석원

21

중요도 ★

개인정보보호법에 의한 개인정보유출에 대한 처벌 규정으로 잘못된 것은?

① 징벌적 손해배상   ② 법정 손해배상

③ 징역 3년 이하   ④ 벌금 5천만원 이하

정답 및 해설

16 ③ 고객은 증권사 직원과 수익보장약정을 했더라도 그 약정의 효력을 주장할 수 없다. 자본시장법은 수익보장각서는 무효로 규정하고 있다.

17 ② 고객이 날인된 인장에 대하여 임의로 날인된 것임을 주장하는 경우 그 입증책임은 고객에게 있다.

18 ④ 금융투자업자는 금융투자상품을 판매할 때 설명의무를 다했는지는 투자자의 지식정도 및 투자경험에 따라 설명의무의 수준을 차별화하여 평가해야 한다.

19 ② 금융분쟁은 주로 법이 금융투자업자에게 부여하는 의무이행 여부가 쟁점이 된다.

20 ② 최소한의 개인정보 수집이라는 입증책임은 개인정보처리자가 부담한다.

21 ③ 개인정보유출에 대한 처벌에는 징벌적 손해배상, 법정 손해배상, 개인에 대하여는 5년 이하의 징역 또는 5천만원 이하의 벌금 등이 있다.

제 5 장
투자권유 사례분석

학습전략

투자권유 사례분석은 제2과목 전체 45문제 중 **총 5문제**가 출제된다.

투자권유 사례분석은 과목 명칭과는 달리 실제 사례보다는 재무설계와 관련된 이론이 많은 부분을 차지하고 있다. 재무설계는 주로 보험업계에서 활용하고 있었으나 최근 펀드판매가 활성화되면서 증권업계에서도 시도되고 있다. 주로 재무설계의 필요성과 목표, 단계별 주요 내용, 노인가계 재무설계 등이 자주 출제되는 경향이 있다.

출제예상 비중

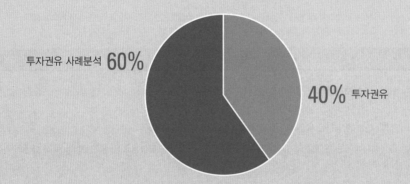

투자권유 사례분석 **60%**

40% 투자권유

핵심포인트

다음 중 투자권유대행인이 금융소비자에게 고지해야 하는 것과 가장 거리가 먼 것은?

① 하나의 금융상품직접판매업자만을 대리하거나 중개하는지 여부를 알리는 행위
② 금융상품직접판매업자로부터 금융상품 계약체결권을 부여받지 아니한 경우 자신이 금융상품계약을 체결할 권한이 없다는 사실을 알리는 행위
③ 고의 또는 과실로 금융소비자보호법을 위반하여 소비자에게 손해를 발생시킨 경우 손해배상책임이 있다는 사실을 알리는 행위
④ 금융소비자로부터 투자금, 보험료 등 계약의 이행으로서 급부를 받는 행위

TIP ④는 투자권유대행인의 금지행위에 해당한다.

핵심포인트 해설	투자권유대행인의 고지의무 및 금지행위

고지의무 (금융소비자보호법 제26조)	• 금융상품직접판매업자의 명칭 및 업무 내용 • 하나의 금융상품직접판매업자만을 대리하거나 중개하는지 여부 • 금융상품직접판매업자로부터 금융상품 계약체결권을 부여받지 아니한 경우 자신이 금융상품계약을 체결할 권한이 없다는 사실 • 고의 또는 과실로 금융소비자보호법을 위반하여 소비자에게 손해를 발생시킨 경우 손해배상책임이 있다는 사실 • 기타 시행령에서 열거하고 있는 사항 · 급부를 받을 수 있는지 여부 · 금융소비자가 제공한 정보는 금융상품직접판매업자가 보유, 관리한다는 사실
금지행위 (금융소비자보호법 제25조)	• 금융소비자로부터 투자금, 보험료 등 계약의 이행으로서 급부를 받는 행위(다만, 금융상품직접판매업자로부터 급부 수령에 관한 권한을 부여받은 경우로서 대통령령으로 정하는 행위는 제외) • 금융상품판매대리·중개업자가 대리·중개하는 업무를 제3자에게 하게 하거나 그러한 행위에 관하여 수수료·보수나 그 밖의 대가를 지급하는 행위(다만, 금융상품직접판매업자의 이익과 상충되지 아니하고 금융소비자 보호를 해치지 아니하는 경우로서 대통령령으로 정하는 행위는 제외) • 그 밖에 금융소비자 보호 또는 건전한 거래질서를 해칠 우려가 있는 행위로서 대통령령으로 정하는 행위

정답 | ④

다음 중 판매자의 적합성보고서 제공의무에 대한 설명이 적절하지 않은 것은?

① 대상상품에 ELS는 해당되지만 DLS는 해당되지 않는다.
② 대상자는 신규 일반금융소비자는 해당되지만 신규 전문금융소비자는 해당되지 않는다.
③ 적합성보고서는 계약체결 전에 제공되어야 한다.
④ 적합성보고서의 주요항목은 투자정보확인서 조사결과, 투자성향, 투자상품, 투자권유 사유 및 핵심 유의사항 등이다

TIP 적합성보고서의 대상상품에는 ELS, ELF, ELT, DLS, DLF, DLT 등이 있다.

핵심포인트 해설　　　**투자권유 일반원칙**

(1) 투자성향에 적합한 투자권유 할 것
　① 투자성향에 적합하지 않은 투자권유는 금융소비자가 원하는 경우라도 금지됨
　② 투자성향에 적합하지 않은 투자권유는 투자권유 희망 확인서 또는 투자성향 부적합 확인서를 받더라도 부당권유행위에 해당
(2) 적합성보고서 제공
　① 대상상품 : ELS, ELF, ELT, DLS, DLF, DLT(공모, 사모 불문)
　② 대상자 : 신규 일반금융소비자, 고령투자자(65세 이상), 초고령투자자(80세 이상)
　③ 제공시점 : 투자정보확인서 조사결과, 투자성향, 투자상품, 투자권유 사유 및 핵심 유의사항 등이 기재된 적합성보고서를 계약체결 전에 제공할 것
(3) 고령투자자에 대한 투자권유(고령투자자 보호기준)
　① 65세 이상 투자자에게 금융상품 판매 시 : 일반적인 적합성판단 기준뿐만 아니라 고령투자자보호기준도 준수해야 함
　② 고령투자자에 대한 일반적 보호기준 : 전담창구 및 전담인력 지정, 가족 등 조력자의 연락처 확인, 고령투자자에 대한 마케팅 활동에 대한 내부통제 강화 등
　③ 고령투자자에 대한 판매과정 녹취의무 & 2영업일 이상의 숙려기간 부여할 것
　④ 고령투자자를 위한 투자권유 유의상품 지정할 것
　⑤ 80세 이상 고령투자자는 고령투자자 보호기준 준수하는 것은 물론 투자권유유의상품 판매를 자제할 것

정답 | ①

외화증권 투자를 권유하는 경우 추가적으로 설명해야 할 사항과 거리가 먼 것은?

① 투자대상 국가 또는 지역의 경제·시장상황의 특징
② 투자자가 부담하는 수수료에 관한 사항
③ 환율 변동 위험, 해당 국가의 거래제도·세제 등 제도의 차이
④ 헤지 비율 미조정 시 손실이 발생할 수 있다는 사실

TIP 투자권유 시 일반적인 설명사항에 해당하나 ①③④는 추가적으로 설명해야 할 사항에 포함된다.

핵심포인트 해설	투자권유 시 설명의무의 특칙(추가 설명의무)
외화증권의 투자권유	• 투자대상 국가 또는 지역의 경제·시장상황의 특징 • 환율 변동 위험, 해당 국가의 거래제도·세제 등 제도의 차이 • 헤지 비율 미조정 시 손실이 발생할 수 있다는 사실
해외펀드의 투자권유	• 투자대상 국가 또는 지역의 경제여건 및 시장현황에 따른 위험 • 환율 변동 위험, 환위험 헤지 여부 및 목표 환헤지 비율 • 환헤지가 모든 환율 변동 위험을 제거하지 못하며, 투자자가 직접 환헤지를 하는 경우 손실이 발생할 수 있다는 사실 • 모자형 펀드의 경우 환헤지를 하는 자펀드와 그렇지 않은 자펀드 간의 판매비율 조절을 통하여 환헤지 비율을 달리하여 판매할 수 있다는 사실
해외자산에 투자하는 신탁계약의 투자권유	• 투자대상 국가 또는 지역 및 투자대상 자산별 투자비율 • 투자대상 국가 또는 지역의 경제·시장상황의 특징 • 환율 변동 위험, 해당 신탁계약의 환헤지 여부 및 헤지 정도 • 미래 환율 변동을 예측하지 못하며 통화 간 상관관계는 미래에 변동할 수 있다는 사실 • 환헤지가 모든 환율 변동 위험을 제거하지 못하며, 투자자가 직접 환헤지를 하는 경우 손실이 발생할 수 있다는 사실
조건부자본증권의 투자권유	• 일정한 사유가 발생하면 원리금이 전액 상각되거나 보통주로 전환되는 특약이 있다는 사실 • 상각·전환의 사유 및 효과 • 특정한 사유 발생 시 또는 발행인의 재량에 따라 이자가 지급되지 않을 수 있다는 사실 • 장기간 현금화가 불가능하거나 유동성이 보장되지 않을 수 있다는 사실 • 만기가 짧아질 수 있다는 사실 • 사채의 순위

정답 | ②

04

금융투자상품의 위험도(위험등급)에 대한 설명으로 가장 적절하지 않은 것은?

① 판매회사는 금융소비자에 대한 위험등급 설명이 의무화되어 있다.

② 위험등급은 최소 6단계 이상으로 분류해야 한다.

③ 판매회사 위험등급과 제조회사 위험등급이 다른 경우에는 무조건 판매회사의 위험등급이 우선 적용된다.

④ 위험등급은 원칙적으로 해당 상품을 판매하는 시점에 1회 산정하나 수시로 판매/환매가 가능한 상품의 경우에는 연 1회 등급을 재산정 한다.

TIP 판매회사 위험등급과 제조회사 위험등급이 다른 경우에는 양사가 위험등급의 적정성을 협의해야 한다. 만약 협의결과 제조회사의 위험등급이 적절하다고 판단되는 경우에는 해당 위험등급을 사용할 수 있다.

핵심포인트 해설   **판매회사의 금융투자상품의 위험도(위험등급) 분류**

위험등급 설명의무	• 판매회사는 금융소비자에 대한 위험등급 설명이 의무화되어 있고, 금융상품별로 위험등급을 산정할 수 있음
위험등급 산정 시 고려사항	• 기초자산의 변동성, 신용등급, 상품구조의 복잡성, 최대원금손실가능액, 환매/매매의 용이성, 환율변동성, 원금손실 관련 위험 등
위험등급 분류기준	• 최소 6단계(1등급 ~ 6등급) 이상으로 분류함 • 1등급을 가장 높은 위험으로 하고, 그 수가 커질수록 위험도가 낮아지는 것으로 구성함
위험등급 산정시기	• 원칙적으로 해당상품을 판매하는 시점에 1회 산정함 • 수시로 판매/환매가 가능한 상품(예 : 개방형펀드)의 경우에는 연 1회 등급을 재산정 함
금융투자상품위험도 분류표	• 상담창구에 비치하고 투자권유 시 활용(고객상담 시 금융투자상품의 상대적 위험수준 설명) • 금융투자상품의 위험도에 따라 3색(적색, 황색, 녹색)으로 구분하여 표시함으로써 투자자의 직관적인 이해도를 높여야 함

정답 | ③

다음 중 투자권유 시 금지사항과 가장 거리가 먼 것은?

① 투자권유대행인이 금융소비자로부터 투자금 등 급부를 받는 행위
② 불확실한 사항에 대하여 단정적인 판단을 제공하는 행위
③ 투자성상품을 권유하면서 투자자가 요청하지 않은 대출성상품을 안내하는 행위
④ 투자자의 투자경험 및 인식능력을 고려하여 설명의 정도를 달리하는 행위

TIP 판매자가 설명의무 이행 시 상품의 복잡성과 위험도, 투자자의 투자경험 및 인식능력 등에 따라 설명의 정도를 달리할 수 있다.

핵심포인트 해설   **투자권유 시 유의사항**

(1) 부당권유행위 금지
    ① 요청받지 않은 투자권유행위 금지
    ② 재권유 금지(예외 : 1개월 경과 후 재권유, 다른 종류의 금융투자상품 투자권유)
    ③ 투자자로부터 금전대여 등의 요청을 받지 않고 이를 조건으로 투자권유를 하는 행위

(2) 장기·분산 투자권유
    ① 투자자성향 및 상품 특성을 고려하여 장기투자가 유리한 경우 장기투자권유 가능
    ② 특정 종목에 상품이 편중되지 않도록 분산투자권유 가능
    ③ 포트폴리오 투자를 권유하는 경우에 그 임직원 등이 금융투자전문인력으로서의 업무범위에 해당하는 금융투자상품으로 구성된 포트폴리오만 권유할 수 있음

(3) 계열사펀드 투자권유 시 준수사항
    ① 그 집합투자업자가 계열회사 등에 해당된다는 사실을 고지할 것
    ② 계열회사 등이 아닌 집합투자업자가 운용하는 '유사한 펀드'를 함께 투자권유할 것
    ③ 유사한 펀드의 조건
       ㉠ 계열회사 등의 펀드와 금융투자상품 위험도 분류기준에 따른 위험수준이 같거나 낮을 것
       ㉡ 계열회사 등의 펀드와 같은 종류의 펀드일 것
       ㉢ ㉠ 및 ㉡의 조건을 충족하는 펀드 중에서 주된 투자대상자산·투자지역 등을 고려하여 투자권유를 해야 함
       ㉣ 투자권유가 없는 온라인 판매의 경우에도 투자자가 참고할 수 있도록 계열회사 펀드임을 표시할 것

정답 | ④

06

다음 중 금융소비자에 대한 설명의무에 대한 기술 중 잘못된 것은?

① 금융회사의 임직원은 금융소비자에게 상품을 설명한 후에 설명서를 교부해야 한다.
② 설명서는 서면교부, 우편 또는 전자우편, 휴대전화 문자메시지 또는 이에 준하는 전자적 의사표시를 통하여 교부해야 한다.
③ 금융소비자가 이미 취득한 것과 같은 집합투자증권을 계속하여 추가로 취득하는 경우에는 설명서를 제공하지 않아도 된다.
④ 기본계약을 동일한 내용으로 갱신하는 경우에도 설명서 제공의무가 면제된다.

TIP 금융회사의 임직원은 금융소비자에게 설명하기 전에 설명서를 교부해야 한다.

핵심포인트 해설　　　설명서 제공의무

설명서 제공 방법	• 제공시점 : 금융회사의 임직원은 금융소비자에게 설명하기 전에 설명서를 교부해야 함 • 제공수단 : 서면교부, 우편 또는 전자우편, 휴대전화 문자메시지 또는 이에 준하는 전자적 의사표시를 통하여 교부해야 함
설명서 제공의무 면제사유	• 금융소비자가 서면 등의 방법으로 설명서의 수령을 거부한 경우 • 금융소비자가 이미 취득한 것과 같은 집합투자증권을 계속하여 추가로 취득하는 경우 • 기본계약을 동일한 내용으로 갱신하는 경우 • 기본계약을 체결하고 그 계약내용에 따라 계속적·반복적 거래를 하는 경우

정답 | ①

재무설계에 대한 기술 중 잘못된 것은?

① 재정적인 자원의 적절한 관리를 통해 삶의 목표를 달성해 가는 과정이다.

② 현재 또는 미래의 재무자원, 자산, 소득을 증대시키고 보전하기 위한 것이다.

③ 바라는 생활양식에 적합한 재무목표를 설정해야 한다.

④ 특정 재무목표 달성을 위한 특정 시점의 과정이다.

TIP 재무설계는 재무자원을 증대시키고 보전하여 전반적인 재무목표를 달성하기 위해 행동계획을 만들고 실행하는
전 생애에 걸친 과정을 의미한다.

핵심포인트 해설　　　**재무설계의 개요**

	특정시기 (X)
재무설계 의의	• 재무설계는 전 생애에 걸친 계획 • 재무설계는 체계적인 접근과 전략을 필요로 함
재무설계 이점	• 재무 관련 의사결정 시 방향과 의미를 제공함 • 의사결정이 다른 재정적인 면에 어떤 영향을 미치는지 파악하게 함 • 목표가 예정대로 실행됨을 통해 안전감 획득
재무설계 편익	• 전 생애에 걸쳐 재무자원을 획득·사용·보호하는 데 효율성을 증진시켜줌 • 자신의 재정문제를 통제할 수 있게 함 • 효과적인 의사소통을 통한 재무의사결정으로 대인관계를 증진시킴 • 경제적 목표를 달성함으로써 금전적인 불안을 제거시킴

정답 | ④

개인재무설계 및 재무설계전문가가 필요한 이유와 거리가 먼 것은?

① 개인이 희망하는 생활양식을 이루기 위해서다.
② 노년의 소비만족을 극대화하기 위해서다.
③ 장래 불확실성에 대한 준비를 위해서다.
④ 금융상품이 복잡하고 다양해졌기 때문이다.

TIP 전 생애 소비만족을 극대화하기 위해서다.

핵심포인트 해설   **재무설계의 필요성**

원하는 생활양식의 성취	결혼자금·교육자금·주택자금·노후자금 등의 마련
전 생애 소비만족의 극대화	중년기의 잉여소득을 신혼기(융자, 소비자신용)와 노년기(저축, 보험)로 이전시켜 일생 동안의 소득 흐름과 소비 흐름의 불일치를 완화시킴
장래 불확실성에 대한 준비	물가상승, 금리하락, 실업, 화재, 교통사고 등에 대한 위험에 대비
사회경제적 환경의 변화	금융자산 증대, 금융상품 복잡·다양화, 평균수명 연장과 고령 시대 도래

정답 | ②

재무설계의 목표와 가장 거리가 먼 것은?

① 소득의 극대화
② 부(富)의 극대화
③ 재무생활 만족의 발견
④ 투자전략의 수립

TIP 투자전략의 수립은 재무설계의 목표라기보다는 이를 달성하는 과정의 일부라고 할 수 있다.

핵심포인트 해설	재무설계의 목표

소득과 부의 극대화	• 자산소득을 극대화시키려면 투자의 선택이 중요함
효율적 소비의 실천	• 건전한 재무기록 유지 및 기능적인 예산 준비 • 낮은 비용의 신용카드와 저축계정 사용 • 경제적인 보험증권 선택 • 적절한 투자선택 기준 확립 • 효율적 소비를 통한 100% 저축 = 10% 이상의 소득 증가
재무생활 만족의 발견	• 재화를 소비하고 투자소득을 즐김으로써 만족하게 됨 • 이를 위해 직업경로 선택, 상품구매, 저축액, 투자방법, 주거선정 등의 재무적 의사결정을 해야 함
재무 안전감 달성	• 재무 안전감을 위해 장기투자설계가 중요함 • 장·단기목표를 세우고 우선순위를 설정해야 함
노후대비를 위한 부의 축적	• 노후 소득 공급 • 상속재원 마련

정답 | ④

개인재무설계의 과정이 적절하게 나열된 것은?

> ㉠ 재정상태 평가
> ㉡ 자료 수집
> ㉢ 재무목표 설정
> ㉣ 재무행동계획의 실행
> ㉤ 재무행동계획의 재평가 및 수정
> ㉥ 재무목표 달성을 위한 대안모색 및 평가

① ㉠ ⇨ ㉡ ⇨ ㉢ ⇨ ㉣ ⇨ ㉤ ⇨ ㉥
② ㉠ ⇨ ㉡ ⇨ ㉣ ⇨ ㉤ ⇨ ㉢ ⇨ ㉥
③ ㉡ ⇨ ㉠ ⇨ ㉢ ⇨ ㉥ ⇨ ㉣ ⇨ ㉤
④ ㉡ ⇨ ㉢ ⇨ ㉠ ⇨ ㉥ ⇨ ㉣ ⇨ ㉤

TIP 개인재무설계 과정은 '자료 수집 ⇨ 재정상태 평가 ⇨ 재무목표 설정 ⇨ 재무목표 달성을 위한 대안모색 및 평가 ⇨ 재무행동계획의 실행 ⇨ 재무행동계획의 재평가 및 수정' 순으로 진행된다.

핵심포인트 해설　　**개인재무설계 과정**

1. 자료 수집	• 재무설계사는 고객의 자료가 필요한 이유 설명 • 양적 자료 및 질적 자료 수집
2. 재정상태 평가	• 효과적인 재무관리를 위해 고객의 재정상태를 파악·분석해야 함 • 자산상태표와 개인현금수지상태표로 파악·분석함
3. 재무목표 설정	• 재무목표는 현실적이고 구체적이어야 함 • 재무목표는 측정 가능한 용어로 기술되어야 함 • 재무목표가 많은 경우 우선순위를 정해야 함 • 재무목표 설정 시 취할 행동의 종류가 포함되어야 함
4. 대안모색 및 평가	• 대안 : 현재 재무행동 지속, 현재 상황 더욱 확대, 현재 상황 수정, 완전히 새로운 행동 개시 등 • 평가 : 고객의 가족 상황, 현재 재정상태 및 가치관, 시장경제 상황, 기회비용 등을 고려하여 판단
5. 실 행	• 실행을 위하여 자기통제와 융통성이 중요함
6. 재평가	• 재평가 및 수정을 위하여 정확하고 정기적인 기록이 필요함

정답 | ③

효과적인 재무설계를 위해서 고객의 정보를 수집해야 하는데 그중 질적 자료에 해당하는 것은?

① 소득자료
② 교육자금
③ 유언자료
④ 다양한 목적의 우선순위

TIP ①②③은 양적 자료에 해당한다.

<table>
<thead>
<tr><th colspan="2">핵심포인트 해설</th><th>재무설계를 위한 고객자료 수집</th></tr>
</thead>
</table>

양적 자료	• 고객의 인적사항(성명, 주소, 연락처 등) • 금융 관련 자료(예금, 대출, 주식, 채권 등 자료) • 부동산 관련 자료(토지, 건축물, 주택 등) • 소득자료, 보험보장범위 관련 자료 • 지출자료(교육자금, 세금 등) • 고객의 개인적인 기록 또는 사업과 관련된 기록 등 • 유언·상속 자료
질적 자료	• 다양한 목적의 우선순위 • 위험 인내 수준 • 투자상품에 대한 경험 • 생명보험에 대한 태도 • 저축하기 어려운 이유 • 화폐에 대한 태도 등

정답 | ④

12

고객의 재정상태 평가에 대한 기술 중 잘못된 것은?

① 재무상태표는 어떤 시점에서의 개인의 재무상태를 파악할 수 있는 표로 재정상태의 건전성을 평가하는 데 유용하다.

② 개인현금수지상태표는 일정 기간 개인의 현금 유출입을 나타내는 표로 지출의 건전성을 평가하는 데 유용하다.

③ 가계의 재무상태 특성을 파악하는 데 유용한 것으로 최근 많이 사용되는 것은 순자산규모이다.

④ 소비지출 구조나 가계 순자산규모로 재무상태를 측정하는 것은 가계자산구조의 균형성을 파악할 수 없다는 한계가 있다.

TIP 가계의 재무상태 특성을 파악하는 데 유용한 것으로 최근 많이 사용되는 것은 재무비율이다.

핵심포인트 해설 | **고객의 재정상태 평가 수단**

자산상태표	• 의의 : 어떤 시점에서의 개인의 재무상태를 파악할 수 있는 표 • 유용성 : 자산편중 여부, 부채과다 여부 등을 검토하여 재정상태의 건전성 평가
개인현금수지상태표	• 의의 : 일정 기간 개인의 현금 유출입을 나타내는 표 • 유용성 : 지출 원천 파악, 지출의 건전성 평가, 잉여자금 마련
재무비율	• 소비지출 구조, 순자산규모로 재무상태 측정 시 문제점 보완 • 재무상담과 계획 시 진단과 정보의 도구가 됨 • 재무상태 분석과 논의의 시발점이 됨 • 시간의 변화에 따라 재무적 능력의 평가에 대한 판단을 쉽게 하기 위한 객관적 척도 • 가계의 재무상태의 특성을 파악하는 데 매우 유용한 수단

정답 | ③

13 개인재무설계 주요 단계 ★★★

재무목표와 필요금액 산정에 대한 기술 중 잘못된 것은?

① 노후 필요자금은 은퇴 후 기대하는 생활 수준, 거주지역, 생활목표에 따라 달라진다.
② 자산관리는 생활목표를 먼저 세우고 우선순위를 정한 다음 그에 적합한 자산관리전략을 세워야 한다.
③ 노후 기본적인 생활자금은 노부부생활비를 의미한다.
④ 순자산의 변동을 예측하기 위하여 저축과 부채 목록표를 따로 작성하는 것이 필요하다.

TIP 노후 기본적인 생활자금은 노부부생활비와 남편 사망 후 부인의 생활비를 합한 금액이다.

핵심포인트 해설 **재무목표와 필요금액의 산정**

기본적 생활자금	• 노후 기본적 생활자금 = 노부부생활비 + 남편 사망 후 부인생활비 • 노부부생활비 = 월 생활비 × 12개월 × 정년 후 평균 기대여명 • 부인생활비 = 월 생활비 × 12개월 × 남편 사망 후 평균 기대여명
긴급예비자금	• 의료비, 불시 지출자금 • 3 ~ 6개월 정도의 생활비 정도에 해당하는 긴급자금
자녀교육 및 결혼자금	• 보통 노인가계의 1/5 정도는 60세 이후에도 자녀를 위한 자금이 필요함 • 자녀의 학업 및 결혼을 위한 비용을 고려해야 함
여가·특별활동자금	• 여가활동자금 • 경조사비, 회비 등

정답 | ③

14

노인가계를 위한 포트폴리오 전략으로 잘못된 것은?

① 소득이 없거나 적으므로 자산증식에 우선순위를 두어야 한다.
② 인플레이션에 대한 자산가치 보호 장치를 마련해야 한다.
③ 투자와 상속계획은 충분한 여유 자금이 있는 경우에만 한다.
④ 노인고객의 경험, 가치관 등을 고려하여 3 ~ 4개의 대안을 준비한 다음 고객이 스스로 하나를 선택하게 하는 것이 좋다.

용어 알아두기

인플레이션	통화량이 증가하여 화폐가치가 하락하고, 이로 인해 계속적으로 물가가 상승하는 현상을 말한다.

TIP 자산증식보다 안정적인 소득창출을 중요시해야 한다.

핵심포인트 해설   **노인가계를 위한 포트폴리오 전략**

필요자금 조달수단	• 저축 및 이자소득 • 연금 및 퇴직금 • 부동산 임대료 • 재취업 시 근로소득 • 사회보조, 자녀보조 등
포트폴리오 전략	• 자산증식보다 안정적인 소득창출을 중요시해야 함 • 인플레이션에 대한 자산가치 보호 장치를 마련해야 함 • 투자와 상속계획은 충분한 여유 자금이 있는 경우에만 함 • 노인고객의 경험, 가치관 등을 고려하여 3 ~ 4개의 대안을 준비한 다음 고객이 스스로 하나를 선택하게 하는 것이 좋음 • 노년기 자산관리 원칙은 필요한 재무목표와 자금조달방안을 고려한 후 가지고 있는 자산을 자산운용목적에 맞게 관리하는 것

정답 | ①

개인이 퇴직 후 자산관리를 해야 하는 경우 운용지침으로 잘못된 것은?

① 3 ~ 6개월분의 생활비는 바로 현금화할 수 있도록 한다.

② 현금자산이 없으면 주택 크기를 줄여서라도 부채를 상환한다.

③ 비과세종합저축, 연금저축계좌, 10년 이상 장기저축성보험(종합과세 제외상품) 등에 가입한다.

④ 상속세 과세대상인 경우 상속계획은 가능한 늦추는 것이 유리하다.

TIP   상속세 과세대상인 경우 미리 자녀에게 합법적으로 증여(10년에 5천만원 한도)하거나 상속세를 낮출 수 있는 형태로 자산을 배분하는 것이 유리하다.

핵심포인트 해설   **퇴직 후 자산관리 운용지침**

1. 명확한 목표에 따른 자산배분	필요자금을 필요한 시기에 쓸 수 있도록 자산을 배분함
2. 안전성을 최우선으로 할 것	반드시 일정 금액은 안전한 곳에 분산투자할 것
3. 유동성을 높일 것	3 ~ 6개월분의 생활비는 바로 현금화할 수 있을 것
4. 월이자지급식 상품 활용할 것	연금만으로는 생활비가 부족한 경우 이자지급식 상품 활용
5. 보험을 활용할 것	연금보험, 건강 관련 보장성 보험에 종신형으로 가입할 것
6. 부채를 최소화할 것	노인부채는 가장 먼저 해결해야 할 항목이므로 현금자산이 없으면 주택 크기를 줄여서라도 부채를 먼저 상환할 것
7. 절세상품에 가입할 것	비과세종합저축, 연금저축계좌, 10년 이상 장기저축성보험(종합과세 제외상품)
8. 상속계획 미리 세우고 실행할 것	자녀에게 미리 증여하거나 상속세를 낮출 수 있는 형태로 자산을 배분할 것

(손글씨: 세액공제 혜택, 비과세 혜택)

정답 | ④

16

노인가계를 대상으로 자산관리 운용을 상담하는 경우 잘못된 것은?

① 예금, CD, CP, 국공채 등에 투자하도록 한다.
② 안전성을 위하여 금융자산비율보다 부동산비율을 높인다.
③ 장기상품보다 단기상품을 활용한다.
④ 항상 중도해지의 가능성을 고려하여 수수료를 확인한다.

TIP 퇴직 후에는 예기치 않은 위험에 노출될 가능성이 크므로 유동성을 높이기 위하여 부동산비율보다 금융자산비율을 높이는 것이 바람직하다.

핵심포인트 해설   노인가계 상담 시 상담포인트

안전성 상담	• 고위험(주식, 파생상품 등) 투자는 하지 않도록 함 • 예금, CD, CP, 국공채 등에 투자하도록 함 • 변동금리보다는 확정금리(또는 실세연동금리)를 선택함 • 사금융은 피함
유동성 상담	• 부동산비율보다 금융자산비율을 높임 • 장기상품보다 단기상품을 활용함(MMDA, MMF 등) • 항상 중도해지의 가능성을 고려하여 수수료를 확인함
금융상품 상담	• 월이자지급식 상품(적립식 목적신탁, 노후생활 연금신탁, A급 회사채, 월이자지급식예금, 월이자지급식펀드 등)을 활용할 것 • 절세상품(비과세종합저축, 연금저축계좌, 10년 이상 장기저축성보험)을 활용하여 세금을 줄일 것 • 건강보험 등 보장성보험 가입으로 노후 질병 및 사고 발생에 대비

(손글씨 메모: 유동성예금 증서, 기업어음)

정답 | ②

투자성향이 공격투자형인 고객에 대한 기술 중 잘못된 것은?

① 위험선호형에 해당한다.
② ±10%를 초과하는 수익(위험)을 추구(감수)한다.
③ 손실위험이 있더라도 투자수익을 중요시한다.
④ 공격투자형인 고객은 인버스 인덱스 파생펀드가 적절하지 않다.

용어 알아두기

인덱스 파생펀드	일반 인덱스펀드보다 더 높은 수익률을 추구하는 인덱스펀드의 일종이다.
인버스 인덱스 파생펀드	주가가 떨어질 때 수익이 나는 인덱스펀드의 일종이다.

TIP 공격투자형인 고객에게 레버리지 인덱스 파생펀드, 인버스 인덱스 파생펀드, 부동산펀드, 특별자산펀드 등도 적합한 펀드에 속한다.

핵심포인트 해설   **공격투자형 고객의 상담**

(1) 투자성향 및 상담포인트
   ① 투자성향 : 위험선호형(공격투자형)
   ② 손실위험이 있더라도 투자수익을 중요시함
   ③ ±10%를 초과하는 수익(위험)을 추구(감수)함
(2) 적합한 상품
   ① 위험 등급 : 초고위험 등급
   ② 적합한 금융투자상품
      ㉠ 펀드 : 레버리지 인덱스 파생펀드, 인버스 인덱스 파생펀드, 부동산펀드, 특별자산펀드
      ㉡ 증권 : 신용거래 주식투자, 원금비보장형 ELS/DLS, ELW, 투기 등급(BB 이하 회사채, B 이하 CP 등) 채권
      ㉢ 파생상품 : 장내파생상품(선물, 옵션), 장외파생상품(선도, 스왑)
      ㉣ 기타 : 초고위험 등급보다 낮은 등급에 해당하는 모든 금융투자상품

정답 | ④

18

적극투자형 고객 상담에 대한 기술 중 잘못된 것은?

① 손실위험이 있더라도 예금 금리보다는 높은 수익을 추구한다.
② 고위험 등급보다 낮은 등급에 해당하는 모든 금융투자상품이 적합하다.
③ 10% 미만 손실은 감수하나 10% 이상 손실은 원하지 않는다.
④ 원금비보장형 ELS는 적합하지 않다.

TIP 적극투자형 고객에게 원금비보장형 ELS도 적합한 상품에 포함된다.

핵심포인트 해설 **적극투자형 고객의 상담**

(1) 투자성향 및 상담포인트
　① 투자성향 : 적극형(적극투자형)
　② 손실위험이 있더라도 예금 금리보다는 높은 수익 추구함
　③ 10% 미만 손실은 감수하나 10% 이상 손실은 원하지 않음

(2) 적합한 상품
　① 위험 등급 : 고위험 등급
　② 적합한 금융투자상품
　　㉠ 펀드 : 주식형펀드, 주식혼합형펀드
　　㉡ 증권 : 투자등급 채권, 주식투자, 원금비보장형 ELS/DLS
　　㉢ 기타 : 고위험 등급보다 낮은 등급에 해당하는 모든 금융투자상품

정답 | ④

손실을 원하지 않으면서 물가상승률(또는 예금 상품) 이상의 수익을 원하는 고객 유형은?

① 위험선호형 고객

② 적극투자형 고객

③ 위험중립형 고객

④ 안정추구형 고객

TIP 위험중립형 고객은 손실을 원하지 않으면서 물가상승률(또는 예금) 이상의 수익을 원한다.

핵심포인트 해설	위험중립형 고객의 상담

(1) 투자성향 및 상담포인트
　① 투자성향 : 성장형(위험중립형)
　② 손실을 원하지 않으면서 물가상승률(또는 예금 상품) 이상의 수익을 원함

(2) 적합한 상품
　① 위험 등급 : 중위험 등급
　② 적합한 금융투자상품
　　㉠ 펀드 : 채권혼합형펀드
　　㉡ 증권 : 원금부분보장형 ELS/DLS
　　㉢ 기타 : 중위험 등급보다 낮은 등급에 해당하는 모든 금융투자상품

정답 | ③

다음 중 안정추구형 고객에게 가장 적합한 상품은 어느 것인가?

① 채권형펀드
② 주식혼합형펀드
③ 특별자산펀드
④ 원금부분보장형 DLS

TIP 안정추구형 고객에게 적합한 상품은 채권형펀드, 원금보장형 ELS, 원금보장형 DLS 등이다.

핵심포인트 해설   **안정추구형 고객의 상담**

(1) 투자성향 및 상담포인트
   ① 투자성향 : 안정성장형(안정추구형)
   ② 물가상승률 이하의 적은 수익을 얻더라도 원금보전되는 것을 더욱 중요시함

(2) 적합한 상품
   ① 위험 등급 : 저위험 등급
   ② 적합한 금융투자상품
      ㉠ 펀드 : 채권형펀드
      ㉡ 증권 : 원금보장형 ELS/DLS
      ㉢ 기타 : 저위험 등급보다 낮은 등급에 해당하는 모든 금융투자상품

정답 | ①

21

다음 중 안정형 고객에게 가장 적합하지 않은 상품은?

① MMF
② RP
③ 지방채
④ 회사채

TIP 회사채는 발행회사 부도 시 큰 손실위험이 있으므로 안정형 고객에게는 적절하지 않다.

핵심포인트 해설 안정형 고객의 상담

(1) 투자성향 및 상담포인트
　① 투자성향 : 위험회피형(안정형)
　② 원금손실을 절대 감수하지 않는 성향으로 손실 가능한 상품은 투자하지 않음

(2) 적합한 상품
　① 위험 등급 : 초저위험 등급
　② 적합한 금융투자상품
　　㉠ 펀드 : MMF
　　㉡ 증권 : 국고채, 통안채, 지방채, 특수채, 정부보증채, RP → 환매조건부채권

정답 | ④

fn.Hackers.com

출제예상문제

다시 봐야 할 문제(틀린 문제, 풀지 못한 문제, 헷갈리는 문제 등)는 문제 번호 하단의 네모박스에 체크하여 반복학습하시기 바랍니다.

01
중요도 ★★★

온라인을 통하여 투자자정보를 파악하는 경우에 대한 설명으로 잘못된 것은?

① 적합성·적정성 원칙에 따라 투자권유절차를 구현할 수 있도록 시스템을 온라인상에 구축해야 한다.

② 온라인으로 펀드에 투자하는 경우 투자자가 본인의 투자성향 및 펀드위험도를 확인할 수 있도록 시스템을 구축해야 한다.

③ 파생상품 등에 투자하는 경우 적정성 원칙에 따라 투자자정보를 파악하고 적정하지 않은 상품거래를 원할 경우 경고해야 한다.

④ 투자권유를 희망하지 않는 단순거래의 경우에는 별도의 온라인 화면을 구축하지 않아도 된다.

02
중요도 ★★

위험이 높지 않은 금융투자상품만 거래하는 투자자의 정보파악에 대한 설명 중 잘못된 것은?

① 위험이 높지 않은 금융투자상품이란 MMF, 국채, 지방채, 특수채, 그 밖에 이에 준하는 것을 말한다.

② 위험이 높지 않은 금융투자상품만 거래하는 투자자 및 환매조건부매매(RP)를 하는 투자자의 경우에는 간략한 투자자정보 확인서를 사용할 수 있다.

③ 위험이 높지 않은 금융투자상품만 거래하는 투자자의 경우 투자목적만 파악하면 된다.

④ 위험이 높지 않은 금융투자상품만 거래하는 투자자에게 펀드와 같은 일반적인 금융투자상품을 함께 투자권유하고자 하는 경우에는 일반적인 투자자정보 확인서를 사용해야 한다.

03 중요도 ★
투자자정보의 유효기간에 대한 설명 중 잘못된 것은?

① 회사는 투자자가 동의한 경우 투자자정보의 유효기간을 설정할 수 있다.

② 투자자로부터 별도의 변경 요청이 없으면 투자자정보를 파악할 날로부터 일정 기간 투자자정보가 변경되지 않은 것으로 간주할 수 있다.

③ 회사가 이미 투자자정보를 알고 있는 투자자에 대하여 투자권유를 하고자 하는 경우 투자자정보를 다시 파악하지 않아도 된다.

④ 투자일임계약이 체결된 투자자의 경우 매분기 1회 이상 재무상태 및 투자목적 등의 변경 여부를 확인해야 한다.

04 중요도 ★★★
일반투자자의 투자권유에 대한 설명 중 잘못된 것은?

① 회사가 이미 투자자정보를 알고 있는 투자자에 대하여는 기존 투자자성향과 그 의미를 설명하고 투자권유를 하는 것이 바람직하다.

② 투자자가 부적합한 상품을 투자하고자 하는 경우 투자자성향 대비 고위험상품에 투자함을 인식할 수 있도록 해야 한다.

③ 회사는 고령투자자에 대한 전담창구를 마련해야 한다.

④ 투자권유 유의상품이라도 초고령투자자가 직접 판매요청을 하면 그 의사에 맞게 판매하는 것이 바람직하다.

정답 및 해설

01 ④ 투자권유를 희망하지 않는 단순거래의 경우 투자자가 투자권유 없이 투자한다는 사실을 인지할 수 있도록 온라인 화면을 구축해야 한다.

02 ③ 위험이 높지 않은 금융투자상품만 거래하는 투자자 및 환매조건부매매(RP)를 하는 투자자의 경우 투자목적, 재산상황, 투자경험만 파악하는 간략한 투자자정보 확인서를 사용할 수 있다.

03 ③ 회사가 이미 투자자정보를 알고 있는 투자자에 대하여 투자권유를 하고자 하는 경우 투자자정보 유효기간 경과 여부를 확인하고, 유효기간이 지난 경우에는 투자자정보를 다시 파악해야 한다.

04 ④ 투자권유 유의상품은 본인의 투자판단에 따른 판매요청이 있더라도 초고령투자자에게 판매하는 것은 자제하는 것이 바람직하다.

05 금융투자업자의 설명의무에 대한 설명 중 잘못된 것은?

① 투자권유 시 투자자가 이해할 수 있도록 설명하고, 서명 등의 방법으로 확인받아야 한다.

② 설명의무 이행 시 상품측면과 투자자측면을 고려하여 설명의 정도를 달리하면 안 된다.

③ 계속적 거래가 발생되는 단순한 구조의 상장증권은 최초 계좌개설 또는 투자권유 시 설명의무를 이행하는 것도 가능하다.

④ 투자자가 설명을 하여도 주요 손익구조 및 손실위험을 이해하지 못한 경우에는 투자권유를 계속하여서는 안 된다.

06 금융투자업종사자의 투자권유에 대한 설명 중 잘못된 것은?

① 초고령자에게 금융투자상품을 판매할 때는 투자숙려기간을 부여하거나 조력자를 활용하는 것이 바람직하다.

② 선물옵션·ELW·파생상품펀드 등은 적정성 원칙에 따라 투자자정보를 파악해야 한다.

③ 투자자정보를 제공하지 않는 투자자에 대하여 투자권유를 희망하지 않는 투자자에 대한 판매절차를 따른다.

④ 계열회사가 운용하는 펀드를 투자권유하는 경우, 집합투자업자가 회사와 계열회사에 해당한다는 사실을 고지하면 해당 상품만 투자권유를 해도 된다.

07 해외자산에 투자하는 신탁계약을 투자권유하는 경우에 추가적으로 설명해야 할 사항과 가장 거리가 먼 것은?

① 투자자의 투자목적·재산상황·투자경험 등에 대한 조사내용

② 환율 변동 위험, 해당 신탁계약의 환위험 헤지 여부 및 헤지 정도

③ 미래 환율 변동을 예측하지 못하며 통화 간 상관관계는 미래에 변동할 수 있다는 사실

④ 환헤지가 모든 환율 변동 위험을 제거하지 못하며, 투자자가 직접 환헤지를 하는 경우 시장 상황에 따라 헤지 비율 미조정 시 손실이 발생할 수 있다는 사실

08 중요도 ★★

조건부자본증권을 투자권유하는 경우에 추가적으로 설명해야 할 사항과 가장 거리가 먼 것은?

① 일정한 사유가 발생하면 원리금이 전액 상각되거나 보통주로 전환되는 특약이 있다는 사실
② 상각·전환의 사유 및 효과
③ 특정한 사유 발생 시 또는 발행인의 재량에 따라 이자가 지급되지 않을 수 있다는 사실
④ 헤지 비율 미조정 시 손실이 발생할 수 있다는 사실

09 중요도 ★★

고령투자자에 대한 금융투자상품 판매기준과 거리가 먼 것은?

① 고령투자자의 가족 등 조력자를 지정하여 연락처를 기재해 둘 것
② 투자권유 유의상품을 지정하여 이를 권유하는 경우 강화된 판매절차를 적용할 것
③ 본인의 투자판단에 따른 판매요청이 있더라도 초고령자에게 판매하는 것은 자제할 것
④ 지점장 등 관리직원이 사전에 확인한 경우라도 해피콜을 통한 사후모니터링을 반드시 실시할 것

정답 및 해설

05 ② 설명의무 이행 시 해당 금융투자상품의 복잡성 및 위험도 등 상품측면과 투자자의 투자경험 및 인식능력 등 투자자측면을 고려하여 설명의 정도를 달리할 수 있다.

06 ④ 계열회사펀드를 투자권유하는 경우 집합투자업자가 회사와 계열회사에 해당한다는 사실을 고지하고, 계열회사가 아닌 집합투자업자가 운용하는 유사한 펀드를 함께 투자권유해야 한다.

07 ① 추가로 설명해야 할 사항과 관계가 적다.

08 ④ 외화증권 및 해외자산 투자권유 시 추가로 설명할 사항에 해당한다.

09 ④ 지점장 등 관리직원이 사전 확인한 경우에는 해피콜을 생략할 수 있다.

10 중요도 ★

재무설계에 대한 기술 중 잘못된 것은?

① 재무설계는 재정적인 자원의 적절한 관리를 통해 삶의 목표를 달성해 가는 과정이다.

② 재무설계는 특정 기간 동안의 계획이다.

③ 재무설계는 체계적인 접근과 전략을 필요로 한다.

④ 투자권유 단계 중 투자자정보 파악 단계에서 재무설계와 관련된 정보파악과 상담이 병행해서 이루어져야 한다.

11 중요도 ★★

재무설계를 통해 얻을 수 있는 이점으로 잘못된 것은?

① 재무 관련 의사결정을 하는 데 방향과 의미를 제공해준다.

② 우리가 내린 각각의 의사결정이 다른 재정적인 면에 어떻게 영향을 미치는지를 이해할 수 있게 한다.

③ 생활의 변화를 좀 더 쉽게 적응할 수 있게 해주며 목표가 예정대로 실행되고 있음을 통해 안전감을 심어준다.

④ 재무 관련 의사결정은 개인의 비경제적인 상황에 따른 영향을 받지 않는다.

12 중요도 ★★

재무설계의 편익에 대한 기술 중 잘못된 것은?

① 전 생애에 걸친 재무자원의 효율성을 증진시킨다.

② 과도한 채무, 파산 또는 경제적 안정을 위해 타인에게 의존하는 것을 피하게 함으로써 자신의 재정문제를 통제하는 힘을 키워준다.

③ 잘 계획하고 효과적인 의사소통을 통해 재무의사결정을 하게 함으로써 최고의 수익률을 실현시킬 수 있다.

④ 미래를 예측하고 지출을 예견하며 개인의 경제적인 목표를 달성함으로써 금전적 불안을 제거시킬 수 있다.

13

중요도 ★★★

개인재무설계의 필요성에 대한 기술 중 잘못된 것은?

① 우리가 원하는 생활양식의 달성
② 생애 소비의 최소화
③ 미래의 불확실성 대비
④ 사회경제적 환경의 변화

14

중요도 ★

개인재무관리에 대한 기술 중 잘못된 것은?

① 일반적으로 중년기에는 소득보다 소비지출이 많다.
② 물가가 오르면 실질구매력이 하락하므로 인플레이션 시기에 물건을 구매하면 더 많은 돈을 지불해야 한다.
③ 이자율이 내릴 것이라고 예상될 때는 장기저축이 단기저축보다 더 유리하다.
④ 이자율은 단리보다 복리일 때 더 수익률이 높다.

정답 및 해설

10 ② 재무설계는 현재 또는 미래의 재무자원, 자산, 소득을 증대시키고 보전하여 원하는 재무목표를 설정하고 이를 달성하기 위해 행동계획을 수립하고 실행하는 전 생애에 걸친 과정이다. 따라서 재무설계는 특정 기간 동안의 계획이라기보다는 일생 동안에 걸친 계획이고 지속적으로 실행되어야 한다.

11 ④ 재무 관련 의사결정은 다른 재정적인 면에 영향을 미치기도 하고, 개인이 처한 비경제적인 상황(⑩ 자녀의 유학)에 따라 달라지기도 한다.

12 ③ 잘 계획하고 효과적인 의사소통을 통해 재무의사결정을 하게 함으로써 대인관계를 증진시킬 수 있다.

13 ② 재무설계의 필요성 4가지는 원하는 생활양식의 성취, 전 생애 소비만족의 극대화, 장래 불확실성에 대한 준비, 사회경제적 환경의 변화 등이다.

14 ① 일반적으로 중년기에는 소득이 소비지출보다 많아 잉여소득이 있다. 반면 신혼기와 노년기에는 소득보다 소비지출이 많아 중년기의 잉여소득을 융자나 소비자신용의 방법으로 신혼기로 이전시키고, 보험이나 저축의 방법으로 노년기로 이전시킴으로써 일생 동안의 소득 흐름과 소비 지출의 흐름의 불일치를 완화시킬 수 있다.

15 중요도 ★

재무설계가 필요하게 된 사회경제적 변화에 대한 기술 중 잘못된 것은?

① 도시가계의 평균 소득과 가계금융자산이 증가추세이다.
② 금리자유화 및 자본시장법 시행으로 금융상품이 다양해졌다.
③ 우리나라는 초고령 국가에 진입했다.
④ 재무설계산업이 급성장하는 이유는 베이비붐 세대가 노년기에 접어들었고, 노후를 위한 투자 결정을 본인이 해야 하기 때문이다.

16 중요도 ★★★

개인재무설계의 목표와 가장 거리가 먼 것은?

① 소득과 부의 극대화
② 노후대비를 위한 부의 축적
③ 효율적인 소비의 실천
④ 최고 수익률의 실현

17 중요도 ★

효율적인 소비를 실천하는 방법에 대한 기술 중 잘못된 것은?

① 기능적인 예산을 준비한다.
② 낮은 비용의 신용카드와 저축계정을 사용한다.
③ 효율적인 소비가 소득의 증가를 가져오는 것은 아니다.
④ 경제적인 보험증권을 선택한다.

18 중요도 ★

개인재무목표 중 하나인 재무 안전감 달성과 관련된 기술 중 잘못된 것은?

① 재무 안전감이란 사람들의 요구와 욕망을 충족시킬 만큼 재무자원이 충분하다고 느끼는 편안한 상태를 말한다.

② 재무 안전감을 달성하려면 장·단기 목표를 세우고 우선순위를 설정해야 한다.

③ 승진할 가능성이 있는 직업은 재무 안전감과 관련이 적다.

④ 재무 안전감을 위해 실직해도 3개월 정도의 생활을 유지할 수 있는 예금이 있는 것이 유리하다.

19 중요도 ★★

개인재무목표를 달성하기 위하여 관리해야 할 것과 가장 거리가 먼 것은?

① 개인신용관리

② 개인위험관리

③ 개인투자관리

④ 개인인맥관리

정답 및 해설

15 ③ 국제연합(UN)이 정한 바에 따르면 65세 이상의 인구비율이 7% 이상이면 고령화 사회, 14% 이상이면 고령 사회, 20% 이상이면 초고령 사회라고 한다. 우리나라는 이미 2000년에 고령화 사회에 진입하였으며, 2020년에 고령 사회, 2030년에는 초고령 사회에 진입할 예정이다.

16 ④ 개인재무설계의 목표에는 소득과 부의 극대화, 효율적 소비의 실천, 재무 생활만족의 발견, 재무 안전감의 달성, 노후대비를 위한 부의 축적 등이 있다.

17 ③ 효율적인 소비를 통한 100%의 저축은 10% 이상의 소득증가를 가져온다. 왜냐하면 이 부분의 소득에 대하여는 세금이 부과되지 않기 때문이다. 효율적인 소비를 하게 되면 지출, 저축, 투자를 위한 돈이 많아지게 된다.

18 ③ 재무 안전감 지표에는 최소한 생활양식을 누릴 수 있는 지속적인 소득, 승진 가능성이 있는 직업, 실직해도 3개월 정도의 생활을 유지할 수 있는 예금, 갚을 능력이 있는 부채가 있는 주택, 적절한 보험, 거주주택 이외의 부동산에 대한 투자, 노후설계, 부동산설계와 같은 장기투자설계 등이 있다.

19 ④ 개인재무목표를 달성하기 위해 관리해야 할 것에는 전 생애에 걸친 완벽한 재무설계, 개인신용관리(효율적 수입과 지출의 관리), 개인위험관리(소득과 자산의 보호), 개인투자관리(자산의 증대), 은퇴·세금관리(노후설계와 상속)가 있다.

20 중요도 ★
개인재무설계를 위한 고객 관련 자료수집에 대한 기술 중 잘못된 것은?

① 효과적인 재무설계를 위해서는 고객의 양적 자료뿐만 아니라 질적 자료도 수집하여야 한다.

② 양적 자료를 수집하는 가장 효율적인 방법은 설문지를 이용하는 것이다.

③ 질적 자료는 목표나 목적을 설정하기 위해 면담하는 과정에서 얻을 수 있다.

④ 인적사항은 질적 자료에 해당한다.

21 중요도 ★★
고객의 재정상태 평가에 대한 기술 중 옳은 것은?

① 고객의 재정상태는 자산상태표와 개인현금수지상태표를 통하여 파악할 수 있다.

② 개인현금수지상태표는 어떤 시점에서 가계의 재정상태를 파악하기 위한 것이다.

③ 자산상태표는 일정 기간의 가계의 현금 유출과 유입을 나타낸 것이다.

④ 가계의 재무상태를 파악하기 위해 최근 많이 사용하는 방법은 소득규모분석이다.

22 중요도 ★★
재무목표를 설정해야 할 때 유의할 점과 거리가 먼 것은?

① 재무목표는 현실적이어야 한다.

② 재무목표는 구체적이고 측정 가능한 용어로 기술되어야 한다.

③ 다양한 재무목표가 있을 경우에는 우선순위가 정해져야 한다.

④ 재무목표를 설정할 때 취할 행동의 종류까지 포함되어야 하는 것은 아니다.

23 중요도 ★

재무목표 달성을 위한 내용 중 잘못된 것은?

① 재무목표 달성을 위한 대안으로 현재 재무행동 지속, 현재 상황확대, 현재 상황수정, 새로운 행동 등의 방법이 있다.

② 대안은 고객의 가족 상황, 현재의 재정상태 및 가치관, 시장경제 상황 등을 고려하여 선택해야 한다.

③ 재무목표를 수행하는 데 따르는 위험은 소득 위험과 개인적인 위험에 한정된다.

④ 재무적 의사결정으로 인한 기회비용도 고려해야 한다.

24 중요도 ★★

일반적인 노인가계의 재무목표에 대한 기술 중 잘못된 것은?

① 기본적인 생활자금은 (월 생활비 × 12개월 × 정년 후 평균 기대여명)이다.

② 의료비 및 긴급예비자금으로 최소한 3 ~ 6개월분의 생활비 정도를 준비하는 것이 좋다.

③ 최소한의 필요자금은 (최소한의 생활비 + 긴급예비자금(생활비 3개월분))이다.

④ 미혼자녀가 있는 경우 자녀의 학업과 결혼비용도 고려해야 한다.

정답 및 해설

20 ④ 인적사항은 양적 자료에 해당한다.

양적 자료	• 인적사항, 금융자료(예금·주식·채권·펀드·대출·보험자료), 부동산자료 • 교육자금, 세금, 유언·상속자료 등
질적 자료	• 목적의 우선순위, 위험감내수준, 투자 경험 • 저축·보험·화폐에 대한 태도 등

21 ① ② 개인현금수지상태표는 일정 기간의 가계의 현금 유출과 유입을 나타낸 것이다.

③ 자산상태표는 어떤 시점에서 가계의 재정상태를 파악하기 위한 것이다.

④ 가계의 재무상태를 파악하기 위해 최근 많이 사용하는 방법은 재무비율분석이다.

22 ④ 재무목표를 설정할 때 취할 행동의 종류까지 포함되어야 한다.

23 ③ 재무목표를 수행하는 데 따르는 위험에는 인플레이션 위험, 이자율 위험, 유동성 위험, 소득 위험, 개인적인 위험 등이 있다.

24 ① 기본적인 생활자금은 (노부부생활비 + 남편 사망 후 부인생활비)이다.

> 기본적 생활자금 = 노부부생활비 + 남편 사망 후 부인생활비
> • 노부부생활비 : 월 생활비 × 12개월 × 정년 후 평균 기대여명
> • 부인생활비 : 월 생활비 × 12개월 × 남편 사망 후 평균 기대여명

25 중요도 ★★
노인가계를 위한 포트폴리오 작성 시 고려할 사항으로 잘못된 것은?

① 금융상품은 월이자지급식 상품에 우선적으로 배정한다.

② 소득이 없으므로 자산증식에 주목적을 두어야 한다.

③ 인플레이션(물가상승)에 대하여 자산가치를 보호할 장치를 마련해야 한다.

④ 투자와 상속계획은 충분한 여유 자금이 있을 때만 해야 한다.

26 중요도 ★★
노인가계의 퇴직 후 자산관리 운용지침에 대한 기술 중 잘못된 것은?

① 안전성을 가장 먼저 고려해야 한다.

② 부채를 최소화해야 한다.

③ 유동성을 낮추어야 한다.

④ 보험 및 절세상품을 활용해야 한다.

27 중요도 ★★
퇴직 후 자산관리를 위하여 안전성을 고려할 경우 투자방법으로 잘못된 것은?

① 주식투자와 같은 고위험투자를 하지 않는다.

② 확정금리보다는 변동금리를 선택한다.

③ 사금융을 피한다.

④ 정기예금, CD, CP, 국공채 등을 이용한다.

28 중요도 ★★
퇴직 후 자산관리를 위하여 유동성을 높이는 방법으로 잘못된 것은?

☐

① 금융자산투자보다 부동산투자를 늘린다.

② 장기상품보다 단기상품을 활용한다.

③ 항상 중도해지 가능성을 염두에 두고 수수료를 확인한다.

④ 은행의 MMDA나 증권사의 MMF를 활용한다.

29 중요도 ★
투자성향별 투자권유 가능 금융투자상품에 대한 연결이 가장 옳은 것은?

☐

① 안정형 – 저위험 등급 상품

② 안정추구형 – 중위험 등급 상품

③ 위험중립형 – 고위험 등급 상품

④ 공격투자형 – 초고위험 등급 상품

정답 및 해설

25 ② 노인가계는 자산증식보다는 안정적인 소득창출에 주목적을 두어야 한다.

26 ③ 노후에는 갑작스러운 질병 및 사고에 노출될 가능성이 많으므로 유동성을 높여 3 ~ 6개월분의 생활비에 해당하는 액수는 곧바로 현금화시킬 수 있는 형태로 보유하는 것이 유리하다.

27 ② 변동금리보다는 확정금리 또는 실세연동형 금리를 선택하는 것이 유리하다.

28 ① 유동성을 높이기 위해서는 부동산투자보다 금융자산의 투자비율을 높이는 것이 유리하다.

29 ④ ① 안정형 – 초저위험 등급 상품
② 안정추구형 – 저위험 등급 상품
③ 위험중립형 – 중위험 등급 상품

30 중요도 ★★

공격투자형인 투자자에 대한 투자권유 방법으로 잘못된 것은?

① 투자성향은 위험선호형에 해당한다.

② 손실위험이 있더라도 투자수익을 중요시한다.

③ ±10%를 초과하는 수익(위험)을 추구(감수)한다.

④ 주식형펀드는 적합하나 레버리지 인덱스 파생펀드와 인버스 인덱스 파생펀드는 적합하지 않다.

31 중요도 ★★

적극투자형인 투자자에 대한 투자권유 방법으로 잘못된 것은?

① 손실위험이 있더라도 예금 금리보다는 높은 수익을 추구한다.

② 20% 미만 손실은 감수하나 20% 이상 손실은 원하지 않는다.

③ 적합한 상품 등급은 고위험 등급 상품이다.

④ 적합한 펀드로 주식형펀드, 주식혼합형펀드 등을 들 수 있다.

32 중요도 ★

위험중립형인 투자자에 대한 투자권유 방법에 대한 기술 중 잘못된 것은?

① 손실을 원하지 않으면서 물가상승률 이상의 수익을 원한다.

② 투자성향은 안정성장형이다.

③ 투자권유에 적합한 펀드는 채권혼합형펀드이다.

④ 중위험 등급보다 낮은 등급에 해당하는 모든 금융투자상품에 대하여 투자권유할 수 있다.

33 중요도 ★
안정추구형인 투자자에 대한 투자권유 방법에 대한 기술 중 잘못된 것은?

① 물가상승률 이하의 적은 수익을 얻더라도 원금이 보전되는 것을 더욱 중요시한다.
② 투자성향은 안정성장형이다.
③ 중위험 등급의 상품이 적합하다.
④ 적합한 펀드는 채권형펀드이다.

34 중요도 ★★
안정형인 투자자에 대한 투자권유 방법으로 잘못된 것은?

① 원금손실을 절대 감수하지 않는 성향으로 손실 가능한 상품에는 투자하지 않는다.
② 투자성향은 위험회피형이다.
③ 적합한 상품 위험 등급은 초저위험 등급이다.
④ 적합한 증권은 회사채이다.

정답 및 해설

30 ④ 공격투자형 투자자에게는 레버리지 인덱스 파생펀드, 인버스 인덱스 파생펀드 모두 적합한 상품에 속한다.

31 ② 적극투자형 투자자는 10% 미만 손실은 감수하나 10% 이상 손실은 원하지 않는다.

32 ② 투자성향은 성장형이다.

33 ③ 안정추구형인 투자자에게는 저위험 등급의 상품이 적합하다.

34 ④ 안정형에게 적합한 금융투자상품
- 펀드 : MMF
- 증권 : 국고채, 통안채, 지방채, 특수채, 정부보증채, RP 등

제3과목
부동산펀드

[총 20문항]

제1장
부동산펀드 법규

학습전략

부동산펀드 법규는 제3과목 전체 20문제 중 **총 5문제**가 출제된다.

부동산펀드 법규는 부동산펀드의 법적 형태와 부동산펀드의 운용제한 내용을 중심으로 공부해야 하고,
특히 부동산펀드에만 적용되는 운용특례는 출제빈도가 아주 높으므로 반드시 암기해야 한다.

출제예상 비중

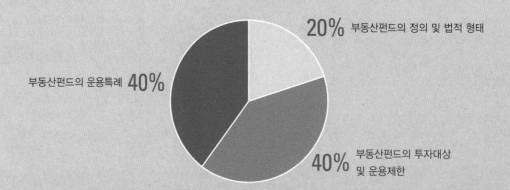

20% 부동산펀드의 정의 및 법적 형태

부동산펀드의 운용특례 40%

40% 부동산펀드의 투자대상
및 운용제한

핵심포인트

구 분	핵심포인트	중요도	페이지
부동산펀드의 정의 및 법적 형태 (20%)	01 부동산펀드의 정의 02 부동산펀드의 법적 형태 03 환매금지형부동산펀드	★★ ★★ ★★★	p. 418 p. 419 p. 421
부동산펀드의 투자대상 및 운용제한 (40%)	04 부동산펀드의 투자대상 05 부동산펀드의 운용제한	★★★ ★★★	p. 422 p. 423
부동산펀드의 운용특례 (40%)	06 부동산펀드의 운용특례	★★★	p. 425

다음 중 부동산펀드의 개념에 대한 설명으로 잘못된 것은?

① 자본시장법에 의하면 부동산펀드는 펀드재산의 40% 이상을 부동산 등에 투자한다.
② 구체적인 투자비율은 대통령령인 시행령으로 결정되는데 현재는 50% 초과이다.
③ 부동산 관련 금전채권·증권·파생상품 등에 투자하는 경우도 가능하다.
④ 자본시장법 시행 이후 부동산펀드의 투자 범위는 종전보다 축소되었다.

TIP 자본시장법 시행 이후 부동산펀드의 투자대상은 대폭 확대되었으며 여러 형태의 펀드가 모색되고 있다.

핵심포인트 해설　　　**부동산펀드의 개념**

(1) 부동산펀드의 의의
　　① 자본시장법상 부동산펀드는 펀드재산의 40% 이상으로서 대통령령이 정하는 비율을 초과하여 부동산 등에 투자하는 집합
　　　 투자기구
　　② 자본시장법 시행령(대통령령)으로 투자비율 및 범위가 달라짐(자본시장법 시행령 제240조 3항에 의해 투자비율은 50% 초
　　　 과로 정함)

(2) 자본시장법상 부동산펀드의 투자 범위(종전보다 확대됨)
　　① 부동산취득
　　② 부동산관리·개량·개발·임대·운영
　　③ 부동산 관련 권리에 투자
　　④ 부동산개발과 관련된 법인에 대한 대출
　　⑤ 부동산 관련 금전채권·증권·파생상품 등에 투자하는 경우도 가능

(3) 공모 REITs
　　투자자로부터 공모방식으로 설립되는 공모부동산투자회사(공모 REITs)도 자본시장법의 적용을 받는 펀드임

정답 | ④

자본시장법상 부동산펀드의 법적 형태와 거리가 먼 것은?

① 부동산투자유한회사

② 부동산투자합자회사

③ 부동산투자합명회사

④ 부동산투자익명조합

TIP 자본시장법상 부동산펀드는 부동산투자신탁, 부동산투자회사, 부동산투자유한회사, 부동산투자유한책임회사,
부동산투자합자회사, 부동산투자합자조합, 부동산투자익명조합 등 총 7가지이다.

| 핵심포인트 해설 | 자본시장법상 부동산펀드의 형태 | | |

법적 형태	집합투자규약	설정·설립 주체	발행증권 형태
부동산투자신탁	신탁계약서	집합투자업자	수익증권
부동산투자회사	정 관	발기인	주 식
부동산투자유한회사	정 관	집합투자업자	지분증권
부동산투자유한책임회사	정 관	집합투자업자	지분증권
부동산투자합자회사	정 관	집합투자업자	지분증권
부동산투자합자조합	조합계약	집합투자업자	출자증권
부동산투자익명조합	익명조합계약	집합투자업자	출자증권

정답 | ③

다음 중 부동산펀드가 투자할 수 있는 증권의 유형을 모두 고른 것은?

⊙ 사 채   ⓛ 주 식
ⓒ 펀 드   ⓔ 투자계약증권
ⓜ ELS   ⓗ DR

① ⊙, ⓛ, ⓒ   ② ⊙, ⓛ, ⓒ, ⓔ
③ ⊙, ⓛ, ⓒ, ⓔ, ⓜ   ④ ⊙, ⓛ, ⓒ, ⓔ, ⓜ, ⓗ

TIP 자본시장법상 부동산펀드가 투자할 수 있는 증권은 채무증권, 지분증권, 수익증권, 투자계약증권, 파생결합증권, 증권예탁증권 6종이다.

핵심포인트 해설 | **부동산펀드가 투자할 수 있는 증권**

채무증권	• 국채, 지방채, 특수채, 사채, 기업어음증권 등 • 기타 이와 유사한 것으로 지급청구권이 표시된 것
지분증권	• 주권(주식), 신주인수권, 출자증권, 출자지분 등 • 기타 이와 유사한 것으로 출자지분이 표시된 것
수익증권	• 금전신탁계약에 의한 수익권이 표시된 수익증권(신탁업자 발행) • 수익권을 균등분할 표시한 펀드(집합투자업자 발행) • 기타 이와 유사한 것으로 신탁의 수익권이 표시된 것
투자계약증권	• 특정 투자자가 그 투자자와 타인 간의 공동사업에 금전 등을 투자하고 주로 타인이 수행한 공동사업의 결과에 따른 손익을 귀속받는 계약상의 권리가 표시된 것
파생결합증권	• 기초자산의 가격, 이자율, 지표, 단위 또는 이를 기초로 하는 지수 등의 변동과 연계하여 미리 정해진 방법에 따라 지급금액 또는 회수금액이 결정되는 권리가 표시된 것(ELS, DLS, ELW, ETN 등)
증권예탁증권	• 채무증권, 지분증권, 수익증권, 투자계약증권, 파생결합증권을 예탁받은 자가 그 증권이 발행된 국가 외의 국가에서 발행한 것으로서 그 예탁받은 증권과 관련된 권리가 표시된 것(DR, KDR, EDR, GDR 등)

정답 | ④

다음 중 상장 의무가 있는 펀드로 옳은 것은?

① 부동산투자회사
② 부동산투자조합
③ 부동산투자유한회사
④ 사모부동산펀드

TIP 공모부동산투자신탁이나 공모부동산투자회사만 상장 의무가 있다.

핵심포인트 해설 **부동산펀드 환매금지 및 상장 의무**

(1) 환매금지형부동산펀드
　① 자본시장법은 집합투자업자가 부동산펀드를 설정하는 경우에는 당해 부동산을 환매금지형펀드로 설정하도록 의무화
　　(단, 조기에 현금화가 가능한 부동산펀드는 예외)
　② 공모부동산투자신탁이나 공모부동산투자회사는 투자자의 환금성 보장을 위하여 펀드 발행일로부터 90일 이내에 해당 부동
　　산펀드를 증권시장에 상장하여야 함

(2) 부동산펀드와 상장 의무

구 분	상장 의무가 있는 형태	상장 의무가 없는 형태
공모부동산펀드	• 부동산투자신탁 • 부동산투자회사	• 부동산투자유한회사 • 부동산투자유한책임회사 • 부동산투자합자회사 • 부동산투자합자조합 • 부동산투자익명조합
사모부동산펀드	• 사모인 경우에는 어떤 형태이든 상장 의무 없음	

정답 | ①

증권형부동산펀드의 주요 운용대상과 거리가 먼 것은?

① 부동산투자회사(REITs)가 발행한 주식
② 프로젝트 파이낸싱(PF)
③ 부동산개발회사가 발행한 증권
④ 주택저당채권담보부채권

TIP 부동산개발과 관련된 법인에 대한 대출(PF)은 대출형부동산펀드의 주요 운용대상이다.

핵심포인트 해설   **자본시장법상 운용대상에 따른 부동산펀드**

(1) 부동산펀드의 운용대상별 투자비중
    ① 부동산 및 부동산 관련 자산 : 펀드재산의 50%를 초과하여 투자 가능
    ② 증권 및 특별자산 : 위의 ①에 투자 후 그 나머지를 증권 및 특별자산에 투자 가능

(2) 부동산펀드의 주요 운용대상 : 부동산 및 부동산 관련 자산

부동산펀드 투자대상	관련 부동산펀드
부동산 : 민법상 토지와 그 정착물	부동산펀드
부동산개발과 관련된 법인에 대한 대출(PF)	대출형부동산펀드
대통령령으로 정하는 방법으로 부동산에의 투자	개발형부동산펀드
• 부동산개발, 관리 및 개량	
• 부동산임대 및 운영의 방법	임대형부동산펀드
• 부동산 관련 권리(지상권·지역권·전세권 등)	권리형부동산펀드
대통령령으로 정하는 방법으로 증권에의 투자	
• 부동산 및 부동산 관련 권리가 펀드재산의 50% 이상인 증권	
• 부동산투자회사(REITs)가 발행한 주식	
• 부동산개발회사가 발행한 증권	증권형부동산펀드
• 부동산담보부채권을 기초로 발행된 유동화증권	
• 주택저당채권담보부채권 또는 주택저당증권	
• 부동산투자목적회사가 발행한 지분증권	
부동산을 기초자산으로 한 파생상품	파생상품형부동산펀드

정답 | ②

06

공모·사모부동산펀드에 동일하게 적용되는 규제내용에 대한 설명 중 잘못된 것은?

① 국내 부동산 취득 시 1년 이내에 그 부동산의 처분이 금지된다.

② 건축물, 기타 공작물이 없는 토지로서 그 토지에 대하여 3년 이내에 해당 토지를 처분하는 것은 금지된다.

③ 공모·사모부동산펀드 모두 대통령령으로 정한 적격요건을 갖추지 못한 자와 장외파생상품을 매매하는 행위를 할 수 없다.

④ 공모·사모부동산펀드 모두 파생상품 매매에 따른 위험평가액이 대통령령으로 정하는 기준을 초과하는 투자행위를 할 수 없다.

TIP 건축물, 기타 공작물이 없는 토지로서 그 토지에 대하여 부동산개발사업 시행 전에 해당 토지를 처분하는 것은 금지된다.

핵심포인트 해설 | **공모·사모부동산펀드에 동일하게 적용되는 규제**

(1) 부동산 취득 후 처분제한

원 칙	• 국내 부동산 : 1년 이내 처분금지 • 국외 부동산 : 집합투자규약에서 정한 기간 이내에 처분금지
예 외	• 부동산개발사업에 따라 조성하거나 설치한 토지·건축물을 분양하는 경우 • 투자자보호를 위하여 부동산펀드가 합병·해지 또는 해산되는 경우

(2) 개발사업 시행 전 토지 처분금지

원 칙	• 건축물, 기타 공작물이 없는 토지로서 그 토지에 대하여 부동산개발사업 시행 전 해당 토지에 대한 처분금지
예 외	• 부동산펀드가 합병·해지 또는 해산되는 경우 • 그 토지의 처분이 불가피한 경우

(3) 파생상품 매매 관련 규제

① 공모·사모부동산펀드 모두 대통령령으로 정한 적격요건을 갖추지 못한 자와 장외파생상품을 매매하는 행위를 할 수 없음

② 공모·사모부동산펀드 모두 파생상품 매매에 따른 위험평가액이 대통령령으로 정하는 기준을 초과하는 투자행위 불가
다만, 초과기준은 공모와 사모에 차이가 있음(공모펀드는 '펀드순자산액(자산총액 − 부채총액)'의 100%, 사모펀드는 400% 초과 금지)

정답 | ②

공모부동산펀드의 파생상품 운용제한에 대한 설명 중 잘못된 것은?

① 사모인 경우에도 대통령령으로 정하는 적격요건을 갖추지 못한 자와 장외파생상품 매매를 할 수 없다.

② 사모인 경우에도 위험평가액이 대통령령으로 정하는 기준을 초과하여 투자할 수 없다.

③ 동일법인이 발행한 증권의 위험평가액이 펀드자산총액의 10%를 초과하는 투자는 할 수 없다.

④ 같은 거래 상대방과의 장외파생상품 매매에 따른 거래 상대방 위험평가액이 펀드자산 총액의 20%를 초과하는 투자는 할 수 없다. (사모인 경우에도 적용됨)

TIP 같은 거래 상대방과의 장외파생상품 매매에 따른 거래 상대방 위험평가액이 펀드자산총액의 10%를 초과하는 투자는 할 수 없다. (사모인 경우는 적용 안 됨)

핵심포인트 해설 **공모·사모부동산펀드의 파생상품 운용제한**

구 분	공모부동산펀드	사모부동산펀드
적격요건	대통령령으로 정하는 적격요건을 갖추지 못한 자와 장외파생상품 매매 불가함	좌 동
위험평가액 기준	파생상품 매매에 따른 위험평가액 한도가 있음(한도 : 순자산총액의 100%)	좌동(한도 : 순자산총액의 400%)
동일증권 투자 한도	동일법인이 발행한 증권의 위험평가액이 펀드자산총액의 10%를 초과하여 투자할 수 없음	제한 없음
거래 상대방 위험 수준	같은 거래 상대방과의 장외파생상품 매매에 따른 거래 상대방 위험평가액이 펀드자산총액의 10%를 초과하여 투자할 수 없음	

정답 | ④

부동산펀드의 운용특례에 대한 설명 중 잘못된 것은?

① 집합투자업자는 펀드재산으로 부동산을 취득 또는 처분 시 실사보고서를 작성·비치해야 한다.

② 일반적으로 펀드는 금전차입이 금지되나 부동산펀드는 예외적으로 부동산 취득 시 금전차입이 허용된다.

③ 부동산펀드 차입금의 한도는 순자산의 200%까지이다.

④ 부동산펀드를 차입하는 경우에 차입기관의 범위에 다른 부동산펀드는 포함되지 않는다.

TIP 부동산펀드를 차입하는 경우에 차입기관의 범위에 다른 부동산펀드도 포함된다.

핵심포인트 해설 | **부동산펀드 운용 시 금전차입 특례**

(1) 펀드의 금전차입 가능 여부
  ① 원칙 : 자본시장법상 펀드재산 운용 시 금전차입 불가
  ② 예외 : 부동산펀드는 예외적으로 부동산 취득 시 금전차입 허용

(2) 부동산펀드의 금전차입 허용요건 및 한도

허용요건	차입금 한도
• 차입기관이 적격일 것(은행, 보험사, 기금, 다른 부동산펀드, 기타 이에 준하는 외국 금융기관) • 해당 차입기관에 부동산을 담보로 제공하거나 금융위원회가 정하여 고시하는 방법으로 금전을 차입할 것 • 금전차입 시 집합투자자총회에서 위의 두 가지 방법과 다르게 의결한 경우 그 의결에 따라 금전차입 가능	• 펀드순자산액의 200%

참고 부동산펀드가 아닌 펀드(증권펀드·특별자산펀드·혼합자산펀드)에서 부동산을 취득함에 있어서 금전을 차입하는 경우 차입금 한도는 해당 펀드가 속하는 부동산가액의 70%까지 가능함

정답 | ④

부동산펀드의 금전대여에 대한 설명 중 잘못된 것은?

① 자본시장법상 펀드재산 운용 시 금전대여는 원칙적으로 금지된다.

② 부동산펀드는 펀드재산으로 부동산개발사업을 영위하는 법인이 요건 충족 시 금전대여를 할 수 있다.

③ 금전대여금의 한도는 펀드순자산액의 200%까지 가능하다.

④ 부동산펀드의 금전대여가 가능하려면 집합투자규약에서 금전대여에 관한 사항을 정하고 있어야 한다.

TIP 금전대여금의 한도는 펀드순자산액(자산총액 − 부채총액)의 100%까지 가능하다.

핵심포인트 해설　　　**부동산펀드 금전대여의 요건 및 한도**

(1) 펀드의 금전대여 가능 여부
　① 원칙 : 자본시장법상 펀드재산 운용 시 금전대여 불가
　② 예외 : 부동산펀드는 펀드재산으로 부동산개발사업을 영위하는 법인(부동산신탁업자, 부동산투자회사, 다른 펀드 등)이 요건
　　충족 시 금전대여 가능

(2) 부동산펀드 금전대여 허용 요건 및 한도

허용 요건	대여금 한도
• 집합투자규약에서 금전대여에 관한 사항을 정했을 것 • 집합투자업자가 부동산에 대하여 담보권을 설정하거나 시공사 등으로부터 지급보증을 받는 등 대여금 회수를 위한 적절한 수단을 확보할 것(단, 사모부동산펀드는 요건을 충족하지 않아도 됨)	• 펀드순자산액의 100%

정답 | ③

10

집합투자업자가 펀드재산을 운용하는 경우 법적 규제에 대한 설명 중 잘못된 것은?

① 집합투자업자가 펀드재산으로 부동산개발사업에 투자하고자 하는 경우에는 사업계획서를 작성해야 한다.

② 집합투자업자는 작성한 사업계획서를 감정평가업자로부터 그 사업계획서의 적정 여부를 확인받아야 한다.

③ 집합투자업자는 본질적 업무에 대하여는 제3자에게 위탁할 수 없다.

④ 부동산펀드의 집합투자업자는 부동산개발 및 부수업무의 일부에 대하여 제3자에게 위탁할 수 없다.

TIP 부동산펀드의 집합투자업자는 부동산개발 및 부수업무의 일부에 대하여 제3자에게 위탁할 수 있다.

핵심포인트 해설 　　　**부동산펀드의 부동산개발사업 및 업무위탁**

(1) 부동산펀드의 부동산개발사업

① 사업계획서 작성의무 : 집합투자업자가 펀드재산으로 부동산개발사업에 투자하고자 하는 경우에는 부동산개발사업 추진일정, 추진방법, 건축계획 등이 포함된 사업계획에 관한 사항, 자금조달·투자 및 회수에 관한 사항, 추정손익, 사업위험, 외부용역, 기타 금융위원회가 고시하는 사항 등이 포함된 사업계획서를 작성해야 함

② 확인 및 공시의무 : 집합투자업자는 사업계획서를 작성하여 감정평가업자로부터 그 사업계획서의 적정 여부를 확인받아야 하며, 이를 인터넷 홈페이지 등에 공시해야 함

(2) 부동산펀드의 제3자 업무위탁

① 원칙 : 집합투자업자는 본질적 업무(신탁계약 체결·해지, 투자유한회사 등의 설립, 펀드재산의 운용·운용지시, 펀드재산 평가 등)에 대하여 제3자에게 위탁 불가함

② 예외 : 부동산펀드의 집합투자업자는 부동산개발 및 부수업무, 부동산의 관리·개량 및 부수업무, 부동산임대·운영 및 부수업무 등과 같은 업무의 일부를 제3자에게 위탁 가능함

정답 | ④

출제예상문제

다시 봐야 할 문제(틀린 문제, 풀지 못한 문제, 헷갈리는 문제 등)는 문제 번호 하단의 네모박스에 체크하여 반복학습하시기 바랍니다.

01 중요도 ★
다음 중 자본시장법의 적용을 받는 것은?

① 공모REITs　　　　② 사모REITs　　　　③ 예 금　　　　④ 보 험

02 중요도 ★
부동산펀드의 범위에 대한 설명 중 잘못된 것은?

① 종전의 간접투자법에서는 펀드 유형 중 부동산펀드만 부동산투자가 가능하였고, 그 외의 펀드는 부동산투자가 불가능하였다.
② 현행 자본시장법은 부동산투자의 최저비율이 없고, 부동산의 범위가 축소되었다.
③ 증권펀드도 부동산투자가 가능하다.
④ 단기금융펀드는 부동산투자가 불가능하다.

03 중요도 ★
다음 중 설립주체가 다른 부동산펀드로 옳은 것은?

① 부동산투자신탁　　　　　　　　② 부동산투자회사
③ 부동산투자유한회사　　　　　　④ 부동산투자익명조합

04 중요도 ★
다음 중 부동산펀드와 집합투자규약이 잘못 연결된 것은?

① 부동산투자신탁 – 신탁계약서　　　② 부동산투자회사 – 정관
③ 부동산투자유한회사 – 정관　　　　④ 부동산투자합자조합 – 정관

05 중요도 ★

부동산펀드의 설정·설립 시 설립등기를 요하지 않는 것은?

① 부동산투자신탁   ② 부동산투자회사

③ 부동산투자유한회사   ④ 부동산투자합자회사

06 중요도 ★★

부동산펀드의 특징에 대한 설명 중 잘못된 것은?

① 공모부동산펀드는 금전으로 납입해야 한다.

② 사모부동산펀드는 금전납입도 가능하고 부동산으로 납입하는 것도 가능하다.

③ 부동산투자합자회사(또는 부동산투자합자조합)는 이익배당 시 무한책임사원과 유한책임사원의 배당률 또는 배당순서 등을 달리 정할 수 있다.

④ 부동산투자합자회사(또는 부동산투자합자조합)는 손실배분 시 무한책임사원과 유한책임사원의 배분율 또는 배분순서 등을 달리 정할 수 있다.

정답 및 해설

01 ① 투자자로부터 공모방식으로 설립되는 공모부동산투자회사(공모REITs)는 자본시장법의 적용을 받는 펀드이다.

02 ② 현행 자본시장법은 부동산투자의 최저비율(50% 초과)이 있고, 펀드재산으로 투자할 수 있는 부동산의 범위가 확대되었다.

03 ② 부동산투자회사의 설립주체는 발기인이고, 나머지 부동산펀드의 설립주체는 집합투자업자이다.

04 ④ 부동산투자합자조합의 집합투자규약은 조합계약이다.

05 ① 부동산펀드의 설정·설립 시 부동산투자회사, 부동산투자유한회사, 부동산투자합자회사는 설립등기를 해야 한다.

06 ④ 부동산투자합자회사(또는 부동산투자합자조합)는 손실배분 시 무한책임사원과 유한책임사원의 배분율 또는 배분 순서 등을 달리 정하면 안 된다.

07
중요도 ★
사모부동산펀드는 금전(현금) 또는 부동산으로 납입할 수 있다. 다만, 부동산으로 납입하는 경우에는 다른 투자자 (   )의 동의를 받아야 하고, 부동산의 시가 또는 (   )에 기초하여 납부하여야 한다. 빈칸 안에 들어갈 말을 순서대로 나열한 것은?

① 2/3 이상, 공정가액　　　　　　　② 2/3 이상, 감정가액
③ 전원, 공정가액　　　　　　　　　④ 전원, 감정가액

08
중요도 ★
부동산펀드의 주요 운용대상인 부동산 및 부동산 관련 자산에 해당하지 않는 것은?

① 민법상 토지와 그 정착물
② 부동산을 기초자산으로 한 파생상품
③ 부동산개발과 관련된 법인에 대한 대출
④ 선박, 항공기, 미술품

09
중요도 ★★
부동산펀드의 운용대상으로 대통령령으로 정한 부동산 관련 증권과 거리가 먼 것은?

① 부동산 관련 자산이 신탁재산의 50% 이상을 차지하는 수익증권
② 부동산 관련 자산이 펀드재산의 50% 이상을 차지하는 집합투자증권
③ 부동산 관련 자산이 신탁재산의 50% 이상을 차지하는 유동화증권
④ 부동산투자회사법에 따른 부동산투자회사가 발행한 채권

10
중요도 ★★
부동산펀드의 운용대상인 특별자산에 해당하지 않는 것은?

① 일반상품(농·수·축산물, 임산물, 광산물, 에너지 및 이와 유사한 것)
② 파생결합증권
③ 선박투자회사가 발행한 주식
④ 보험금 지급청구권

11

중요도 ★★

공모부동산펀드와 사모부동산펀드에 동일하게 적용되는 규정에 대한 설명 중 잘못된 것은?

① 국내 부동산은 부동산 취득 후 1년 이내에 처분할 수 없다.

② 국외 부동산은 부동산 취득 후 3년 이내에 처분할 수 없다.

③ 부동산개발사업에 따라 조성하거나 설치한 토지·건축물을 분양하는 경우에는 부동산 취득 후 처분이 원칙적인 기한의 제한 없이 가능하다.

④ 건축물, 기타 공작물이 없는 토지로서 그 토지에 대하여 부동산개발사업 시행 전 해당 토지에 대한 처분이 금지된다.

12

중요도 ★★

공모부동산펀드와 사모부동산펀드에 동일하게 적용되는 규정에 대한 설명 중 잘못된 것은?

① 대통령령으로 정하는 적격요건을 갖추지 못한 자와 장외파생상품 매매를 할 수 없다.

② 파생상품 매매 시 위험평가액이 대통령령으로 정하는 기준을 초과하여 투자할 수 없다.

③ 집합투자증권 투자 시 각 펀드의 자산총액 70%를 초과하여 같은 집합투자업자가 운용하는 펀드의 집합투자증권에 투자할 수 없다.

④ 집합투자증권 투자 시 각 펀드의 자산총액 20%를 초과하여 같은 펀드의 집합투자증권에 투자하는 것이 금지된다.

정답 및 해설

07 ③ 부동산으로 납입하는 경우에는 다른 투자자 전원의 동의를 받아야 하고, 부동산의 시가 또는 공정가액에 기초하여 납부하여야 한다.

08 ④ 선박, 항공기, 미술품도 부동산펀드의 운용대상이나 이는 부동산 관련 자산이 아니라 특별자산에 해당된다.

09 ④ 부동산투자회사가 발행한 채권은 대통령령으로 정한 부동산 관련 증권에 해당되지 않으나 부동산투자회사가 발행한 주식은 이에 해당된다.

10 ② 파생결합증권도 부동산펀드의 운용대상이기는 하나 이는 특별자산에 포함되는 것이 아니라 증권에 포함된다.

11 ② 국외 부동산은 집합투자규약에서 정한 기간 이내에 처분을 금지하며, 법에서 명시적으로 특정 기한을 두고 있지는 않다.

12 ③ 집합투자증권 투자 시 각 펀드의 자산총액 50%를 초과하여 같은 집합투자업자가 운용하는 펀드(외국펀드 포함)의 집합투자증권에 투자할 수 없다.

13 중요도 ★
다음 빈칸에 들어갈 내용으로 올바른 것은?

집합투자업자는 펀드재산으로 부동산을 취득 또는 처분 시 부동산 현황, 거래가격, 거래비용, 부동산 관련 재무자료, 부동산 수익에 영향을 미치는 요소, 기타 금융위원회 고시사항 등이 포함된 (　　)를 작성·비치해야 한다.

① 실사보고서　　　② 사업계획서　　　③ 부동산현황표　　　④ 투자보고서

14 중요도 ★
다음 빈칸에 들어갈 내용으로 올바른 것은?

집합투자업자가 펀드재산으로 부동산개발사업에 투자하고자 하는 경우에는 부동산개발사업 추진일정, 추진방법, 자금조달·투자 및 회수에 관한 사항, 추정손익, 사업위험, 외부용역, 기타 금융위원회가 고시하는 사항 등이 포함된 (　　)를 작성해야 한다.

① 사업계획서　　　　　　　　　　② 실사보고서
③ 손익계산서　　　　　　　　　　④ 위험관리보고서

15 중요도 ★★
부동산펀드에서 부동산 취득 시 금전차입을 할 수 있는 차입기관에 해당하는 것을 모두 고른 것은?

㉠ 한국수출입은행　　　　　　　㉡ 증권금융회사
㉢ 상호저축은행　　　　　　　　㉣ 다른 부동산펀드
㉤ 투자중개업자

① ㉠, ㉡　　　　　　　　　　　② ㉠, ㉡, ㉢
③ ㉠, ㉡, ㉢, ㉤　　　　　　　④ ㉠, ㉡, ㉢, ㉣, ㉤

16

중요도 ★★

원칙상 부동산펀드의 집합투자업자는 본질적 업무에 대하여 제3자에게 위탁할 수 없지만, 예외적으로 제3자에게 업무를 위탁할 수 있는 경우에 해당되지 않는 것은?

① 펀드재산 평가　　　　　　　　② 부동산개발
③ 부동산의 관리·개량　　　　　　④ 부동산임대

17

중요도 ★★

환매금지형펀드에 대한 설명 중 잘못된 것은?

① 자본시장법은 집합투자업자가 부동산펀드를 설정하는 경우에는 반드시 당해 부동산을 환매금지형펀드로 설정하도록 의무화하였다.
② 공모부동산투자신탁이나 공모부동산투자회사는 펀드발행일로부터 60일 이내에 해당 부동산펀드를 증권시장에 상장하도록 하였다.
③ 사모부동산펀드의 경우에는 상장의무가 없다.
④ 공모부동산투자유한회사는 상장의무가 없다.

정답 및 해설

13 ① 실사보고서에 대한 설명이다.

14 ① 사업계획서에 대한 설명이다.

15 ④ 해당되는 차입기관에는 은행, 한국산업은행, 중소기업은행, 한국수출입은행, 투자매매업자, 투자중개업자, 증권금융회사, 종합금융회사, 상호저축은행, 보험회사, 국가재정법에 따른 기금, 다른 부동산펀드, 기타 이에 준하는 외국 금융기관 등이 있다.

16 ① 예외적으로 부동산펀드의 집합투자업자는 부동산개발 및 부수업무, 부동산의 관리·개량 및 부수업무, 부동산임대 및 부수업무 등과 같은 업무의 일부를 제3자에게 위탁할 수 있다.

17 ② 펀드발행일로부터 90일 이내에 해당 부동산펀드를 증권시장에 상장하도록 하였다.

18 중요도 ★

환매금지형펀드이지만 상장의무가 없는 것이 있다. 이에 해당되지 않는 것은?

① 사모부동산펀드 ② 공모부동산투자회사
③ 공모부동산투자유한회사 ④ 공모부동산투자익명조합

19 중요도 ★

부동산펀드의 펀드재산은 시가로 평가해야 하지만 평가일 현재 신뢰할 만한 시가가 없는 경우 이에 대한 평가기준으로 올바른 것은?

① 공정가액 ② 감정가액 ③ 공시지가 ④ 시가표준액

20 중요도 ★

사모부동산펀드는 공모부동산펀드에 적용되는 여러 가지 규정의 적용이 배제된다. 이에 해당하지 않는 것은?

① 파생상품 운용 시 의무사항 규정 ② 감독기관 등록의무 관련 규정
③ 신탁업자의 운용행위 감시 관련 규정 ④ 집합투자자 총회 관련 규정

21 중요도 ★

다음 중 부동산펀드의 요건을 충족시키기 위해 펀드재산의 50%를 초과하여 투자해야 할 대상에 해당하지 않는 것은?

① 사회기반시설사업의 시행을 목적으로 하는 법인이 발행한 주식과 채권
② 부동산을 기초자산으로 하는 파생상품
③ 부동산투자회사가 발행한 주식
④ 부동산이 펀드의 50% 이상을 차지하는 경우의 집합투자증권

22 중요도 ★★

부동산펀드에 대한 설명 중 잘못된 것은?

① 펀드재산으로 금전을 대여하는 경우 그 한도는 자산총액에서 부채총액을 뺀 가액의 100% 이다.

② 부동산개발사업을 영위하는 법인을 대상으로 금전을 대여할 수 있다.

③ 금전을 대여하는 경우 해당 집합투자규약에서 금전의 대여에 관한 사항을 정하고 있어야 한다.

④ 금전대여는 공모부동산펀드는 가능하나 사모부동산펀드는 불가능하다.

23 중요도 ★

부동산펀드가 아닌 펀드(증권펀드, 특별자산펀드, 혼합자산펀드)도 부동산을 취득함에 있어 금전을 차입할 수 있는데 그 한도로 옳은 것은?

① 해당 펀드에 속하는 부동산 가액의 50%

② 해당 펀드에 속하는 부동산 가액의 70%

③ 해당 펀드에 속하는 부동산 가액의 100%

④ 해당 펀드에 속하는 부동산 가액의 200%

정답 및 해설

18 ② 공모부동산투자신탁이나 공모부동산투자회사만 상장의무가 있다.

19 ① 집합투자업자는 부동산펀드의 펀드재산을 시가로 평가한다. 다만, 평가일 현재 신뢰할 만한 시가가 없는 경우에는 공정가액 으로 평가해야 한다.

20 ② 사모부동산펀드는 공모부동산펀드에 적용되는 여러 규정(투자광고, 펀드재산의 운용제한, 자산운용보고서, 수시공시, 펀드재 산에 관한 보고, 집합투자규약 공시, 파생상품 운용 시 의무, 환매금지형펀드 상장의무, 기준가격 공고·게시, 결산서류 관련 규정, 펀드재산의 회계처리, 회계감사인의 손해배상책임, 신탁업자의 운용행위 감시의무, 신탁업자의 자산보관 및 관리보고 서 작성의무, 집합투자자 총회, 투자자 공시 및 공고 등의 규정 등)이 적용되지 않는다.

21 ① 사회기반시설사업의 시행을 목적으로 하는 법인이 발행한 주식과 채권은 특별자산펀드의 투자대상에 속한다.

22 ④ 부동산펀드의 금전대여는 공모부동산펀드·사모부동산펀드 모두 가능하며 해당 집합투자규약에서 금전의 대여에 관한 사 항을 정하고 있어야 한다. 다만, 공모부동산펀드는 투자자보호를 위하여 대여금 회수를 위한 적절한 수단을 확보해야 하나 사모부동산펀드는 이러한 수단을 확보하지 않아도 된다.

23 ② 부동산펀드가 아닌 펀드(증권펀드, 특별자산펀드, 혼합자산펀드)가 부동산을 취득함에 있어 금전을 차입할 수 있는 한도는 해당 펀드에 속하는 부동산 가액의 70%이다. 이 경우 부동산 가액의 평가는 평가위원회가 집합투자재산평가기준에 따라 정한 가액으로 한다.

제 2 장
부동산펀드 영업

학습전략

부동산펀드 영업은 제3과목 전체 20문제 중 총 5문제 정도 출제된다.

부동산펀드 영업의 경우 펀드일반의 전체적인 내용 중 부동산에 초점을 맞추어 정리되어 있으므로 정의와 목차 중심으로 개념을 이해해야 한다. 크게 부동산펀드의 종류와 부동산펀드의 종류별 특성으로 이루어져 있는데, 부동산펀드를 어떻게 분류하는지와 각각의 부동산펀드 특성에는 무엇이 있는지를 파악하는 것이 중요하다.

출제예상 비중

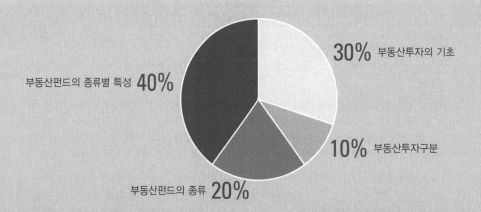

30% 부동산투자의 기초

부동산펀드의 종류별 특성 40%

10% 부동산투자구분

부동산펀드의 종류 20%

핵심포인트

부동산의 복합개념에 관한 설명으로 가장 적절한 것은?

① 좁은 의미의 부동산과 넓은 의미의 부동산으로 구분하여 파악하려는 개념분석을 말한다.
② 무형적 측면의 개념이다.
③ 부동산을 경제적, 법률적, 기술적의 3대 측면에서 접근하려는 방법을 말한다.
④ 협의의 부동산에 준부동산을 합친 개념을 말한다.

TIP 부동산의 3대 측면(경제적·법률적·기술적 측면)에서 복합된 개념으로 이해하고, 부동산활동 역시 이를 3대 측면의 복합된 현상으로 파악하고자 하는 것이 부동산의 복합개념이다.

핵심포인트 해설   **복합개념의 부동산**

(1) 부동산의 개념

부동산은 다양한 측면에서 복합적으로 이해해야 한다(복합개념).

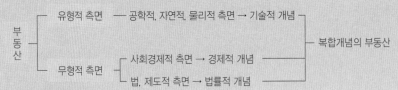

기술적 개념	• 자연물, 공간, 위치 • 공간을 이해할 때는 3차원의 공간(수평공간, 공중공간, 지중공간)으로 이해해야 함 • 위치의 중요성 : 위치와 접근성에 따라 용도가 결정됨
경제적 개념	• 자산, 자본, 생산요소, 소비재, 상품
법률적 개념	• 민법에서 규정하고 있는 부동산(협의의 부동산) : 토지 및 그 정착물 • 준부동산(의제부동산) : 등기·등록의 공시방법을 갖춤으로써 부동산에 준하여 취급되는 것(공장재단, 광업재단, 선박(20톤 이상), 입목, 어업권, 항공기, 자동차, 건설기계) • 광의의 부동산 : 협의의 부동산 + 준부동산

정답 | ③

부동산의 자연적 특성에 관한 설명으로 적절한 것은?

① 부동성은 부동산시장을 구체적이고 완전경쟁시장으로 만드는 요인이 된다.
② 부증성은 토지의 공급을 탄력화시켜 부동산의 균형가격 형성을 어렵게 한다.
③ 부동산을 여러 용도로 이용할 수 있는 성질은 부동산의 자연적 특성 중 하나이다.
④ 개별성은 일물일가의 법칙이 부동산에는 타당하지 않는다는 것에 대한 이론적 근거가 된다.

TIP ① 부동산시장을 추상적 시장, 지역별 부분시장이 되게 한다.
② 물리적 공급곡선은 수직선이 되며, 가격에 대해 완전히 비탄력적이다. 수급조절의 어려운 등으로 균형가격의 형성이 곤란하다.
③ 용도의 다양성은 부동산의 인문적 특성이다.

핵심포인트 해설　　**부동산의 특성**

(1) 토지의 자연적 특성 : 불변적, 본원적

부동성 (지리적 위치의 고정성)	• 동산과 부동산의 구분 근거가 되고 공시방법을 달리하는 근거가 됨 • 부동산 활동을 국지화, 임장활동, 정보활동화 • 부동산 시장을 불완전 시장, 추상적 시장화 시킴
영속성 (내구성, 비소모성)	• 토지에 물리적 감가상각의 적용을 배제 • 시간의 경과나 사용에 의해 소모되지 않음
부증성 (비생산성)	• 물리적 공급곡선은 수직으로 완전비탄력적 • 생산비법칙이 원칙적으로 적용되지 않아서 표준적 균형가격 형성이 어려움
개별성 (비동질성)	• 일물일가의 법칙이 적용되지 못함 • 부동산 가격형성을 개별화시키고 감정평가 시 개별분석을 필요하게 함

(2) 토지의 인문적 특성 : 인위적, 가변적, 후천적

용도의 다양성 (다용도성)	• 용도가 경합될 때 최유효이용의 원칙을 따르는 근거가 됨 • 이행과 전환 및 창조적 이용이 가능하게 함
합병·분할의 가능성	• 토지는 이용목적에 따라 법률이 허용하는 한도 내에서 합병(필지를 합함)과 분할(필지를 나눔)이 가능 • 합병과 분할을 통하여 최유효이용을 기함
위치의 가변성	• 사회적 위치의 가변성 • 경제적 위치의 가변성 • 행정적 위치의 가변성

정답 | ④

타인의 토지에 건물 기타의 공작물이나 수목을 소유하기 위하여 그 토지를 사용할 수 있는 권리를 무엇이라고 하는가?

① 지상권 　　　　　　　　 ② 저당권
③ 지역권 　　　　　　　　 ④ 소유권

TIP　지상권은 타인의 토지를 사용할 수 있는 용익물권이다.

핵심포인트 해설　　**부동산의 법률적 측면**

(1) 물 권

개 념	• 물권의 성질 : 지배성, 배타성, 절대성 • 소유권 : 소유자는 법률의 범위 내에서 그 소유물을 전면적으로 사용·수익·처분할 권리를 지닌다.
효 력	• 우선적 효력 : 먼저 성립한 물권이 나중에 성립한 물권에 우선한다. 동일한 물건위에 물권과 채권이 함께 성립하는 경우 선후에 관례 없이 물권이 채권에 우선한다. • 물권적 청구권 : 반환청구권, 방해제거청구권, 방해예방청구권

(2) 제한물권 : 용익물권(지상권, 지역권, 전세권), 담보물권(유치권, 질권, 저당권)

지상권	타인의 토지 위에 건물 기타의 공작물이나 수목을 소유하기 위하여 그 토지를 사용할 수 있는 물권
지역권	설정행위에서 정한 일정한 목적을 위하여 타인의 토지를 자기토지의 편익에 이용할 수 있는 물권
전세권	전세금을 지급하고 타인의 부동산을 용도에 좇아 사용·수익하며, 전세권이 소멸하면 목적부동산으로부터 후순위 권리자보다 전세금의 우선변제를 받을 수 있는 효력을 가지는 특수한 용익물권
유치권	물건이나 유가증권을 점유한 자가 채권을 변제 받을 때까지 물건이나 유가증권을 유치할 수 있는 권리로서 법정담보물권(등기 필요 없음)
저당권	채무자 또는 제3자(물상보증인)가 채무의 담보로 제공한 부동산에 대하여 채권자에게 점유를 이전하지 아니하고, 채무의 변제가 없는 경우에 다른 채권자보다 우선변제를 받을 수 있는 약정담보물권

(3) 부동산 등기

개 념	• 등기관이 부동산 등기법령이 정하는 절차에 따라 등기부에 부동산의 표시 및 부동산에 관한 권리관계를 기재하는 것 또는 그 기재 자체
효 력	• 본등기 : 물권 변동적 효력, 순위확정적 효력, 점유적 효력, 대항적 효력, 형식적 확정력, 권리존재 추정력 • 가등기 : (본등기 전)청구권 보전의 효력, (본등기 후)순위 보전의 효력

정답 | ①

부동산 투자방식에 대한 설명으로 가장 거리가 먼 것은?

① 공모형부동산펀드의 설정이 늘어나는 추세이다.
② 부동산시장 상승기에는 고수익 가능한 Equity 투자가 바람직하다.
③ 향후 부동산 간접투자시장이 확대될 것으로 예상된다.
④ 부동산펀드를 통한 투자는 직접투자보다 운용의 전문성은 높으나 세제효과는 불리하다.

TIP 부동산펀드를 통한 간접투자를 하는 경우 세제효과, 운용의 전문성, 상품의 다양성, 안정성 등으로 인하여 직접 투자보다 유리한 편이다.

핵심포인트 해설 **부동산 투자구분**

(1) 부동산 투자방식별 비교

직접 VS 간접	• 부동산 펀드를 통한 간접투자가 세제효과, 운용의 전문성, 상품의 다양성, 안정성 등으로 인하여 직접투자보다 유리함
공모 VS 사모	• 공모형부동산펀드의 설정이 늘어나는 추세임 • 향후 부동산 간접투자시장이 확대될 것으로 예상되며, 더불어 공모펀드 활성화 예상 • 투자 물건의 특성 및 투자자금의 성격에 따라 공모/사모 선택 가능
Equity VS Debt	• 투자자금의 속성에 따라 Equity/Debt 투자가 결정됨 • 부동산시장 상승기에는 고수익 가능한 Equity투자, 하락기에는 안정적인 Debt 투자에 집중되는 경향이 있음

(2) 부동산 투자기구별 비교

구 분	부동산펀드(투자신탁)	부동산투자회사(리츠)
근거법	자본시장법	부동산투자회사법
설 립	금융감독원 등록	발기설립-국토부 영업인가
법적성격	계 약	상법상 주식회사
최소자본금	없 음	50억(자기관리 70억)
자산운용	부동산 등 50% 이상	부동산 등 70% 이상
자금차입	순자산 2배 이내	자기자본 2배(주총특별결의 10배)
자금대여	순자산 100% 이내	금 지

정답 | ④

부동산펀드에 대한 설명으로 거리가 먼 것은?

① 자본시장법상 부동산펀드의 정의는 종전보다 훨씬 더 크게 확대되었다.
② 다양한 부동산 운용방법에 따라 세부적으로 부동산펀드의 유형을 구분할 수 있다.
③ 자본시장법상 부동산개발과 관련된 금전채권의 신탁수익권은 부동산 관련 권리에 해당한다.
④ 자본시장법은 부동산 관련 금전채권만 인정하며, 일반금전채권은 인정하지 않는다.

TIP 일반금전채권도 부동산담보부금전채권에 해당하는 것으로 인정되면 부동산펀드의 투자대상자산으로 인정되고, 이에 투자하는 펀드는 부동산펀드가 되는 것이다.

핵심포인트 해설 | **자본시장법에서의 부동산펀드 종류**

실물형부동산펀드	• 펀드재산의 50%를 초과하여 부동산에 투자하는 부동산펀드	
	임대형부동산펀드	부동산을 취득하여 임대사업을 영위한 후 매각
	개량형부동산펀드	부동산을 취득하여 개량한 후 단순히 매각하거나 또는 임대사업 영위 후 매각
	경·공매형부동산펀드	부동산 중에서 경매부동산 또는 공매부동산을 취득하여 단순히 매각하거나 또는 임대사업 영위 후 매각
	개발형부동산펀드	부동산을 매입한 후 부동산개발사업을 통하여 개발된 부동산을 분양하거나 또는 임대 후 매각
대출형부동산펀드	• 펀드재산의 50%를 초과하여 부동산개발과 관련된 법인에 대한 대출 형태의 투자행위를 하는 부동산 펀드 • 전통적인 부동산펀드	
재간접형부동산펀드	• 펀드재산의 40% 이상을 부동산펀드에 투자하는 펀드로서 주로 해외증권시장에 상장된 글로벌리츠에 포트폴리오를 구성하여 투자	
증권형부동산펀드	• 펀드재산의 50%를 초과하여 부동산과 관련된 증권에 투자하는 부동산펀드	

정답 | ④

06

펀드의 설립국가에 따라 분류한 것으로 연결이 잘못된 것은?

① 국내펀드 – 역내펀드

② 외국펀드 – 해외펀드

③ 국내펀드 – 역외펀드

④ 외국펀드 – Off-Shore Fund

TIP 역외펀드는 외국펀드를 의미하며, 외국펀드의 경우 외국 법령에 의거하여 설정·설립되고 외국 금융감독기관의 감독을 받는 펀드이다.

핵심포인트 해설   **펀드의 설립국가 기준에 따른 부동산펀드 분류**

(1) 국내펀드(역내펀드, On-Shore Fund)

   국내 법령에 의거하여 설정·설립되고, 국내 금융감독기관의 감독을 받는 펀드

(2) 외국펀드(해외펀드, 역외펀드, Off-Shore Fund)

   ① 외국 법령에 의거하여 설정·설립되고, 외국 금융감독기관의 감독을 받는 펀드

   ② 외국의 집합투자업자가 자국 내에서 펀드를 설정·설립하는 대신 다른 국가에서 펀드를 설정·설립하는 경우가 있음

   ③ 자국 내에서의 과다한 규제를 회피하고 또한 자국 대비 유리한 세제혜택을 받기 위함

   ④ 조세피난처(Tax Haven)에 국적을 둔 펀드가 많음

   ⑤ 조세피난처에 해당하는 대표적인 국가 : the Cayman Islands, the British Virgin Islands, the Bermuda, the Bahamas, Luxembourg, Ireland, Panama 등

정답 | ③

다음 중 펀드의 법적 형태 분류에 대한 설명으로 잘못된 것은?

① 신탁형펀드는 법인격이 부여되며, 자본시장법상의 펀드로는 부동산투자신탁이 있다.
② 회사형펀드는 법인격이 부여되며, 자본시장법상의 펀드로는 부동산투자유한회사가 있다.
③ 회사형펀드는 법인격이 부여되며, 자본시장법상의 펀드로는 부동산투자합자회사가 있다.
④ 조합형펀드는 법인격이 부여되지 않으며, 자본시장법상의 펀드로는 부동산투자조합이 있다.

용어 알아두기

법인격	권리·의무의 주체가 될 수 있는 자격으로, 오직 자연인(살아있는 인간)과 법인만이 법인격을 가질 수 있다.

TIP 신탁형펀드는 법인격이 부여되지 않는다.

핵심포인트 해설 **펀드의 법적 형태 기준에 따른 부동산펀드 분류**

(1) 신탁형펀드(Trust Type Fund)
　　① 계약형펀드로 신탁계약에 의거하여 설정되는 펀드
　　② 법인격이 없으며, 수탁회사가 펀드 수행
(2) 회사형펀드(Corporation Type Fund)
　　① 회사 형태로 설립되는 펀드
　　② 펀드 자체에 법인격 존재
(3) 조합형펀드(Partnership Type Fund)
　　① 투자합자조합 : 집합투자업자인 업무집행조합원 1명과 유한책임조합원 1명이 기명날인 또는 서명함으로써 설립
　　② 투자익명조합 : 집합투자업자인 영업자 1명과 익명조합원 1명이 기명날인 또는 서명함으로써 설립

정답 | ①

펀드자금의 모집방식에 대한 연결이 잘못된 것은?

① 펀드자금의 모집방식에 특별한 제한이 없는 펀드 – 공모펀드
② 적격투자자를 대상으로 하는 펀드 – 공모펀드
③ 소수투자자만을 대상으로 하는 펀드 – 사모펀드
④ 투자자 자격요건에 제한이 없는 펀드 – 공모펀드

TIP 적격투자자를 대상으로 하는 펀드는 사모펀드이다.

핵심포인트 해설 **펀드자금의 모집방식 기준에 따른 부동산펀드 분류**

(1) 공모펀드
　① '사모펀드'가 아닌 펀드
　② 일정 제한 없음. 투자 제한 없음. 일반적인 투자 방법
(2) 일반사모펀드
　① 적격투자자(전문투자자) 또는 소수투자자를 대상으로 함. 소수투자자가 해당 펀드 증권의 발행총액수의 10% 이상을 투자하는 경우에는 그 펀드의 수익자 수도 포함하여 계산함
　② 사모펀드는 공모펀드보다 제한이나 규제가 완화 또는 면제됨. 대신, 투자자보호 규정이 적용되지 않는 것이 일반적

정답 | ②

부동산펀드의 투자방식 등에 대한 설명과 거리가 먼 것은?

① 일반적으로 부동산펀드는 특정 대상물을 선택하여 투자자의 자금을 모아서 투자를 하는 사전특정형펀드이다.
② 경·공매형부동산펀드는 사전불특정형펀드의 성격을 가진다.
③ 사전특정형펀드의 집합투자업자는 펀드재산을 자기 책임하에 투자한다.
④ 사전특정형펀드는 자금모집이 용이하다.

TIP 사전불특정형펀드의 투자자는 구체적인 투자대상자산이 아니라 집합투자업자의 딜소싱 및 자산관리 등을 비롯한 펀드 운용능력을 믿고 펀드에 투자하고, 집합투자업자는 펀드재산을 자기 책임하에 투자하는 구조이다.

핵심포인트 해설 | **사전특정 여부에 따른 부동산펀드의 분류**

사전특정형 (Project 펀드)	• 펀드자금을 모집하기 이전에 사전적으로 펀드의 투자대상자산 또는 투자방식을 특정함 • 펀드자금을 모집한 후에 사전에 특정된 투자대상자산에 투자하는 방식의 펀드 • 집합투자업자는 투자대상자산을 확정하여 동 자산에 대한 상세한 설명과 투자제안을 함 • 투자자는 투자제안을 바탕으로 펀드에 대한 투자의사결정을 함 • 펀드의 자금모집이 용이 • 현재 운용 중인 부동산펀드의 대부분이 이러한 프로젝트펀드임
사전불특정형 (Blind 펀드)	• 펀드자금을 모집하기까지는 펀드의 투자대상자산 또는 투자방식을 특정하지 않음 • 펀드자금을 모집한 이후에 펀드의 투자대상자산을 발굴하여 투자하는 방식의 펀드 • 투자자는 구체적인 투자대상자산이 아니라 집합투자업자의 딜소싱 및 자산관리 등을 비롯한 펀드 운용능력을 믿고 투자함 • 집합투자업자는 펀드재산을 자기 책임하에 투자하는 구조 • 자금모집이 용이하지 않음

정답 | ③

10

임대형부동산펀드와 국내 및 외국 리츠(REITs)와의 관계에 대한 설명으로 거리가 먼 것은?

① 자기관리부동산투자회사는 일반적으로 수익성부동산을 취득하는 것을 목적으로 한다.

② 위탁관리부동산투자회사는 일반적으로 수익성부동산을 취득하는 것을 목적으로 한다.

③ 기업구조조정부동산투자회사는 부동산투자회사법에 의하여 기업구조조정부동산만 취득할 수 있다.

④ 국내의 부동산간접투자상품으로 리츠(REITs)가 있으며, 대부분 수익성부동산에 투자하고 있으며 임대 후 매각형태로 운용하고 있다.

용어 알아두기

리츠(REITs)	부동산에 투자하는 뮤추얼펀드이며 우리나라에서는 '부동산투자회사'라고 한다.

TIP 리츠(REITs)는 대표적인 외국의 부동산간접투자상품이다.

핵심포인트 해설   **임대형부동산펀드**

의 의	• 매입·임대(Buy & Lease)방식의 부동산펀드 • 부동산을 취득한 후 임대하여 임대소득을 획득하고, 매각하여 매각차익을 획득하는 펀드 • 업무용 부동산 또는 상업용 부동산 등과 같은 수익성부동산을 대상으로 함
수익 및 위험	• 수익 : 임대기간에 적정수준의 임대료 확보 • 위험 : 공실률, 관리비, 추가비용 발생
주요 점검사항	• 매입가격의 적정성 • 펀드 만기가 장기인 경우가 많아 매각시점의 가격 상승 여부가 가능할지 분석 • 펀드 만기 전에 매각해야 하나, 매각이 안 되거나 지연될 경우 환금성 문제 발생 • 해당 부동산이 속한 시장과 지역의 향후 성장성 분석 • 경제상황에 따른 임대료 현황과 추이, 상권 등 분석 • 공실률 현황과 추이 분석 • 기타 소득 및 차입 규모, 대출이자의 적정성 확인

정답 | ④

다음 중 개량형부동산펀드에 대한 내용으로 잘못된 것은?

① 매입·임대(Buy & Lease)방식의 부동산펀드이다.
② 개량을 통해 해당 부동산의 가치, 즉 자산가치 및 수익가치를 증대시킨다.
③ 개량에 소요되는 비용 대비 수익이 기대에 미치지 못하는 경우, 펀드의 수익률을 떨어뜨린다.
④ 인·허가가 지연되거나 수정보완과정에서 부대비용이 발생할 위험이 있다.

TIP 매입·임대(Buy & Lease)방식의 부동산펀드는 임대형부동산펀드이다.

핵심포인트 해설   개량형부동산펀드

개 요	• 해당 부동산의 용도를 변경한다든지 리모델링 등을 실시 • 자산의 가치를 제고하여 매각하거나 임대 운영 후 매각하여 투자수익을 취득
수익과 위험	• 취득한 부동산의 적극적인 개량(Improvement)을 추구함 • 개량을 통해 해당 부동산의 가치, 즉 자산가치 및 수익가치를 증대시킴 • 개량에 소요되는 비용 대비 임대수익 및 매각차익이 기대에 미치지 못하는 경우, 펀드의 수익률을 떨어뜨림 • 인·허가가 지연되거나 수정보완과정에서 부대비용이 발생할 위험 • 민원 발생이 소송 등으로 이어지는 경우, 위험에 직면
주요 점검사항	• 개량비용 대비 매각차익의 증가 또는 임대수익 및 매각차익의 증가에 대한 사전적인 점검 필요 • 개량비용은 일종의 자본적 지출(Capital Expenditure)이기 때문에 개량비용의 규모가 적지 않음 • 소요된 개량비용에 상응하는 경제적 효과가 펀드의 수익률 제고로 연계될 수 있는지에 대한 점검이 필요 • 인·허가가 용이한지 여부 점검 필요

정답 | ①

12

경·공매형부동산펀드에 대한 설명으로 거리가 먼 것은?

① 경·공매형부동산펀드는 유동화 방안을 마련하기가 용이하다.

② 매각차익을 추구한다는 점에서 일종의 저평가된 부동산에 투자하는 가치투자형부동산펀드의 성격을 가진다.

③ 펀드자금을 모집한 후, 투자할 부동산 등을 탐색하여 투자하는 사전불특정형 방식이다.

④ 펀드재산의 50%를 초과한 부동산 중에서 경·공매형부동산을 취득하여 단순 매각하거나 임대 후 매각하는 펀드이다.

TIP 경·공매형부동산을 보유하고 있는 특성상 일반적으로 유동화 방안(Exit Plan)을 마련하기가 용이하지 않다.

핵심포인트 해설 **경·공매형부동산펀드**

의 의	• 가치투자형부동산펀드 • 저평가된 부동산을 경·공매 방식으로 취득하여 매각 또는 임대 후 매각하는 운용전략을 가지는 펀드
수익 및 위험	• 수익 : 저평가된 부동산을 취득 후 자본소득 및 임대소득 획득 • 위험 : 투자수익의 제한성, 수익기간 확보, 저평가된 부동산 확보, 각종 권리관계 파악
주요 점검사항	• 부동산 운용전문인력의 전문성 보유 여부 • 경·공매형부동산펀드 규모의 적정성 여부 · 규모가 너무 큰 경우 : 경·공매형부동산을 편입할 때까지 미운용자금 비중 상승 ⇨ 수익률 하락 · 규모가 너무 작은 경우 : 소수의 경·공매형부동산에 집중 ⇨ 리스크 증가 • 체계적이고 투명한 펀드운용 가능성 여부 • 펀드 관련 비용의 적정성 여부

정답 | ①

다음 중 개발형부동산펀드에 대한 설명으로 거리가 먼 것은?

① 직접개발방식의 부동산펀드라고도 할 수 있다.
② 개발형부동산펀드의 경우 사업계획서의 사전 작성을 권장하고 있다.
③ 투자비율에 제한을 두고 있지 않다.
④ 적극적으로 부동산개발사업의 이익을 획득하는 부동산펀드이다.

TIP 개발형부동산펀드는 사업계획서의 사전 작성을 의무화하고 있다.

핵심포인트 해설	개발형부동산펀드

특 징	• 부동산펀드가 시행사 역할 : 펀드가 직접 부동산개발사업을 추진하여 개발이익(임대 또는 분양 등) 추구 • 투자비율 제한 없음 : 펀드재산의 50%를 초과하여 부동산개발사업에 투자 • 개발사업 시 '사업계획서'를 작성하여 감정평가업자로부터 확인 후 인터넷 등에 공시해야 함 • 고수익을 기대할 수 있으나, 개발 지연·실패 시 손실이 큼
주요 점검사항	• 사업계획서 검토, 사업성 검토, 임대·분양 가능성 검토 • 토지매입 및 인·허가 여부 확인 • 우량한 시공사 참여 여부 확인

정답 | ②

14

대출형부동산펀드(프로젝트 파이낸싱형 부동산펀드)에 대한 설명으로 거리가 먼 것은?

① 자본시장법은 대출금을 회수하기 위한 적절한 수단을 확보할 것을 규정하고 있다.

② 대출금 회수방안으로는 부동산에 대한 담보권 설정이 있다.

③ 대출금 회수방안으로는 시공사 등으로부터 지급보증을 받는 경우가 있다.

④ 대출채권담보장치의 확보가 많을수록 대출형부동산펀드가 개발될 수 있는 여지가 증가된다.

용어 알아두기

프로젝트 파이낸싱	프로젝트 파이낸싱(Project Financing)이란 신용이나 담보에 의존하지 않고 사업의 미래현 금흐름을 보고 자금을 대출해주는 금융기법이다.

TIP 대출채권담보장치의 확보가 많을수록 대출형부동산펀드가 개발될 수 있는 여지가 축소된다.

핵심포인트 해설   **프로젝트 파이낸싱형 부동산펀드**

의 의	• 대출형부동산펀드는 일반적으로 프로젝트 파이낸싱(Project Financing)형 부동산펀드라고 함 • 방식 : 출자(Equity Financing)방식, 대출(Debt Financing)방식 *국내에서는 대출방식이 일반적임
특 징	• 대규모 공사로 인하여 자금공급의 규모가 큰 것이 일반적임 • 비소구금융 혹은 제한적 소구금융 • 부외금융(Off-Balance Sheet Financing) • 위험배분이 가능

정답 | ④

다음 중 대출형부동산펀드에 대한 주요 점검사항이 아닌 것은?

① 시행사의 사업부지 확보 관련　　② 시행사의 신용평가등급 등 관련
③ 시행사의 인·허가 관련　　④ 부동산개발사업의 사업성 관련

TIP　'시행사의 신용평가등급 등 관련'이 아니라, '시공사의 신용평가등급 등 관련'이 옳다. '시공사의 신용평가등급 등 관련'은 시공사의 지급보증력 또는 채무인수력의 유무와 관련이 있다.

핵심포인트 해설　　**대출형부동산펀드**

의 의	• 프로젝트 파이낸싱(Project Financing)형 부동산펀드 • 대출이 주된 운용행위임　→ 시행사와 시공사를 뒤바꾸어 지문을 만드는 경우가 매우 흔함 • 규정 : 대출형부동산펀드에서 [시행사] 등에 대출을 할 때, 부동산에 대하여 담보권을 설정하거나 시공사 등으로부터 지급보증을 받는 등 대출금을 회수하기 위한 적절한 수단을 확보(대출채권담보장치 확보)
수익 및 위험	• 수익 : 대출이자와 대출원금 • 위험 : 시행사의 개발사업 관련 위험
주요 점검사항	• 시행사의 사업부지 확보 관련 • 시공사의 신용평가등급 등 관련 　· 지급보증 또는 채무인수한 시공사의 신용평가등급 확인 　· 투자적격등급인 BBB(−) 이상 　· 해당 시공사의 건설도급 순위 점검 • 시행사의 인·허가 관련 : 행정당국 인·허가 획득 여부 • 부동산개발사업의 사업성 관련 : 분양에 악영향을 줄 수 있는 요인 등 사전점검

정답 | ②

16

자본시장법상 증권형부동산펀드의 유형에 해당하는 것으로 보기 어려운 것은?

① 부동산투자목적회사 발행지분에 펀드재산의 일정비율을 초과하여 투자하는 펀드
② 부동산투자회사 발행주식에 펀드재산의 일정비율을 초과하여 투자하는 펀드
③ 부동산개발회사 발행증권에 펀드재산의 일정비율을 초과하여 투자하는 펀드
④ 부동산을 기초자산으로 한 파생상품이 집합투자재산의 50% 이상을 차지하는 경우에 해당 집합투자증권에 펀드재산의 일정비율을 초과하여 투자하는 펀드

TIP '부동산을 기초자산으로 한 파생상품'은 자본시장법에서 규정하는 특정 부동산 관련 자산에 해당하지 않는다.

핵심포인트 해설 　**증권형부동산펀드**

수익증권, 집합투자증권, 유동화증권에 투자하는 방식	• 특정한 부동산 관련 자산이 신탁재산, 집합투자재산, 유동화자산의 50% 이상을 차지하는 경우에 해당 수익증권, 집합투자증권, 유동화증권에 펀드재산의 50%를 초과하여 투자 　· 특정 부동산자산이 부동산인 경우 　· 특정 부동산자산이 지상권·지역권·전세권·임차권·분양권 등 부동산 관련 권리인 경우 　· 특정 부동산자산이 금융기관이 채권자인 부동산담보부 금전채권인 경우
부동산투자회사(REITs) 주식에 투자하는 방식	• 수익성부동산에 직접 투자한 것과 같은 유사한 효과 발생 • 다양한 국내외 펀드 개발 가능성 • 분산투자 및 포트폴리오 효과(해외 법적위험 등 다양한 위험회피)
부동산개발회사가 발행한 증권에 투자하는 방식	• 특정한 부동산을 개발하기 위하여 존속기간을 정하여 설립된 회사(PFV : 프로젝트금융투자회사)가 발행한 증권은 부동산과 관련한 증권으로서 부동산으로 간주 • PFV는 초대형개발사업(도시환경정비사업 등)을 목적으로 설립, 대규모사업에 적용 가능
부동산투자목적회사(SPC 등)가 발행한 지분증권에 투자하는 방식	• 다양한 국내외 펀드 개발 가능성 : 분산투자 및 포트폴리오 효과 • 해외 법적위험 등 다양한 위험회피 가능

정답 | ④

다음은 어떤 부동산펀드를 설명하는 것인가?

> • 과거 국내에서 개발된 선례를 찾기 힘들며, 향후에도 개발될 여지는 크지 않다.
> • 부동산을 기초자산으로 한 선물, 옵션, 스왑 등에 주로 투자하는 부동산펀드로 부동산의 가치하락을 헤지하기 위해 향후 개발가능성이 많다.

① 권리형부동산펀드
② 파생상품형부동산펀드
③ 개발형부동산펀드
④ 증권형부동산펀드

TIP 선물, 옵션, 스왑은 파생상품이다. 부동산을 기초자산으로 한 파생상품에 투자하므로 파생상품형부동산펀드에 대한 설명이다.

핵심포인트 해설   파생상품형부동산펀드

개 요	• 부동산을 기초자산으로 한 파생상품에 주로 투자하는 부동산펀드 • 자본시장법의 파생상품형부동산펀드는 간접투자법상의 파생상품펀드를 부동산펀드로 흡수한 것
파생상품 종류	• 선도·선물, 옵션, 스왑 등
파생상품 기초자산	• 금융투자상품, 통화, 일반상품, 신용위험 등
전 망	• 간접투자법상의 파생상품펀드가 개발된 선례가 드물고 자본시장법하에서 파생상품형부동산펀드가 개발될 여지는 크지 않을 것으로 보임 • 실물형부동산펀드에서 부동산의 가격하락을 헤지할 목적으로 제한적인 범위 내에서 모색될 수 있음

정답 | ②

fn.Hackers.com

출제예상문제

다시 봐야 할 문제(틀린 문제, 풀지 못한 문제, 헷갈리는 문제 등)는 문제 번호 하단의 네모박스에 체크하여 반복학습하시기 바랍니다.

01

중요도 ★★★

일반적으로 부동산의 개념을 기술적, 경제적, 법률적 개념으로 나눌 수 있다. 부동산의 경제적 개념과 거리가 먼 것은?

① 생산요소　　　　　　　　② 자산
③ 자본　　　　　　　　　　④ 공장재단

02

중요도 ★★★

다음 중 부동산의 인문적 특성이 아닌 것은?

① 분할·합병 가능성　　　　② 영속성
③ 용도의 다양성　　　　　　④ 위치 가변성

03

중요도 ★★

다음의 제한물권 중 용익물권에 해당하는 것은?

① 유치권　　　　　　　　　② 지상권
③ 질권　　　　　　　　　　④ 저당권

04

중요도 ★★

자본시장법상 부동산펀드의 법적 형태와 거리가 먼 것은?

① 부동산투자신탁　　　　　② 부동산투자조합
③ 부동산투자합자회사　　　④ 기업구조조정 부동산투자회사

05 중요도 ★★★

다음 중 실물형부동산펀드의 종류가 아닌 것은?

① 대출형부동산펀드   ② 임대형부동산펀드

③ 개량형부동산펀드   ④ 경·공매형부동산펀드

06 중요도 ★★★

분류방법에 따른 부동산펀드의 종류가 잘못 연결된 것은?

① 설립지에 따른 분류 – 국내투자형, 해외투자형

② 법적 형태에 따른 분류 – 신탁형, 회사형, 조합형

③ 모집 형태에 따른 분류 – 공모, 사모

④ 사전특정여부에 따른 분류 – 프로젝트펀드, 블라인드펀드

정답 및 해설

01 ④ 공장재단은 준(의제)부동산으로서 부동산의 법률적 개념에 해당한다.

02 ② 부동산의 자연적 특성으로는 부동성, 영속성, 부증성, 개별성이 있다.

03 ②

```
        ┌ 점유권
        │       ┌ 소유권
        └ 본권 ─┤
                └ 제한물권 ┌ 용익물권 ┌ 지상권
                          │          ├ 지역권
                          │          └ 전세권
                          │          ┌ 유치권
                          └ 담보물권 ┤ 질권
                                     └ 저당권
```

①, ③, ④는 담보물권이다.

04 ④ 기업구조조정 부동산투자회사(CR-REITs)는 부동산투자회사법상 부동산투자회사의 형태이다.

05 ① 실물형부동산펀드에는 임대형부동산펀드, 개량형부동산펀드, 경·공매형부동산펀드, 개발형부동산펀드가 있다.

06 ① 국내투자형펀드와 해외투자형펀드로 나누는 것은 투자대상지역에 따른 것이다.

07
중요도 ★★
법적 형태 기준에 따른 부동산펀드에 대한 설명으로 옳은 것은?

① 신탁형펀드(Trust Type Fund)는 계약형펀드라고도 한다.
② 신탁형펀드(Trust Type Fund)는 법인격이 있다.
③ 회사형펀드(Corporation Type Fund)는 법인격이 없다.
④ 조합형펀드(Partnership Type Fund)는 법인격이 있는 것으로 이해할 수 있다.

08
중요도 ★
공모펀드(Public Offering Fund)에 대한 설명으로 잘못된 것은?

① 사모펀드가 아닌 펀드를 통칭한다.
② 증권신고서를 제출하는 매출의 방법으로 증권을 발행하는 펀드이다.
③ 공모펀드의 경우 투자자의 자격요건에 제한이 없다.
④ 엄격한 투자자보호 규정이 적용된다.

09
중요도 ★★★
사모펀드(Private Placement Fund)에 대한 설명으로 잘못된 것은?

① 적격투자자 또는 소수의 투자자만을 대상으로 하는 펀드이다.
② 소수투자자를 산출할 때 집합투자증권 발행총수의 10% 이상을 투자하는 경우에는 수익자 수도 포함하여 계산한다.
③ 공모펀드에 대해 적용되는 각종 제한이나 규제가 완화 또는 면제된다.
④ 공모펀드의 투자자에게 적용되는 투자자보호 규정은 동일하게 적용된다.

10 부동산펀드의 각종 분류에 대한 설명으로 옳은 것은?

중요도 ★

① Off-Shore Fund는 국내펀드이다.
② 회사형펀드의 경우 법인격이 없다.
③ 공모펀드의 경우 소수투자자에게 모집하는 방식이다.
④ 사모펀드의 경우 적격투자자에게 모집하는 방식이다.

11 다음 중 부동산펀드의 연결이 잘못된 것은?

중요도 ★

① 신탁형부동산펀드 – 부동산투자신탁
② 회사형부동산펀드 – 부동산투자익명조합
③ 조합형부동산펀드 – 부동산투자조합
④ 회사형부동산펀드 – 부동산투자유한회사

정답 및 해설

07 ① ② 신탁형펀드(Trust Type Fund)는 법인격이 없다.

③ 회사형펀드(Corporation Type Fund)는 법인격이 있다.
④ 조합에 대해서는 법인격이 인정되지 않는 것이 일반적이다.

08 ② 증권신고서를 제출하는 모집의 방법으로 집합투자증권을 발행하는 펀드를 의미한다.

09 ④ 공모펀드의 투자자에게 적용되는 투자자보호 규정이 적용되지 않는 것이 일반적이다.

10 ④ ① 국내펀드(역내펀드, On-Shore Fund)이며, 외국펀드(해외펀드, 역외펀드, Off-Shore Fund)이다.
② 신탁형펀드의 경우 법인격이 없지만 회사형펀드의 경우 법인격이 인정된다.
③ 공모펀드는 사모펀드가 아닌 펀드를 통칭하며, 소수투자자에게 모집하는 방식은 사모펀드이다.

11 ② 자본시장법에서 회사형부동산펀드의 경우 부동산투자회사, 부동산투자유한회사, 부동산투자합자회사의 세 가지 형태로 규정하고 있다.

12 중요도 ★★★

임대형부동산펀드의 수익 및 위험에 대한 설명으로 옳은 것은?

① 기본적인 수익은 취득한 부동산을 임대함에 따라 발생하는 임대수익만을 목표로 한다.
② 펀드의 수익률을 안정적으로 유지하려면 목표로 한 적정 수준의 매각차익이 필요하다.
③ 실물형부동산펀드를 대표하는 펀드이다.
④ 가장 대표적인 위험요인은 바로 점유율이다.

13 중요도 ★★★

임대형부동산펀드에 대한 주요 점검사항으로 잘못된 것은?

① 공실률과 임대료 수준
② 사업의 인·허가 가능성
③ 차입규모의 적정성
④ 차입 관련 비용의 적정성

14 중요도 ★

다음 내용이 설명하는 부동산펀드의 종류는?

- 업무용 또는 상업용 부동산을 매입하여 임대하는 것을 주된 운용방법으로 한다.
- 선진국의 대표적인 부동산 간접투자상품인 리츠(REITs)와 유사한 방식으로 운용한다.

① 증권형부동산펀드　　　　　　② 대출형부동산펀드
③ 파생상품형부동산펀드　　　　④ 임대형부동산펀드

15

임대형부동산펀드에 대한 주요 점검사항으로 잘못된 것은?

① 매입한 업무용 부동산의 임대료 하락 가능성

② 매입한 부동산의 공실률 증가 가능성

③ 부동산개발사업의 사업성 유무

④ 매입한 수익성 부동산 매입가격의 적정성 여부

16

빈칸에 들어갈 알맞은 말을 순서대로 나열한 것은?

> 임대형부동산펀드는 (   )의 취득을 주된 운용목적으로 하는 반면, 경·공매형부동산펀드는 시세차익에 의한 (   )의 취득을 주된 운용목적으로 한다.

① 임대소득, 자본소득　　　　　　② 자본차익, 임대소득

③ 양도소득, 임대소득　　　　　　④ 임대소득, 기타소득

정답 및 해설

12 ③　① 기본적인 수익원천은 임대수익과 매각차익을 들 수 있다.

　　　　② 당초 목표로 한 적정 수준의 임대수익을 확보함으로써 펀드의 수익률을 안정적으로 유지해야 한다.

　　　　④ 가장 대표적인 위험요인은 바로 공실률이다.

13 ②　사업의 인·허가 가능성은 개발형부동산펀드의 주요 점검사항이다.

14 ④　임대형부동산펀드는 매입·임대(Buy & Lease) 방식의 부동산펀드이며, 선진국의 대표적인 부동산 간접투자상품인 리츠(REITs)는 대부분 수익성 부동산을 매입하여 임대하는 형태로 운용된다.

15 ③　부동산개발사업의 사업성 유무는 대출형부동산펀드의 주요 점검사항이다.

16 ①　임대형부동산펀드는 '임대소득'의 취득을 주된 운용목적으로 하는 반면, 경·공매형부동산펀드는 시세차익에 의한 '자본소득'의 취득을 주된 운용목적으로 한다.

17 중요도 ★★★
개량형부동산펀드에 관한 설명으로 잘못된 것은?

① 해당 부동산의 용도를 변경한다든지 리모델링 등을 통해 자산의 가치를 제고한다.

② 개량비용 대비 수익이 작을 경우 펀드의 수익률을 떨어뜨리는 위험이 있다.

③ 인·허가가 지연되거나 수정보완과정에서 부대비용이 발생할 위험이 있다.

④ 외국의 부동산간접투자상품인 리츠(REITs)와 유사한 구조로 운용된다.

18 중요도 ★★
개량형부동산펀드에 대한 주요 점검사항으로만 바르게 묶인 것은?

① 자본적 지출(Capital Expenditure)의 적정성, 개량에 대한 인·허가

② 개량비용의 경제성, 사업부지 확보

③ 자본적 지출(Capital Expenditure)의 적정성, 우량시공사 선정

④ 개량에 대한 인·허가, 차입 관련 비용의 적정성

19 중요도 ★★
다음 중 부동산펀드와 그에 해당하는 점검사항의 연결이 잘못된 것은?

① 개량형부동산펀드 – 자본적 지출의 규모, 인·허가 가능성

② 개발형부동산펀드 – 개량비용, 매각차익

③ 경·공매형부동산펀드 – 부동산펀드 규모의 적정성 여부, 투명한 펀드운용 가능성 여부

④ 임대형부동산펀드 – 임대료, 공실률

20

중요도 ★★★

다음 설명에 해당하는 프로젝트 파이낸싱(PF)의 특징은?

> 프로젝트의 시행과 관련하여 발생된 제반 부채는 프로젝트 시행법인이 부담하므로, 실질사업자는 자신의 대차대조표상에 당해 프로젝트와 관련된 부채를 계상하지 않는다.

① 비소구금융　　　　　　　　　② 제한적 소구금융

③ 부외금융　　　　　　　　　　④ 부내금융

21

중요도 ★★★

개발형부동산펀드에 대한 설명으로 잘못된 것은?

① 부동산을 취득한 후 직접 개발사업을 추진하여 부동산을 분양, 매각하거나 임대 후 매각한다.

② 공실률과 임대료의 상승(하락) 요인이 사업의 성패를 좌우한다.

③ 개발사업은 인·허가 리스크가 크고 개발자금의 안정적 조달이 중요하다.

④ 사업계획서를 살펴보아 사업타당성이 충분한지 점검해야 한다.

정답 및 해설

17 ④　리츠(REITs)와 유사한 것은 임대형부동산펀드이다.

18 ①　사업부지 확보, 우량시공사 선정 여부는 개발형부동산펀드의 점검사항이고, 차입 관련 비용의 적정성은 임대형부동산펀드의 점검사항이다.

19 ②　개량비용 및 매각차익은 개량형부동산펀드의 점검사항에 해당한다.

20 ③　부외금융(Off-Balance Sheet Financing)에 대한 설명이다.

21 ②　공실률과 임대료의 상승(하락) 요인은 임대형부동산펀드에서 가장 중요한 점검사항이다.

22 중요도 ★

펀드재산의 50%를 초과하여 부동산을 취득한 후 개발사업을 통하여 분양·매각하거나 임대 후 매각하는 부동산펀드는?

① 개발형부동산펀드　　　　　　　② 증권형부동산펀드
③ 대출형부동산펀드　　　　　　　④ 임대형부동산펀드

23 중요도 ★★★

다음 중 프로젝트 파이낸싱(PF)에 대한 설명으로 잘못된 것은?

① 대출형부동산펀드를 일반적으로 프로젝트 파이낸싱(PF)형 부동산펀드라고 한다.
② 시행법인에 자금을 제공하는 방식에는 크게 출자방식과 대출방식이 있다.
③ 국내에서 주로 사용하는 자금 제공방식은 출자방식이다.
④ 프로젝트 자체에서 발생하는 현금흐름을 대출자금의 상환재원으로 인식하여 대출방식으로 자금을 제공해주는 방식이다.

24 중요도 ★★★

경·공매형부동산펀드에 대한 설명으로 거리가 먼 것은?

① 가치투자형부동산펀드의 성격을 가지고 있다.
② 사전불특정형 방식의 펀드이며 Blind 방식이라고도 한다.
③ 업무용 또는 상업용 부동산의 경우 권리분석이나 명도과정이 복잡하여 펀드수익률이 낮다.
④ 다른 부동산 대비 유동성 측면에서 열위에 있다.

25 중요도 ★★★

다음 중 경·공매형부동산펀드의 주요 점검사항으로 거리가 먼 것은?

① 경·공매형부동산펀드의 광고 여부
② 경·공매형부동산펀드 규모의 적정성 여부
③ 체계적이고 투명한 펀드운용 가능성 여부
④ 펀드 관련 비용의 적정성 여부

26 중요도 ★★★

다음 중 경·공매형부동산펀드의 주요 점검사항으로 잘못된 것은?

① 부동산개발사업의 사업성 유무
② 경·공매형부동산펀드 규모의 적정성 여부
③ 체계적이고 투명한 펀드운용 가능성 여부
④ 부동산운용 전문인력의 전문성 보유 여부

정답 및 해설

22 ① 개발형부동산펀드는 펀드재산의 50%를 초과하여 부동산개발 등의 방법으로 부동산에 투자한다.

23 ③ 국내에서 주로 사용하는 자금 제공방식은 대출방식이다.

24 ③ 업무용 또는 상업용 부동산의 경우 권리분석이나 명도과정이 복잡하지만 펀드수익률은 높다.

25 ① 부동산 운용 전문인력의 전문성 보유 여부, 경·공매형부동산펀드 규모의 적정성 여부, 체계적이고 투명한 펀드운용 가능성 여부, 펀드 관련 비용의 적정성 여부가 경·공매형부동산펀드의 주요 점검사항에 해당한다.

26 ① 부동산개발사업의 사업성 유무는 대출형부동산펀드의 주요 점검사항이다.

27

중요도 ★★★

프로젝트 파이낸싱(PF)의 특징에 대한 설명으로 잘못된 것은?

① 프로젝트 파이낸싱(PF)은 대규모 자금이 소요되고 공사기간이 장기인 프로젝트에 대한 자금제공 수단으로 활용된다.

② 기존 기업금융방식에 비하여 자금공급의 규모가 큰 것이 일반적이다.

③ 해당 프로젝트의 사업성에 더하여 담보나 보증이 추가로 보완될 경우 그 규모가 더욱 커질 수 있다.

④ 당해 프로젝트 시행법인에 출자를 하기 때문에 실질사업자가 제반의무를 부담한다.

28

중요도 ★★★

대출형부동산펀드에 대한 설명과 가장 거리가 먼 것은?

① 대출형부동산펀드는 시행사로부터 안정적인 대출이자를 지급받는 것을 운용목적으로 하는 프로젝트 파이낸싱 방식의 펀드이다.

② 시행사로부터 대출 원리금 상환 및 지급을 담보하기 위하여 별도로 대출채권담보장치를 마련하는 것이 필요하다.

③ 프로젝트 파이낸싱 방식은 프로젝트의 사업성을 배제하고 시행사의 신용도나 물적 담보를 기초로 하여 대출을 결정하는 금융기법이다.

④ 향후 부동산개발사업에 대한 철저한 사업성 분석을 통하여 다양한 형태의 대출형부동산펀드를 개발하는 것을 주요한 과제로 삼는다.

29

중요도 ★

다음 중 부동산펀드에 대한 설명으로 잘못된 것은?

① 엄격한 대출채권담보장치의 확보에 과도하게 집착하면 다양한 형태의 대출형부동산펀드가 개발되기 어렵다.

② 임대형부동산펀드는 대출형부동산펀드를 보완하는 성격을 띤다.

③ 자본시장법은 부동산펀드 자산총액의 30%를 초과하여 부동산개발사업에 투자하는 것을 금지하였다.

④ 국내 부동산시장에서 위험요인이 증가하여 해외의 부동산개발사업에 대출하는 대출형부동산펀드가 개발된 적이 있다.

30

중요도 ★★★

다음 중 프로젝트 파이낸싱(PF)의 특징에 대한 설명으로 잘못된 것은?

① 프로젝트의 시행과 관련하여 발생된 제반부채는 프로젝트 시행 법인이 부담한다.

② 실질사업자는 자신의 대차대조표상에 당해 프로젝트와 관련된 부채를 계상하지 않는다.

③ 당해 프로젝트가 실패하는 경우 실질사업자는 전체적인 책임을 진다.

④ 실질사업자는 실질적으로 프로젝트를 영위하면서도 자신의 신용도에는 제한적인 영향을 받는다.

정답 및 해설

27 ④ 당해 프로젝트 시행법인에 출자하여 실질사업자는 프로젝트 파이낸싱(PF)으로 인하여 발생하는 제반의무를 부담하지 않는다. 이를 비소구금융 또는 제한적 소구금융이라고 한다.

28 ③ 프로젝트 파이낸싱 방식은 시행사의 신용도나 물적 담보를 배제하고 프로젝트의 사업성을 기초로 하여 대출을 결정하는 금융기법이다.

29 ③ 자본시장법에는 기존의 간접투자법에서 제한했던 투자비율 규정이 없으므로 얼마든지 개발사업에 투자할 수 있다.

30 ③ 부외금융의 특징으로, 당해 프로젝트가 실패하는 경우 실질사업자는 출자금의 한도 내에서 책임을 진다.

31

중요도 ★★

다음 중 부동산펀드의 종류에 대한 설명으로 거리가 먼 것은?

① 임대형부동산펀드는 업무용 또는 상업용 부동산 등을 매입하여 임대하는 것을 주된 운용 방법으로 하는 Buy & Lease 방식의 부동산펀드이다.

② 개발형부동산펀드는 직접 부동산개발사업에 참여하여 분양·임대를 통하여 개발이익을 얻는 Development 방식의 부동산펀드이다.

③ 경·공매형부동산펀드는 법원이 실시하는 경매 또는 자산관리공사 등이 실시하는 공매를 통하여 부동산을 매입한 후 임대 또는 매각함으로써 임대수익이나 시세차익을 노리는 가치형부동산펀드이다.

④ 대출형부동산펀드는 부동산개발회사의 주식에 투자하고 부동산개발회사의 이익으로부터 배당금을 받는 것을 운용목적으로 하는 프로젝트 파이낸싱 방식의 부동산펀드이다.

32

중요도 ★★★

부동산투자회사(REITs) 발행주식에 투자하는 증권형부동산펀드에 대한 설명으로 틀린 것은?

① 자본시장법은 부동산투자회사법에 따른 부동산투자회사 발행주식에 투자하는 펀드를 증권펀드로 인정한다.

② 현재 글로벌부동산시장의 침체로 해외REITs의 주식에 투자하는 부동산펀드가 활성화되는 데에는 한계가 있다고 본다.

③ 선진시장의 REITs 주식과 신흥시장의 REITs 주식에 분산투자할 수 있다.

④ 수익성부동산의 형태를 달리하는 다양한 REITs 주식에 분산투자하여 위험을 최소화할 수 있다.

33 중요도 ★★

부동산개발회사 발행증권에 투자하는 증권형부동산펀드에 대한 설명으로 틀린 것은?

① 자본시장법은 특정한 부동산을 개발하기 위하여 존속기간을 정하여 설립된 회사가 발행한 증권을 부동산과 관련된 증권으로서 부동산으로 간주한다.

② 부동산개발회사에 해당하는 예로는 프로젝트금융투자회사(Project Financing Vehicle)를 들 수 있다.

③ 이 부동산펀드는 프로젝트금융투자회사가 지급하는 이자수익을 취득하는 것만을 목적으로 한다.

④ 향후 대형 부동산개발사업이 확대되는 경우 해당 부동산펀드도 활성화될 것이다.

정답 및 해설

31 ④ 대출형부동산펀드는 부동산개발사업을 영위하는 법인에 대한 대출을 주된 운용방법으로 하고, 시행사로부터 대출이자를 지급받는 것을 운용목적으로 하는 프로젝트 파이낸싱(Project Financing) 방식의 부동산펀드이다.

32 ① 자본시장법은 부동산투자회사법에 따른 부동산투자회사 발행주식에 투자하는 펀드를 부동산펀드로 인정한다.

33 ③ 증권형부동산펀드는 프로젝트금융투자회사가 시행하는 개발사업에 따른 개발이익 또는 이자수익을 취하는 것을 목적으로 한다.

제3장
부동산펀드 투자

학습전략

부동산펀드 투자는 제3과목 전체 20문제 중 총 5문제 정도 출제된다.
부동산펀드 투자의 경우 부동산시장에 영향을 미치는 요인에 어떤 것이 있는지 파악해야 하며, 부동산시장을 구성하고 있는 하위시장의 특징도 알아야 한다. 수요와 공급의 추이를 꼼꼼히 분석하여 이를 토대로 정부의 시장개입이 어떤 정책의 형태로 수행되는지도 빠짐 없이 학습해야 한다.

출제예상 비중

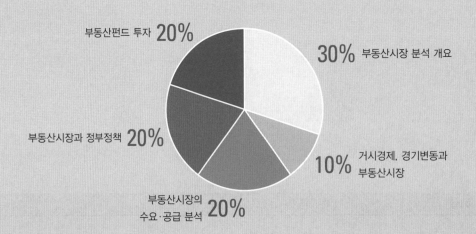

부동산펀드 투자 **20%**

30% 부동산시장 분석 개요

부동산시장과 정부정책 **20%**

10% 거시경제, 경기변동과 부동산시장

부동산시장의 수요·공급 분석 **20%**

핵심포인트

부동산시장의 특성을 기술한 것으로 적절한 것은?

① 부동산의 개별성으로 인해 부동산시장은 비표준화되는 경향이 강하다.
② 부동산시장은 그 범위가 전국적이고 보편적 성격을 가지고 있다.
③ 부동산시장에서의 거래내용은 투명하게 공개된다.
④ 일반시장에서와 같이 도매상, 소매상 등의 조직화가 가능하다.

TIP ② 부동산시장은 지역성을 갖는 국지적 시장이다.
③ 부동산시장에서의 거래내용은 공개되지 않는 경향이 많다.
④ 시장의 국지성, 거래의 비공개성 및 부동산 상품의 비표준화성 등으로 인하여 부동산시장의 조직화가 곤란하다.

핵심포인트 해설 | **부동산시장의 개념 및 특징**

개 념	부동산권리의 교환, 상호 유리한 가액결정, 경쟁적 이용에 따른 공간배분, 토지이용 및 공간이용의 패턴 결정 및 수요와 공급의 조절 등이 일어나는 추상적인 기구
특 성	① 시장의 국지성 : 지리적 위치의 고정성으로 인해 부동산시장은 지역성을 가짐 ② 거래의 비공개성 : 거래 시 거액자금의 필요성, 행정적 규제 등으로 인해 거래내용의 공개를 꺼림 ⇨ 정보수집의 곤란으로 인해 정보 탐색비용 필요 ③ 부동산상품의 비표준화성 : 부동산의 개별성으로 인해 상품은 비표준화 됨. 일물일가의 법칙 적용 배제, 견본거래가 사실상 불가 ④ 시장의 비조직성 : 일반시장에서와 같이 도매상, 소매상 등의 조직화 곤란 ⑤ 수요와 공급의 비조절성 : 수요와 공급의 조절에 오랜 시간이 소요. 가격의 왜곡현상이 단기적으로 발생할 가능성이 높고 시장의 불완전성 일으킴 ⑥ 매매기간의 장기성 : 단기거래의 곤란. 유동성, 환금성에 제약 ⑦ 법적규제의 과다 : 공공재적 성격 ⑧ 금융의 영향 과다

정답 | ①

02

경제여건과 부동산시장에 대한 설명으로 거리가 먼 것은?

① 국민소득은 민간소비, 투자(설비·건설), 정부지출, 순수출·입 등으로 구성된다.

② 투자가 늘어나면 산업용 부동산이나 오피스 등과 같은 사무용 부동산에 긍정적인 영향을 미친다.

③ 지역 및 국가 경제상황은 세 가지 부동산 하부시장 중에서 특히 공간시장의 공급 측면에 직접적인 영향을 준다.

④ 부동산시장을 좀 더 잘 이해하기 위해서 지역 및 국가 경제 전반에 관심을 두는 것이 좋다.

TIP 공간시장의 수요 측면에 직접적인 영향을 준다.

핵심포인트 해설   **경제여건·금융시장여건과 부동산시장**

경제여건	• 국민소득은 민간소비, 투자(설비·건설), 정부지출, 순수출·입 등으로 구성(Y = C + I + G + NX) • 소비가 줄어든다면 도소매용 부동산에 부정적인 영향 • 투자가 늘어나면 산업용 부동산이나 오피스 등과 같은 사무용 부동산에 긍정적인 영향 • 순수출·입이 크게 늘어나면 수출 중심의 기업이 많이 입지한 지역의 부동산에 좋은 영향 • 지역 및 국가 경제 상황은 세 가지 부동산 하부시장 중에서 특히 공간시장의 수요 측면에 직접적인 영향 • 개발시장, 공간시장, 자산시장 전반에 간접적인 영향
금융시장	• 금융시장의 투자여건 변화에 상당한 영향 → 공간시장은 쉽게 말해 임대차시장이라고 생각하면 됨 • 다른 자산에 대한 시황을 파악 • 금리 상황과 향후 금리 변화를 수시로 파악할 필요가 있음

정답 | ③

부동산시장 중 공간시장에 해당하는 내용은?

① 부동산자산의 공급과 수요에 의하여 결정되는 시장이다.
② 자산시장의 수급에 따라 해당 부동산시장의 시장요구 자본환원율(Market Required Capitalization Rate) 수준이 결정된다.
③ 개발 후 자산시장에 신규자산으로 공급되는 동시에 공간시장의 임대공간으로 제공된다.
④ 임대료(Rents)와 점유율(Occupancy Rate)이 결정된다.

TIP ①②는 자산시장, ③은 개발산업에 해당하는 내용이다.

핵심포인트 해설 | **세 가지 형태의 부동산시장 분석**

공간시장	• 공간 이용에 관한 권리를 사고파는 시장(임대시장) • 임대료(Rents)와 점유율(Occupancy Rate)이 결정 → 점유율의 반대는 공실률임 • 공간시장의 수요는 주로 지역 및 국가경제의 상황에 가장 크게 영향을 받음 • 공간시장의 공급은 건설하여 완공되는 물량에 따라 결정
자산시장	• 부동산자산의 공급과 수요에 의하여 결정 → 부동산시장은 한 단위의 시장이 아니라 여러 개의 하위시장이 영향을 주고받으면서 전체를 구성하는 유기적 체계 • 자산시장의 수급에 따라 해당 부동산시장의 시장요구 자본환원율(Market Required Capitailzation Rate) 수준이 결정 → 자본환원율이라고도 하며, 실무적으로 '캡레이트(Cap Rate)'라고 불리기도 함 • 자본환원율이 바로 자산시장의 거래지표가 될 수 있음 • 자산시장의 현금흐름과 시장요구 자본환원율을 알면 부동산의 시장가격 추정이 가능
개발시장	• 대체 원가(Replacement Cost)가 시가보다 낮아서 개발이익이 발생한다면 개발을 결정 • 개발 후 자산시장에 신규자산으로 공급되는 동시에 공간시장의 임대공간으로 제공
하부시장 흐름표	

04

부동산시장과 거시경제 변수의 상호작용에 대한 설명으로 올바른 것은? (단, 다른 변수는 일정하다고 가정)

① 금융비용이 상승하면 부동산가격도 상승한다.
② 통화량이 증가하면 물가는 상승하나 부동산가격은 하락할 것이다.
③ 부동산가격이 상승하면 부의 효과로 소비는 감소할 것이다.
④ 부동산가격은 주가에 후행하며, 주가가 상승하면 부동산가격이 상승하는 경향이 있다.

용어 알아두기

거시경제	국민경제 전체를 대상으로 분석한 경제지표이다.
부의 효과	부자가 되었다고 생각한 경제주체가 소비를 늘리는 효과이다.

TIP ① 금융비용이 상승하면 부동산가격은 하락할 것이다.
② 통화량이 증가하면 물가가 상승하고 부동산가격도 상승할 것이다.
③ 부동산가격이 상승하면 부의 효과로 소비가 증가할 것이다.

핵심포인트 해설 **거시경제 변수와 부동산과의 관계**

국민소득 = 소비 + 투자 + 정부지출 + 순수출·입	
경제성장(Y)	• 경제성장 상승 ⇨ 임대 수요 증가 ⇨ 임대료 상승 ⇨ 매매가격 상승
소비(C)	• 부동산가격 상승 ⇨ 소비 증가(자산효과)
투자(I)	• 토지가격 상승 ⇨ 토지사용량 감소 ⇨ 보완적 자본투자 감소
순수출(NX)	• 부동산가격 상승 ⇨ 생산비 상승 ⇨ 수출 감소, 수입 증가
총공급	• 부동산가격 상승 ⇨ 근로의욕 저하 ⇨ 노동생산성 감소 • 주택가격 상승 ⇨ 노동의 지역 간 이동 감소 ⇨ 인력수급 어려움 ⇨ 임금 상승 • 임대료 상승 ⇨ 생산비 상승
총통화	• 통화량 상승 ⇨ 물가 상승 ⇨ 부동산가격 상승
물 가	• 물가 상승 ⇨ 부동산가격 상승(인플레이션 헤지 효과)
주 가	• 주가 상승 ⇨ 부동산가격 상승
이자율	• 이자율 상승 ⇨ 부동산가격 하락

⤷ 금융비용의 대부분이 바로 이자비용임

정답 | ④

다음 중 경기변동에 관한 사례의 연결로 잘못된 것은?

① 호황 – 건축허가신청 증가
② 경기후퇴 – 공실률 증가
③ 불황 – 매도인 우위시장
④ 경기회복 – 공실률 감소

TIP 불황국면에는 부동산시장에서 매수인이 더욱 우위에 있게 된다.

핵심포인트 해설   부동산경기변동의 4국면

경기순환 곡선	
호황 국면	• 거래가 활기를 띠고 거래가격이 계속 상승 • 매도인은 거래 성립을 미루고 매수인은 거래 성립을 앞당기려 하는 분위기 • 건축허가신청이 급격하게 늘어나고 그 증가율도 계속 상승
경기후퇴 국면	• 매도인 우위시장에서 매수인 우위시장으로 전환하는 분위기 • 후퇴 국면이 장기화되면 공실률이 점차 늘어남
불황 국면	• 부동산가격이 지속적으로 하락, 금리가 높아지는 경향 • 이전의 부동산경기가 심하게 과열되었을수록 불황의 깊이는 깊은 편 • 부동산시장에서 매수인이 더욱 우위 • 건축허가신청의 건수가 지속적으로 감소
경기회복 국면	• 부동산 거래와 관련된 고객 수가 감소하던 것이 멈추고 조금씩 증가하기 시작 • 공실률이 줄어들기 시작 • 일부 지역시장의 경우 점차 시장 분위기가 개선되는 징후를 보이기 시작
타 경기 관계	• 부동산경기는 일반 경기에 비해서 후행하거나 동행하는 것으로 알려져 있음 • 주가지수와 비교하여도 부동산경기가 주가지수(주식시장 경기)에 후행

정답 | ③

다음 중 부동산 수요에 대한 설명으로 거리가 먼 것은?

① 부동산가격이 상승하면 부동산의 수요는 감소하고, 반대로 부동산가격이 하락하면 부동산의 수요는 증가한다.

② 수요의 법칙은 가격과 수요량이 서로 반대방향으로 변하는 것을 의미한다.

③ 부동산가격의 변화가 있을 경우에는 수요곡선 전체가 이동하게 된다.

④ 수요는 구매하려는 의도(Willing)는 물론 구매할 수 있는 능력이 있어야 한다.

TIP 부동산가격에 변화가 있을 경우 단순히 수요곡선상에서 이동하지만 나머지 수요 요인들에 변화가 있을 경우에는 수요곡선 전체가 이동하게 된다.

핵심포인트 해설	부동산시장의 수요·공급 개념

부동산 수요란, 구매력이 있는 수요(= 유효수요)

수요의 개념	• 일정한 기간에 재화와 용역을 구입하고자 하는 욕구 • 유효수요 : 구매력 수반 ⇨ 가처분 소득일 것(대출금도 구매력에 포함됨)
수요곡선	• 수요법칙 성립 ⇨ 가격과 수요량은 반비례(−, 역)관계 : 우하향 형태
수요량의 변화와 수요의 변화 *반드시 구별할 것!*	• 수요량의 변화 : 임대료(가격)의 변화 ⇨ 수요곡선상에서의 점의 이동 • 수요의 변화 : 임대료(가격) 이외의 다른 조건 변화 ⇨ 수요곡선 전체의 좌·우 이동
공급개념	• 일정한 기간에 재화와 용역을 판매하고자 하는 욕구
공급곡선	• 가격과 공급량은 비례(+, 정)관계 : 우상향 형태
공급량의 변화와 공급의 변화	• 공급량의 변화 : 임대료(가격)의 변화 ⇨ 공급곡선상에서의 점의 이동 • 공급의 변화 : 임대료(가격) 이외의 다른 조건 변화 ⇨ 공급곡선 전체의 좌·우 이동

정답 | ③

부동산에 영향을 미치는 요인에 관한 설명으로 잘못된 것은?

① 소득수준이 향상되면 부동산가격은 일반적으로 상승한다.
② LTV나 DTI가 높아지면 수요가 감소하여 가격이 하락한다.
③ 건설비용이 증가하면 공급이 감소하여 일반적으로 가격이 상승한다.
④ 금리의 상승은 부동산 수요를 감소시켜 가격상승을 억제한다.

TIP LTV나 DTI가 높아지면 수요가 증가하여 가격이 상승한다.

핵심포인트 해설　　**부동산 수요·공급요인이 부동산시장에 미치는 영향**

수요 요인	부동산의 가격	• 해당 부동산의 가격이 상승하면 부동산의 수요는 감소 • 해당 부동산의 가격이 하락하면 부동산의 수요는 증가
	소득수준의 향상	• 정상재의 경우 소득이 늘면 수요가 늘어서 가격이 상승 • 열등재인 경우 소득이 늘면 수요가 줄어서 가격이 하락
	인구의 증가 및 핵가족화	• 인구가 증가하면 임대 수요와 구입 수요가 늘어서 가격이 상승 • 핵가족화와 단일 가족의 수가 증가하면 소형주택의 수요가 늘어서 가격이 상승
	대체관계에 있는 부동산의 가격	• 대체관계에 있는 부동산가격의 상승은 해당 부동산의 수요를 증가시켜서 가격을 상승 　시킴
	소비자의 기호변화	• 소비자의 기호가 바뀌면 기호에 부합하는 부동산의 수요가 늘고 부동산가격이 상승
	대출정책의 변화 (LTV와 DTI)	• 대부비율(Loan To Value)이 높아지면 부동산 수요는 증가 • 소득대비 대출비율(Debt To Income)을 올리면 부동산 수요는 증가 ↳ 보통 LTV를 대부비율, DTI는 총부채상환비율이라고 부름
	기 대	• 부동산가격이 오를 것으로 기대되면 부동산 수요는 증가
	금 리	• 금리가 인상되면 부동산 수요는 감소
공급 요인	부동산의 가격	• 부동산가격이 상승하면 공급이 증가 • 부동산가격이 하락하면 공급이 감소
	건설비용	• 건설비용이 커지면 부동산 신규 공급은 감소
	기술수준	• 기술 수준이 향상되면 부동산 신규 공급은 증가
	기 대	• 부동산가격이 상승할 것으로 기대되면 부동산 공급은 점점 증가
	공급자의 수	• 공급자의 수가 늘어나면 부동산 공급은 증가

정답 | ②

다음 중 한 지역에서 아파트 시장균형가격을 하락시킬 수 있는 요인은? (단, 다른 조건은 일정하다고 가정)

① 생산비의 하락　　　　　　　② 주변에 생태공원 설치
③ 주민소득의 증가　　　　　　④ 대체주택가격의 상승

용어 알아두기

균형가격	수요와 공급이 만나는 점에서 형성되는 가격이다.

TIP ①은 공급 증가로 인하여 시장균형가격이 하락하며, ②③④는 수요 증가로 인하여 시장균형가격이 상승한다.

핵심포인트 해설　　**시장균형의 변동**

(1) 균형의 개념

일정한 가격에 사고자 하는 양과 팔고자 하는 양이 일치하는 점으로서 일단 정지된 어떤 상태에 도달한 후 외부에서 충격이 가해지지 않는 한, 더 이상 다른 상태로 변화하지 않으려는 상태

(2) 균형점의 이동

구 분	균형거래량	균형가격
공급 불변, 수요의 증가(우상향 이동)	증가(우)	상승(상)
공급 불변, 수요의 감소(좌하향 이동)	감소(좌)	하락(하)
수요 불변, 공급의 증가(우하향 이동)	증가(우)	하락(하)
수요 불변, 공급의 감소(좌상향 이동)	감소(좌)	상승(상)

정답 | ①

부동산시장의 특징에 대한 설명으로 올바른 것은?

① 부동산시장에 참여하는 수요자와 공급자는 전국적 범위로 확장된다.
② 위치의 가변성으로 인하여 부동산시장은 근본적으로 지역성을 띤다.
③ 부동산을 표준화하여 대량생산하기에는 원천적인 한계가 있다.
④ 거래 당사자의 상호이익을 위해 부동산 관련 정보를 투명하게 유통시킨다.

TIP ① 부동산시장에 참여하는 수요자와 공급자는 일정한 지리적 범위 내로 한정된다.
② 위치의 고정성으로 인하여 부동산시장은 근본적으로 지역성을 띤다.
④ 부동산을 거래하는 당사자 간의 상호이익을 위해 부동산 관련 정보를 왜곡하거나 은폐한다.

핵심포인트 해설　　부동산시장의 특징

(1) 수요자와 공급자 수의 제약
① 부동산시장에 참여하는 수요자와 공급자는 일정한 지리적 범위 내로 한정됨
② 위치의 고정성으로 인하여 부동산시장은 근본적으로 지역성을 띰

(2) 부동산상품의 비동질성
부동산을 표준화하여 대량생산하기에는 원천적인 한계가 있음

(3) 정보의 비공개성 및 비대칭성
① 부동산을 거래하는 당사자 간의 상호이익을 위해 부동산 관련 정보를 왜곡하거나 은폐함
② 부동산 관련 중요한 정보들은 제한된 범위 내의 사람들에게만 제공 및 이용됨
③ 정보의 비대칭성은 주식시장과 같은 다른 시장에 비해 상당히 큰 편

(4) 높은 거래비용
① 부동산을 거래할 경우 취득세, 양도소득세 등과 같은 거래비용이 많은 편
② 부동산 거래를 위축시키고, 거래행태를 왜곡시킬 여지도 있음

정답 | ③

10

부동산정책은 부동산시장에 대한 정부의 개입을 의미하는데, 다음 중 정부개입의 배경이
아닌 것은?

① 외부효과　　　　　　　　　　　② 독과점
③ 정보의 비대칭성　　　　　　　　④ 완전경쟁시장

용어 알아두기

정보의 비대칭성	경제적 이해관계를 가진 당사자 간에 정보가 한쪽에만 존재하고 다른 한쪽에는 존재하지 않는 상황이다.

TIP 정부는 불완전경쟁시장으로 인한 시장실패를 보완하기 위해 시장에 개입한다.

핵심포인트 해설 **부동산시장의 정부개입**

시장실패	• 부동산시장의 가격기능이 원활하게 이루어지지 않아 시장이 실패한 경우에 부동산시장에 개입 • 시장의 실패는 독과점, 외부효과, 정보의 비대칭성 등으로 인하여 발생 　· 독과점 : 공정거래법, 부당거래규제 등과 같은 정책이 필요함 　· 외부효과(External Effect) : 부담과 보상 등을 통해 부동산시장을 정상화 　· 정보의 비대칭성 : 불특정 다수가 정보에 쉽게 접근할 수 있도록 제도의 개선이 필요함
정부실패	• 정책실행을 위한 충분한 정보의 미확보, 부정적인 외부효과, 비용과 수익의 분리 등

정답 | ④

정부의 조세정책에 관한 설명으로 잘못된 것은?

① 조세정책은 가격정책과 유사한 효과가 있다.

② 취득단계의 취득세, 보유단계의 재산세·종합부동산세, 그리고 처분단계의 양도소득세가 대표적이다.

③ 개발부담금을 강화 또는 완화함으로써 부동산의 수요를 억제 또는 진작시킬 수 있다.

④ 조세정책의 빈번한 변경은 부동산시장을 왜곡시키고 사회 전체의 후생을 감소시킬 수 있다.

TIP 개발부담금은 부동산의 공급을 억제 또는 진작시키는 수단이다.

핵심포인트 해설 　　정부의 부동산정책

(1) 수요정책

부동산담보대출기준금리 조정	금리를 조정하여 부동산 수요를 조절
부동산담보대출 규제	LTV나 DTI 이용
주택담보대출 세제혜택 조정	세제혜택(소득공제, 세액공제) 수준 조정하여 임대주택 수요 조정
임대료 보조	일정 수준 이하 소득수준의 임차인에게 주거비를 보조하는 제도

(2) 공급정책

용도지역·지역제	지역과 지구지정을 통해 용도 및 밀도 조정
개발제한구역(그린벨트)제도	그린벨트의 지정 및 해제 등을 통하여 토지 공급
택지개발사업	택지개발지구의 지정 등을 통해 주택을 공급
도시개발사업	도시개발구역 지정 등을 통해 주거, 상업, 산업, 유통 등의 기능을 가지는 부동산을 공급
정비사업	주거환경개선사업, 주택재개발사업, 주택재건축사업, 도시환경정비사업, 주거환경관리사업 등을 통해 도시 내 부동산을 공급

(3) 가격정책

분양가 상한제	아파트 분양가가 일정 수준 이상이 되지 않도록 통제하는 제도
임대료 상한제	일정 수준 이상의 임대료를 받지 못하도록 규제

(4) 조세정책

취득세	
재산세, 종합부동산세	부동산의 취득, 보유, 처분단계별 관련 조세를 적용하며 수요를 조절하고 개발이익을 환수함으로써 공급을 조절
양도소득세	
개발부담금	

정답 | ③

부동산펀드 투자와 관련하여 유의할 사항이 아닌 것은?

① 자산운용사가 투자대상 부동산 운용에 전문성을 잘 갖추고 있는지 확인해야 한다.

② 운용전문인력을 보유하고 있는지 확인해야 한다.

③ 펀드가 청산되기 전에 중도 매각하면 일정 부분 손실을 감수할 수 있다.

④ 시장에서 집합투자증권을 매도한다면 펀드의 순자산가치보다 비싼 가격에 팔 수 있다.

TIP 시장에서 집합투자증권을 매수한다면 펀드의 순자산가치보다 할인된 가격에 살 수 있으며, 만기까지 보유할 경우 순자산가치에 상응하는 금액을 회수할 수 있게 된다.

핵심포인트 해설 **부동산펀드 투자와 실물부동산 투자**

부동산펀드 투자와 실물부동산 투자

① 투자자의 입장에서는 실물부동산에 투자하는 것과는 구별되는 다른 효익과 위험을 가짐

② 부동산펀드는 투자전문집단인 자산운용사가 투자를 집행하므로 투자자는 많은 업무에서 자유로움

③ 투자자는 자산운용사가 전문성을 잘 갖추고 있는지를 따져보아야 함

④ 부동산펀드가 투자하는 부동산의 유형과 입지, 수익의 안정성, 향후 매각의 용이성 등을 살펴보아야 하는 것은 실물부동산에 투자하는 것과 마찬가지임

⑤ 부동산펀드에 투자하는 것은 증권을 보유하게 되는 것이기에 증권을 시장에서 매매하는 것이 가능하나, 펀드는 순자산가치보다 할인되어 거래되는 것이 일반적임

⑥ 부동산펀드가 청산되기 전에 중도에 집합투자증권을 매각한다면 일정 부분 손실을 감수해야만 할 경우가 발생

⑦ 시장에서 집합투자증권을 매수한다면 펀드의 순자산가치보다 할인된 가격에 살 수 있으며 만기까지 보유할 경우 순자산가치에 상응하는 금액을 회수할 수 있음

⑧ 할인율은 거래 당시의 금리 수준이 주요 변수가 됨

정답 | ④

부동산펀드의 투자전략에 대한 설명으로 잘못된 것은?

① 핵심(Core)전략은 중심지역이나 교통의 요지에 존재하는 부동산에 대한 투자로 가장 보수적인 낮은 리스크를 감수하며 낮은 기대수익을 추구한다.

② 핵심플러스(Core-Plus)전략은 핵심전략보다는 다소 높은 리스크를 감수하며 보다 높은 수익을 추구하는 전략이다.

③ 가치부가(Value Added)전략은 저위험-중수익을 추구하는 전략이다.

④ 기회추구(opportunistic)전략은 고위험을 감수하며 최고의 수익을 추구하는 전략이다.

TIP 가치부가(Value Added)전략은 중위험-고수익을 추구하는 전략으로 부동산개량이나 일정 수준의 재개발투자를 실행하고 시장이 좋을 때 되파는 전략을 사용한다.

핵심포인트 해설   부동산펀드 투자 시 검토사항

자산분석	• 투자의 알파와 오메가는 부동산의 입지(Location) • 투자자산 용도 분석
부동산시장 분석	• 임대료나 공실률의 추이 • 신규 공급계획에 대한 확인, 임대료의 안정성 여부 등 판단 • 경쟁지역과의 임대료의 차이, 임차인들의 산업 구성 • 시장 간의 이동요인 등 점검 • 수급상의 변동요인 점검
운용회사 분석	• 과거 운용실적(Track Record)과 시장의 평판
투자전략	• 핵심(Core)전략 : 보수적인 낮은 리스크, 낮은 기대수익, 우량부동산투자가 주된 전략 • 핵심플러스(Core-Plus)전략 : 핵심전략보다 높은 수익을 추구하는 전략 • 가치부가(Value Added)전략 : 중위험-고수익을 추구하는 전략 • 기회추구(opportunistic)전략 : 고위험을 감수하며 최고의 수익을 추구하는 전략
투자구조	• 투자형식이나 투자도관들과의 관계를 이해하는 것이 필수적 • 부동산펀드가 어떤 투자전략의 유형으로 분류될 수 있는지를 확인 • 운용전략의 기대수익과 위험이 투자자의 위험선호도에 적합한지 확인
펀드의 기대수익	• 시나리오별 기대수익률 분석 • 투자구조에서 발생할 수 있는 이슈와 리스크를 점검 • 기대수익이 가정하고 있는 주요변수에 대한 민감도 분석 필요
펀드 투자비용	• 투자를 실행함에 따라 발생하는 비용 + 수수료비용 등 고려 • 이익분배금 지급 시 세금 + 청산배당금 지급 시 세금 등 고려

정답 | ③

fn.Hackers.com

출제예상문제

다시 봐야 할 문제(틀린 문제, 풀지 못한 문제, 헷갈리는 문제 등)는 문제 번호 하단의 네모박스에 체크하여 반복학습하시기 바랍니다.

01
중요도 ★★★

일반 경제재에 비해 부동산의 다른 특성을 기술한 것으로 가장 거리가 먼 것은?

① 일반시장에 비하여 매매기간이 장기적이며, 법적제한이 과다하다.

② 부동산의 부증성으로 공급이 비탄력적이다.

③ 지역에 따라 다른 가격이 형성되므로 중개업자의 역할이 요구된다.

④ 부동산의 시장은 일반상품시장보다 공개성이 높다.

02
중요도 ★★★

다음 중 부동산시장에 대한 전반적인 내용으로 올바른 것은?

① 소비가 줄어들면 도·소매용 부동산에 긍정적인 영향을 준다.

② 투자가 늘어나면 산업용 부동산이나 오피스 등과 같은 사무용 부동산에 긍정적인 영향을 준다.

③ 순수출이 크게 늘어나면 수입 중심의 기업이 많이 입지한 지역의 부동산에 좋은 영향을 준다.

④ 지역 및 국가 경제 상황은 세 가지 부동산 하부시장에 특별한 영향을 주지는 않는다.

03
중요도 ★★

다른 변수가 일정하다고 가정할 때 거시경제변수가 미치는 영향에 대한 설명으로 잘못된 것은?

① 토지가격이 상승하면 보완적 자본투자가 감소한다.

② 부동산가격이 상승하면 생산비가 상승하여 수출이 감소한다.

③ 부동산가격이 상승하면 노동생산성이 증가한다.

④ 주택가격이 상승하면 노동의 지역 간 이동이 감소하고 임금이 상승한다.

04 중요도 ★★

공간시장에 관한 설명으로 거리가 먼 것은?

① 공간 이용에 관한 권리를 사고파는 시장(임대시장)이다.

② 임대료(Rents)와 점유율(Occupancy Rate)이 결정된다.

③ 자본환원율이 결정되며 이는 자산시장의 거래지표가 될 수 있다.

④ 공간시장의 공급은 건설하여 완공되는 물량에 따라 결정된다.

05 중요도 ★★★

개발시장에 관한 설명으로 올바른 것은?

① 임대료(Rents)와 점유율(Occupancy Rate)이 결정된다.

② 현금흐름과 시장요구 자본환원율을 통해 부동산의 시장가격을 추정하는 시장이다.

③ 대체원가(Replacement Cost)를 고려하여 개발이익을 기대할 수 있다고 판단되면 부동산을 개발하는 시장이다.

④ 공간 이용에 관한 권리를 사고파는 시장(임대시장)이다.

정답 및 해설

01 ④ 부동산시장은 ㉠ 거래의 비공개성, ㉡ 상품의 비표준성, ㉢ 시장의 국지성, ㉣ 단기거래의 곤란성 등의 특성이 있다.

02 ② ① 소비가 줄어들면 부정적인 영향을 준다.
③ 수입 중심 기업보다는 수출 중심 기업의 입지성이 좋아진다.
④ 지역 및 국가 경제 상황은 세 가지 부동산 하부시장 중 특히 공간시장의 수요 측면에 직접적인 영향을 준다.

03 ③ 부동산가격이 상승하면 근로의욕이 저하되고 노동생산성이 감소한다.

04 ③ 자산시장에 관한 설명이다.
참고 공간시장
- 공간 이용에 관한 권리를 사고파는 시장(임대시장)
- 임대료(Rents)와 점유율(Occupancy Rate)이 결정됨
- 공간시장의 수요는 주로 지역 및 국가 경제의 상황에 가장 크게 영향을 받음
- 공간시장의 공급은 건설하여 완공되는 물량에 따라 결정

05 ③ ①④는 공간시장에 해당하며, ②는 자산시장에 해당하는 내용이다.

06

중요도 ★

부동산시장에 영향을 미치는 수요요인에 관한 설명으로 잘못된 것은?

① 정상재의 경우 소득이 늘면 수요가 늘어서 가격이 상승하고, 열등재인 경우 소득이 늘면 수요가 줄어서 가격이 하락한다.

② 해당 부동산의 가격이 상승하면 부동산의 수요는 감소하고, 반대로 가격이 하락하면 수요는 증가한다.

③ 대체관계에 있는 부동산가격의 상승은 해당 부동산의 수요를 증가시켜서 가격을 상승시킨다.

④ 대부비율(Loan To Value)이 높아지면 부동산 수요는 증가하고, 소득대비 대출비율(Debt To Income)을 올리면 부동산 수요는 감소한다.

07

중요도 ★★★

부동산 경기변동의 4국면에 대한 설명으로 거리가 먼 것은?

① 부동산 경기의 정점과 저점의 크기를 부동산 경기의 주기라고 한다.

② 정점에서 저점까지를 수축국면이라고 한다.

③ 저점에서 정점까지를 확장국면이라고 한다.

④ 경기는 호황, 후퇴, 불황, 회복을 반복한다.

08

중요도 ★★★

부동산의 수요 요인이 미치는 영향에 대한 설명으로 잘못된 것은?

① 인구가 증가하면 수요가 증가하여 부동산가격이 상승한다.

② LTV, DTI가 높으면 부동산 수요가 감소한다.

③ 금리가 상승하면 부동산 수요가 감소한다.

④ 대체관계에 있는 2개의 부동산 중 하나의 가격이 상승하면 다른 부동산의 수요는 증가한다.

09

중요도 ★★

☐

A재화의 가격이 10% 하락할 때 B재화의 수요량이 20% 감소하였다면, 두 재화는 어떤 관계인가?

① 대체재 관계
② 보완재 관계
③ 독립재 관계
④ 열등재 관계

10

중요도 ★★★

☐

부동산시장이 일반 시장과는 다른 특징으로 올바른 것은?

① 수요자와 공급자 수의 제약
② 부동산상품의 동질성
③ 정보의 비공개성 및 대칭성
④ 낮은 거래비용

정답 및 해설

06 ④ 대부비율과 소득대비 대출비율이 높아지면, 부동산 수요는 증가한다.

07 ① 주기가 아니라 진폭이라고 하며, 정점에서 다음 정점 또는 저점에서 다음 저점까지를 주기라고 한다.

08 ② LTV(대부비율), DTI(소득대비 대출비율)가 높으면 대출을 더 많이 받을 수 있으므로 부동산 수요가 증가한다. 부동산 수요에 영향을 미치는 요인에는 소득, 인구변화, 부동산가격, 대체 관계에 있는 부동산, 소비자 기호, 대출정책의 변화, 기대, 금리 등이 있다.

09 ① A재화의 가격이 하락하면 A재화의 수요량은 증가한다. 그런데 B재화의 수요량이 감소했으므로 A, B 두 재화는 대체재 관계이다.

10 ① 부동산시장의 특징에는 수요자와 공급자 수의 제약, 부동산상품의 비동질성, 정보의 비공개성 및 비대칭성, 높은 거래비용 등이 있다.

11

중요도 ★★

부동산 수요정책에 대한 설명으로 올바른 것은?

① LTV, DTI를 높이면 부동산 수요가 감소한다.

② 기준금리를 인상하면 부동산 수요가 감소한다.

③ 임대사업자에 대한 세제를 완화하면 수요가 감소한다.

④ 주택담보대출 소득공제나 임대료 보조제도는 부동산 수요를 감소시킨다.

12

중요도 ★

부동산정책에 대한 설명으로 옳은 것은?

① 중앙은행에서 기준금리를 인상하면 부동산시장의 수요에 긍정적이다.

② 그린벨트를 해제하면 부동산 공급이 감소한다.

③ 가격정책은 정부가 부동산시장에 간접적으로 개입하는 정책이다.

④ 조세정책은 부동산가격을 상승시키는 요인으로 작용할 수 있다.

13

중요도 ★★★

정부의 부동산정책 중 수요정책에 관한 내용으로 거리가 먼 것은?

① 주택담보대출을 받은 소유주에게 연말정산 시에 이자상환액에 소득공제 혜택을 주어서 주택 수요의 증가를 촉진시킨다.

② 대부비율(LTV : Loan To Value)이나 소득대비 대출비율(DTI : Debt To Income)을 통하여 대출규모를 조절하여 부동산 수요를 조절한다.

③ 부동산 담보대출금리 산정의 기초가 되는 기준금리를 조정하여 부동산 수요를 조절한다.

④ 지역과 지구의 지정을 통해 용도, 밀도 등을 통제하여 부동산 수요를 조절한다.

14

중요도 ★★

정부의 부동산정책 중 공급정책에 관한 내용으로 잘못된 것은?

① 도심의 기존 부동산을 멸실하고 오피스빌딩, 주택, 복합시설 등을 공급한다.

② 일정 수준 이상의 임대료를 받지 못하도록 규제함으로써 임대료를 직접적으로 통제한다.

③ 도심의 무분별한 확산을 막기 위한 제도로 그린벨트의 해제 등을 통하여 토지를 공급한다.

④ 공공과 민간이 대규모 토지를 수용하여 신도시, 산업단지 등을 공급한다.

정답 및 해설

11 ② ① LTV, DTI를 높이면 부동산 수요가 증가한다.
  ③ 임대사업자에 대한 세제를 완화하면 수요는 증가한다.
  ④ 주택담보대출 소득공제나 임대료 보조제도는 부동산 수요를 증가시킨다.

12 ④ ① 중앙은행에서 기준금리를 인상하면 부동산시장의 수요에 부정적이다.
  ② 그린벨트를 해제하면 부동산 공급이 증가한다.
  ③ 가격정책은 정부가 부동산시장에 간접적이 아니라 직접적으로 개입하는 정책이다.

  참고 부동산시장과 정부의 정책

수요정책	주택 담보대출 비용 소득공제, 부동산 담보대출 규제, 부동산 담보대출기준금리 조정, 부동산 임대사업제도, 임대료 보조
공급정책	지역지구제(Zoning) : 용도(주거, 상업, 공업 등), 용적률, 건폐율, 고도제한, 지구단위계획, 문화재보호구역, 대공방어협조구역, 택지공급제도(신도시, 산업단지 등), 그린벨트제도, 도시환경정비사업, 도심재정비사업, 뉴타운사업 등
가격정책	임대료 상한제, 분양가 상한제
조세정책	취득세 및 등록세, 보유세(재산세, 종합부동산세), 양도소득세, 개발이익환수제도

13 ④ 지역과 지구의 지정을 통해 용도, 밀도 등을 통제하여 부동산 수요를 조절하는 것은 지역지구제(Zoning)로, 공급정책이다.

14 ② 일정 수준 이상의 임대료를 받지 못하도록 규제함으로써 임대료를 직접적으로 통제하는 것은 가격정책 중 임대료 상한제에 대한 설명이다.

15 중요도 ★★★

부동산펀드의 투자 방법으로 잘못된 것은?

① 부동산펀드 설립 시 청약하는 방법이 있다.

② 거래소 시장에서 집합투자증권 매매방식으로 투자하는 방법이 있다.

③ 부동산펀드는 공모펀드로 구성되는 것이 일반적이다.

④ 공모부동산펀드의 경우 거래소 시장에 상장되어 있다.

16 중요도 ★★

부동산펀드 투자 시의 검토사항에 관련한 설명으로 잘못된 것은?

① 부동산투자에 있어 투자의 알파와 오메가는 부동산의 입지(Location)이다.

② 임대료나 공실률의 추이가 어떻게 변해왔는지를 살펴보고 신규 공급계획에 대한 확인을 통해 향후 임대료의 안정성 여부 등을 판단해 보아야 한다.

③ 산업생태계의 변화도 부동산시장에 직접적인 영향을 줄 수 있으므로 수급상의 변동요인을 잘 살펴보아야 한다.

④ 자산운용회사를 선택할 때, 일반적으로 미래 예상 운용실적(Track Record)을 고려하되, 시장의 평판에 크게 좌우되어서는 안 된다.

17

중요도 ★★

부동산펀드의 기대수익에 관한 설명으로 잘못된 것은?

① 기대수익을 추정할 때, 미래수익에 대한 일정한 가정을 해서는 안 된다.

② 부동산펀드는 취득 후 임대 등 운영에서 발생하는 운영수익과 자산 매각 시 발생하는 처분이익을 수익의 원천으로 한다.

③ 미래 수익의 현금흐름에 대한 할인율을 적용하여 기대수익률을 산출한다.

④ 임대수익의 경우 공실률과 임대료 상승률에 대한 가정이 보다 보수적인 수치를 적용할 때 어느 정도 수익률이 하락하는지에 대한 분석이 필요하다.

정답 및 해설

15 ③ 부동산펀드는 사모펀드로 구성되는 것이 일반적이어서 일반투자자가 투자기회를 찾기가 용이하지 않다.

16 ④ 자산운용회사를 선택할 때, 일반적으로 과거의 운용실적(Track Record)과 시장의 평판을 우선으로 고려해야 한다.

17 ① 미래수익에 대한 일정한 가정이 들어가게 되며, 가정의 적정성과 함께 그러한 가정에서 주요 변수가 달라질 경우 기대수익률이 어느 정도 달라지는지에 대한 민감도를 분석해 보아야 한다.

제 4 장
부동산펀드 리스크관리

학습전략

부동산펀드 리스크관리는 제3과목 전체 20문제 중 총 5문제 정도 출제된다.

부동산펀드 리스크관리의 경우 공부하기 까다로운 분야이다. 먼저 부동산투자가 주식·채권과 어떻게 다른지 확인하고 차별성을 명확히 정립해 놓아야 학습이 쉬워진다. 부동산투자가 전통적 투자대안과 다른 점에서 연유하는 독특한 리스크에 대하여 문제가 집중된다. 부동산투자에서 공통적으로 부딪히는 위험과 관리방법을 학습해야 하며, 가장 중요한 펀드인 대출형, 임대형, 경·공매형, 해외부동산펀드에서 주목해야 할 리스크 관련 내용을 숙지해야 한다.

출제예상 비중

해외부동산펀드 리스크 10%

10% 총론

10% 부동산투자 위험의 관리

경·공매형부동산펀드 리스크 20%

25% 대출형부동산펀드 리스크

임대형부동산펀드 리스크 25%

핵심포인트

다음 중 대안투자(부동산투자)의 특성에 대한 내용으로 잘못된 것은?

① 투자대상으로는 짧은 역사를 가진다.
② 투자 포트폴리오에서 보편적이지 않은 보기 드문 형태의 투자이다.
③ 전통적인 투자에 비하여 유동성이 높다.
④ 장기 투자자가 대부분이다.

용어 알아두기

대안투자	기존 투자대상이 아닌 제3의 자산에 대한 투자를 말한다.

TIP 전통적인 투자에 비하여 유동성이 낮다.

핵심포인트 해설   **대안투자(부동산투자)의 개념과 특성**

개 념	• 대체적 자산집단에 투자하는 것 또는 대체적 전략으로 투자하는 것
특 성	• 투자대상으로는 짧은 역사를 가짐 • 투자 포트폴리오에서 보편적이지 않은 보기 드문 투자형태 • 전통적인 투자에 비해 유동성이 낮음 • 장기 투자가 대부분으로 장기간 환매불가기간이 있음 • 높은 수수료 • 일시에 대규모의 자금을 확실히 조달해야 하는 특성상 일반 개인투자자보다는 기관의 투자 수단으로 활용 • 전통적 투자자산과의 상관관계가 낮은 경향 • 대부분의 대안투자 자산은 주식, 채권 등 전통적 투자자산과는 달리 투명한 공개시장에서 대량으로 거래가 이루어지지 않아 공정가치를 평가하는 데에 어려움이 있음 • 실제 거래 시에 거래가격은 개별적인 가치평가된 가격이 아니라 협상에 따라 달라짐 • 성과 비교의 기준이 되는 적절한 벤치마크가 없으며, 절대적 수익률을 고려하게 됨 • 투자 또는 운용역의 전문성에 의존하는 경우가 많음

정답 | ③

부동산투자에 대한 일반적인 내용으로 거리가 먼 것은?

① 수익은 투자안으로부터 얻어지게 될 미래의 현금흐름이다.

② 위험은 수익에 대한 불확실성으로부터 발생하는 자산이나 부채가치의 변동성이다.

③ 부동산은 투자의사결정이나 포트폴리오 구성과 별도의 위험을 가지고 있다.

④ 실물자산의 관리 위험은 일반투자자산도 가지고 있는 공통된 위험이다.

TIP 실물자산인 부동산은 임대차, 유지, 개·보수, 개발하는 데에 따른 관리 위험을 추가로 부담하여야 하는데, 이는 부동산의 고유한 위험이다.

핵심포인트 해설 | **부동산투자 위험의 종류**

사업상 위험 (Business Risk)	• 부동산 사업 자체로부터 연유하는 위험	
	시장 위험 (Market Risk)	• 시장 상황에 따른 수요와 공급의 변화는 부동산투자의 수익성에 대한 위험을 증대시키는 중요한 요인
	운영 위험 (Operating Risk)	• 부동산의 관리, 근로자의 파업, 영업경비의 변동 등으로 인해 야기될 수 있는 수익성의 불확실성을 폭넓게 지칭 • 경영 및 관리 위험(Management Risk) → = 변동성
	입지 위험 (Locational Risk)	• 부동산의 부동성으로 인해 사업상 안게 되는 위험 • 입지 위험은 모든 사업에 공통되는 문제
금융 위험 (Financial Risk)	• 부채(타인자본)를 사용하여 투자하게 되면 지분수익률 증가(지렛대 효과) • 부채가 많으면 많을수록 원금과 이자에 대한 채무불이행의 가능성이 높아지며, 파산할 위험도 그만큼 더 커짐 → 자기자본에 대한 수익률	
법적 위험 (Legal Risk)	• 부동산투자의 의사결정은 정부의 여러 가지 정책, 지역지구제, 토지이용규제 등의 법적 환경 아래서 이루어짐 • 부동산 세제나 감가상각방법의 변경과 부동산의 사용이나 임대료에 관한 법령의 변경 등	
인플레이션 위험 (Inflation Risk)	• 인플레이션으로 인해 장래 발생한 투자수익(현금 유입액)의 현재가치가 하락할 위험 • 투자에 대한 요구수익률도 그만큼 상승	
유동성 위험 (Liquidity Risk)	• 부동산은 다른 자산에 비해 유동성 위험이 매우 큰 자산 • 일반적으로 규모가 큰 부동산은 그만큼 유동성이 떨어지게 되며, 이에 따라 수익률이 높은 것이 일반적임	

정답 | ④

다음 중 부동산투자의 위험관리절차로 올바른 것은?

① 위험 식별 ⇨ 위험 분류 ⇨ 위험 분석 ⇨ 위험 대응
② 위험 분류 ⇨ 위험 식별 ⇨ 위험 분석 ⇨ 위험 대응
③ 위험 식별 ⇨ 위험 분석 ⇨ 위험 분류 ⇨ 위험 대응
④ 위험 식별 ⇨ 위험 분류 ⇨ 위험 대응 ⇨ 위험 분석

TIP 부동산투자의 위험관리절차는 '위험 식별 ⇨ 위험 분류 ⇨ 위험 분석 ⇨ 위험 대응' 순이다.

핵심포인트 해설　　**부동산투자 위험관리절차**

위험 식별 (Risk Identification)	• 위험 발생의 근원을 인식하고 위험 인자의 유형과 특성을 파악함으로써 특정 상황을 이해하는 단계 • 시장 및 사업 위험, 프로젝트 위험, 거시적 위험 등이 부동산투자의 주요 위험 인자
위험 분류 (Risk Classification)	• 위험 인자를 유형과 특성별로 분류하여 각 위험 인자들 사이의 상호 관련성을 파악하는 단계 • 특정 위험 상황과 성격에 부합하는 분석기법과 대응 전략을 설정 • 위험은 통제 가능한 위험과 통제 불가능한 위험으로 분류
위험 분석 (Risk Analysis)	• 식별된 위험 인자의 중요도를 파악함으로써 대안설정과 전략수립의 가능 여부를 판단하는 단계 • 부동산투자 위험요인을 식별하고 분석된 위험인자의 처리방안을 고려하는 단계 • 위험의 부정적인 영향을 가능한 한 완벽하게 제거하고, 위험에 대한 통제력을 강화하는 목적 • 위험 대응전략은 위험 회피, 위험 감소, 위험 보유, 위험 전가로 분류

정답 | ①

04

다음 부동산투자의 위험과 그 관리방안이 올바르게 연결된 것은?

A. 유동성 위험	B. 가격변동 위험
C. 임대 위험	D. 개발 위험

가. 파생금융상품	나. Put Back Option
다. 리싱 패키지	라. 확정가격에 의한 일괄도급계약

① A-가, B-나, C-다, D-라　　　② A-나, B-가, C-다, D-라
③ A-가, B-나, C-라, D-다　　　④ A-나, B-가, C-라, D-다

TIP 위험별 위험관리방안은 다음과 같다.
　　유동성 위험 – 사전옵션계약, Put Back Option 등
　　가격변동 위험 – 파생금융상품 등
　　관리운영 및 임대 위험 – 임차인과의 장기임대계약, 전문 관리업체와의 장기운영계약, 리싱 패키지 등
　　개발 위험 – 확정가격에 의한 일괄도급 계약 등

핵심포인트 해설　　　**위험관리방안**

> 시험에서 가격변동 위험을 중요하게 다루지 않으므로 가격변동 위험 관리방안으로 파생상품 이용이 있다는 점만 숙지할 것!

가격변동 위험	• 파생금융상품을 활용하는 방안 • 우리나라는 지수들이 개발되지 않았거나 공신력이 떨어지는 상황
유동성 위험	• 일반적으로 유동성 위험은 개발사업과 관련하여 부동산을 분양하고자 하는 경우 또는 보유한 부동산투자의 포트폴리오를 변경하고자 하는 경우에 주로 발생 • 사전옵션계약 : 개발사업자가 완성된 부동산의 지분을 확정된 가격에 매각하는 사전옵션계약을 맺어, 유동성 위험을 줄이는 방법 • 풋백옵션(Put Back Option) : 투자자가 부동산 매매계약을 맺으면서 일정 기간이 지난 이후 이를 부동산 매도자에게 되팔 수 있는 권리
관리운영 및 임대 위험	• 임차인과의 장기임대계약을 맺는 방법 • 전문 관리업체와의 장기운영계약을 통하여 아웃소싱(Outsourcing)하는 방법 • 리싱 패키지(Leasing Package) : 부동산 소유자와 관리회사가 통제할 수 없는 외부시장 여건의 변화에 대응하기 위하여 통제 가능한 내부 여건을 변화시켜서 적극적으로 대응해 나가는 전략
개발 위험	• 시공자와 건설과정에서의 설계, 자재조달, 인·허가 등 각종 절차를 일괄적으로 부담시키고 건설비도 계약 시에 확정하는 '확정가격에 의한 일괄도급계약(Fixed Price and Lump-Sum Turn-Key Contract)'을 활용 • 시공사의 신용 위험에 대해서는 별도로 고려하여야 함
비체계적 위험	• 부동산 부문별로 분산투자를 하는 방법 • 지역별로 분산투자를 하는 방법 • 부동산펀드나 부동산투자회사와 같은 부동산 간접투자

정답 | ②

부동산펀드의 리스크 조직에 관한 설명으로 잘못된 것은?

① 부동산과 같은 대체투자사업은 정성적인 차원에서의 위험관리가 요구된다.
② 사전적이고 적극적인 위험관리가 요구된다.
③ 프로젝트 시작 여부의 의사결정이 위험관리 측면에서 중요하다.
④ 사전적으로는 상호의존적이고 객관적인 감시가 필요하다.

TIP 사후적으로는 건전한 내부통제구조의 유지 및 운용역에 의해 수행된 업무가 적절하게 이루어졌는지에 관한 독립적이고 객관적인 감시가 필요하다.

핵심포인트 해설　　　리스크 조직

(1) 개 념
① 대체투자사업은 정성적인 차원에서의 위험관리 및 사전적이고 적극적인 위험관리가 요구
② 프로젝트 시작 여부의 의사결정이 위험관리 측면에서 중요
③ 사후적으로는 독립적이고 객관적인 감시 필요

(2) 위험관리부서
① 신용평가, 거래 한도 설정, 매매 시기 및 상품가격 결정 등 위험관리에 대한 의사결정은 각 운용부서가 시행
② 조직 전체의 입장에서 위험관리를 통합 관리하는 전담부서가 필요
③ 통합 위험관리는 위험관리부서(리스크관리팀)에서 담당
④ 주식, 채권, 파생상품 등과 관련한 위험관리부서에서 부동산펀드의 위험관리를 담당하는 것은 적절하지 않음

정답 | ④

다음 중 부동산펀드의 사업타당성 분석의 요소가 아닌 것은?

① 시장환경 분석
② 물리·기술적 타당성 분석
③ 전(前) 실행 가능성 분석
④ 재무적 타당성 분석

TIP 부동산펀드의 사업 타당성 분석에는 시장환경, 법률·정책적 타당성, 물리·기술적 타당성, 실행 가능성, 재무적 타당성 등이 있다.

핵심포인트 해설 　 리스크 분석

(1) 사업성과 리스크
① 모든 위험요인을 서면으로 기술하는 것은 용이하지 않음
② 위험이 발현되는 양태는 천차만별하고 그 효과를 예측하는 것도 불가능함
③ 사업성 분석은 리스크관리에 있어서 가장 중요한 부분
④ 사업성 저하로 인해 발생하는 리스크는 어떠한 금융구조로도 회피할 수 없음

(2) 사업 타당성 분석
① 시장환경
② 법률·정책적 타당성
③ 물리·기술적 타당성
④ 실행 가능성
⑤ 재무적 타당성

DSCR	• Debt Service Coverage Ratio : 연간 원리금 상환 능력 • DSCR = 영업 현금흐름 / 원리금 상환액(통상 1.2 ~ 1.3 적정)
IRR	• Internal Rate Return : 투자에 따른 현금유출(Cash Outflow)과 현금유입(Cash Inflow)의 현재가치를 동일하게 하는 할인율 • ROI(Return On Investment) : 프로젝트 자체의 IRR
ROE	• Return On Equity : 자기자본 투자의 현재가치와 배당수익 및 잔여재산의 현재가치를 동일하게 하는 할인율

정답 | ③

대출형부동산펀드의 구조에 관한 설명으로 올바른 것은?

① 소구금융으로서 사업주와 법적으로 독립된 프로젝트회사에 대출을 실행한다.
② 특별목적회사(SPC)를 설립하여 이 회사가 독립적으로 차입하는 자금조달구조이다.
③ 사업 실패 시 무한소구가 가능한 구조이다.
④ 사업주(시행자)의 지급보증 및 연대보증의 방법으로 신용 위험을 담보한다.

용어 알아두기

소구금융	어음(수표)금액 기타 비용의 변상을 청구하는 것을 말한다. 쉽게 말해 돈을 달라고 조르는 것이다.

TIP ① 비소구금융으로서 사업주와 법적으로 독립된 프로젝트회사에 대출을 실행한다.
③ 사업 실패 시 비소구 또는 제한적 소구금융이 가능한 구조이다.
④ 시공사의 지급보증 및 연대보증 등의 방법으로 신용 위험을 담보하는 대출구조이다.

핵심포인트 해설   **대출형부동산펀드의 개념 및 구조**

개 념	• 대출형부동산펀드는 프로젝트 파이낸싱(Project Financing)형 → 바로 '소구'를 하지 않는다는 독특한 특성이 있으므로 문헌에 주의할 것! • 미래의 현금흐름(Cash Flows)을 담보로 시행 주체에게 대출한 후 이자를 수취하는 펀드
특 징	• 부외금융(Off-Balance Financing) • 자본집약적, 자금을 회수하기까지 상당 기간 환매가 제한되는 특징 • 수익자에게 예측 가능한 수익률 가이드라인을 제시
구 조	• 사업주와 법적으로 독립된 프로젝트회사에 대출을 실행, 비소구금융을 기본 형태로 함 • 특별목적회사(SPC)를 설립하여 독립적으로 차입하는 자금조달구조 • 모회사의 도산 위험으로부터 프로젝트를 격리하는 방법 • 부동산개발사업은 사업주가 직접 차주가 되거나 해당 사업의 차주에 대한 연대보증인으로 참여하는 제한적 소구금융 형태가 일반적

정답 | ②

다음 중 대출형부동산펀드 리스크 유형으로 거리가 먼 것은?

① 사업 인·허가 위험
② 분양 위험
③ 사모펀드 위험
④ 투자원금 손실 위험

TIP 대출형부동산펀드를 사모펀드가 아닌 공모형태로 모집할 경우 위험이 따른다.

핵심포인트 해설	대출형부동산펀드 리스크 유형

사업 인·허가 위험	• 개발유형에 따라 인·허가 사항이 상이 • 인·허가 관련 이해관계자의 민원이 다양하게 발생 • 일정이 지연되고 사업비가 증가하는 경향이 있음
사업부지 관련 위험	• 사업부지 매입 시 소유권 이전에 따른 위험이 존재 • 법률적 하자를 해소하는 데 리스크가 따름 • 임차인 명도 및 이주와 관련하여 상당한 기간이 소요되는 위험요소 존재
부도 위험	• 시행사 또는 시공사의 부도 시 사업 지연과 원리금 상환 지연 또는 미상환 위험 발생
분양 위험	• 분양 지연 및 분양률 저조 등으로 인한 원리금 상환 지연 및 미상환 위험
계약불이행 위험	• 계약당사자의 계약불이행으로 인한 사업 지연 또는 중단 위험
투자원금 손실 위험	• 부동산펀드 특성상 투자원리금 전액이 보장 또는 보호되지 않는 위험 존재
공모펀드 위험	• 높은 금융비용 • 융통성 결여

정답 | ③

임대형부동산펀드의 매입단계 리스크와 거리가 먼 것은?

① 매입가격의 적정성 : 유사거래사례, 감정평가액, 예상수익률 등을 고려하여 결정한다.

② 법률적 위험 : 권리상의 하자(소유권 분쟁 등)로 인한 위험을 검토하고 매입한다.

③ 물리적 위험 : 실사·측량을 통하여 물리적 하자(건물 손상 등)를 사전에 파악한다.

④ 임차인 위험 : 임차인의 임대료 체납 및 명도 지연 등을 관리한다.

TIP 임차인 위험은 운용단계의 리스크에 포함된다.

핵심포인트 해설	임대형부동산펀드 리스크

개 념	• 대형상가 및 오피스텔 등을 매입한 후 임대하여 임대수익 등의 안정적인 현금흐름을 확보하고 일정 기간 후 부동산가치를 높여 재매각함으로써 수익을 내는 형태의 펀드
형 태	• 빌딩, 상가 등을 구입하여 지속적인 임대수익을 얻고자 하는 목적으로 설립된 펀드
매입단계	• 매입가격의 적정성 : 부동산 매입에 있어 적정가격을 산정하는 것이 중요 • 법률적 위험 • 물리적 위험 • 재무타당성
건설 중인 부동산	• 개발사업 위험 : 건설 중인 부동산을 매입하는 형태의 부동산펀드는 개발사업에서 발생할 수 있는 모든 위험에 개발시행사로부터 간접적으로 영향을 받게 됨 • 부동산권리 확보 위험 : 계약금 및 중도금 등에 120 ~ 130% 정도 담보신탁설정 • 기타 공사 관련 위험
운용단계	• 임차인 위험 : 임차인의 임대료 체납 및 명도 지연 등 →인도와 명도는 다르며, 인도가 아님 • 공실 위험 • 관리비 증가 위험 • 타인자본(Leverage) 위험 • 재해 등 불가항력에 대한 위험 • 제도변화 관련 위험
청산단계	• 사업계획미달 위험 • 매각 위험 • 추가비용 발생 위험

정답 | ④

10

경·공매형부동산펀드의 특징으로 잘못된 것은?

① 가장 큰 변수는 우량물건의 확보이다.

② 빌딩, 상가 등을 구입하여 지속적인 임대수익을 얻고자 하는 목적으로 설립된 펀드이다.

③ 기본적으로 경락을 받아야 하기 때문에 경쟁이 치열하다.

④ 일정 규모 이상의 물건을 확보하여야 하기 때문에 타 펀드보다 제한 요소가 많다.

TIP 빌딩, 상가 등을 구입하여 지속적인 임대수익을 얻고자 하는 목적으로 설립된 펀드는 임대형부동산펀드이다.

핵심포인트 해설 | **경·공매형부동산펀드 리스크**

개 념	• 판매사가 투자자의 자금을 모집하고 부동산 전문가가 실물자산을 시장가격보다 저렴하게 매입한 후 임대수익을 얻고, 재매각함으로써 시세차익을 얻음
특 징	• 경·공매형부동산펀드의 경우 가장 큰 변수는 우량물건의 확보 • 경락을 받아야 하기 때문에 경쟁이 치열, 일정 규모 이상의 물건을 확보해야 하기 때문에 타 펀드보다 제한 요소가 많음　→ 일정 규모 이하 (X)
매입단계 리스크	• 투자자산 확보의 위험 　· 경매시장의 경쟁으로 인한 투자자산 확보의 위험 　· 양호한 대형 물건이 드물고, 경매시장에서의 치열한 경쟁으로 인해 일정 규모 이상의 투자자산 확보가 어려움 • 운용인력의 전문성 : 수익률의 경우 상대적으로 임대형부동산펀드, 대출형부동산펀드의 수익률보다 현저히 떨어짐 • 법률 위험 　· 경·공매 절차의 복잡 　· 사전 법률 검토를 선행해야 함 • 자산평가의 위험 : 입찰가격을 높게 설정하면 임대수익 하락과 재매각 시 가격 하락에 따른 수익률이 저하 • 비용 증가 위험 　· 경·공매형부동산펀드의 경우 펀드 보수가 연 3% 수준에 달하여 상당한 고비용 구조 　· 낙찰 후 명도, 리모델링, 재임대 등에 상당 기간이 소요되어 비용이 추가로 발생
매각단계 리스크	• 부동산 경기가 좋을 경우에도 부동산이 가지고 있는 개별적 특성으로 인해 시장에서의 위험은 항상 존재 • 투자자산 매각 시 인근 지역에 신규 물건이 초과 공급되어 매각가격의 하락과 매각 기간이 길어짐으로써 펀드 청산의 어려움이 있음

정답 | ②

경·공매형부동산펀드의 리스크관리방안에 관한 설명으로 잘못된 것은?

① 펀드의 규모가 너무 크면 미운용자금(Idle Money)의 비중이 높아진다.
② 펀드의 규모가 너무 작으면 소수에 집중 투자됨에 따라 리스크가 증가한다.
③ 사전불특정형(Blind) 방식이므로 체계적인 운용프로세스 및 운용매뉴얼이 필요 없다.
④ 경·공매시장의 상황을 고려하여 펀드 모집액의 적정성을 사전에 검토한다.

TIP 경·공매형부동산펀드는 사전에 투자자산이 정해져 있지 않은 상태에서 운용되는 사전불특정형(Blind) 방식이므로 체계적인 운용프로세스 및 운용매뉴얼이 필요하다.

핵심포인트 해설 **경·공매형부동산펀드 리스크관리방안**

투자자산 평가 위험	• 사전 검토 사항 · 상품 판매 시 투자자산 후보군이 결정되어 있는지 · 투자대상 개별 부동산을 사전 조사 및 평가하는 시스템을 체계적으로 갖추고 있는지 • 사전 검토를 통해 펀드 조성 후 부동산 매입에 실패하여 운용사가 조기상환을 하는 위험을 방지하고, 펀드 수익률에 대한 안정성을 도모할 수 있음
법률 리스크	• 경매는 명도책임이 낙찰자에게 있음 • 불완전한 권리의 취득이나 경락자가 인수해야 하는 권리 등 다양한 법률적 위험이 존재
자산처분 위험	• 투자자산의 처분 지연으로 펀드 청산이 지연되어 환매대금 지급이 어려운 경우가 발생 가능 • 전속중개계약 및 부동산 매매 컨설팅 계약체결로 중개전문회사와 매도시기를 조정하여야 함 • 다른 펀드 편입 부동산에 비해 상대적으로 선호도나 유동성이 떨어질 수 있으므로 매각 시스템이나 계획을 사전에 점검하는 것이 매우 중요
펀드 규모의 적정성	• 경·공매형부동산펀드의 규모가 너무 크면 경매 및 공매 부동산을 펀드에 적정 수준까지 편입할 때까지 미운용자금(Idle Money)의 비중이 높아 펀드의 수익률이 상당 기간 낮게 유지될 가능성이 있음 ↳ 1. 운용자금 (X) 2. 운용하지 않고 노는 돈이라는 뜻으로 'Idle Money'라고도 표현 • 경·공매형부동산펀드의 규모가 너무 작으면 1 ~ 2개의 경매 및 공매 부동산에 집중 투자됨에 따라 리스크가 증가될 수 있음 1. 사전특정형 (X) 2. 펀드는 대개 사전특정형이나, 경·공매형은 사전불특정형이므로 주의할 것!
펀드 운용사의 체계적 관리	• 경·공매형부동산펀드는 사전에 투자자산이 정해져 있지 않은 상태에서 운용되는 사전불특정형(Blind) 방식임 • 펀드 운용의 최적화 및 투명성을 기할 수 있는 체계적인 운용프로세스 및 운용매뉴얼이 필요 • 운용프로세스 및 운용매뉴얼을 포함한 경·공매형부동산펀드를 효율적으로 운용할 수 있는 체계를 구축하고 있는지 사전에 점검

정답 | ③

12

역외펀드에 관한 설명으로 거리가 먼 것은?

① 해외자산운용사가 외국에서 펀드를 만들어 국내에서 펀드를 판매하는 것이다.
② 세계적으로 검증된 유명한 해외운용사가 운용하는 만큼 신뢰도가 크다.
③ 원금을 제외한 이익금에 대하여 비과세 및 세금 우대가 가능하다.
④ 펀드 가입 시 선취수수료는 1.5% 내외, 운용수수료는 1.5% 내외로 수취한다.

용어 알아두기

역외펀드	외국의 자산운용회사가 국내에서 자금을 모아서 외국에 투자하는 펀드를 말한다.

TIP 원금을 제외한 이익금에 대해 비과세 및 세금 우대가 가능한 것은 해외펀드이다.

핵심포인트 해설 **해외부동산펀드 리스크**

개 념	• 해외부동산에 직접 투자하는 펀드 + 해외 수익형부동산 관련 기업의 주식이나 리츠에 투자하는 펀드 • 해외 저평가된 부동산 관련 상품에 투자하여 수익을 내는 것이 목표
유 형	• 해외펀드 · 한국의 자산운용사가 국내에 펀드를 만들어 해외에 투자하는 상품 · 원금을 제외한 이익금에 대해 비과세 및 세금 우대가 가능 • 역외펀드 · 해외자산운용사가 외국에서 펀드를 만들어 국내에서 펀드를 판매하는 상품 · 신뢰도가 크며, 전문적인 고급 인력과 고급 기업정보가 있음 · 장기투자 시 국내펀드보다 수익률이 낮아질 수 있는 위험 · 환율변동에 따른 환차익 및 환차손이 발생 · 투자원금을 제외한 이익금의 약 15.4%가 과세 • 해외재간접펀드(Fund of Funds) · 국내에서 발매되고 있는 해외부동산펀드의 대표적인 유형 · 국내 운용사의 펀드가 해외운용사의 펀드에 투자하는 개념
리스크 유형	• 해당국의 정치, 경제, 법률적 차이 • 현지인 위험 • 제도 및 실사 비용 위험 • 조세 위험 • 환매 유동성 위험 : 해외펀드 환매 시 현금 유입은 6 ~ 8영업일 이후에나 가능 • 환율 위험 · 투자대상국 통화로 수익이 발생해도 원화 기준 수익률은 떨어질 수 있음 · 환율변동으로 인한 수익률 저하를 막기 위한 환헤지 요구 · 해당국 통화나 달러로 표시되는 역외(Off-Shore)펀드는 개별적으로 환헤지 • 펀드 정보의 제한 • 글로벌 신용경색 위험

정답 | ③

다음 중 각종 부동산펀드와 리스크 요인을 비교한 것으로 잘못된 것은?

① 경·공매형부동산펀드의 경우 미운용자금의 비중이 높아지면 수익률이 상당 기간 낮게 유지될 가능성이 크다.
② 임대형부동산펀드의 경우 공실률이 높아지면 수익률이 감소한다.
③ 해외부동산펀드에 있어서 프로젝트 시작 때보다 원화가 평가절하된 경우에는 환헤지 정산금을 납부하여야 한다.
④ 역외펀드는 펀드 내 환헤지를 하는 경우가 많아 환헤지에 대한 고려가 필요 없다.

TIP 역외펀드는 개인(투자자)이 환헤지를 해야 하는 경우가 많아 환율에 따른 위험이 존재한다.

핵심포인트 해설 | **해외부동산펀드의 리스크관리방안**

펀드의 선택	• 투자국, 지역 검토 • 해당국의 부동산 정보 및 경제성장률 등의 정보 파악 • 해당국의 펀드 수익과 관련된 정보를 취득하기 어려움 • 변동성(위험)이 크며, 비과세 효과보다 투자성과가 꾸준한 펀드가 중요
포트폴리오	• 분산투자의 원칙을 고려하여 투자 • 경제성장률이 높은 지역은 가격등락도 심하게 나타나는 위험이 있음(이머징마켓)

환위험	• 환헤지(Hedge)
	  · 국내사가 운용하는 펀드는 펀드 내 환헤지를 하는 경우가 많음
	  · 역외펀드는 개인(투자자)이 환헤지를 해야 하는 경우가 많음
	  · 역외펀드 가입 시 판매사를 통해 환헤지하는 것이 바람직
	• 달러화 이외의 환헤지
	• 과도한 환헤지(Over Hedge) : 환헤지 시에는 FX Swap보다는 Put Option 매입을 통한 환헤지가 적절하나 비용이 큼
	• 기준가 변동 : 기준가가 일시적으로 투자원본 이하로 하회할 수 있음
	• 위험의 전가

운용사 선택	• 투자 전 자산운용사 신뢰성 여부, 운용실적 등 점검

정답 | ④

fn.Hackers.com

출제예상문제

다시 봐야 할 문제(틀린 문제, 풀지 못한 문제, 헷갈리는 문제 등)는 문제 번호 하단의 네모박스에 체크하여 반복학습하시기 바랍니다.

01 중요도 ★★★
다음 중 전통적인 투자와 비교한 대안투자에 대한 설명으로 거리가 먼 것은?

① 장기간의 환매 불가 기간이 있다.
② 높은 수수료를 지불하여야 한다.
③ 일반 개인투자자보다는 기관투자수단으로 활용된다.
④ 전통적인 투자자산과의 상관관계가 높다.

02 중요도 ★
다음 중 인플레이션에 취약한 구조의 부동산펀드는?

① 임대형부동산펀드　　　　　　② 대출형부동산펀드
③ 경·공매형부동산펀드　　　　　④ 개발형부동산펀드

03 중요도 ★★
부동산투자의 장점과 가장 거리가 먼 것은?

① 안전성　　　　　　　　　　② 임대소득과 자본이득
③ 인플레이션 헤지 효과　　　　④ 환금성

04 중요도 ★
부동산투자의 수익과 위험에 대한 설명으로 올바른 것은?

① 부동산투자에 대한 기대소득의 변동 가능성으로 인한 위험이 없다.
② 위험과 기대이익은 반비례 관계에 있다.
③ '기대수익률 = 안전자산수익률 + 위험프리미엄'이다.
④ MBS는 국채나 회사채보다 위험하다.

05 중요도 ★★
부동산투자의 위험 중 사업상 위험에 해당하지 않는 것은?

□
① 금융 위험
② 시장 위험
③ 운영 위험
④ 입지 위험

06 중요도 ★★
다음 중 부동산투자의 위험에 대한 내용으로 잘못된 것은?

□
① 운영 위험은 부동산 관리, 근로자 파업, 영업경비 변동, 경영관리 위험 등을 말한다.
② 대출이 많을 경우 원리금에 대한 채무불이행 가능성으로 금융 위험이 생길 수 있다.
③ 법적 위험은 입지 위험이나 운영 위험 등 여러 가지 위험을 파생시킨다.
④ 유동성 위험은 부동산 규모에 따라 달라진다.

정답 및 해설

---

01 ④ 전통적인 투자자산과의 상관관계가 낮다.

02 ② 인플레이션에 취약한 구조의 부동산펀드는 대출형부동산펀드다.

03 ④ 부동산투자의 장점에는 안전성, 임대소득과 자본이득, 레버리지 효과, 절세 효과, 인플레이션 헤지 효과(구매력 보호), 소유의
　　　 금지와 만족 등이 있다.

04 ③ ① 부동산투자에 대한 기대소득의 변동 가능성으로 인한 위험이 있다.
　　　 ② 위험과 기대이익은 비례 관계에 있다.
　　　 ④ MBS는 국채보다 위험하나 회사채보다는 안전하다.

05 ① 부동산투자의 위험 중 사업상 위험에는 시장 위험, 운영 위험, 입지 위험 등이 있다.

06 ③ 입지 위험이나 운영 위험 등 여러 가지 위험을 파생시키는 것은 사업상 위험이다.

07 중요도 ★★★

다음 중 부동산투자 위험의 종류에 대한 내용으로 잘못된 것은?

① 사업상 위험은 시장 위험, 운영 위험, 입지 위험으로 분류된다.

② 타인자본을 사용하여 투자하게 되면 자기자본에 대한 수익률이 감소한다.

③ 법적 위험으로 인하여 부동산투자에 대한 위험을 야기한다.

④ 인플레이션 위험이란 장래 발생한 투자수익의 현재가치가 하락할 위험을 말한다.

08 중요도 ★★★

다음 중 리스크 분석전략에 해당하지 않는 것은?

① 리스크 통제전략　　　　　　　　② 리스크 회피전략

③ 리스크 감소전략　　　　　　　　④ 리스크 보유전략

09 중요도 ★

다음 중 부동산투자 시 리스크관리항목과 거리가 먼 것은?

① 가격변동 위험관리　　　　　　　② 유동성 위험관리

③ 수익성 관리　　　　　　　　　　④ 관리운영 및 임대 위험관리

10 중요도 ★★★

위험관리방안에 관한 내용으로 잘못된 것은?

① 부동산 관련 유가증권의 가격변동 위험을 관리하는 방법으로는 파생금융상품을 활용하는 방안이 있다.

② 개발사업자가 완성된 부동산의 지분을 확정된 가격에 매각하는 사전옵션계약을 맺어, 유동성 위험을 줄이는 방법이 있다.

③ 유동성 위험의 관리를 위해 임차인과의 장기임대계약을 맺는 방법이 일반적이다.

④ 개발 위험을 회피하기 위해 '확정가격에 의한 일괄도급계약(Fixed Price and Lump-Sum Turn-Key Contract)'을 활용하기도 한다.

11 중요도 ★★

부동산펀드의 위험관리부서에 대한 설명으로 잘못된 것은?

① 신용평가, 거래 한도 설정, 매매 시기 및 상품가격 결정 등 위험관리에 대한 의사결정은 각 운용부서가 시행한다.

② 조직 전체의 입장에서 위험관리를 통합하여 관리하는 전담부서가 필요하다.

③ 통합 위험관리는 위험관리부서(리스크관리팀)에서 담당한다.

④ 통합적 차원에서 주식, 채권 등과 관련한 부서에서 부동산펀드의 위험관리도 함께 담당하는 것이 바람직하다.

12 중요도 ★★

부동산펀드에 있어 사업 타당성 분석에 관한 내용으로 잘못된 것은?

① 매출 또는 운영수입의 규모 및 실현 가능성을 분석하는 데 SWOT 분석을 활용한다.

② 부동산펀드는 간접투자이므로 직접투자에 필요한 입지분석을 실시하지는 않는다.

③ 시장환경분석은 분양성 검토보고서, 오피스시장 동향보고서 등의 자료를 활용한다.

④ 감정평가법인의 감정평가서를 활용하기도 한다.

정답 및 해설

07 ② 타인자본을 사용하여 투자하게 되면 자기자본에 대한 수익률인 지분수익률이 증가한다. (지렛대 효과)

08 ① 리스크 대응전략에는 리스크 회피전략, 리스크 감소전략, 리스크 보유전략, 리스크 전가전략 등이 있다.

09 ③ 부동산투자 시 리스크관리항목에는 가격변동 위험관리, 유동성 위험관리, 관리운영 및 임대 위험관리, 개발 위험관리, 비체계적 위험관리 등이 있다.

10 ③ 관리운영 및 임대 위험관리를 위해 임차인과의 장기임대계약을 맺는다.

11 ④ 주식, 채권, 파생상품 등과 관련한 위험관리부서에서 부동산펀드의 위험관리를 담당하는 것은 적절하지 않다.

12 ② 교통 및 접근성과 주변 환경 및 학군 등의 입지분석을 실시한다.

13

중요도 ★

사업성과 리스크에 관한 설명으로 잘못된 것은?

① 모든 위험요인을 서면으로 기술하는 것은 용이하지 않다.

② 위험이 발현되는 양태는 천차만별하고 그 효과를 모두 예측하는 것은 불가능하다.

③ 사업성 분석은 리스크관리에 있어서 가장 중요한 부분이다.

④ 사업성 저하로 인해 발생하는 리스크는 효율적인 금융구조로 피할 수 있다.

14

중요도 ★★

투자에 따른 현금유출(Cash Outflow)과 현금유입(Cash Inflow)의 현재가치를 동일하게 하는 할인율은?

① IRR(Internal Rate Return)

② DSCR(Debt Service Coverage Ratio)

③ ROE(Return On Equity)

④ ROI(Return On Investment)

15

중요도 ★★

아파트나 오피스텔 등을 건설하는 데 필요한 자금을 미래의 현금흐름을 담보로 시행 주체에게 대출한 후 이자를 수취하는 펀드는?

① 임대형부동산펀드　　　　　　　② 개발형부동산펀드

③ 경·공매형부동산펀드　　　　　④ 대출형부동산펀드

16 중요도 ★
대출형부동산펀드에 대한 설명으로 거리가 먼 것은?

① 사업주와 법적으로 독립된 프로젝트 회사에서 대출을 실행한다.
② 부외금융(Off-Balance Sheet Financing)이며, 프로젝트 자체 자산 및 현금흐름 이외에 사업주에게도 별도로 소구할 수 있다.
③ 프로젝트를 수행할 특별목적회사(SPC)를 설립하여 이 회사가 독립적으로 자금을 차입한다.
④ 모(母)회사의 도산 위험으로부터 프로젝트를 격리하는 방법을 취한다.

17 중요도 ★★
임대형부동산펀드 마케팅에 관한 설명으로 거리가 먼 것은?

① 계약 만료 전 상당 기간의 신규 임차인에 대한 임대마케팅 활동을 한다.
② 수익적 지출을 통해 부동산가치 증대와 공실률 감소를 꾀한다.
③ 임차료 할인, 인테리어 공사, 시설물 보수 등과 같은 전략이 필요하다.
④ 투입비용과 운영비용 대비 임대수입의 계산을 통하여 적정임대료 수준을 유지한다.

정답 및 해설

13 ④ 사업성 분석은 리스크관리에 있어서 가장 중요한 부분이고, 사업성 저하로 인해 발생하는 리스크는 어떠한 금융구조로도 회피할 수 없다.

14 ① 내부수익률(IRR : Internal Rate Return)에 관한 설명이다.

15 ④ 대출형(PF형)부동산펀드에 대한 설명이다.

16 ② 대출형부동산펀드는 프로젝트 자체 자산 및 현금흐름 이외에는 별도의 채권변제청구가 불가능한 비소구금융을 기본 형태로 한다.

17 ② 자본적 지출을 통해 부동산가치 증대와 공실률 감소를 꾀한다.

18 중요도 ★

임대형부동산펀드의 레버리지(Leverage) 위험에 관한 설명으로 잘못된 것은?

① 레버리지 효과는 자기자본으로 투자자금 전액을 조달하여야 극대화된다.

② 부동산 자산가치 상승 및 임대수익 상승 시 레버리지 효과가 발생한다.

③ 부동산 자산가치 하락 시 손실이 가중될 수 있는 위험이 있다.

④ 펀드 운용 시 전문부동산관리회사의 위탁이나 지속적인 임대마케팅이 필요하다.

19 중요도 ★★

임대형부동산펀드의 위험관리방안과 가장 거리가 먼 것은?

① 보수적인 마케팅

② 매각을 고려한 임대차 관리

③ 절감이자의 유보

④ 능력 있는 관리회사 선정

20 중요도 ★★

경·공매형부동산펀드의 개념에 관한 설명으로 거리가 먼 것은?

① 개개인이 직접 경·공매 절차에 참여하여 부동산을 구입하는 경우는 법적, 시간적 어려움으로 부동산 취득에 위험성을 가지고 있다.

② 경·공매형부동산펀드는 투자 위험으로부터 개인을 보호할 수 있다.

③ 부동산컨설팅회사와 자산운용사를 통하여 부동산을 매입하면 사전 위험요소를 최소화할 수 있다.

④ 경·공매부동산은 평가절상된 경우가 많으므로 비교적 투자가치가 낮다.

21 중요도 ★★

해외부동산펀드의 리스크에 대한 내용과 가장 거리가 먼 것은?

① 글로벌 신용경색 위험

② 수수료·조세 위험

③ 환매 유동성 위험

④ 판매사 위험

22 중요도 ★★

다음 중 환헤지(Hedge)에 대한 설명으로 거리가 먼 것은?

① 국내사가 운용하는 펀드는 투자자 개인이 환헤지를 하는 경우가 많다.

② 역외펀드는 투자자가 환헤지를 해야 하는 경우가 많아 환율 위험이 존재한다.

③ 역외펀드 가입 시에는 판매사를 통하여 미리 환헤지를 하는 것이 바람직하다.

④ 환율변동으로 인한 수익률 저하를 막기 위해서는 환헤지가 요구된다.

정답 및 해설

18 ① 전형적인 레버리지 효과는 대출을 통하여 자금을 조달할 경우 극대화된다.

19 ① 임대형부동산펀드의 리스크관리방안으로 부동산 매입 지연 및 실패 방지, 적극적 마케팅, 매각을 고려한 임대차 관리, 절감이자의 유보, 레버리지 위험 대비, 전문적 실사, 능력 있는 관리회사 선정 등이 있다.

20 ④ 경·공매형부동산은 평가절하되어 있는 경우가 많으므로 비교적 투자가치가 높다.

21 ④ 해외부동산펀드의 리스크에는 외국의 정치·경제·법률적 위험, 수수료·조세 위험, 환매 유동성 위험, 환율 위험, 정보제한 위험, 글로벌 신용경색 위험 등이 있다.

22 ① 국내사가 운용하는 펀드는 펀드 내 환헤지를 하는 경우가 많다.

실전모의고사

1,2

제1과목 · 펀드투자

01 투자신탁에 대한 설명 중 잘못된 것은?

① 투자신탁의 관련 회사로는 집합투자업자, 신탁업자, 판매회사가 있다.

② 신탁업자를 변경하는 것은 수익자총회의 결의사항에 해당한다.

③ 신탁계약을 변경할 경우 홈페이지 등에 공시하여야 한다.

④ 수익자 전원이 동의를 한 경우 당연해지 사유에 해당한다.

02 투자신탁과 투자회사의 차이점으로 잘못된 것은?

	구 분	투자신탁	투자회사
①	형 태	계약관계	회사형태
②	자산 소유자	집합투자업자	집합투자기구
③	법률행위주체	신탁업자	집합투자기구
④	투자기구	MMF 해당	MMF 제외

03 혼합자산집합투자기구에 대한 설명으로 가장 거리가 먼 것은?

① 의무적으로 환매금지형으로 설정하여야 한다.

② 투자대상을 확정하지 아니하고 가치가 있는 모든 자산에 투자할 수 있는 집합투자기구이다.

③ 집합투자재산을 운용함에 있어서 증권·부동산·특별자산집합투자기구 관련 규정의 제한을 받지 아니한다.

④ 자본시장법상 특정 투자대상자산에 대하여 50%를 초과하여 투자하여야 한다.

04 단기금융집합투자기구(MMF)의 운용제한에 대한 설명으로 잘못된 것은?

① MMF는 장부가로 평가한다.

② 잔존만기가 3년 이상인 지방채증권을 집합투자재산의 5% 이내에서 운용하여야 한다.

③ 증권을 대여하거나 차입하지 아니하여야 한다.

④ 해당 집합투자기구 집합투자재산의 잔존만기는 가중평균이 75일 이내이어야 한다.

05 종류형집합투자기구에 대한 설명으로 잘못된 것은?

① 동일한 집합투자기구 내에서 다양한 판매보수 구조를 가진 종류(Class)를 만들 수 있다.

② 집합투자업자 및 신탁업자의 보수도 차별화가 가능하다.

③ 클래스 수에는 제한이 없다.

④ 이미 만들어진 비종류형집합투자기구도 종류형집합투자기구로 전환할 수 있다.

06 특수한 형태의 집합투자기구에 대한 설명으로 잘못된 것은?

① 종류형집합투자기구는 다른 집합투자증권 간에 전환이 가능하다.

② 전환형집합투자기구는 복수의 집합투자기구 간에 공통으로 적용되는 집합투자규약이 있어야 한다.

③ 모자(母子)형집합투자기구에서 자(子)집합투자기구는 모(母)집합투자기구의 집합투자증권 외에 다른 집합투자증권을 취득할 수 있다.

④ 상장지수집합투자기구(ETF)는 회계결산시점과 무관하게 신탁분배금을 지급할 수 있다.

07 ETF에 대한 설명으로 잘못된 것은?

① 인덱스펀드의 일종이다.
② 단위형집합투자기구이다.
③ 상장형집합투자기구이다.
④ 증권 실물로 집합투자기구의 설정 및 해지를 할 수 있다.

08 자본시장법상 전문투자형 사모집합투자기구에 대한 특례사항에 해당하지 않는 것은?

① 자산운용보고서의 작성 및 제공 의무
② 자산운용의 제한
③ 파생상품의 운용특례
④ 금융위원회에 집합투자기구의 등록 의무

09 사모펀드에 대한 설명으로 잘못된 것은?

① 사모펀드는 공모에 의하지 않고 해당 펀드의 증권을 매각하여 투자기구를 설정·설립하는 것이다.
② 공모펀드보다 상대적으로 높은 수준의 제약요건을 적용하고 있다.
③ 사모펀드는 전문투자형 사모펀드와 경영참여형 사모펀드로 구분된다.
④ 사모펀드의 투자자는 투자에 대하여 어느 정도 이해하는 것으로 간주한다.

10 펀드의 성격 및 투자전략에 따른 집합투자기구의 분류에 대한 설명으로 잘못된 것은?

① 섹터펀드는 시장 전체에 투자하는 것이다.
② 중도환매 가능 여부에 따라 개방형과 폐쇄형으로 분류할 수 있다.
③ 포트폴리오 보험전략펀드는 패시브펀드로 분류할 수 있다.
④ 스타일투자, 테마투자펀드는 액티브펀드로 분류할 수 있다.

11 자본시장법상 부동산펀드에 대한 설명과 가장 거리가 먼 것은?

① 공모부동산펀드는 일정 요건을 충족하면 금전이 아닌 부동산으로 납입할 수 있다.

② 부동산펀드는 환매금지형펀드로 설정·설립하여야 한다.

③ 사모부동산펀드는 그 집합투자증권을 증권시장에 상장하여야 할 의무가 없다.

④ 부동산펀드는 펀드재산의 50% 미만의 한도 내에서 증권 및 특별자산에 투자할 수 있다.

12 신탁상품 판매과정 절차에 대한 설명으로 잘못된 것은?

① 판매회사의 경우 면담·질문 등으로 고객의 정보를 알아야 한다.

② 일반투자자인 경우에는 투자목적, 재산상황, 투자경험 등을 서명 등의 방법으로 확인받아야 하며, 이를 지체 없이 일반투자자에게 교부하여야 한다.

③ 일반투자자에게 투자자의 정보를 요청하였을 때 불응할 경우 투자를 할 수가 없다.

④ 일반투자자가 장외파생상품 가입을 할 경우 등급을 차등화할 수 있다.

13 자본시장법상 특별자산펀드와 관련하여 집합투자규약으로 정관이 작성되는 특별자산 펀드는?

① 특별자산투자합자회사
② 특별자산투자조합
③ 특별자산투자익명조합
④ 특별자산투자신탁

14 자본시장법상 특별자산집합투자기구에서 집합투자재산의 50%를 초과하여 투자할 수 있는 대상이 아닌 것은?

① 선박투자회사법에 따른 선박투자회사가 발행한 주식
② 신용위험을 기초자산으로 하는 파생상품
③ 집합투자재산의 50%를 초과하여 미술품에 투자하는 집합투자기구의 집합투자증권
④ 영화, 드라마제작 사업을 영위하는 회사의 지분증권

15 신탁재산의 법적 특성으로 거리가 먼 것은?

① 신탁자는 실질적 소유자에 해당하기 때문에 신탁재산에 대하여 강제집행 등 강제처분을 할 수 있다.
② 신탁재산에 속하는 채권과 신탁재산에 속하지 않는 채무는 상계할 수 없다.
③ 신탁재산은 수탁자의 파산위험으로부터 격리되며, 이를 신탁재산의 독립성이라고 한다.
④ 수탁자의 경우 위탁자로부터 권리를 넘겨받기 때문에 수탁자의 고유재산과 분리하여야 한다.

16 전술적 자산배분전략(TAA)에 대한 설명으로 잘못된 것은?

① 변수추정의 오류를 반영하여 효율적 투자기회선을 선이 아닌 영역(밴드)대로 추정하여 최적화를 수행한다.
② 시장의 변화방향을 예상하여 사전적으로 자산구성을 변동시켜 나가는 전략이다.
③ 전략적 자산배분에 의해 결정된 포트폴리오를 투자전망에 따라 중·단기적으로 변경하는 실행과정이다.
④ 중·단기적인 가격착오(Mispricing)를 적극적으로 활용하여 고수익을 지향하는 운용전략이다.

17 다음 중 벤치마크가 갖추어야 할 조건으로 거리가 먼 것은?

① 구체적인 내용(자산집단과 가중치)이 운용 이전에 명확하게 정해져야 한다.

② 벤치마크의 성과를 운용자가 추적하는 것이 가능하여야 한다.

③ 적용되는 자산의 바람직한 운용상을 반영하고 있어야 한다.

④ 벤치마크를 투자자가 미리 결정한 경우에 운용자는 절대 벤치마크를 변경하여서는 아니 된다.

18 자산집단에 대한 설명으로 잘못된 것은?

① 자산집단은 상호배타적이어야 한다.

② 자산군은 투자가능한 자산군의 대부분을 커버해야 한다.

③ 기본적인 자산집단으로는 이자지급형 자산, 투자자산, 부동산 등이 있다.

④ 투자자산은 변동성이 낮다는 장점이 있으나 인플레이션에 취약하다는 단점도 있다.

19 투자회사에 자산배분전략을 도입할 때 얻을 수 있는 효과에 대한 설명으로 잘못된 것은?

① 펀드 운용자가 자신의 투자목표를 계량적으로 정의할 수 있도록 한다.

② 운용성과 측정에 사용할 기준 포트폴리오를 명확하게 정의한다.

③ 투자전략의 수립과정에 사용될 여러 가지 변수에 대한 예측력의 강화를 요구한다.

④ 과도한 분산투자보다는 소수의 자산에 집중투자하는 장점을 극대화시켜준다.

20 투자관리의 일차적 과제로 볼 수 없는 것은?

① 분산투자(자산배분)의 방법　　② 개별 종목 선택

③ 요구수익률 설정　　④ 투자시점 선택

21 전략적 자산배분에 관하여 가장 잘 설명하고 있는 것은?

① 투자자들의 위험선호도가 수시로 변화하는 것을 수용하는 전략이다.
② 개별 증권에 대한 투자비중을 결정한다.
③ 수시로 변화하는 경제상황을 반영한다.
④ 자산집단을 중요시하는 의사결정이다.

22 전략적 자산배분의 실행방법으로 잘못된 것은?

① 시장가치에 접근하기 위한 방법으로 시장에서 차지하는 시가총액의 비율과 동일하게 포트폴리오를 구성한다.
② 다른 유사한 기관투자가의 자산배분을 모방한다.
③ 기대수익과 위험 간의 관계를 고려하여 동일한 위험수준하에서 최대한 보상받을 수 있는 지배원리에 의하여 포트폴리오를 구성한다.
④ 투자자별 특수사항을 고려하기보다는 특정 법칙으로 정형화된 구성방법을 쓴다.

23 다음 중 최적화를 이용한 전략적 자산배분의 문제점으로 잘못된 것은?

① 해가 불안정하다는 것이 단점이다.
② 평균-분산 최적화는 매우 복잡한 기능으로서 블랙박스와 같이 내용을 이해하기 어렵다.
③ 평균-분산 최적화기법은 통계적 기법을 이용하기 때문에 효율적인 포트폴리오 구성이 완벽하게 구현된다.
④ 기금 내에서도 몇몇 자금운용자들의 이해관계와 정면으로 배치되어 최적화를 둘러싼 운용조직의 갈등이 야기된다.

24 다음 중 전술적 자산배분(TAA)에 관한 설명으로 잘못된 것은?

① 저평가 주식을 매수하고, 고평가 주식을 매도하는 전략이다.

② 투자자의 고정적인 위험선호도를 가정한다.

③ 전술적 자산배분은 내재가치와 시장가격의 비교를 통해 실행된다.

④ 전술적 자산배분은 기본적으로 시장에 순응하는 방식의 투자를 수행한다.

25 다음 중 자산배분(Asset Allocation)에 대한 설명으로 옳은 것은?

① 자산배분(Asset Allocation)이란 시장예측활동(Market Timing)과 동일한 의미를 가진다.

② 자산집단의 기대수익률을 추정하기 위해서는 GARCH와 같이 과거자료를 통계적으로 분석하는 방법을 주로 사용한다.

③ 특정 펀드가 목표수익률을 달성하기 위해서는 펀드 내에서 자산배분을 적극적으로 수행할 수밖에 없다.

④ 자산집단에 대한 과거의 장기간 수익률을 분석하여 미래의 수익률로 사용하는 방법을 시나리오 분석법이라고 한다.

26 펀드 투자에서 양호한 성과를 달성하는 데 영향을 주는 요소로 볼 수 없는 것은?

① 합리적인 성과평가

② 자산배분의 선택

③ 투자 시점의 결정

④ 투자한 펀드의 운용수익률

27 펀드의 분석 및 평가에 대한 설명으로 잘못된 것은?

① 어떤 유형에 속하는 펀드인가에 따라 순위나 우열 등이 바뀔 수 있다.

② 펀드 분석은 특성을 찾아가는 과정이고 평가는 우열을 가리는 것이다.

③ 수익률, 위험, 위험조정성과, 등급 등은 질적 성과 측정의 요소이다.

④ 환매나 재투자 여부를 결정하기 위해 펀드 운용결과를 분석한다.

28 펀드성과 측정을 위한 수익률 계산 시 금액가중수익률의 특징으로 볼 수 없는 것은?

① 운용 기간 중에 자금 유·출입이 있는 경우에 영향을 받는다.

② 유입된 현금흐름의 현재가치와 유출된 현금흐름의 현재가치를 일치시켜주는 할인율을 구하는 방식이다.

③ 운용 기간 도중 각 시점별로 펀드성과와 시장수익률을 비교하기 쉽다는 장점이 있다.

④ 펀드매니저의 능력을 평가하는 방법으로 적합하지 못하다는 단점이 있다.

29 벤치마크의 속성에 해당하지 않는 것은?

① 투자가능성

② 측정가능성

③ 미래 투자견해를 반영

④ 명확성

30 벤치마크에 대한 설명으로 잘못된 것은?

① 투자자로 하여금 해당 펀드에 투자할지를 사전에 판단할 수 있는 투자지침(Guideline) 역할을 한다.

② 벤치마크는 성과평가(Fund Performance Evaluation)의 기준 역할도 한다.

③ 펀드가 벤치마크성과보다 양호한 성과를 실현했다면 절대적으로 운용을 잘하였음을 의미한다.

④ 좋은 벤치마크는 펀드 운용자가 운용하는 데 지침이 되어야 하며, 사후에 정의되어야 한다.

31 펀드수익률에 대한 설명으로 잘못된 것은?

① 시간가중수익률은 벤치마크 및 유형의 평균수익률과 비교 가능하다.

② 시간가중수익률은 측정 기간 동안의 일별 수익률을 곱하는 형식(기하적으로 연결)으로 수익률을 계산하는 방식이다.

③ 금액가중수익률은 최종적으로 얻어진 수익금과 현금흐름을 일치시키는 내부수익률로 나타내는 투자자 관점의 수익률이다.

④ 효과적으로 자금운용 수행 정도를 측정할 때에는 시간가중수익률을 사용하는 것이 바람직하다.

32 다음 중 상대적 위험지표로만 묶인 것은?

㉠ 공분산(Covariance)	㉡ VaR(Value-at-Risk)
㉢ 표준편차	㉣ 초과수익률(Excess Return)
㉤ 베타(β : Beta)	㉥ 상대 VaR(Relative VaR)

① ㉠, ㉡, ㉢, ㉣

② ㉠, ㉣, ㉤, ㉥

③ ㉡, ㉢, ㉣, ㉤

④ ㉢, ㉣, ㉤, ㉥

33 위험조정성과에 대한 설명으로 가장 거리가 먼 것은?

① 정보비율은 일정 기간의 펀드수익률과 벤치마크 수익률의 차이를 측정하는 지표로서 추적오차를 의미한다.

② 트레이너비율은 체계적 위험 한 단위당 초과수익률의 크기로 성과를 비교한다.

③ 샤프비율은 총위험 한 단위당 무위험 초과수익률을 나타내는 지표이다.

④ 젠센의 알파는 실제수익률이 시장균형을 가정한 경우의 기대수익률보다 얼마나 높은지를 나타내는 지표이다.

34 절대적 위험을 나타내는 위험지표는?

① 표준편차

② 공분산

③ 초과수익률

④ 베 타

35 다음 중 단위 위험당 초과수익률의 형태로 표현될 수 없는 위험조정성과지표는?

① 샤프비율

② 젠센의 알파

③ 트레이너비율

④ 정보비율

36 투자신탁의 기관인 수익자총회에 대한 기술 중 잘못된 것은?

① 신탁업자, 발행 수익증권 총좌수의 5% 이상을 보유한 수익자는 집합투자업자에게 총회소집을 요구할 수 있다.

② 수익자는 수익자총회에 출석하지 않고 서면에 의하여 의결권을 행사할 수 있다.

③ 신탁계약으로 정한 사항의 의결은 출석수익자 의결권의 과반수와 총좌수 1/4 이상으로 한다.

④ 연기수익자총회의 의결은 출석수익자 의결권의 과반수와 총좌수 1/8 이상으로 한다.

37 투자회사의 기관에 대한 기술 중 잘못된 것은?

① 투자회사의 이사, 이사회, 주주총회 등이 해당한다.

② 법인이사는 집합투자업자가 하며, 회사를 대표하고 업무집행을 담당한다.

③ 집합투자업자와 일정한 관계가 있는 자는 감독이사가 될 수 없다.

④ 감독이사는 투자매매업자 또는 투자중개업자에 대하여 업무 및 재산상황에 관한 보고를 요구할 수 있으나, 회계감사인에 대하여는 회계감사에 관한 보고를 요구할 수 없다.

38 집합투자기구(투자회사)의 설립에 대한 기술 중 잘못된 것은?

① 발기설립은 회사설립 시 발기인이 주식총수를 인수하는 형태이다.

② 투자회사 정관의 필수적 기재사항은 투자신탁 신탁계약서의 기재사항과 사실상 동일하다.

③ 투자회사는 발기설립의 방법으로만 설립해야 한다.

④ 투자회사의 정관변경은 반드시 주주총회의 결의를 거쳐야 한다.

39 투자설명서 교부면제 대상자와 거리가 먼 것은?

① 전문투자자
② 모집매출 기준인 50인 산정 대상에서 제외되는 자로 발행인의 사업내용을 잘 모르는 연고자
③ 투자설명서 수령 거부의사를 서면 등으로 표시한 자
④ 이미 취득한 것과 같은 집합투자증권을 계속 추가로 취득하려는 자

40 투자설명서에 대한 기술 중 잘못된 것은?

① 증권을 공모함에 있어서 청약의 권유를 하는 경우 반드시 투자설명서에 의해야 한다.
② 집합투자증권의 발행인은 연 1회 이상 갱신한 투자설명서를 금융위원회에 추가로 제출해야 한다.
③ 투자설명서는 해당 발행증권의 연고자에게 투자권유하는 경우에도 교부되어야 한다.
④ 금융투자업자는 증권신고의 효력이 발생한 증권을 취득하고자 하는 자에게 반드시 투자설명서를 교부해야 한다.

41 금융소비자보호법상 금융투자업자의 상품판매와 관련한 투자성 상품에 해당하지 않는 것은?

① 금융투자상품
② 투자일임계약
③ 신탁계약(관리형신탁 및 투자성 없는 신탁은 제외)
④ 연계투자(P2P투자)

42 금융투자업자의 규제에 대한 기술 중 잘못된 것은?

① 자본시장법은 금융투자업자의 투자권유준칙 제정을 의무화하였다.
② 금융투자업자는 파생상품 등에 대하여 투자자 등급별로 차별화된 투자권유준칙을 마련해야 한다.
③ 금융위원회는 금융투자회사가 공통으로 사용할 수 있는 표준투자권유준칙을 제정할 수 있다.
④ 투자권유대행인도 투자자보호의무 위반으로 인한 손해배상책임이 있다.

43 투자권유대행인의 금지행위와 거리가 먼 것은?

① 보험설계사가 소속 보험사가 아닌 보험회사와 투자권유 위탁계약을 체결하는 행위
② 둘 이상의 금융투자업자와 투자권유 위탁계약을 체결하는 행위
③ 투자일임재산이나 신탁재산을 각각의 투자자별 또는 신탁재산별로 운용하지 아니하고 집합하여 운용하는 것처럼 그 투자일임계약이나 신탁계약의 체결에 대한 투자권유를 하거나 투자광고를 하는 행위
④ 보험과 펀드를 동시에 판매하는 행위

44 금융상품판매대리·중개업자에 대한 금지행위에 해당하는 것은?

> ⓐ 금융소비자로부터 투자금, 보험료 등 계약의 이행으로서 급부를 받는 행위
> ⓑ 금융상품판매대리·중개업자가 대리·중개하는 업무를 제3자에게 하게 하거나 그러한 행위에 관하여 수수료·보수나 그 밖의 대가를 지급하는 행위
> ⓒ 금융상품직접판매업자로부터 정해진 수수료 외의 금품, 그 밖의 재산상 이익을 요구하거나 받는 행위
> ⓓ 금융상품직접판매업자를 대신하여 계약을 체결하는 행위
> ⓔ 투자일임재산이나 신탁재산을 모아서 운용하는 것처럼 투자일임계약이나 신탁계약의 계약체결 등을 대리·중개하거나 광고하는 행위
> ⓕ 금융소비자로부터 금융투자상품을 매매할 수 있는 권한을 위임받는 행위
> ⓖ 투자성 상품에 관한 계약체결과 관련하여 제3자가 금융소비자에 금전을 대여하도록 대리·중개하는 행위

① ⓑ, ⓒ, ⓔ
② ⓐ, ⓑ, ⓒ, ⓔ, ⓖ
③ ⓑ, ⓒ, ⓓ, ⓔ, ⓕ, ⓖ
④ ⓐ, ⓑ, ⓒ, ⓓ, ⓔ, ⓕ, ⓖ

45 집합투자업자의 파생상품 운용특례에 대한 기술이 잘못된 것은?

① 파생상품 매매에 따른 위험평가액이 집합투자기구 자산총액의 10%를 초과하여 투자할 수 있는 펀드의 재산을 파생상품에 운용하는 경우 계약금액, 위험지표를 공시해야 한다.

② ①의 경우 투자설명서에 위험지표의 개요 및 위험지표가 공시된다는 사실을 기재해야 한다.

③ 장내파생상품 매매에 따른 위험평가액이 집합투자기구 자산총액의 10%를 초과하여 투자할 수 있는 펀드의 재산을 장내파생상품에 운용하는 경우 장내파생상품 운용에 따른 위험관리방법을 작성해야 한다.

④ 장외파생상품 운용에 따른 위험관리방법은 신탁업자의 확인을 받아 금융위원회에 신고해야 한다.

46 적합성보고서를 교부해야 하는 대상자와 거리가 먼 것은?

① 신규투자자
② 초고령투자자
③ 증권투자자
④ 고령투자자

47 매매거래가 체결되면 판매회사는 저축자와 미리 합의된 방법으로 그 명세를 저축자에게 통지해야 된다. 다음 중 매매거래의 통지방법과 가장 거리가 먼 것은?

① 구 두
② 서면 교부
③ 한국예탁결제원의 기관결제참가자인 저축자에 대하여 한국예탁결제원의 전산망을 통하여 매매확인서를 교부하는 방법
④ 인터넷 또는 모바일시스템을 통해 수시로 확인할 수 있도록 하는 방법

48 수익증권저축제도에 대한 기술 중 잘못된 것은?

① 저축기간의 약정은 임의식의 경우 불필요하나 목적식의 경우에는 필요하다.

② 추심할 수 있는 증권으로 납입하는 것도 가능하다.

③ 인출 시 수익증권현물로 요구하는 것은 불가능하다.

④ 기간을 일 단위로 정한 때 만기지급일은 최초매수일로부터 계산하여 저축기간이 만료되는 날의 다음 영업일이다.

49 수익증권의 인출 및 해지에 관한 기술 중 잘못된 것은?

① 환매가 제한되어 있지 않더라도 3개월 이내에 환매하는 것은 금지된다.

② 저축자가 인출 시 수익증권현물을 요구하는 경우 판매회사는 특별한 사유가 없는 한 수익증권현물로 지급해야 한다.

③ 판매회사는 정액정립식 저축자가 계속하여 6개월 이상 소정의 저축금을 납입하지 아니한 때 저축자에게 14일 이상으로 정한 기간을 부여하여 저축금의 추가 납입을 요구하고 그 기간 동안 저축자가 적절한 조치를 취하지 아니한 경우 저축계약을 해지할 수 있다.

④ 판매회사는 해당 집합투자규약에 따라 신탁이 해지된 경우 저축계약을 해지할 수 있다.

50 세법상 집합투자기구의 요건을 모두 충족할 경우에 나타나는 효과와 거리가 먼 것은?

① 소득세법상 적격 집합투자기구가 된다.

② 집합투자기구의 소득은 환매·결산분배를 통한 이익 수령 시 과세한다.

③ 이익 중 일부손익은 과세 제외한다.

④ 보수, 수수료 등은 과세소득계산 시 합산한다.

51 다음 중 과세 제외되는 금융투자상품으로 옳은 것은?

① KOSPI200선물
② V-KOSPI선물
③ 삼성전자선물
④ 섹터지수선물

52 집합투자증권의 양도로 발생한 이익은 어떻게 과세하는가?

① 양도소득으로 과세한다.
② 이자소득으로 과세한다.
③ 배당소득으로 과세한다.
④ 비과세한다.

53 다음 중 소득세법상 과세대상소득으로 옳은 것은?

① 벤처기업육성에 관한 특별조치법에 의한 벤처기업주식의 거래로 인한 손익
② 10년 이상 유지한 저축성보험의 보험차익
③ 보장성보험의 보험차익
④ 채권·증권의 할인액

54 투자신탁의 이익, 투자회사의 이익 모두에 대하여 원천징수의무가 없는 자는?

① 성년자
② 거주자
③ 내국법인
④ 금융법인

55 수익증권 실무상 가장 일반적인 출금거래의 형태는?

① 금액출금
② 좌수출금
③ 이익금출금
④ 이익분배금출금

56 금융투자회사의 직무윤리 관련 법령 및 표준윤리준칙에 근거한 내용으로 가장 거리가 먼 것은?

① 금융투자업 직무윤리의 기본원칙은 고객우선의 원칙과 신의성실의 원칙이다.
② 금융소비자는 본인의 투자금액 이외의 판매수수료, 해지수수료 등 추가적인 비용을 금융투자회사에게 지불해야 한다.
③ 금융투자상품은 금융소비자가 일정한 대가를 바라고 지불한 금액보다 기대했던 대가가 적어질 수 있는 위험성을 내포한 상품이다.
④ 금융소비자보호법은 금융소비자보호의 대상을 투자성 있는 금융투자상품으로 보고 있다.

57 고객에 대한 의무 중 신임의무에 대한 기술이 잘못된 것은?

① 자신이 수익자의 거래상대방이 되어서는 안 된다.
② 금융투자업자는 일반 주식회사에 비하여 더 높은 수준의 주의의무가 요구된다.
③ 금융투자업종사자는 일반인 집단에 평균적으로 요구되는 수준의 주의의무가 요구된다.
④ 고객의 재산을 이용하여 자기 또는 제3자의 이익을 도모하는 것은 금지된다.

58 다음은 무엇을 설명하는 내용인가?

> • 투자권유 전 당해 고객이 투자권유를 원하는지 원하지 않는지 확인
> • 투자자가 일반금융소비자인지 전문금융소비자인지의 여부를 확인
> • 투자권유를 하기 전에 면담·질문 등을 통하여 일반금융소비자의 투자목적·재산상황 및 투자경험 등의 정보를 파악
> • 금융소비자의 투자성향 분석 결과 설명 및 확인서 제공
> • 투자자금의 성향 파악

① Know-Your-Customer-Rule ② Prudent Investor Rule
③ Chinese Wall Policy ④ Unsolicited Call

59 금융투자업종사자의 설명의무에 대하여 옳은 것은?

① 투자성에 관한 구조와 성격까지 설명해야 하는 것은 아니다.
② 전문투자자에 대하여도 적용된다.
③ 중요사항에 대한 설명의무 위반 시 손해배상책임이 있다.
④ 설명수준은 모든 투자자에게 동일하게 하여야 한다.

60 금융투자업종사자 금융소비자 보호의무에 대한 설명 중 잘못된 것은?

① 중요한 사실은 투자대상에 관한 중요정보뿐만 아니라 투자수익에 영향을 주는 정보도 포함된다.
② 표시방법은 분쟁의 소지가 없도록 반드시 문서로 하여야 한다.
③ 운용실적 등 성과에 대한 허위·과장 표시는 금지된다.
④ 투자성과보장 등의 표현도 금지된다.

61 금융투자업자의 투자권유에 대한 기술 중 잘못된 것은?

① 금융투자업종사자는 고객의 승낙 또는 부득이한 사유 없이 자신의 업무를 제3자에게 처리하게 하면 안 된다.

② 투자권유대행인은 투자권유대행업무를 제3자에게 재위탁하는 행위를 하면 안 된다.

③ 증권과 장내파생상품에 대한 투자권유행위는 투자자의 요청이 없어도 허용된다.

④ 투자자의 거부의사 표시 후 1주일이 지난 후에 다시 투자권유를 하는 행위는 허용된다.

62 금융소비자보호법상 내부통제조직에 대한 설명으로 가장 거리가 먼 것은?

① 이사회는 내부통제에 영향을 미치는 경영전략 및 정책을 승인한다.

② 금융회사는 금융소비자보호 내부통제기준에 따라 금융소비자보호 총괄책임자(CCO)를 지정해야 하며, CCO는 대표이사 직속의 독립적인 지위를 갖는다.

③ 금융소비자보호 총괄기관은 금융상품 개발 및 판매업무로부터 독립하여 업무를 수행해야 하고, 대표지사 직속기관으로 두어야 한다.

④ 금융소비자 내부통제위원회는 설치가 의무화되어 있고, 준법감시인을 의장으로 한다.

63 직무윤리 위반 시 자본시장법상 금융위원회의 금융투자업자 임원에 대한 제재와 거리가 먼 것은?

① 해임요구　　　　　　　　　　② 6개월 이내의 직무정지

③ 견 책　　　　　　　　　　　　④ 주의적 경고

64 직무윤리 위반 시 금융위원회의 금융투자업자에 대한 제재권의 내용과 거리가 먼 것은?

① 회원의 제명권　　　　　　　　② 조치명령권

③ 승인권　　　　　　　　　　　④ 금융투자업등록 취소권

65 직무윤리의 구체적 내용에 대한 설명 중 잘못된 것은?

① 투자상담업무종사자의 고객에 대한 투자정보 제공 및 투자권유는 그에 앞서 정밀한 조사·분석에 의한 자료에 기하여 합리적이고 충분한 근거에 기초하여야 한다.

② 투자정보를 제시할 때에는 사실과 의견을 명확히 구별하여야 한다.

③ 중요한 사실에 대해서는 모두 정확하게 표시하여야 한다.

④ 자본시장법 시행으로 운용방법에 따라 투자성과를 보장하는 상품이 가능해졌다.

66 내부통제기준 위반행위 발견 시 처리절차에 대한 설명 중 잘못된 것은?

① 준법감시부서 직원 중 조사원을 임명하여 임무를 부여한다.

② 범죄와 연루되었을 가능성이 있는 경우 감독·사법당국에 통보 및 고발을 검토한다.

③ 위반자에 대한 제재는 경고, 견책, 감봉, 정직에 한한다.

④ 필요한 경우 변호사 및 회계사에게 자문을 의뢰한다.

67 영업점에 대한 내부통제와 관련하여 단일 영업관리자가 2 이상의 영업점의 영업관리자 업무를 수행할 수 있는 요건과 거리가 먼 것은?

① 감독대상 영업직원 수, 영업규모와 내용 및 점포의 지역적 분포가 단일 영업관리자만으로 감시·감독하는 데 특별한 어려움이 없을 것

② 해당 영업관리자가 대상 영업점 중 1개의 영업점에 상근하고 있을 것

③ 해당 영업관리자가 수행할 업무의 양과 질이 감독업무 수행에 지장을 주지 아니할 것

④ 해당 영업관리자가 준법감시업무 이외의 업무를 겸직하지 않을 것

68 내부제보제도에 대한 설명 중 잘못된 것은?

① 회사는 내부통제의 효율적 운영을 위하여 내부제보제도를 운영하여야 하며, 이에 필요한 세부운영지침을 정할 수 있다.

② 내부제보자가 인사상 불이익을 받은 것으로 인정되는 경우 준법감시인은 회사에 시정을 요구할 수 있다.

③ 내부제보제도에는 위법·부당한 행위를 인지하고도 회사에 제보하지 않은 미제보자에 대한 불이익 부과에 관한 사항이 포함되어야 한다.

④ 준법감시인은 내부제보자에 대하여 본인이 원하든 원하지 않든 인사상 또는 금전적 혜택을 부여하도록 회사에 요청할 수 있다.

69 개인정보 보호에 대한 설명 중 잘못된 것은?

① 개인정보의 처리방법 및 종류 등에 따라 정보주체의 권리가 침해받을 가능성과 그 위험 정도를 고려하여 개인정보를 안전하게 관리해야 한다.

② 개인정보의 보유기간이 경과하더라도 이를 파기하는 것은 금지된다.

③ 개인정보처리자가 정보주체의 동의를 받아 제3자에게 개인정보를 제공하는 경우, 개인정보를 제공받는 자의 개인정보 보유 및 이용 기간에 대하여 정보주체에게 알려야 한다.

④ 개인정보처리자의 정당한 이익을 달성하기 위해 필요한 경우로서 명백하게 정보주체의 권리보다 우선하는 경우, 개인정보처리자는 개인정보를 수집할 수 있으며 그 수집 목적의 범위 내에서 이용할 수 있다.

70 준법감시제도에 대한 기술 중 잘못된 것은?

① 내부통제기준은 임직원이 직무를 수행함에 있어서 준수하여야 할 적절한 기준 및 절차를 의미한다.

② 협회는 표준내부통제기준을 작성하여 사용을 권고할 수 있다.

③ 금융투자업자는 1인 이상 준법감시인을 두어야 한다.

④ 준법감시인은 금융투자업 및 부수업무를 할 수 있다.

71 투자자와의 금융분쟁에 대한 기술 중 잘못된 것은?

① 금융수요자 등이 금융업무와 관련하여 이해관계가 발생함에 따라 금융기관을 상대로 제기하는 분쟁이 금융분쟁이다.
② 금융기관이 금융기관을 상대로 제기하는 분쟁은 금융분쟁에 해당하지 않는다.
③ 금융분쟁은 주로 금융투자업자에게 부여하는 의무이행 여부가 쟁점이 된다.
④ 금융투자업 영위 과정에서 거래관계가 수반되는 권리 의무에 대한 상반된 주장이 분쟁이라는 형태로 도출되는 것이다.

72 다음 중 금융투자상품의 내재적 특성과 거리가 먼 것은?

① 금융투자상품은 원금손실이 가능하다.
② 금융투자상품은 투자결과에 대한 책임이 본인에게 귀속된다.
③ 금융투자상품은 투자상품에 대한 지속적인 관리가 요구된다.
④ 모든 금융투자상품은 금융투자회사의 직원에 대한 의존성이 높다.

73 금융투자상품 관련 분쟁의 유형 및 책임에 대한 기술이 잘못된 것은?

① 금융투자회사의 직원이 임의매매한 경우 민사상 손해배상책임뿐만 아니라 처벌도 받을 수 있다.
② 과도한 매매는 고객충실의무에 위반하는 행위로 민사상 손해배상책임이 발생할 수 있다.
③ 불완전판매는 부당권유행위라고 볼 수는 없으므로 불법행위에 해당하지 않는다.
④ 설명의무를 제대로 하지 않아 위험성에 대한 투자자의 인식형성을 방해하면 부당권유행위에 해당하여 민사상 손해배상책임을 질 수 있다.

74 금융투자업종사자의 의무와 거리가 먼 것은?

① 신의성실의무는 법규의 흠결 및 불명확성에 대한 보완기능이 있다.

② 조사담당부서의 임원은 겸직할 수 있다.

③ 직무와 직접 관련 있는 법규뿐 아니라 상위기관의 규정, 사규 등도 준수해야 한다.

④ 회사 및 중간감독자가 소속회사 지도·지원의무를 위반하면 민법상 사용자책임 및 자본시장법상 관리·감독책임을 부담해야 한다.

75 다음 중 정보 주체에게 별도의 동의를 얻거나 법령에서 구체적으로 허용된 경우에 한하여 예외적으로 처리하도록 엄격하게 제한하고 있는 정보로 옳은 것은?

① 민감정보, 고유식별정보

② 펀드내역정보, 주소정보

③ 예금정보, 대출정보

④ 계좌개설 여부, 연결계좌정보

76 고객 재무설계의 첫 번째 단계인 고객정보 수집단계에서는 고객의 양적인 자료뿐만 아니라 질적인 정보도 수집해야 한다. 다음 중 질적인 정보로 옳은 것은?

① 교육자금

② 유언자료

③ 소득자료

④ 저축의 어려움

77 개인재무설계 과정에 대한 기술 중 잘못된 것은?

① 재무비율은 재무상담과 계획 시 진단과 정보의 도구가 된다.

② 순자산규모는 지출의 원천을 파악하고 지출의 건전성을 평가함으로써 잉여자금 마련에 도움을 줄 수 있다.

③ 자산상태표는 자산편중 여부, 부채의 보유목적 등을 검토하여 재정상태의 건전성을 평가할 수 있다.

④ 재무목표를 달성하기 위해 선택한 대안을 실천에 옮길 때 가장 중요한 것은 자기통제와 융통성이다.

78 대부분의 노인가계에 공통적으로 적용되는 자금으로 재무목표가 되는 자금과 거리가 먼 것은?

① 기본적인 생활자금

② 긴급예비자금

③ 자녀교육자금

④ 비자금

79 노인가계가 안전성을 고려하여 선택하여야 할 금융상품과 거리가 먼 것은?

① 정기예금 ② 양도성예금증서

③ 국 채 ④ 전환사채

80 다음 중 안정추구형 투자자에게 가장 적합한 금융투자상품은?

① 해외투자펀드 ② 파생상품투자펀드

③ 주식형펀드 ④ 원금보장형 ELS

81 자본시장법상 집합투자기구(펀드)의 유형으로 가장 거리가 먼 것은?

① 부동산집합투자기구 ② 파생상품집합투자기구
③ 증권집합투자기구 ④ 특별자산집합투자기구

82 다음 중 부동산펀드와 집합투자규약이 잘못 연결된 것은?

① 부동산투자신탁 – 신탁계약서
② 부동산투자회사 – 정관
③ 부동산투자유한회사 – 정관
④ 부동산투자합자조합 – 약관

83 부동산펀드의 설정·설립 시 설립등기를 필요로 하지 않는 것은?

① 부동산투자신탁 ② 부동산투자회사
③ 부동산투자유한회사 ④ 부동산투자합자회사

84 부동산펀드의 당사자 및 역할에 대한 기술 중 잘못된 것은?

① 부동산투자회사는 법인이사 1인과 감독이사 1인 이상이 있어야 한다.
② 부동산투자신탁의 집합투자업자는 펀드 설정 및 운용업무를 담당한다.
③ 부동산투자신탁의 투자자는 수익자총회, 부동산투자회사의 투자자는 주주총회에 참석할 수 있다.
④ 부동산투자합자회사의 사원은 무한책임사원 1인과 유한책임사원으로 구성된다.

85 다음 중 제3자의 업무위탁에 해당하지 않는 사항은?

① 부동산의 개발 및 부수업무
② 부동산의 관리·개량 및 부수업무
③ 부동산의 매입 및 부수업무
④ 부동산의 임대 및 부수업무

86 펀드재산의 40% 이상을 부동산펀드, 외국펀드 또는 해외 리츠에 투자하는 펀드로 옳은 것은?

① 권리형부동산펀드
② 증권형부동산펀드
③ 대출형부동산펀드
④ 재간접형부동산펀드

87 부동산펀드에 대한 다음 설명 중 가장 적절하지 않은 것은?

① 향후 금융기관이 보유 중인 부실화된 부동산담보부 금전채권에 투자하는 부동산펀드의 개발이 예상된다.
② 자본시장법에서 부동산펀드의 투자대상으로 분양권을 구체적으로 명시하고 있지는 않다.
③ 부동산펀드가 시행사의 역할을 수행함으로써 직접 부동산개발사업을 추진하여 개발이익을 얻는 펀드를 개발형부동산펀드라고 한다.
④ 채권금융기관이 채권자이고 부동산을 담보로 한 금전채권을 부동산으로 간주하여 여기에 투자하는 펀드는 부동산펀드로 인정하고 있다.

88 임대형부동산펀드에 대한 설명으로 가장 적절하지 않은 것은?

① 적극적으로 자산가치 상승을 위한 노력은 하지 않고 소극적인 유지보수와 관리만을 한다.
② 투자하는 부동산의 매입가격이 적정한지 살펴보는 것은 중요하며, 향후 보유 부동산의 매각에 대비하여 시장환경을 점검하는 것이 필요하다.
③ 부동산투자회사법상 기업구조조정 부동산투자회사와 비슷한 운용전략을 취하고 있다.
④ 공실률이 높을수록 펀드의 수익률은 낮아진다.

89 경공매형부동산펀드의 주요 점검사항으로 가장 거리가 먼 것은?

① 경공매형부동산펀드의 광고 여부
② 경공매형부동산펀드 규모의 적정성 여부
③ 체계적이고 투명한 펀드운용 가능성 여부
④ 펀드 관련 비용의 적정성 여부

90 임대형부동산펀드에 대한 설명으로 가장 거리가 먼 것은?

① 일종의 매입·임대(Buy & Lease)방식의 부동산펀드라고 할 수 있다.
② 업무용 부동산 또는 상업용 부동산 등과 같은 수익성부동산을 대상으로 한다.
③ 안정적인 임대소득과 매각에 따른 자본소득을 주된 운용전략으로 한다.
④ 대표적인 위험요인으로는 공실률의 감소가 있다.

91 대출형부동산펀드에 대한 설명으로 가장 적절한 것은?

① 시공사가 사업부지를 확보하지 못할 위험을 점검하여야 한다.

② 지급보증 또는 채무 인수하는 시공사의 신용평가등급을 확인하여야 한다.

③ 임대소득과 자본소득의 확보를 주요 운용목적으로 한다.

④ 담보권을 설정하는 등 대출금을 회수하기 위한 적절한 수단이 필수적인 것은 아니다.

92 투자 대상 자산에 따른 부동산펀드의 유형과 관계가 없는 것은?

① 실물형부동산펀드

② 증권형부동산펀드

③ 권리형부동산펀드

④ 해외부동산펀드

93 부동산펀드에 관한 설명으로 가장 적절하지 않은 것은?

① 부동산 관련 신탁수익권에 투자하는 권리형부동산펀드를 설정·설립할 수 있다.

② 부동산펀드의 간접투자증권에 투자하는 부동산펀드를 설정·설립할 수 있다.

③ 분양권에 투자하는 권리형부동산펀드를 설정·설립할 수 있다.

④ 금융기관이 채권자인 모든 금전채권에 투자하는 부동산펀드를 설정·설립할 수 있다.

94 부동산펀드에 대한 다음 설명 중 옳지 않은 것은?

① 경공매형부동산펀드의 규모가 너무 크면 미운용자금의 비중이 증가될 수 있기 때문에 수익률 저하의 위험이 존재할 수 있다.

② 부동산을 기초로 한 선물, 옵션 등에 투자하는 파생상품형부동산펀드는 활성화되고 있지 않다.

③ 개량형부동산펀드는 개량에 소요되는 비용이 매각차익 및 임대수익보다 더 작으면 투자할 수 있다.

④ 취득한 부동산을 매각하여 매매차익을 획득하는 것을 주목적으로 운용되는 임대형부동산펀드가 있다.

95 펀드재산의 50%를 초과한 자금으로 업무용 또는 상업용 부동산 등을 매입한 후 이를 임대하여 안정적인 임대수입과 향후 매입 부동산 가치상승 시 자본소득도 확보하려는 펀드는?

① 임대형부동산펀드   ② 대출형부동산펀드
③ 개발형부동산펀드   ④ 증권형부동산펀드

96 다음 중 자본시장과 부동산시장에 관한 내용으로 올바른 것은?

① 부동산은 자본시장의 투자여건 변화에 거의 영향을 받지 않는다.
② 부동산과 경쟁하는 다른 자산에 대한 상황을 파악할 필요가 없다.
③ 금리 상황과 향후 금리 변화를 수시로 파악할 필요가 없다.
④ 부동산투자는 금융비용에 영향을 주어 자기자본의 투자수익률에도 영향을 주게 된다.

97 부동산시장의 세 가지 하부시장에 해당하지 않는 것은?

① 공간시장   ② 자산시장
③ 개발시장   ④ 대출시장

98   다음 중 프로젝트 파이낸싱(PF)에 대한 설명으로 잘못된 것은?

① 프로젝트 파이낸싱(PF)은 물적 담보로 대출을 받는 것이 아니라 사업자의 신용이나 해당 사업으로부터 발생하는 미래의 현금흐름을 담보로 자금을 조달하는 공급자금융이다.

② 원리금 상환은 해당 사업에서 발생하는 현금흐름에 의존하기 때문에 사업의 수익성이 장기, 안정, 고수익성이어야 하므로 대부분 대규모 프로젝트나 해외 건설 부문에 많이 사용된다.

③ 해당 사업이 도산할 경우 사업의 수익성을 담보로 한 대출이기 때문에 사업주는 개인적인 채무를 지지 않지만, 이 경우에 해당 사업에서 발생하는 현금흐름이나 자산의 범위 내에서 채권청구가 가능하다.

④ 다양한 사업 주체가 해당 사업에 참여하고 이해당사자 간의 위험분산이 가능하나 이해당사자 간의 계약관계에 따라 절차가 복잡하므로 사업이 지연될 가능성이 있다.

99   다음 중 대안투자(부동산투자)의 위험에 대한 내용으로 거리가 먼 것은?

① 투자금이 회수되지 않았을 경우를 대비하여 펀드 자동연장 조항을 집합투자규약에 넣고 있다.

② 실물형부동산펀드에서는 부동산 매입금액의 50 ~ 100bp 수준의 취득수수료가 발생한다.

③ 부동산펀드운용의 경쟁이 심화되면서 완만하게 성장하였다.

④ 운용자 스스로 시장에 많지 않은 프로젝트(부동산투자)를 발굴하고 투자 적정성 여부를 검토하여야 한다.

100   다음 중 위험관리방안에 대한 내용으로 거리가 먼 것은?

① 현재 국내에서는 부동산 관련 지수가 개발되지 않았거나 공신력이 떨어진다.

② 유동성 위험은 개발사업과 관련하여 부동산을 분양하고자 하는 경우 주로 발생한다.

③ 개발 위험을 회피하기 위하여서는 확정가격에 의한 일괄도급계약을 활용할 수 있다.

④ 수익을 감소시키지 않고 체계적 위험 등 전체 포트폴리오의 위험을 감소시키기 위하여 분산투자를 할 수 있다.

제1과목 · 펀드투자

01   **집합투자기구 중 투자회사의 해산사유가 아닌 것은?**

① 주주총회의 해산 결의
② 법원의 명령 또는 판결
③ Circuit breakers 발동
④ 정관에서 정한 존속기간의 만료

02   **모자형집합투자기구에 대한 설명으로 잘못된 것은?**

① 자투자기구(하위투자기구)의 집합투자증권을 투자자에게 판매하고, 그 자금을 모투자기구 (상위투자기구)에 대부분 투자하는 구조이다.
② 자투자기구는 모투자기구의 집합투자증권 외의 다른 집합투자증권을 취득할 수 없다.
③ 자투자기구 외의 자가 모투자기구의 집합투자증권을 취득할 수 있다.
④ 자투자기구와 모투자기구의 집합투자재산을 운용하는 집합투자업자는 동일하다.

03   **종류형집합투자기구에 대한 설명과 가장 거리가 먼 것은?**

① 집합투자업자 보수는 클래스별로 차별화할 수 없다.
② 여러 종류의 집합투자증권 간에 전환할 수 있는 권리를 부여할 수 있다.
③ 기존에 이미 만들어진 비종류형집합투자기구도 종류형집합투자기구로 전환할 수 있다.
④ 특정 종류의 투자자만으로는 수익자총회를 개최할 수 없다.

04 투자신탁 및 투자회사에 대한 설명과 거리가 먼 것은?

① 투자신탁은 자산 소유자 및 법률행위주체가 동일하다.

② 투자회사는 자산 소유자 및 법률행위주체가 동일하다.

③ 투자회사의 투자기구와 관련된 의사결정은 이사회 및 주주총회에서 한다.

④ 투자신탁의 투자기구와 관련된 의사결정은 항상 집합투자업자 및 수익자총회에서 한다.

05 자본시장법상 금융위원회의 승인 없이 투자신탁을 해지할 수 있는 경우로 잘못된 것은?

① 신탁계약에서 정한 신탁계약기간이 종료되는 경우

② 수익자총회에서 투자신탁의 해지를 결의하는 경우

③ 수익증권 전부에 대한 환매의 청구가 발생한 경우

④ 공모투자신탁을 설정하고 1년이 지난 후 1개월간 계속하여 투자신탁의 원본액이 100억원 미만인 경우

06 다음 중 상장지수집합투자기구(ETF)의 특징으로 잘못된 것은?

① ETF는 추가형투자기구이다.

② ETF는 개방형투자기구이다.

③ ETF는 주식형투자기구이다.

④ ETF는 상장형투자기구이다.

07 일반 집합투자기구에 적용되는 법령 중 ETF에는 적용이 배제되는 사항이 있다. 다음 중 이와 가장 거리가 먼 것은?

① ETF는 임원 등 소유상황 보고 의무, 주식대량보유 보고 의무가 없다.
② ETF는 자산운용보고서 제공 의무와 내부자 단기매매차익 반환 의무가 없다.
③ ETF는 중립투표가 불가능하다.
④ ETF는 대주주와의 거래 제한 규정이 배제된다.

08 투자회사의 투자자산을 관리하는 회사는?

① 판매회사
② 일반사무관리회사
③ 집합투자업자
④ 신탁업자

09 자본시장법상 전문투자형 사모펀드에 대한 특례사항에 해당하지 않는 것은?

① 자산운용보고서의 작성 및 제공 의무
② 인터넷 홈페이지를 통한 집합투자규약의 공시 의무
③ 금융위원회 등록 의무
④ 기준가격의 매일 공고·게시 의무

10 인덱스펀드와 관련하여 추적오차의 발생 원인으로 잘못된 것은?

① 펀드에 부과되는 보수 및 판매수수료
② 포트폴리오를 구축하기 위한 거래 비용
③ 인덱스펀드와 추적대상지수의 포트폴리오 차이
④ 포트폴리오 구축 시 적용되는 가격과 실제 매매가격의 차이

11 자본시장법상 부동산펀드를 설정·설립하는 주체가 나머지 셋과 다른 것은?

① 부동산투자신탁　　　　　　　　② 부동산투자회사
③ 부동산투자유한회사　　　　　　④ 부동산투자합자회사

12 부동산펀드에 대한 설명으로 잘못된 것은?

① 신탁계약서가 작성되는 부동산펀드는 부동산투자신탁이다.
② 투자자의 환금성 보장 등을 별도로 정하지 않은 경우 상장시켜야 하는 부동산펀드는 공모 부동산투자회사이다.
③ 부동산펀드에서 부동산과 관련하여 투자하는 방법에는 부동산관리, 부동산개량, 부동산임 대, 부동산중개 등이 있다.
④ 부동산펀드에서 투자가능한 부동산과 관련된 권리에는 지역권, 임차권, 분양권 등은 포함 되나 저당권은 포함되지 않는다.

13 자본시장법상 부동산펀드에서 취득한 부동산의 처분과 관련한 운용제한에 대한 설명으로 잘못된 것은?

① 국내에 있는 부동산은 원칙적으로 1년 이내에 처분할 수 없다.
② 국외에 있는 부동산은 해당 부동산펀드의 집합투자규약에서 정하는 기간 이내에 처분할 수 있다.
③ 부동산 개발사업에 따라 조성한 토지 등을 분양하는 경우 처분제한기간 이내에도 처분할 수 있다.
④ 부동산의 처분과 관련한 운용제한은 사모부동산펀드에는 적용되지 않는다.

14 자본시장법상 특별자산펀드에 대한 설명으로 잘못된 것은?

① 특별자산펀드는 증권 및 부동산에도 투자할 수 있다.

② 특별자산은 시가에 따라 평가하는 것이 원칙이다.

③ 특별자산펀드는 선박에 직접 투자할 수 없다.

④ 공모특별자산펀드의 경우에도 사회기반시설사업의 시행을 목적으로 하는 법인이 발행한 주식에 자산총액의 100%까지 투자할 수 있다.

15 펀드재산의 50%를 초과하여 원유·가스 등과 같은 에너지 자원의 답사, 개발, 생산과 관련된 사업만을 영위하는 회사 지분에 투자하는 펀드의 자본시장법상 유형은?

① 증권집합투자기구　　　　　　② 실물집합투자기구

③ 부동산집합투자기구　　　　　　④ 혼합자산집합투자기구

16 전략적 자산배분전략의 실행방법이 아닌 것은?

① 시장가치 접근방법

② 증권시장의 과잉반응 현상을 이용하는 방법

③ 위험－수익 최적화방법

④ 유사한 기관투자가의 자산배분을 모방하는 방법

17 역투자전략에 대한 설명으로 잘못된 것은?

① 실제로 주가가 상승할 때 투자자의 위험허용도가 낮아지게 된다.

② 내재가치는 시장가격보다 매우 낮은 변동성을 보이므로 역투자전략의 수행을 용이하게 만든다.

③ 전술적 자산배분은 평가된 내재가치와 시장가치 간의 비교를 통하여 실행을 판단하게 된다.

④ 내재가치 대비 고평가되면 매도하고, 내재가치 대비 저평가되면 매수하고자 하는 운용방법이다.

18 펀더멘털 분석법에 대한 설명으로 잘못된 것은?

① 시장 참여자들이 공통적으로 가지고 있는 수익률에 대한 추정치를 사용하는 방법이다.

② 과거 자료를 바탕으로 미래에 대한 기대치를 추가하여 수익률을 예측하는 방법이다.

③ 이 분석법에 의한 주식의 기대수익률은 '무위험이자율 + 주식시장 위험프리미엄'이다.

④ 과거의 결과일 뿐 미래의 기대수익률로 사용하는 데는 한계가 있다.

19 위험에 비하여 상대적으로 높은 기대수익을 얻고자 하거나, 기대수익에 비하여 상대적으로 낮은 위험을 부담하도록 자산 포트폴리오의 구성을 수정하는 것은?

① 리밸런싱(Rebalancing)　　　　② 업그레이딩(Upgrading)

③ 모니터링(Monitoring)　　　　④ 피드백(Feedback)

20 내부수익률(IRR)에 대한 설명으로 잘못된 것은?

① 화폐의 시간적 가치가 고려된 평균투자수익률의 개념이다.

② 현금유출액의 현재가치와 현금유입액의 현재가치를 일치시켜주는 할인율이다.

③ 금액가중평균수익률이다.

④ 중도현금흐름이 재투자되어 증식되는 것을 감안한 평균수익률의 계산방법이다.

21 기대수익과 위험 간의 관계를 고려하여, 동일한 위험수준하에서 최대한으로 보상받을 수 있는 지배원리에 의하여 포트폴리오를 구성하는 방법으로 적절한 것은?

① 소극적 투자관리방법
② 위험－수익 최적화방법
③ 시나리오 분석법
④ 펀더멘털 분석법

22 다음 중 전략적 자산배분(SAA)에 대한 설명으로 잘못된 것은?

① 자산배분에서 최적해는 투자자의 효용함수와 효율적 투자기회선이 접하는 점이다.
② 입력변수에 추정오류가 있는 경우 효율적 투자기회선은 선이 아니라 영역의 형태로 나타난다.
③ 각 자산집단별 투자비중을 정하는 데 있어서 각 자산집단의 시장비중을 고려하는 방법을 시장가치 접근법이라고 한다.
④ 전략적 자산배분은 원칙적으로 주어진 계획기간 내에 주기적으로 재검토하고 수정된다.

23 다음 중 역투자전략에 대한 설명으로 올바른 것은?

① 과매도 국면으로 판단되면 펀드매니저는 주식비중을 축소한다.
② 실제 주가가 오르면 투자자의 위험허용도는 하락한다.
③ 투자자의 위험허용도는 포트폴리오의 실현수익률에 영향을 받는다고 가정한다.
④ 자산가격은 중장기적으로 균형가격으로 복귀한다는 가정을 한다.

24 다음 자산배분전략과 시장예측활동에 대한 설명으로 잘못된 것은?

① 자산운용조직에서는 증권선택활동(Security Selection)과 자산구성활동(Asset Allocation)을 구분하는 추세가 강해지고 있다.

② 소극적 투자관리방법은 보다 나은 시장예측활동이나 주가가 잘못 형성된 종목을 발견하는 능력을 통해 벤치마크보다 나은 성과를 올리려는 시도를 하는 전략이다.

③ 자산배분(Asset Allocation)과 시장예측활동(Market Timing)은 개념에서 큰 차이가 있다.

④ 자산배분전략이라는 개념이 보편화된 1980년대 중반 이전에는 시장예측활동(Market Timing)이라는 용어가 많이 사용되었다.

25 다음 중 전술적 자산배분(TAA)에 대한 설명으로 잘못된 것은?

① 중·단기적인 가격착오(Mispricing)를 적극적으로 활용하여 고수익을 지향하는 운용전략의 일종이다.

② 자산배분을 유연하게 변경하지 못한 경우 이에 대한 책임을 지도록 되어 있기 때문에 자금운용자들은 항상 시장상황에 대응하여 운용하여야 한다.

③ 고가매입-저가매도(Buy High-Sell Low)전략을 활용하는 포뮬러 플랜(Formula Plan)이 전술적 자산배분의 좋은 예이다.

④ 자산집단의 가격이 평균반전과정(Mean Reverting Process)을 따른다고 가정하여야 한다.

26 다음 중 펀드의 유형에 대한 설명으로 올바른 것만 모두 묶은 것은?

> ㉠ 수익·위험구조 및 벤치마크가 유형분류의 기준이 되기도 한다.
> ㉡ 펀드의 유형이 바뀌면 펀드의 상대적인 우열(순위 등)이 바뀔 수 있다.
> ㉢ 펀드평가회사에 따라 펀드의 유형이 달라질 수 있다.

① ㉠, ㉡

② ㉠, ㉢

③ ㉡, ㉢

④ ㉠, ㉡, ㉢

27 A펀드의 성과지표가 다음과 같을 때, A펀드의 베타로 옳은 것은?

A펀드		무위험수익률	시장수익률 (벤치마크 수익률)
수익률	젠센의 알파		
30%	10%	5%	20%

① 0.8　　　　② 1.0　　　　③ 1.2　　　　④ 1.5

28 펀드 등급(Rating)에 대한 일반적인 설명으로 가장 거리가 먼 것은?

① 수익률, 위험, 위험조정성과 등을 종합 판단할 수 있는 등급 표시이다.
② 등급은 평가사별로 기호로 표시된 이미지를 이용하여 표시한다.
③ 운용사의 운용능력이나 성과원인 등에 대해서 정확하게 설명하고 있다.
④ 펀드의 등급은 순수하게 과거의 계량적인 성과만을 이용하여 측정된 결과이다.

29 성과평가 항목에 대한 설명으로 잘못된 것은?

① 표준편차는 일정 기간 동안 평균수익률 대비 변동정도를 측정한다.
② 샤프비율을 통해 펀드수익률이 기대수익률을 얼마나 초과했는지 측정한다.
③ 주식, 채권, 유동성 자금 등 주요 자산별 비중과 추이를 분석한다.
④ 기간누적수익률은 벤치마크 수익률, 유형평균수익률, 운용사의 유형평균수익률과도 비교
하여 판단해야 한다.

30 다음의 보기에 해당하는 오류는?

> 성과가 나빠 운용이 중단된 펀드 등을 제외하고 현재 시점에서 존재하는 펀드만을 대상으로 평가함으로써 부실한 운용으로 고객이탈이 많은 운용회사의 성과가 상대적으로 높게 표시되는 현상이다.

① 대표성(Representativeness)의 오류
② 순환계정(Circular Accounts)의 오류
③ 대표계정(Representative Accounts)의 오류
④ 생존계정의 오류(Survivorship Biases)

31 위험측정지표에 대한 설명으로 잘못된 것은?

① 표준편차는 일정 기간 동안의 수익률을 동일 기간의 평균수익률과 비교하여 변동한 범위를 측정한다.
② 젠센의 알파는 펀드의 실제수익률이 시장균형을 가정한 경우의 수익률보다 얼마나 더 높은지를 측정한다.
③ 샤프비율은 베타로 측정한 위험을 1만큼 더 부담함으로써 얻을 초과수익률을 나타낸다.
④ 베타는 시장수익률이 변할 때 펀드수익률이 얼마나 변화했는지를 나타내는 민감도지표이다.

32 위험조정성과에 대한 설명으로 가장 거리가 먼 것은?

① 트레이너비율은 분산투자 가능한 경우 비체계적 위험은 투자수익에 기여할 수 없음을 전제한다.
② 샤프비율은 총위험 한 단위당 어느 정도의 보상을 받았는가 하는 위험보상률을 의미하며 지수가 클수록 투자성과가 우수한 것으로 평가한다.
③ 젠센의 알파가 0보다 크다는 것은 시장균형을 가정한 경우의 위험에서 실제수익률이 기대수익률보다 초과했다는 것이다.
④ 샤프비율은 전체 자산을 잘 분산투자하고 있는 투자자의 경우 적합한 펀드평가방법이다.

33 보기에서 설명하는 위험조정성과로 적절한 것은?

> • 일정 기간의 펀드 수익률과 벤치마크 수익률의 차이를 측정하는 지표이며 추적오차를 의미한다.
> • 이 지표가 크다는 것은 펀드가 투자한 종목의 구성이나 편입비가 벤치마크와 상이하다는 것을 의미한다.

① 트래킹 에러   ② 트레이너비율
③ 샤프비율   ④ 정보비율

34 위험 및 위험조정성과에 대한 설명으로 잘못된 것은?

① 샤프비율은 위험을 고려하여 펀드 운용성과를 측정하는 대표적 지표이다.
② 정보비율이 낮다는 것은 능력이 뛰어난 운용자가 펀드를 운용하고 있음을 의미한다.
③ 표준편차가 작은 펀드는 그만큼 위험도 작다.
④ 젠센의 알파가 0보다 크다는 것은 시장평균수익률을 초과하는 성과가 있었음을 의미한다.

35 펀드의 평가에 대한 설명으로 잘못된 것은?

① 펀드 성과요인 분석을 통해 가장 큰 효과를 발휘할 수 있도록 펀드별로 자금을 배정할 수 있다.
② 펀드 등급은 과거의 계량적인 성과만을 이용하여 측정한 결과이므로 맹신하는 것은 바람직하지 않다.
③ 스타일 분석은 성과에 가장 큰 요인을 주는 변수를 골라내 이를 기준으로 펀드를 분류하는 기법이다.
④ 벤치마크를 이용하는 방법을 통해 특정한 조건을 가진 가상의 포트폴리오를 만들어 실제 펀드의 성과와 비교한다.

36 금융소비자보호법상 금융소비자의 대출성 상품 청약철회권에 대한 설명으로 가장 먼 것은?

① 금융투자회사와 관련하여 청약철회의 대상은 자본시장법 제72조 1항에 따른 신용공여가 대표적이다.

② 대출성 상품에 대하여 일반금융소비자는 계약서류제공일 또는 계약체결일로부터 7일 이내에만 청약을 철회할 수 있다.

③ 담보로 제공된 증권이 자본시장법에 따라 처분된 경우에는 청약철회권을 행사할 수 없다.

④ 청약철회는 일반금융소비자가 금융상품판매업자에게 청약철회의 의사를 서면 등으로 발송하고, 금융상품판매업자에게 이미 공급받은 금전 등을 회사에 반환한 때 효력이 발생한다.

37 투자권유대행인의 금지행위와 가장 거리가 먼 것은?

① 투자자를 대리하여 계약을 체결하는 행위

② 투자자로부터 금융투자상품에 대한 매매권한을 위탁받는 행위

③ 둘 이상의 금융투자업자와 투자권유 위탁계약을 체결하는 행위

④ 위탁한 금융투자업자가 판매하는 주식형펀드를 투자권유하는 행위

38 집합투자업자의 불건전영업행위와 가장 거리가 먼 것은?

① 집합투자기구의 이익을 해하지 않으면서 자기 또는 제3자의 이익을 도모하는 행위

② 투자운용인력이 아닌 자에게 집합투자재산을 운용하게 하는 행위

③ 제3자와의 계약 또는 담합 등에 의하여 집합투자재산으로 특정 자산에 교차하여 투자하는 행위

④ 자기 또는 관계인수인이 인수업무를 담당한 법인의 특정 증권 등에 대해 인위적인 시세를 형성하기 위해 집합투자재산으로 그 특정 증권 등을 매매하는 행위

39 투자성 상품을 일반금융소비자에게 권유하는 경우 설명해야 할 사항과 가장 거리가 먼 것은?

① 투자성 상품의 내용과 위험
② 투자성 상품에 대한 금융상품직접판매업자가 정하는 위험등급
③ 금리 및 변동여부
④ 금융상품과 연계되거나 제휴된 금융상품 또는 서비스

40 투자신탁의 수익자총회에 대한 설명 중 잘못된 것은?

① 3% 이상 보유 수익자는 집합투자업자에게 총회소집을 요구할 수 있다.
② 신탁계약으로 정한 사항의 의결은 출석수익자 과반수와 총좌수 1/5로 의결할 수 있다.
③ 총회의 결의에 반대하는 수익자는 결의일로부터 20일 이내에 집합투자업자에 대하여 자신의 수익증권 매수를 청구할 수 있다.
④ 간주의결권이 행사되려면 수익자총회의 의결권을 행사한 총좌수가 발행총좌수의 1/10 이상이어야 한다.

41 투자신탁의 집합투자업자는 신탁재산의 효율적 운용을 위하여 자신의 명의로 직접 투자 대상자산을 취득·처분하는 경우가 있다. 다음 중 이에 대한 설명으로 잘못된 것은?

① 집합투자업자는 상장채권을 취득·처분 시 상장채권의 운용을 담당하는 직원과 취득·처분의 실행을 담당하는 직원을 구분해야 한다.
② 신탁업자는 신탁재산의 취득·처분 등의 주문서와 자산배분명세서의 적정성 및 그 이행여부를 확인해야 한다.
③ 집합투자업자는 신탁재산별로 미리 정해진 자산배분명세에 따라 취득·처분의 결과를 공정하게 배분해야 한다.
④ 집합투자업자는 신탁재산을 취득·처분하기 전에 신탁재산별로 주문금액, 가격, 수량 등을 기재한 주문서와 배분내용을 기재한 자산배분명세서를 작성해야 한다.

42 집합투자업자의 영업행위 규제에 대한 기술 중 잘못된 것은?

① 투자신탁의 집합투자업자는 신탁업자에게 투자대상자산의 취득·처분 등에 관하여 필요한 지시를 한다.

② 신탁업자는 집합투자업자의 지시에 따라 투자대상자산의 취득·처분 등을 하여야 한다.

③ 단기대출(Call Loan)의 경우 집합투자업자 자신의 명의로 직접 투자대상자산을 취득·처분할 수 없다.

④ 시가총액비중의 10%가 넘는 지분증권은 그 시가총액비중까지 투자할 수 있다.

43 자본시장법상 집합투자업의 규제에 대한 기술 중 잘못된 것은?

① 공모집합투자기구는 원칙적으로 성과보수를 받을 수 없다.

② 투자신탁의 집합투자재산의 법적 소유자는 신탁업자이다.

③ 집합투자업자의 수시공시 방법은 인터넷 홈페이지, 전자우편, 본점·지점·그 밖의 영업소에 게시하는 방법이 있으며 3가지 방법 모두를 이행하여야 한다.

④ 원칙적으로 집합투자재산으로 금전차입과 대여를 할 수 있다.

44 집합투자업자는 집합투자재산 운용 시 이해관계인과 거래하는 것이 원칙적으로 금지된다. 하지만 예외적으로 가능한 경우가 있는데 이와 거리가 먼 것은?

① 증권시장에서 불특정다수인이 참여하는 공개시장을 통한 거래

② 파생상품시장에서 불특정다수인이 참여하는 공개시장을 통한 거래

③ 일반적인 거래조건에 비추어 집합투자기구에 유리한 거래

④ 이해관계인이 되기 3개월 이전에 체결한 계약에 따른 거래

45 집합투자업자의 불건전영업행위에 해당되어 금지되는 것과 거리가 먼 것은?

① 자기 또는 관계인수인이 인수한 증권을 증권시장에서 매도하는 행위

② 투자대상 자산의 가격에 중대한 영향을 미칠 수 있는 매매의사를 결정한 후 이를 실행하기 전에 그 투자대상 자산을 집합투자업자 자기의 계산으로 매매하거나 제3자에게 매매를 권유하는 행위

③ 자기 또는 관계인수인이 인수한 증권을 집합투자재산으로 매수하는 행위

④ 특정 집합투자재산을 집합투자업자의 고유재산 또는 그 집합투자업자가 운용하는 다른 집합투자재산, 투자일임재산 또는 신탁재산과 거래하는 행위

46 수익증권의 종류 중 거치식 저축에 대한 설명 중 잘못된 것은?

① 일정 금액을 일정 기간 이상 저축하는 방식이다.

② 수익금인출식과 일정금액인출식이 있다.

③ 수익금인출식은 동일계좌에서 추가납입이 가능하다.

④ 저축기간 중 일부 인출이 가능하지만 이로 인해 원본금액의 일부가 감액되는 경우에는 이를 일부 해약으로 보고 잔여금액을 원본금액으로 하여 저축기간이 계속되는 것으로 본다.

47 수익증권저축의 저축금 납입에 대한 기술 중 잘못된 것은?

① 저축금으로 납입한 수표·어음 등의 지급이 거절된 경우 판매회사는 증권의 권리보전절차를 밟지 아니하고 저축자에게 지급이 거절된 수표·어음을 반환한다.

② 판매회사는 저축금에 대하여 저축자에게 고지한 지급기준에 따른 저축금이용료를 지급해야 한다.

③ 저축자는 판매회사로부터 지급받은 저축금이용료의 지급기준을 영업점, 홈페이지 등을 통하여 확인할 수 있다.

④ 저축자는 저축금이용료 산정에 영향을 미치는 요인의 변동상황을 주기적으로 점검하여 이를 반영하여야 한다.

48 수익증권저축의 운영에 대한 기술 중 잘못된 것은?

① 판매회사는 저축자의 청구에 따라 저축재산의 일부를 지급하는 경우 선입선출법에 의한다.

② 저축자가 저축재산 인출 시 수익증권현물을 요구하는 경우 판매회사는 특별한 사유가 없는 한 수익증권현물을 지급해야 한다.

③ 저축자에 대한 통지의 효력은 발송한 때로부터 발생한다.

④ 저축자의 책임 있는 사유로 인한 신고지연으로 발생한 손해에 대하여 판매회사는 책임 있는 사유가 없는 한 책임을 지지 않는다.

49 수익증권저축에 대한 기술 중 잘못된 것은?

① 수익증권현물의 양·수도에 따른 업무의 번거로움이 가장 큰 단점이다.

② 수익증권저축은 판매회사가 저축자로부터 저축금을 받아 그 자금으로 수익증권을 매입하고 보관·관리함으로써 저축자의 편익을 도모함을 목적으로 한다.

③ 수익증권저축계약은 투자신탁가입계약과 혼장임치계약의 혼합계약이다.

④ 수익증권저축의 종류는 크게 임의식과 목적식으로 구분된다.

50 수익증권저축의 만기지급일과 관련된 내용 중 잘못된 것은?

① 저축기간을 월, 연 단위로 정한 경우 저축기간이 만료되는 월의 최초 납입상당일을 만기지급일로 한다.

② ①의 경우 만료되는 월에 그 해당일이 없으면 그 월의 말일을 만기지급일로 한다.

③ 저축기간을 일 단위로 정한 경우 최초 매수일부터 계산하여 저축기간이 만료되는 날의 영업일을 만기지급일로 한다.

④ 투자신탁계약을 해지한 경우 해지결산 후 첫 영업일을 만기지급일로 한다.

51 저축자가 저축금의 인출요건, 저축기간, 저축금액을 정하여 저축하는 방식으로 옳은 것은?

① 목적식

② 임의식

③ 목표식

④ 자유식

52 다음 중 우리나라 현행 세법상 양도소득의 과세대상과 거리가 먼 것은?

① 토지, 건물 등 부동산과 그 권리의 양도차익

② 대주주가 소유하는 상장주식의 양도차익

③ 파생결합증권의 양도차익

④ 코스피200선물의 매매차익

53 투자신탁의 수입시기는 과세시기를 의미한다. 다음 중 투자신탁의 과세시기와 거리가 먼 것은?

① 투자신탁의 이익을 지급받는 날, 즉 현금으로 이익을 수령하는 날

② 당초 소득이 신탁재산에 귀속된 날

③ 재투자 특약에 의하여 원본에 전입되는 날

④ 신탁계약기간을 연장하는 경우 그 연장하는 날

54 펀드가 파생상품과 파생결합증권에 투자하는 경우, 매매평가 손익의 과세에 대한 설명 중 잘못된 것은?

① 상장 주식의 매매평가손익은 투자신탁이익 계산 시 과세제외된다.

② 장외파생상품의 매매평가손익은 투자신탁이익에 포함하여 배당소득으로 과세한다.

③ 상장되어 거래되는 파생결합증권의 매매평가손익은 투자신탁이익 계산 시 과세제외된다.

④ 비상장 파생결합증권의 매매평가손익은 투자신탁이익에 포함되지 않는다.

55 투자신탁이 직접 투자한 유가증권에 대한 세제 중 과세제외되는 것을 모두 고른 것은?

> ㉠ 주식선물거래에서 발생한 소득
> ㉡ 장외파생상품의 매매평가손익
> ㉢ 상장주식의 매매평가손익
> ㉣ 비상장 파생결합증권의 매매평가손익
> ㉤ 소득세법 46조1항에 따른 채권을 투자하여 발생한 손익
> ㉥ 국외 상장주식의 매매차익

① ㉠, ㉢
② ㉠, ㉡, ㉢
③ ㉠, ㉢, ㉤
④ ㉠, ㉤, ㉥

56 금융상품판매업자의 불공정영업행위 금지의무와 거리가 먼 것은?

① 업무와 관련하여 편익을 요구하거나 제공받는 행위
② 특정 대출상환방식을 강요하는 행위
③ 대출계약 성립일로부터 3년 이내에 중도상환수수료를 부과하는 행위
④ 연계제휴서비스 등이 있는 경우 이를 부당하게 축소하거나 변경하는 행위

57 파생상품과 같은 위험이 큰 상품에 대하여 적용되는 원칙과 가장 거리가 먼 것은?

① 적합성의 원칙
② 적정성의 원칙
③ Know-Your-Customer-Rule
④ 자기매매금지의 원칙

58 **집합투자업자의 자산운용에 대한 기술 중 잘못된 것은?**

① 자본시장법은 집합투자기구의 투자대상자산을 한정하지 않고, 재산적 가치가 있는 자산이면 모두 투자할 수 있게 하였다.

② 집합투자업자 및 신탁업자는 투자신탁재산으로 투자대상 자산을 취득·처분 등을 한 경우 그 투자신탁재산으로 그 이행책임을 진다.

③ 국내외 상장 주식은 투자운용의 효율성과 적시성 확보 등을 위해 투자신탁의 집합투자업자가 직접 자산의 취득·매각을 실행할 수 있다.

④ 장외파생상품 거래상대방은 신용평가회사로부터 투자적격 등급 이상의 평가를 받은 전문투자자만 가능하다.

59 **금융투자업자의 성과보수 및 수수료 제한에 대한 설명 중 잘못된 것은?**

① 고객으로부터 성과보수 약정을 체결하거나 그에 의한 성과보수 수령은 금지된다.

② 투자자문업자 또는 투자일임업자는 계약으로 정한 수수료 외의 대가를 추가로 받는 행위가 허용된다.

③ 금융투자업자는 수수료 부과기준과 절차에 관한 사항을 금융투자협회에 통보하여야 한다.

④ 금융투자협회는 금융투자업자별로 수수료를 비교하여 공시하여야 한다.

60 **다음 중 직무윤리가 강조되는 이유와 가장 거리가 먼 것은?**

① 윤리규범이 공공재적 성격을 띠게 되었다.

② 신용이 무형의 자본으로 인정되고 있다.

③ 대리인 문제와 도덕적해이 문제를 사전에 예방하는 수단이 된다.

④ 정보비대칭 문제가 없다.

61 금융투자업자와 금융소비자 간 이해상충이 발생하는 경우와 거리가 먼 것은?

① 금융투자업자 내부의 공적업무영역에서 사적업무영역의 정보를 이용하는 경우
② 금융투자업자와 금융소비자 간 정보비대칭이 존재하는 경우
③ 금융투자업자의 CRM활동이 활성화되는 경우
④ 복수의 금융투자업자 간 겸영업무의 허용범위가 넓어지는 경우

62 Know-Your-Customer-Rule(고객파악의무)에 대한 설명 중 잘못된 것은?

① 적합성의 원칙과는 관련이 적다.
② 투자권유를 하기 전에 투자자가 일반투자자인지 전문투자자인지의 여부를 확인해야 한다.
③ 투자권유를 하기 전에 면담·질문 등을 통하여 일반투자자의 투자목적·재산상황 및 투자경험 등의 정보를 파악해야 한다.
④ 일반투자자로부터 서명, 기명날인, 녹취, 전자통신, 우편, 전화자동응답시스템 등으로 확인을 받아 이를 유지·관리하여야 한다.

63 다음 중 직무윤리에 대한 기술이 잘못된 것은?

① 과당매매, 매매형태 명시의무 위반 등이 이익상충에 해당한다고 볼 수 있다.
② Chinese Wall 구축의무는 정보교류를 차단시키기 위함이다.
③ 투자중개업자가 증권시장을 통하여 매매하는 경우 자기계약금지규정이 적용된다.
④ 금융투자업종사자는 투자대상 선정과 포트폴리오 구축 시 적용되는 기본적 원칙과 방법, 이들에 중대한 영향을 미칠 수 있는 모든 사항 및 그 중대한 변경 등을 고객이 이해할 수 있도록 설명해야 한다.

64 **금융소비자보호법상 금융위원회의 판매제한명령에 대한 설명으로 가장 거리가 먼 것은?**

① 금융위원회가 판매제한명령권을 행사하려면 명령대상자에게 명령의 필요성 및 판단근거, 절차 및 예상시기, 의견제출방법 등을 사전에 고지해야 한다.

② 금융위원회는 명령 발동 전에 명령대상자에게 의견을 제출할 수 있는 충분한 기간을 보장해야 한다.

③ 금융위원회는 명령 발동 후 지체 없이 그 내용을 홈페이지에 게시해야 한다.

④ 판매제한명령을 하면 신규판매행위를 중단하더라도 판매제한명령권 행사를 중단할 수 없다.

65 **금융투자업종사자의 본인에 대한 윤리와 관련된 설명 중 잘못된 것은?**

① 경영환경변화에 유연하게 적응하기 위하여 창의적 사고를 바탕으로 자기혁신에 힘써야 한다.

② 자기혁신의 방법은 전문지식 배양과 윤리경영 실천에 노력하는 것 등이 있다.

③ 최근 금품수수 및 제공에 대한 법규는 완화되는 추세이다.

④ 금융투자업종사자의 품위유지는 공정성과 독립성을 유지하는 것과 관련이 깊다.

66 **금융투자업종사자의 투자권유 중 직무윤리를 준수했다고 볼 수 있는 경우는?**

① A상담사는 주식은 미래가치를 반영하므로 미래전망 위주로 설명하였다.

② B상담사는 주관적 예감으로 확실히 수익이 날 것 같은 상품을 권유하였다.

③ C상담사는 중요한 사실이 아니고 오히려 그것을 설명함으로써 고객의 판단에 혼선을 줄 수 있는 사항을 설명하지 않았다.

④ D상담사는 고객을 강하게 설득하기 위해 투자성과가 보장된다고 설명하였다.

67 신의성실의무에 대한 기술 중 잘못된 것은?

① 권리의 행사와 의무의 이행에 있어서 행위준칙이 된다.

② 법률관계를 해석함에 있어서 해석상 지침이 된다.

③ 법규의 형식적 적용에 의하여 야기되는 불합리와 오류를 시정하는 역할을 한다.

④ 의무의 이행이 신의칙에 반하는 경우 권리남용이 되어 법적효과가 인정되지 않는다.

68 금융투자업종사자의 고객과 이익상충 금지에 대한 기술 중 잘못된 것은?

① 자기거래, 쌍방대리는 원칙적으로 금지된다.

② 자본시장법은 Chinese Wall 구축을 의무화하고 있다.

③ 고객이 동의하더라도 고객과의 관계에서 거래당사자가 되면 안 된다.

④ 금융투자업종사자는 고객에게 최선의 이익이 돌아가는 방향으로 업무를 수행해야 한다.

69 Know-Your-Customer-Rule의 내용과 가장 거리가 먼 것은?

① 고객이 일반투자자인지 전문투자자인지 확인해야 한다.

② 투자권유하기 전에 면담, 질문 등을 통하여 일반투자자의 투자목적·재산상황·투자경험 등의 정보를 파악해야 한다.

③ 일반투자자로부터 서명 등의 방법으로 확인받고 이를 투자자에게 지체 없이 제공해야 한다.

④ 파생상품 등이 투자자에게 적정하지 않다고 판단되는 경우 그 사실을 알리고 적절한 조치를 취해야 한다.

70 자본시장법상 설명의무에 대한 기술 중 잘못된 것은?

① 일반투자자뿐만 아니라 전문투자자에게도 적용된다.

② 일반투자자가 이해할 수 있도록 충분히 설명해야 한다.

③ 설명의무가 형식적으로 운용되는 것을 막기 위해 일반투자자가 이해하였음을 서명 등으로 확인받아야 하며 이를 위반한 경우 5천만원 이하의 과태료가 부과된다.

④ 설명의무 위반으로 일반투자자가 손해를 본 경우 손해를 배상할 책임이 있다.

71 투자자정보 파악에 대한 기술 중 잘못된 것은?

① 투자자정보는 본인으로부터 파악해야 하므로 대리인을 통하여 파악하는 것은 금지된다.

② 온라인을 통하여 투자자정보를 파악하는 것도 가능하다.

③ 자신의 정보제공을 거부하는 투자자는 거부 의사를 서면으로 확인받고, 투자권유를 희망하지 않는 투자자에 대한 판매절차에 따르면 된다.

④ 장외파생상품 거래자는 투자권유 여부와 상관없이 장외파생상품 투자자정보 확인서를 이용하여 투자자정보를 파악한다.

72 객관적이며 이해가 용이하다는 장점이 있으나 단순한 합산으로 투자자의 특정 성향을 반영하지 못할 수도 있다는 단점이 있는 적합성 판단방식으로 옳은 것은?

① 점수화 방식

② 추출방식

③ 혼합방식

④ 상담보고서 방식

73 투자권유대행인의 금지행위와 거리가 먼 것은?

① 불초청권유행위

② 재권유행위

③ 증권투자권유행위

④ 꺾기행위

74 이해충돌이 발생할 경우 가장 후순위는?

① 고객의 이익

② 임직원의 이익

③ 회사의 이익

④ 주주의 이익

75 금융분쟁조정제도에 대한 기술 중 잘못된 것은?

① 금융분쟁조정은 단순 조정이므로 당사자가 수락하여도 효력을 갖는 것은 아니다.

② 소송수행으로 인한 추가적인 비용부담이 없다는 것이 장점이다.

③ 금융투자협회에서도 금융분쟁조정제도를 시행하고 있다.

④ 법원 또는 다른 분쟁조정기관에 조정신청을 하는 경우 위원회 회부 전에 종결 처리된다.

76 재무설계의 편익에 대한 기술 중 잘못된 것은?

① 경제적 목표를 달성함으로써 금전적인 불안을 제거시킬 수 있다.

② 독단적인 재무의사결정으로 대인 관계를 축소시킬 수 있다.

③ 자신의 재정문제를 통제할 수 있게 된다.

④ 전 생애 걸쳐 재무자원을 획득·사용·보호하는 데 효율성을 증진시켜준다.

77 다음 중 재무목표 설정을 잘했다고 볼 수 없는 경우는?

① 갑은 언젠가 큰 부자가 되는 재무목표를 설정하였다.

② 을은 10년 동안 10억원을 모으기로 설정하였다.

③ 병은 다양한 재무목표 중 주택자금 마련을 우선순위로 설정하였다.

④ 정은 노후자금 마련을 위해 매달 50만원씩 연금펀드에 투자하기로 하였다.

78 노인가계에 대하여 재무설계상담을 하는 경우 잘못된 것은?

① 안전성을 위하여 변동금리상품보다 확정금리상품을 권하였다.

② 유동성을 위하여 금융상품보다 부동산 투자를 권하였다.

③ 절세상품을 활용하여 세금을 줄이도록 권하였다.

④ 건강 및 사고 발생에 대비하여 보장성보험에 가입하도록 권하였다.

79 공격투자형 고객과 투자 상담할 때 가장 잘못된 것은?

① 주식시장 전망에 대하여 설명하고 주식투자를 권하였다.

② 손실 가능성도 있지만 향후 성장 가능성이 큰 신흥국펀드를 추천하였다.

③ 주가 하락이 예상되어 인버스 파생펀드를 권유하였다.

④ 원금이 깨지면 곤란하므로 국채를 많이 투자하도록 하였다.

80 재무설계를 통한 생애 소비만족의 극대화를 추구하기 위한 조치로 옳은 것은?

① 노년기의 잉여소득을 융자 또는 소비자신용을 통하여 신혼기로 이전시킨다.

② 중년기의 잉여소득을 보험 또는 저축 등을 통하여 노년기로 이전시킨다.

③ 생애주기에 따른 소득의 흐름은 소비지출의 흐름보다 완만하여, 소득의 흐름과 소비지출의 흐름이 불일치하게 된다.

④ 소비는 재무목표를 달성할 때 최대의 적이므로 재무목표를 달성하기 전까지 소비는 하지 말아야 한다.

81 부동산투자회사법에서 구분하고 있는 부동산투자회사(REITs)의 종류를 모두 고른 것은?

㉠ 자기관리 부동산투자회사	㉡ 위탁관리 부동산투자회사
㉢ 기업구조조정 부동산투자회사	㉣ 특별자산 부동산투자회사

① ㉠
② ㉠, ㉡
③ ㉠, ㉡, ㉢
④ ㉠, ㉡, ㉢, ㉣

82 부동산펀드의 설정·설립 주체와 집합투자규약의 연결이 잘못된 것은?

	형 태	설정·설립 주체	집합투자규약
①	부동산투자신탁	집합투자업자	신탁계약서
②	부동산투자회사	발기인	정 관
③	부동산투자합자회사	집합투자업자	조합계약
④	부동산투자합자조합	집합투자업자	조합계약

83 다음 중 부동산펀드의 운용대상으로 대통령령으로 정한 부동산 관련 증권과 가장 거리가 먼 것은?

① 부동산 관련 자산이 신탁 재산의 50% 이상을 차지하는 수익증권
② 부동산 관련 자산이 펀드 재산의 50% 이상을 차지하는 집합투자증권
③ 부동산 관련 자산이 유동화 자산의 50% 이상을 차지하는 유동화증권
④ 부동산투자회사법에 따른 부동산투자회사가 발행한 채권

84 부동산펀드에서 부동산 취득 시 금전차입을 할 수 있는 차입기관에 해당하는 것을 모두 고른 것은?

> ㉠ 한국수출입은행 ㉡ 증권금융회사
> ㉢ 상호저축은행 ㉣ 다른 부동산펀드
> ㉤ 투자중개업자

① ㉠, ㉡
② ㉠, ㉡, ㉢
③ ㉠, ㉡, ㉢, ㉤
④ ㉠, ㉡, ㉢, ㉣, ㉤

85 부동산펀드의 펀드재산은 시가로 평가한다. 평가일 현재 신뢰할 만한 시가가 없는 경우에 평가하는 기준은?

① 공정가액　　　　　　　　　② 감정가액
③ 공시지가　　　　　　　　　④ 기준지가

86 부동산펀드에 대한 설명으로 가장 적절하지 않은 것은?

① 대출형부동산펀드에서 시행사에 대출하기 전에 시행사가 추진하는 해당 부동산 개발사업의 사업성 유무와 수익 규모를 철저히 분석한 후 대출 여부를 결정해야 한다.
② 대출형부동산펀드는 시행사로부터의 대출 원리금 상환 및 지급을 담보하기 위하여 별도의 대출채권 담보장치를 마련해야 한다.
③ 경공매형부동산펀드에서 아웃소싱하는 대상전문기관이 적절한지 그 지급하는 비용의 적정성 여부를 반드시 사전에 점검할 필요가 있다.
④ 부동산 관련 채권에 투자하는 권리형부동산펀드는 지상권, 지역권 등에 투자한다.

87 부동산펀드의 유형과 고려대상에 대한 내용으로 잘못된 것은?

① 대출형부동산펀드 : 시행사의 신용등급 점검
② 경공매형부동산펀드 : 부동산 운용인력의 전문성 점검
③ 개발형부동산펀드 : 투자대상 부동산의 예상 수익률 분석
④ 임대형부동산펀드 : 공실률 현황과 추이 분석

88 부동산투자 방식에 관한 설명으로 옳지 않은 것은?

① 부동산투자의 특성으로 인하여 사모투자가 국내시장의 주를 이루고 있다.
② 향후 부동산 간접투자 시장의 확대에 따라 공모시장 활성화가 예상된다.
③ 투자물건의 특성 및 투자자금의 성격에 따라 공모·사모투자 방식의 선택이 가능하다.
④ 부동산 시장의 상승기에는 안정적인 대출(Debt)투자에 집중되는 경향이 있다.

89 프로젝트 파이낸싱(PF)의 특징에 대한 설명으로 가장 거리가 먼 것은?

① 프로젝트의 시행과 관련하여 발생된 제반 부채는 프로젝트 시행법인이 부담한다.
② 실질사업자는 자신의 대차대조표상에 당해 프로젝트와 관련된 부채를 계상하지 않는다.
③ 당해 프로젝트가 실패하는 경우 실질사업자는 전체적인 책임을 진다.
④ 실질사업자는 실질적으로 프로젝트를 영위하면서도 자신의 신용도에는 제한적인 영향을 받는다.

90 개발형부동산펀드의 사전에 점검할 사항으로 가장 적절하지 않은 것은?

① 인허가 여부
② 사업부지 확보 여부
③ 분양, 매각, 임대 등의 시장성
④ 시행사의 업무능력 여부

91 개발형부동산펀드에 대한 설명으로 가장 적절하지 않은 것은?

① 사업계획서가 적정한지, 감정평가업자로부터 확인을 받았는지 확인한다.

② 토지나 건축물의 분양 및 매각, 임대 가능성을 확인한다.

③ 부동산개발 관련한 인허가와 관련 없이 사업을 추진할 수 있는지 확인한다.

④ 토지를 조성하거나 건축물을 신축할 우량한 시공사가 선정되어 있는지 확인한다.

92 다음 중 부동산투자회사법상 회사재산의 100%까지 부동산개발사업에 투자할 수 있는 펀드는?

① 개량형부동산펀드

② 개발형부동산펀드

③ 경공매형부동산펀드

④ 임대형부동산펀드

93 부동산에 투자하는 상품에 대한 설명으로 가장 적절하지 않은 것은?

① 미국 등 선진국의 리츠(REITs)는 대부분 수익성 부동산을 매입하여 임대하는 임대형리츠(REITs)이다.

② 우리나라의 부동산펀드는 대출형부동산펀드가 대부분이었다.

③ 국내 리츠(REITs) 중 개발전문 부동산투자회사는 주로 수익성 부동산을 매입하여 임대하는 형태로 운용된다.

④ 부동산펀드는 펀드자산의 100분의 50을 초과하여 부동산에 투자하여야 한다.

94 임대형부동산펀드에 대한 설명으로 올바르지 않은 것은?

① 실물형부동산펀드이다.

② 취득 후 매각하는 방식이다.

③ 수익률 하락의 주된 요인은 공실률이다.

④ 수익은 공실률과 임대료에 따라 결정된다.

95 건축물을 공급하려는 자와 건축완료 후에 공급받는 것을 계약하고, 완공 후에 공급받으려는 자 앞으로 등기하는 채권적 권리는?

① 분양권   ② 임차권
③ 신탁수익권   ④ 전세권

96 다음 중 자산시장에 관한 설명으로 거리가 먼 것은?

① 대체원가(Replacement Cost)가 시가보다 낮아서 개발이익이 발생하면 개발이 결정되는 시장이다.
② 자산시장의 수급에 따라서 해당 부동산시장의 시장요구 자본환원율(Market Required Capitalization Rate) 수준이 결정된다.
③ 시장요구 자본환원율은 자산시장의 거래지표가 될 수 있다.
④ 자산시장의 현금흐름과 시장요구 자본환원율을 알면 부동산의 시장가격을 추정할 수 있다.

97 부동산시장 실패로 인한 정부의 개입 근거로 올바른 것으로만 모두 묶인 것은?

㉠ 완전경쟁시장	㉡ 독과점
㉢ 정보의 비대칭성	㉣ 외부효과
㉤ 상품의 동질성	

① ㉠, ㉡, ㉢   ② ㉠, ㉣, ㉤   ③ ㉡, ㉢, ㉣   ④ ㉡, ㉣, ㉤

98 거시경제변수와 부동산의 관계에 대한 설명으로 옳은 것은? (단, 다른 변수는 일정)

① 경제성장률이 상승하면 임대료가 상승한다.

② 금리가 상승하면 부동산가격도 상승한다.

③ 통화량이 증가하면 물가가 하락하고 부동산가격도 하락한다.

④ 부동산가격은 주가에 선행한다.

99 대안투자(부동산투자)의 특성에 대한 설명으로 잘못된 것은?

① 투자대상으로 짧은 역사를 가졌다.

② 전통적인 투자에 비하여 유동성이 낮다.

③ 전통적인 자산보다 환금성이 낮기 때문에 비용이 저렴하다.

④ 전통적인 투자자산과의 상관관계가 낮다.

100 경기수준이나 인플레이션으로 인한 부동산 또는 부동산 관련 유가증권의 가격변동 위험을 관리하는 방법으로 활용되는 방안인 것은?

① 파생금융상품　　　　　　② 각종 사전옵션계약

③ 풋백옵션　　　　　　　　④ 장기운용계약

제1과목 ▪ 펀드투자

01 ④	02 ②	03 ④	04 ②	05 ②
06 ③	07 ②	08 ④	09 ②	10 ①
11 ①	12 ③	13 ①	14 ④	15 ①
16 ①	17 ④	18 ④	19 ④	20 ③
21 ④	22 ④	23 ③	24 ②	25 ③
26 ①	27 ③	28 ③	29 ③	30 ④
31 ④	32 ②	33 ①	34 ④	35 ②

제2과목 ▪ 투자권유

36 ③	37 ④	38 ④	39 ②	40 ③
41 ④	42 ③	43 ④	44 ④	45 ③
46 ③	47 ①	48 ③	49 ①	50 ④
51 ③	52 ③	53 ④	54 ④	55 ①
56 ④	57 ③	58 ①	59 ③	60 ②
61 ②	62 ④	63 ④	64 ①	65 ④
66 ③	67 ④	68 ④	69 ②	70 ④
71 ②	72 ④	73 ③	74 ②	75 ①
76 ④	77 ②	78 ④	79 ④	80 ④

제3과목 ▪ 부동산펀드

81 ②	82 ④	83 ①	84 ①	85 ③
86 ④	87 ②	88 ①	89 ①	90 ④
91 ②	92 ④	93 ④	94 ④	95 ②
96 ④	97 ④	98 ①	99 ③	100 ④

제1과목 ▪ 펀드투자

01 수익자 전원이 동의한 경우는 금융위원회의 승인 없이 투자신탁을 해지할 수 있는 임의해지 사유에 해당한다.

02 투자신탁의 자산소유자는 신탁업자이다.

03 혼합자산집합투자기구는 특정자산에 투자해야 하는 의무비율이 없다. 즉, 자유롭게 투자대상을 선택할 수 있다.

04 MMF는 잔존만기가 1년 이상인 국채를 집합투자 재산의 5% 이내에서 운용하여야 하고 잔존만기가 1년 이상인 지방채는 편입할 수 없다.

05 종류형집합투자기구는 판매보수 및 판매수수료에 차별을 두고 있으나 집합투자업자 및 신탁업자의 보수에는 차별을 둘 수 없다.

06 모자(母子)형집합투자기구에서 자(子)집합투자기구는 모(母)집합투자기구의 집합투자증권 외에 다른 집합투자증권을 취득할 수 없다.

07 ETF는 인덱스펀드, 추가형·상장형집합투자기구이다.

08 집합투자기구의 등록은 사모집합투자기구도 하여야 한다. 그 밖의 사모집합투자기구 적용특례에는 투자광고, 집합투자재산의 보고 의무, 기준가격의 매일 공고·게시 의무, 집합투자규약의 인터넷 홈페이지 공시 의무 등이 있다.

09 사모펀드의 경우에는 그 해당 투자자의 수가 적으므로 상대적으로 낮은 수준의 제약요건을 적용하고 있다.

10 섹터펀드는 시장 전체에 투자하는 것이 아니라 특정 산업에 집중투자한다.

11 공모부동산펀드는 현금으로 납입하여야 하고 사모 부동산펀드는 일정 요건을 충족하면 부동산으로 납입할 수 있다.

12 판매회사가 일반투자자에게 정보를 요청하였을 때 불응할 경우 투자자 보호를 하지 않는다는 전제하에 장외파생상품을 제외한 나머지 금융투자상품에 대해서는 서면 동의 후 가입이 예외적으로 가능하다.

13 정관이 작성되는 특별자산펀드에는 특별자산투자 합자회사, 특별자산투자회사, 특별자산투자유한회사 등이 있다.

14 회사의 지분증권에 투자하는 것은 증권집합투자기구이다.

15 신탁자는 형식적 소유권을 가지며 원칙적으로 신탁재산에 대하여 강제집행 등 강제처분을 할 수 없다. 예외적으로 신탁 전 사유로 인하여 발생한 권리 또는 신탁사무의 처리상 발생한 권리에 대해서는 강제처분 등이 가능하다.

16 최적화를 수행하는 것은 전략적 자산배분전략의 내용이다.

17 벤치마크를 투자자가 미리 결정한 경우에도 운용자는 투자자와 협의하여 투자목적에 맞는 적합한 벤치마크를 선정하는 것은 물론 새롭게 만들 수도 있다.

18 변동성이 낮고 인플레이션에 취약한 자산은 이자지급형 자산이다.

19 적절한 분산투자를 권장한다.

20 투자관리의 일차적 과제는 분산투자(자산배분)의 방법, 개별 종목 선택, 투자시점 선택이다.

21 전략적 자산배분은 자산집단에 대한 장기적인 투자비중과 중기적인 변동한도를 결정하는, 즉 자산집단을 중요시하는 의사결정이다.

22 전략적 자산배분의 실행방법으로서 투자자별 특수상황을 고려하는 방법이 있다.

23 통계적 추정치(Statistical Estimate)들로 과거 자료를 추정한 것이기 때문에, 오류와 추정오차가 내재되어 있기 마련이다. 이런 오류로 인하여 몇몇 자산집단에 대해 과잉투자 또는 과소투자가 이루어지기도 하며, 추정오류로 인해 비효율적인 포트폴리오가 구성되기도 한다.

24 전술적 자산배분은 시장에 순응하지 않는 역투자전략(Contrary Strategy)을 취한다.

25 ① 자산배분은 시장예측활동과 구분된다.
② 과거자료를 이용한 GARCH분석 등은 위험 추정에 많이 이용된다.
④ 추세분석법에 대한 설명이다.

26 합리적인 성과평가를 통해 펀드의 유지와 환매·재투자 여부를 결정하기는 하나 이것이 펀드의 투자성과요인이라고 볼 수는 없다.

27 수익률, 위험, 위험조정성과, 등급 등은 계량적 성과측정의 요소이다.

28 운용 기간 도중 각 시점별로 펀드성과와 시장수익률을 비교하기 쉽다는 점은 시간가중수익률의 장점이다.

29 벤치마크의 속성은 명확성, 투자가능성, 측정가능성, 적합성, 현재 투자견해를 반영, 사전에 정의 등이다.

30 좋은 벤치마크는 펀드 운용자가 운용하는 데 지침이 되어야 하며, 미리 정의되어 있어야 한다. 또한 투자자가 쉽게 이해하고 명확하게 인지할 수 있어야 하며, 사후적으로 결과를 판단할 수 있도록 측정가능하여야 한다.

31 투자시기 및 투자시점별 투자규모에 대한 의사결정까지 모두 행하는 경우 자산배분전략을 포함하여 효과적으로 자금운용을 수행한 정도를 측정할 때는 금액가중수익률을 사용하는 것이 바람직하다.

32

절대적 위험	• 표준편차 • VaR(Value-at-Risk)
상대적 위험	• 공분산(Covariance) • 초과수익률(Excess Return) • 베타(β : Beta) • 상대 VaR(Relative VaR)

33 정보비율은 적극적 투자활동의 결과로 발생한 초과수익률과 초과수익률에 대한 표준편차의 비율을 나타내는 지표이다. 일정 기간의 펀드수익률과 벤치마크 수익률의 차이를 측정하는 지표로서 추적오차를 의미하는 것은 트래킹 에러이다.

34 ②③④ 상대적 위험지표이다.

35 젠센의 알파는 위험조정(차감)수익률 형태로 표현되는 위험조정성과지표이다.

---

36 신탁계약으로 정한 사항의 의결은 출석수익자 과반수와 총좌수 1/5 이상으로 의결한다.

37 감독이사는 법인이사·신탁업자·투자매매업자·투자중개업자·일반사무관리회사에 대하여 당해 투자회사와 관련되는 업무 및 재산상황에 대한 보고

를 요구할 수 있으며, 회계감사인에 대하여도 회계감사에 대한 보고를 요구할 수 있다.

38 투자회사의 정관변경은 이사회의 결의로 한다. 다만, 중요한 사항을 변경하고자 할 때는 사전에 주주총회의 결의를 거쳐야 한다.

39 모집매출 기준인 50인 산정대상에서 제외되는 자(회계법인, 신용평가회사, 발행인에게 용역을 제공하고 있는 전문자격자(법무법인 등), 발행인의 사업내용을 잘 아는 연고자 등)는 교부면제 대상자에 해당하나, 발행인의 사업내용을 잘 모르면 투자설명서 교부면제 대상이 아니다.

40 해당 발행증권의 연고자는 투자설명서 교부의무가 면제된다.

41 연계투자(P2P투자)는 「온라인투자연계금융업 및 이용자보호에 관한 법률」에 따른 것으로 온라인플랫폼을 통하여 투자자의 자금을 투자자가 지정한 해당 차입자에게 대출 등의 방법으로 자금을 공급하고 그에 따른 원리금수취권을 투자자에게 제공하는 것이다.

42 금융투자협회는 금융투자회사가 공통으로 사용할 수 있는 표준투자권유준칙을 제정할 수 있다.

43 보험과 펀드를 동시에 판매하는 행위 자체는 금지행위가 아니다.

44 ㉠, ㉡, ㉢, ㉣, ㉤, ㉥, ㉦ 모두 금융상품판매대리·중개업자에 대한 금지행위에 해당한다.

45 장외파생상품 매매에 따른 위험평가액이 집합투자기구 자산총액의 10%를 초과하여 투자할 수 있는 펀드의 재산을 장외파생상품에 운용하는 경우 장외파생상품 운용에 따른 위험관리방법을 작성해야 한다.

46 신규투자자, 고령투자자, 초고령투자자에게 ELS, ELF, ELT, DLS, DLF, DLT를 판매하는 경우 계약체결 이전에 투자자에게 적합성보고서를 교부해야 한다.

47 구두로 통지하는 것은 향후 문제 발생 시 통지 여부를 입증하기 곤란하므로 적절하지 않다.

48 인출 시 수익증권현물로 요구하는 것도 가능하다.

49 환매가 제한되어 있지 않는 경우 언제든지 수익증권의 전부 또는 일부를 인출할 수 있다.

50 보수, 수수료 등은 과세소득계산 시 차감한다.

51 파생상품 중 증권을 대상으로 하는 장내파생상품만 과세 제외된다.

52 집합투자증권의 양도로 발생한 이익은 배당소득으로 과세한다.

53 ①②③ 비열거소득에 해당하여 과세하지 않는다.

54 금융법인은 투자신탁의 이익, 투자회사의 이익 모두에 대하여 원천징수의무가 없다.

55 수익증권 실무상 가장 일반적인 출금거래는 금액출금이다.

56 자본시장법은 금융소비자의 보호대상을 금융투자상품으로 정의하고 있으나, 금융소비자보호법은 금융소비자의 보호대상을 '금융상품'으로 정의하여 투자성 있는 금융투자상품뿐만 아니라 예금성 상품, 대출성 상품, 보험성 상품까지 그 범위를 확대 적용하고 있다.

57 금융투자업종사자는 일반인 이상의 당해 전문가 집단에 평균적으로 요구되는 수준의 주의의무가 요구된다.

58 Know-Your-Customer-Rule(고객파악의무)에 대한 내용이다.

59 ① 투자성에 관한 구조와 성격까지 설명해야 한다.
② 일반투자자에게만 적용된다.
④ 설명수준은 투자자의 투자경험과 지식 등에 따라 달리할 수 있다.

60 표시방법에는 제한이 없다.

61 1개월이 지난 후에 다시 투자권유를 하는 행위는 허용된다.

62 금융소비자 내부통제위원회는 설치가 의무화되어 있고, 대표이사를 의장으로 한다.

63 견책은 금융위원회의 금융투자업자 직원에 대한 제재 중 하나이다.

64 회원의 제명권은 금융투자협회의 제재내용이다.

65 고객에 대하여 투자권유와 투자관리 등의 서비스를 제공함에 있어서 이익을 확실하게 보장하는 듯한 표현을 사용하여서는 아니 된다. 자본시장법에서는 금융투자업자가 금융상품의 매매, 그 밖의 거래와 관련하여 투자자가 입을 손실의 전부 또는 일

부를 보전하여 줄 것을 사전에 약속하는 행위, 투자자가 입은 손실의 전부 또는 일부를 사후에 보전하여 주는 행위, 투자자에게 일정한 이익을 보장할 것을 사전에 약속하는 행위, 투자자에게 일정한 이익을 사후에 제공하는 행위를 금지하고 있다.

66 위반자에 대한 제재는 경고, 견책, 감봉, 정직뿐 아니라 해고도 가능하다. 위반행위에 대하여 경영진 및 감사위원회에 신속히 보고하여야 하며 문제발생의 원인분석 및 향후 제도개선방안을 마련해야 한다.

67 해당 영업관리자가 준법감시업무 이외의 업무를 겸직하지 않을 것은 요건이 아니다.

68 준법감시인은 내부제보자 또는 내부통제 우수자를 선정하여 인사상 또는 금전적 혜택을 부여하도록 회사에 요청할 수 있다. 그러나 내부제보자가 이를 원하지 않는 경우에는 그러하지 않는다.

69 보유기간이 경과하거나 처리목적이 달성되는 등 개인정보가 불필요하게 된 경우에는 다른 법령에 따른 보존의무가 있는 경우를 제외하고 지체 없이 개인정보를 파기해야 하며, 개인정보의 처리를 위탁한 경우에는 수탁자가 안전하게 개인정보를 관리하도록 문서를 작성하고, 해당 업무를 초과한 이용이나 제3자 제공은 금지해야 한다.

70 준법감시인은 독립적으로 직무를 수행해야 하므로 고유재산운용업무, 금융투자업 및 부수업무, 보험대리점·중개사 업무, 국가·공공단체 업무의 대리, 자금이체업무 등의 업무는 수행할 수 없다.

71 금융기관이 금융기관을 상대로 제기하는 분쟁도 금융분쟁에 해당한다.

72 모든 금융투자상품이 직원에 대한 의존성이 높은 것은 아니다.

73 불완전판매는 부당권유의 한 유형에 해당하며, 적정성 원칙·적합성 원칙·설명의무·손실보전약정금지 등을 종합적으로 고려하여 민법상의 불법행위 여부를 판단하게 된다.

74 조사담당 부서의 임원은 겸직할 수 없다.

75 민감정보, 고유식별정보는 엄격하게 제한하고 있다.

76 ①②③ 양적인 자료에 해당한다.

77 현금수지상태표는 지출의 원천을 파악하고 지출의 건전성을 평가함으로써 잉여자금 마련에 도움을 줄 수 있다.

78 비자금은 재무목표가 되는 자금과는 거리가 멀다.

79 전환사채는 향후 주식으로 전환할 수 있는 채권으로 노인가계의 입장에서 볼 때 안전하다고 보기에는 힘들다.

80 안정추구형 투자자는 원금이 보전되는 것을 중요시하므로 원금보장형 ELS·DLS나 채권형펀드가 적합하다.

<hr>

제3과목 · 부동산펀드

81 자본시장법상 집합투자기구(펀드)는 부동산집합투자기구, 증권집합투자기구, 특별자산집합투자기구, 혼합자산집합투자기구, 단기금융집합투자기구로 구분된다.

82 부동산투자합자조합의 집합투자규약은 조합계약이다.

83 부동산펀드의 설정·설립 시 부동산투자회사, 부동산투자유한회사, 부동산투자합자회사는 부동산펀드 설정 시 설립등기를 해야 한다.

84 부동산투자회사는 법인이사 1인과 감독이사 2인 이상이 있어야 한다.

85 제3자의 업무위탁에 해당하는 사항은 부동산의 개발 및 부수업무, 부동산의 관리·개량 및 부수업무, 부동산의 임대 및 부수업무이다.

86 재간접형부동산펀드란 펀드재산의 40% 이상을 국내 부동산펀드에 투자하거나 해외 운용사가 국내 금융감독원에 등록하는 외국 집합투자기구(펀드)에 투자 또는 해외증권시장에 상장된 REITs에 포트폴리오를 구성하여 투자하는 펀드이다.

87 자본시장법에서 부동산펀드의 투자대상으로 분양권을 구체적으로 명시하여 열거하고 있다.

88 적극적으로 자산가치 상승을 위한 노력은 하지 않고 소극적인 유지보수와 관리만을 하는 것은 매매형 부동산펀드이다.

89 부동산운용전문인력의 전문성 보유 여부, 경공매형부동산펀드 규모의 적정성 여부, 체계적이고 투명한 펀드운용 가능성 여부, 펀드 관련 비용의 적정성 여부가 경공매형부동산펀드의 주요 점검사항에 해당한다.

90 대표적인 위험요인은 공실률의 증가이다.

91 ① 시행사가 사업부지를 확보하지 못할 위험을 점검하여야 한다.
③ 임대소득과 자본소득의 확보를 주요 운용목적으로 하는 것은 임대형부동산펀드이다.
④ 자본시장법은 담보권을 설정하는 등 대출금을 회수하기 위한 적절한 수단을 확보할 것을 규정하고 있다.

92 투자대상자산에 따라 실물형, 대출형, 권리형, 증권형부동산펀드로 구분된다.

93 금융기관이 채권자인 부동산담보부 금전채권만이 부동산펀드 투자대상이 될 수 있다.

94 취득한 부동산을 매각하여 매매차익을 획득하는 것을 주목적으로 운용되는 것은 매매형부동산펀드이다.

95 임대형부동산펀드에 대한 설명이다.

96 ① 부동산은 자본시장의 투자여건 변화에 상당한 영향을 받는다.
② 부동산과 경쟁하는 다른 자산에 대한 상황을 파악하여야 한다.
③ 금리 상황과 향후 금리 변화를 수시로 파악할 필요가 있다.

97 부동산시장의 하부시장은 공간시장, 자산시장, 개발시장으로 구성된다.

98 프로젝트 파이낸싱(PF)은 사업자의 신용이나 물적 담보가 아닌 해당 사업의 수익성을 담보로 자금을 조달하는 방법이다.

99 부동산펀드운용의 경쟁이 심화되면서 시행착오를 겪으며 성장하였다.

100 수익을 감소시키지 않고 비체계적 위험 등 전체 포트폴리오의 위험을 감소시키기 위하여 분산투자를 할 수 있다.

정답 및 해설 | 제2회 실전모의고사

제1과목 ▪ 펀드투자

01 ③	02 ③	03 ④	04 ④	05 ④
06 ③	07 ③	08 ④	09 ③	10 ①
11 ②	12 ③	13 ④	14 ②	15 ①
16 ②	17 ①	18 ②	19 ②	20 ④
21 ②	22 ④	23 ④	24 ②	25 ③
26 ④	27 ②	28 ③	29 ②	30 ④
31 ③	32 ④	33 ①	34 ②	35 ④

제2과목 ▪ 투자권유

36 ②	37 ④	38 ①	39 ③	40 ①
41 ②	42 ③	43 ④	44 ④	45 ①
46 ③	47 ④	48 ③	49 ①	50 ③
51 ①	52 ③	53 ②	54 ④	55 ①
56 ③	57 ④	58 ④	59 ②	60 ④
61 ③	62 ①	63 ③	64 ④	65 ③
66 ③	67 ④	68 ②	69 ④	70 ①
71 ①	72 ①	73 ②	74 ②	75 ①
76 ②	77 ①	78 ②	79 ④	80 ②

제3과목 ▪ 부동산펀드

81 ③	82 ③	83 ④	84 ④	85 ①
86 ④	87 ①	88 ④	89 ③	90 ④
91 ③	92 ②	93 ③	94 ②	95 ①
96 ①	97 ③	98 ①	99 ③	100 ①

제1과목 ▪ 펀드투자

01 투자회사의 해산사유에는 정관에서 정한 존속기간의 만료 및 그 밖의 해산사유의 발생, 주주총회의 해산 결의, 투자회사의 피흡수합병, 투자회사의 파산, 법원의 명령 또는 판결, 투자회사 등록의 취소 등이 있다.

02 자투자기구 외의 자는 모투자기구의 집합투자증권을 취득할 수 없다.

03 특정 종류의 투자자만으로도 수익자총회를 개최할 수 있다.

04 투자신탁의 의사결정은 원칙적으로 집합투자업자가 하며, 일정 범위 안에서는 수익자총회에서 하도록 되어 있다. 따라서 의사결정은 집합투자업자가 한다.

05 공모투자신탁을 설정하고 1년이 지난 후 1개월간 계속하여 투자신탁의 원본액이 50억원 미만인 경우 자본시장법상 금융위원회의 승인 없이 투자신탁을 해지할 수 있다.

06 ETF의 특징은 개방형·추가형·상장형투자기구이면서, 투자기구의 설정 및 해지가 가능하다는 것이다.

07 ETF는 일반 집합투자기구에 적용되는 법령 중 대주주와의 거래 제한 규정, 의결권 행사 규정(ETF는 Shadow Voting만 가능), 자산운용보고서 제공 의무, 내부자 단기매매차익 반환 의무, 임원 등 소유상황 보고 의무, 주식대량보유 보고 의무, 환매청구 및 방법·환매가격 및 수수료·환매연기, 금전납입원칙 등의 규정이 적용되지 않는다.

08 투자신탁의 경우 업무와 관련된 내용은 신탁계약과 관련하여 신탁업자가 관리하고 있으나, 투자회사의 경우 일반사무관리회사는 보조 및 업무대행을 하며, 신탁업자는 투자자산을 관리한다.

09 사모펀드도 금융위원회에 등록하여야 한다.

10 판매수수료는 펀드기준가에 영향을 미치지 않는다. 인덱스펀드에 부과되는 보수 등의 비용이 추적 오차의 원인이다.

11 부동산투자회사는 발기인이 설립하나 나머지는 모두 집합투자업자가 설립한다.

12 부동산펀드에서 부동산과 관련하여 투자하는 방법에는 부동산관리, 부동산개량, 부동산임대 등이 있고 부동산중개는 포함되지 않는다.

13 부동산 처분과 관련한 운용제한은 공모부동산펀드와 사모부동산펀드에 동일하게 적용된다.

14 특별자산펀드는 선박, 항공기, 건설기계, 자동차 등 공시방법을 갖춘 동산에 투자할 수 있다.

15 회사 지분에 투자하는 펀드이므로 증권집합투자기구에 해당한다.

16 증권시장의 과잉반응 현상을 이용하는 방법은 전술적 자산배분에 해당한다.

17 실제로 주가가 상승하는 시기에는 투자자의 위험허용도가 높아지게 된다.

18 시장공동예측치 사용법에 대한 설명이다.

19 업그레이딩에 대한 설명이다.

20 기하평균수익률(GRR)에 대한 설명이다.

21 전략적 자산배분의 방법 중 위험−수익 최적화방법에 대한 설명이다.

22 전략적 자산배분은 시장상황의 변화에도 불구하고 의사결정을 재조정하지 않는다.

23 ① 과매도 국면으로 판단되면 펀드매니저는 주식비중을 확대한다.
② 실제 주가가 오르면 투자자의 위험허용도는 상승한다.
③ 투자자의 위험허용도는 포트폴리오의 실현수익률에 영향을 받지 않는다고 가정한다.

24 소극적 투자관리방법은 보다 나은 시장예측활동이나 주가가 잘못 형성된 종목을 발견하는 능력을 통해 벤치마크보다 나은 성과를 올리려는 시도를 하지 않고, 일반적인 증권으로 구성된 포트폴리오를 보유하는 전략이다.

25 포뮬러 플랜(Formula Plan)은 역투자전략방식으로, 고가매도−저가매입전략을 활용한다.

26 ㉠㉡㉢ 모두 맞는 설명이다.

27 젠센의 알파는 펀드수익률이 증권시장선의 균형수익률을 초과달성한 수익률이다.
젠센의 알파 = 펀드수익률 − 증권시장선수익률
= 펀드수익률 − {무위험수익률 + (시장수익률 − 무위험수익률) × 베타}
= (펀드수익률 − 무위험수익률) − (시장수익률 − 무위험수익률) × 베타

⇨ 10% = (30% − 5%) − (20% − 5%) × 베타
∴ 베타 = 1.0

28 펀드 등급은 성과가 우연에 의해 결정되었는지 또는 해당 운용회사가 가진 체계적인 운용능력에 의해 나타난 것인지를 정확하게 설명해주지 못한다.

29 젠센의 알파를 통해 펀드수익률이 기대수익률을 얼마나 초과했는지 측정한다.

30 생존계정의 오류에 대한 설명이다.

31 샤프비율은 표준편차 1단위에 대한 초과수익의 크기를 측정하는 지표이다.

32 샤프비율은 전체 자산을 잘 분산투자하지 못하는 투자자의 경우 적합한 펀드평가방법이다.

33 트래킹 에러에 대한 설명이다.

34 일반적으로 높은 정보비율은 펀드 운용자의 능력이 탁월하다는 것을 의미한다.

35 벤치마크 이용하는 방법이 아닌 가상포트폴리오를 이용하는 방법에 대한 설명이다.

제2과목 · 투자권유

36 대출성 상품에 대하여 일반소비자는 계약서류제공일 또는 계약체결일로부터 14일 이내에 청약을 철회할 수 있다.

37 위탁한 금융투자업자가 판매하는 주식형펀드를 투자권유하는 행위는 투자권유대행인의 정상적인 업무이다.

38 집합투자기구의 이익을 해하면서 자기 또는 제3자의 이익을 도모하는 행위는 불건전영업행위에 해당한다.

39 금리 및 변동여부는 대출성 상품을 일반금융소비자에게 권유하는 경우에 설명해야 할 사항에 해당한다.

40 5% 이상 보유 수익자는 집합투자업자에게 총회소집을 요구할 수 있다.

41 집합투자업자의 준법감시인은 신탁재산의 취득·처분 등의 주문서와 자산배분명세서의 적정성 및 그 이행 여부를 확인해야 한다.

42 단기대출(Call Loan)의 경우 집합투자업자 자신의 명의로 직접 투자대상자산을 취득·처분할 수 있다.

43 원칙적으로 집합투자재산으로 금전차입과 대여가 금지된다.

44 이해관계인이 되기 6개월 이전에 체결한 계약에 따른 거래의 경우에는 가능하다.

45 자기 또는 관계인수인이 인수한 증권을 집합투자재산으로 매수하는 행위는 금지된다.

46 거치식은 동일계좌에서 추가납입할 수 없으며 필요 시 별도의 계좌를 추가로 개설하여 처리한다.

47 판매회사는 운용수익, 예금자보험료, 감독분담금 등을 감안하여 저축금이용료를 합리적으로 산정하고, 저축금이용료 산정에 영향을 미치는 요인의 변동상황을 주기적으로 점검하여 이를 반영하여야 한다.

48 저축자에 대한 통지의 효력은 도달한 때로부터 발생한다. 다만, 판매회사의 책임 있는 사유 없이 통지가 주소이전 등 저축자의 책임 있는 사유로 연착하거나 도착되지 아니한 때에는 통상 도착하여야 하는 때에 도착된 것으로 본다.

49 수익증권저축제도는 수익증권현물 양·수도에 따른 업무의 번거로움, 현물 보관·관리에 따른 불편, 현물 분실·훼손 시 재교부 절차의 복잡 등 수익증권현물거래의 불편함을 해소하고 고객과 판매사 간 거래관계를 직접적으로 규율하는 수익증권저축약관을 제정·시행함으로써 수익증권 고유의 특성을 유지하면서 타금융기관의 저축제도에 대응하기 위해 도입되었다.

50 저축기간을 일 단위로 정한 경우 최초 매수일부터 계산하여 저축기간이 만료되는 날의 다음 영업일을 만기지급일로 한다.

51 저축자가 저축금의 인출요건, 저축기간, 저축금액을 정하여 저축하는 방식은 목적식이다.

52 파생결합증권의 양도차익은 별도의 규정이 없어서 소득세법상 비열거소득에 해당한다.

53 투자신탁의 경우 수입시기는 당초 소득이 신탁재산에 귀속되는 때가 아니라 투자자에게 소득이 분배되는 때이다.

54 상장되지 않은 ELS(주가연계증권), DLS(파생결합증권), ELW(주식워런트증권) 등의 매매평가손익은 투자신탁이익에 포함된다.

55 ⓒⓔⓜⓗ 과세대상이다.

56 대출계약 성립일로부터 3년 경과 후 수수료, 위약금 또는 그 밖에 어떤 명목이든 중도상환수수료를 부과하는 행위는 금지된다. 다만, 대출계약 성립일로부터 3년 이내에 상환하는 경우, 다른 법령에 따라 중도상환수수료 부과가 허용되는 경우에는 예외적으로 중도해지수수료의 부과가 가능하다.

57 파생상품은 위험이 크므로 적성성의 원칙, 적합성의 원칙, 설명의무, Know-Your-Customer-Rule 등이 다른 금융투자상품에 비해 더 중요하다.

58 장외파생상품 거래상대방은 일정한 적격요건을 갖춘 자만 가능하다. 일정한 적격요건이란 전문투자자가 신용평가회사로부터 투자적격 등급 이상으로 평가받은 경우, 신용평가회사로부터 투자적격 등급 이상으로 평가받은 보증인을 둔 경우, 담보물을 제공한 경우 중 어느 하나에 해당하는 요건을 충족하면 된다.

59 투자자문업자 또는 투자일임업자는 계약으로 정한 수수료 외의 대가를 추가로 받는 행위는 금지된다.

60 금융투자산업은 이익상충의 가능성이 높고, 정보비대칭 문제가 있기 때문에 다른 분야에 비하여 직무윤리가 더욱 강조된다.

61 이해상충 발생원인과 관계가 적다.

62 고객파악의무(Know-Your-Customer-Rule)는 적합성의 원칙을 실현하기 위한 과정이므로 관련이 깊다.

63 투자중개업자가 증권시장 또는 파생상품시장을 통하여 매매하는 경우에는 자기계약금지규정이 적용되지 않는다.

64 금융위원회는 ㉠ 이미 금융소비자의 재산상 피해 발생 우려가 제거된 경우 ㉡ 신규판매행위를 중단한 경우 등의 사유가 발생한 경우 판매제한명령권의 행사를 중단할 수 있다.

65 2016. 9. 28.부터 시행된 '부정청탁 및 금품수수 등 수수의 금지에 관한 법률'은 윤리기준을 법제화한 것으로서 적용대상이 공직자뿐만 아니라 금품

등을 제공할 수 있는 전국민이라는 점에서 이에 대한 윤리기준이 과거보다 더 넓은 범위로 확대되고 강화되는 추세이다.

66 투자권유는 객관적 사실에 기초하여야 하고, 사실과 의견을 구분해야 하며, 투자성과를 보장하는 듯한 표현은 금지된다.

67 의무의 이행이 신의칙에 반하는 경우 의무를 이행하지 않은 것이 되어 채무불이행이 되고 이에 따른 법적책임을 진다.

68 금융투자업종사자는 원칙적으로 고객과의 거래당사자가 되거나 자기 이해관계인의 대리인이 되어서는 안 된다. 다만, 고객이 동의한 경우에는 가능하다.

69 적정성의 원칙에 대한 기술이다.

70 자본시장법상 설명의무는 일반투자자에게만 적용된다.

71 투자자의 대리인이 그 자신과 투자자의 실명확인증표 및 위임장 등 대리권을 증빙할 수 있는 서류를 지참하는 경우 대리인으로부터 본인의 투자자정보를 파악하는 것이 가능하다.

72 점수화 방식은 각 설문항목에 대한 투자자의 답변을 점수화하고, 총점으로 투자자의 투자성향 등급을 결정하는 방식인데, 객관적이며 이해가 용이하다는 장점이 있으나 단순한 합산으로 투자자의 특정 성향을 반영하지 못할 수도 있다는 단점이 있다.

73 증권투자권유행위는 정당한 행위이다.

74 이해충돌이 발생할 경우 고객의 이익이 최우선이고, 회사와 주주의 이익, 임직원의 이익 순이다.

75 금융감독원의 금융분쟁조정은 그 자체로서는 구속력이 없지만 당사자가 이를 수락하면 재판상 화해와 같은 효력을 갖는다.

76 효과적인 의사소통을 통한 재무의사결정으로 대인관계를 증진시킬 수 있다.

77 재무목표는 현실적이고 구체적으로 설정하여야 한다.

78 부동산은 유동성이 떨어지므로 금융상품을 권하는 것이 적절하다.

79 공격투자형은 원금손실이 있더라도 큰 수익을 기대하는 투자자이므로 국채에 많이 투자하도록 상담하는 것은 적절하지 않다.

80 ① 중년기의 잉여소득을 융자 또는 소비자신용을 통하여 신혼기로 이전시키고, 보험 또는 저축 등을 통하여 노년기로 이전시키는 것이 적절하다.
③ 생애주기에 따른 소비지출의 흐름은 소득의 흐름보다 완만하여, 소득의 흐름과 소비지출의 흐름이 불일치하게 된다.
④ 재무목표 달성 전까지 소비를 하지 않는 것이 아니라 효율적인 소비를 실천해야 한다.

제3과목 부동산펀드

81 부동산투자회사법은 부동산투자회사(REITs)를 자기관리 부동산투자회사, 위탁관리 부동산투자회사, 기업구조조정 부동산투자회사, 개발전문 부동산투자회사로 구분하고 있다.

82 부동산투자합자회사의 집합투자규약은 정관이다.

83 부동산투자회사법에 따른 부동산투자회사가 발행한 주식은 해당하나 부동산투자회사가 발행한 채권은 해당하지 않는다.

84 부동산펀드에서 부동산 취득 시 금전차입을 할 수 있는 차입기관에는 은행, 한국산업은행, 중소기업은행, 한국수출입은행, 투자매매업자, 투자중개업자, 증권금융회사, 종합금융회사, 상호저축은행, 보험회사, 국가재정법에 따른 기금, 다른 부동산펀드, 기타 이에 준하는 외국 금융기관 등이 있다.

85 집합투자업자는 부동산펀드의 펀드재산을 시가로 평가한다. 단, 평가일 현재 신뢰할 만한 시가가 없는 경우에는 공정가액으로 평가해야 한다.

86 지상권, 지역권 등에 투자하는 부동산펀드는 부동산 관련 물권에 투자하는 권리형부동산펀드이다.

87 시공사의 신용등급 점검은 대출형부동산펀드의 주요 점검사항 중 하나이다.

88 부동산 시장의 상승기에는 고수익 창출이 가능한 지분(Equity) 투자에, 하락기에는 안정적인 대출(Debt) 투자에 집중되는 경향이 있다.

89 부외금융의 특징으로, 당해 프로젝트가 실패하는 경우 실질사업자는 출자금의 한도 내에서 책임을 진다.

90 개발형부동산펀드는 해당 펀드 자체가 시행사의 역할을 수행하므로 직접 개발 방식의 부동산펀드이다. 개발형부동산펀드의 사전에 점검할 사항으로 시행사의 업무능력 여부를 검토할 이유는 없다.

91 부동산개발과 관련한 인허가가 나지 않으면 진행하지 않는다.

92 개발형부동산펀드는 법률 개정을 통해 회사재산의 100% 이내에서 부동산개발사업을 할 수 있도록 하고 있다.

93 국내 리츠(REITs) 중 자기관리 부동산투자회사, 위탁관리 부동산투자회사, 기업구조조정 부동산투자회사는 주로 수익성 부동산을 매입하여 임대하는 형태이나 개발전문 부동산투자회사는 이에 해당하지 않는다.

94 임대형부동산펀드는 매입 후 임대하는 방식이다. 취득 후 매각하는 방식은 매매형부동산펀드이다.

95 분양권에 대한 설명이다.

96 대체원가가 시가보다 낮아서 개발이익이 발생하면 개발이 결정되는 시장은 개발시장이다.

97 시장실패의 원인으로는 불완전경쟁시장, 독과점, 외부효과, 정보의 비대칭성, 상품의 개별성 등이 있다.

98 ② 금리가 상승하면 부동산가격이 하락한다.
③ 통화량이 증가하면 물가가 상승하고 부동산가격도 상승한다.
④ 부동산가격은 주가에 후행하며, 주가가 상승하면 부동산가격이 상승하는 경향이 있다.

99 대안투자는 높은 수수료를 지불한다.

100 가격 변동 위험을 관리하기 위하여 파생금융상품을 활용한다.

2024 최신개정판

해커스
펀드투자
권유대행인 최종핵심정리문제집

개정 10판 2쇄 발행 2024년 8월 12일
개정 10판 1쇄 발행 2024년 3월 12일

지은이	민영기, 송영욱 공편저
펴낸곳	해커스패스
펴낸이	해커스금융 출판팀

주소	서울특별시 강남구 강남대로 428 해커스금융
고객센터	02-537-5000
교재 관련 문의	publishing@hackers.com
	해커스금융 사이트(fn.Hackers.com) 교재 Q&A 게시판
동영상강의	fn.Hackers.com

ISBN	979-11-6999-817-8 (13320)
Serial Number	10-02-01

금융자격증 1위,
해커스금융(fn.Hackers.com)

해커스금융

· 핵심 내용을 빠르고 쉽게 정리하는 **하루 10분 개념완성 자료집**
· **금융자격증 무료 강의, 1:1 질문/답변 서비스, 시험후기/합격수기** 등
  다양한 금융 학습 콘텐츠
· 금융 전문 교수님의 **본 교재 인강**(교재 내 할인쿠폰 수록)
· 내 점수와 석차를 확인하는 **무료 바로 채점 및 성적 분석 서비스**

주간동아 선정 2022 올해의 교육 브랜드 파워 온·오프라인 금융자격증 부문 1위